合规管理系列丛书

企业合规管理体系实务指南 （第2版）

Corporate Compliance Management System

郭青红／著

人民法院出版社

图书在版编目（CIP）数据

企业合规管理体系实务指南 / 郭青红著. -- 2版.
--北京：人民法院出版社，2020.12
ISBN 978-7-5109-3080-5

Ⅰ. ①企… Ⅱ. ①郭… Ⅲ. ①企业管理—指南 Ⅳ.
①F272-62

中国版本图书馆CIP数据核字（2020）第259760号

企业合规管理体系实务指南（第2版）

郭青红　著

责任编辑	王　婷
执行编辑	尹立霞
出版发行	人民法院出版社
地　　址	北京市东城区东交民巷27号（100745）
电　　话	（010）67550637（执行编辑）　67550558（发行部查询）
	65223677（读者服务部）
客 服 QQ	2092078039
网　　址	http://www.courtbook.com.cn
E- mail	courtpress@sohu.com
印　　刷	三河市国英印务有限公司
经　　销	新华书店
开　　本	787毫米×1092毫米　1/16
字　　数	742千字
印　　张	40
版　　次	2020年12月第1版　2023年10月第6次印刷
书　　号	ISBN 978-7-5109-3080-5
定　　价	128.00元

序　言

2018 年，中国企业合规元年。

2019 年，中国企业谋篇布局，扬帆起航。

本书基于有关企业合规管理的国际标准、指南以及我国国家标准、办法和指引。

本书基于对我国国资委五家中央企业建立合规管理体系试点情况的梳理以及对某些跨国企业集团诚信合规管理实践的研究。

本书基于上海市汇业律师事务所企业合规业务委员会为我国多家中央企业、地方国企、欧美跨国企业集团以及他们的合资企业提供合规管理服务的实践案例和经验。

本书以企业合规管理总论开篇，对企业合规管理体系的十三大构成要素分别论述，以实务专题结尾。

本书十大亮点：

1. 提出企业合规管理学学科研究；

2. 提出诚信合规管理与全面合规管理两大发展脉络；

3. 提出企业合规管理部门的管理职能研究；

4. 提出对业务部门的合规管理主体研究；

5. 提出企业合规管理体系十三大构成要素，并分别进行实务研究；

6. 我国国有企业具有中国特色合规管理研究，涉及合规规范、合规组织与违规管理等；

7. 对企业合规管理与其他部门职能的界别管理进行实务研究；

8. 对企业合规部设计以及合规管理队伍建设进行实务研究；

9. 对企业集团的合规管理进行实务研究；

10. 对有关企业合规管理的国际标准、指南以及我国国家标准、办法和指引的适用提出指南。

有关企业合规管理的国际标准、指南以及我国国家标准、办法和指引已不下十个，已覆盖我国各所有制企业以及境内外经营，并在本书中被不断引用。

	发布时间	发布机构	文件名称	适用范围
1	2005年4月29日	巴塞尔银行监管委员会	合规与银行内部合规部门	银行参考适用
2	2010年2月18日	经合组织（OECD）	内控、道德与合规，最佳实践指南	经合组织成员的企业参考适用
3	2010年9月	世界银行集团	诚信合规指南	使用世界银行集团贷款的组织（包括企业）和项目
4	2014年11月	亚太经合组织	高效率公司合规项目基本要素	亚太经合组织成员开展合规管理项目的企业参考适用
5	2014年12月15日	国际标准化组织	合规管理体系——指南	组织（包括企业）参考适用
	2017年12月29日	中国国家质量监督检验检疫总局、中国国家标准化管理委员会	合规管理体系 指南	组织（包括企业）参考适用
6	2006年10月25日	中国银监会	商业银行合规风险管理指引	中国的商业银行强制适用
7	2007年9月7日发布，2016年12月30日修改	中国保监会	保险公司合规管理办法	中国的保险公司强制适用
8	2017年6月6日	中国证监会	证券公司和证券投资基金管理公司合规管理办法	中国的证券公司和证券投资基金管理公司强制适用
9	2018年11月2日	中国国资委	中央企业合规管理指引（试行）	中国中央企业强制适用，地方国有企业参照适用
10	2018年12月26日	中国发改委等七部委	企业境外经营合规管理指引	中国企业境外投资经营的企业、分支机构及项目参考适用

　　本书奉献给我国已经、正在或者将要开展合规管理、建立合规管理体系的企业，包括中央企业、地方国有企业以及其他所有制性质的企业。

郭青红

2019年2月18日

再版序言

《企业合规管理体系实务指南》于 2019 年 3 月出版以来，深受各企业、机构及读者厚爱，在此深表谢意！

2018 年 11 月 2 日国务院国资委发布《中央企业合规管理指引（试行）》以来，各大央企集团总部制定合规管理基本制度、搭建合规管理体系，全面推动各层级子公司的合规管理体系建设；各省、市国资委陆续出台本省、市属企业合规管理指引，积极推动地方国企开展建立合规管理体系试点工作。

汇业合规管理团队积极参与有关省、市属企业合规管理指引的起草和修改工作，积极协助十余家央企、地方国企建立企业合规管理体系与制定合规管理实施方案，向有关省市国资委、央企、地方国企提供了 30 多场次线上、线下合规管理培训。协助一家央企按照世界银行《诚信合规指南》建立合规管理体系、成功解除世界银行制裁。

我们不断总结合规管理实践经验，对合规管理实践中的热点、难点问题进行探讨，特此再版。再版的重点包括：

一、建立法律、合规、风险、内控一体化管理平台（第四篇）：对企业法务管理体系、合规管理体系、风险管理体系、内部控制体系的架构及其各构成要素的趋同性和差异性角度进行分析研究，提出 LCR（企业法务、合规管理、风险管理与内部控制）整合框架，探索建立企业法律、合规、风险、内部控制一体化管理平台的途径和方法；

二、推动合规管理体系有效落地运行与建立合规管理体系有效性评价标准（第三篇第六章）：探索合规管理体系有效落地运行的关键要素和环节，介绍美国司法部刑事处《公司合规管理评价指引》以及上海市汇业律师事务所《企业合规管理体系验收、评估、评价、审计实务指引》；

三、推动法律、合规、风险、内控管理与监察、审计协同联动（第三篇第七章）：基于合规管理协同联动原则，探索在这些领域协同联动的基础、机制和方法。

本书奉献给我国已经、正在或者将要开展合规管理、建立合规管理体系的企业，包括中央企业、地方国有企业以及其他所有制性质的企业。

郭青红

2020 年 11 月 18 日

目 录

序 言 / 1

第一篇　企业合规管理总论 / 1

　　第一章　企业合规管理学 / 3

　　第二章　企业合规与合规管理 / 10

　　第三章　企业合规管理原则 / 25

　　第四章　企业合规管理体系 / 33

　　第五章　企业合规管理的产生和发展 / 40

　　第六章　企业合规管理合规规范及其适用 / 50

第二篇　企业合规管理分论 / 63

　　第一章　企业合规方针 / 65

　　第二章　企业合规组织 / 71

　　第三章　企业合规风险管理 / 92

　　第四章　企业合规制度与流程 / 116

　　第五章　企业合规审查 / 127

　　第六章　企业合规管理评估 / 136

　　第七章　企业合规审计 / 147

第八章　企业合规管理考核与评价 / 159

第九章　企业合规宣传与培训 / 169

第十章　企业违规管理与问责 / 178

第十一章　企业合规管理计划与合规报告 / 191

第十二章　企业合规管理信息系统 / 198

第十三章　企业合规文化 / 208

第三篇　企业合规管理实务 / 221

第一章　企业合规部设计与合规管理
　　　　团队建设 / 223

第二章　企业集团合规管理探讨 / 235

第三章　合规尽职调查 / 251

第四章　五家央企合规管理试点情况暨《中央
　　　　企业合规管理指引（试行）》解读 / 261

附：五家央企建立合规管理体系试点情况 / 269

第五章　企业境外投资经营合规风险及《企业
　　　　境外经营合规管理指引》解读 / 283

第六章　企业合规管理有效落地运行及
　　　　有效性评价 / 290

第七章　协同联动 / 306

第四篇　企业法律、合规、风险、内控一体化管理平台 / 317

第一章　企业法务管理、合规管理、内部控制、
全面风险管理 / 324

第二章　企业法务管理、合规管理、内部控制
与风险管理之间的关系 / 372

第三章　建立法律、合规、风险、内控一体化
管理平台 / 397

附　　录　相关合规管理法规 / 439

一　合规与银行内部合规部门 / 440

二　内控、道德与合规，最佳实践指南 / 451

三　《诚信合规指南》摘要 / 457

四　高效率公司合规项目基本要素 / 469

五　合规管理体系　指南 / 479

六　商业银行合规风险管理指引 / 512

七　保险公司合规管理办法 / 520

八　证券公司和证券投资基金管理公司合规
管理办法 / 530

九　中央企业合规管理指引（试行）/ 540

十　企业境外经营合规管理指引 / 548

十一　中央企业全面风险管理指引 / 558

十二　企业法律风险管理指南 / 573

十三　企业内部控制基本规范 / 597

十四　国务院国有资产监督管理委员会

关于全面推进法治央企建设的意见 / 608

十五　国务院国有资产监督管理委员会

关于加强中央企业内部控制体系建设

与监督工作的实施意见 / 616

十六　中共中央　国务院

关于营造更好发展环境

支持民营企业改革发展的意见 / 622

第一篇
企业合规管理总论

Part I
The Basics of Corporate Compliance

第一章　企业合规管理学
Chapter I　Management Science of Corporate Compliance

要　点：

1. 企业合规管理学是一门独立的管理学科。

2. 需要推动企业合规管理学的研究和发展。

3. 需要大力培养企业合规管理人才。

一、企业合规管理学，一门独立的管理学科

企业合规管理是通过企业合规组织、合规管理运行、合规管理保障等，促使企业遵守和执行合规规范，预防和管控合规风险，保障企业安全、稳健、持续经营。

企业合规管理是企业管理的一部分。企业合规管理具备企业管理科学的基本要素。企业合规管理学也成为企业管理学的一个独立分支，是以企业合规管理为研究对象的一门科学。

二、企业合规管理学的主要内容

（一）历史研究

企业合规源于 1977 年美国《反海外腐败法案》，至今已经近五十年的历史，并在二十一世纪初在欧美国家的跨国企业集团迅速发展和成熟。

二十世纪七十年代末，三资企业的建立将欧美跨国企业集团的合规管理理念和实践引入中国。原中国银监会于 2006 年颁布《商业银行合规风险管理指引》，合规管理在我国金融企业率先开展起来。2016 年，企业合规管理在中国移动等五家中央企业开始试点。2018 年 7 月 1 日，中国国家质量监督检验检疫总局和国家标准化管理委员会《合规管理体系　指南》

（GB/T 35770-2017，下同）生效。2018 年 11 月 2 日，中国国资委颁布实施《中央企业合规管理指引（试行）》。2018 年 12 月 26 日，中国国家发展改革委员会等七部委联合发布实施《企业境外经营合规管理指引》。

有关企业合规管理的标准和指引的密集出台和实施，使得 2018 年成为名符其实的中国企业合规元年。

企业合规管理在欧美及中国的产生和发展，成为企业合规管理学的首要研究课题。

（二）体系研究

企业合规管理自成一个完整的管理体系。关于企业合规管理体系的构成要素，不同学者有着不同的观点和学说。有五构成要素说、九构成要素说、十一构成要素说、十八构成要素说等。

我国原银监会《商业银行合规风险管理指引》第八条规定，合规风险管理体系应包括五大基本要素，即合规政策、合规管理部门的组织结构和资源、合规风险管理计划、合规风险识别和管理流程以及合规培训与教育制度。

《亚太经合组织高效率公司合规项目基本要素》(2014 年 11 月 11 日第22 届亚太经合组织领导人非正式会议发布）提出了企业合规项目的十一个基本要素，即：开展风险评估；管理层的全力支持和参与；制定和遵守书面的公司行为准则；建立合规管理组织架构；提供反腐败培训、教育讲座和持续指导；开展基于风险和详尽记录的尽职调查；审计和内部会计控制；合规机制和报告要求；激励；惩处；定期审查和测试。

根据我国国家标准《合规管理体系　指南》《中央企业合规管理指引（试行）》及《企业境外经营合规管理指引》，综合不同学者的观点，结合开展建立企业合规管理体系项目的实践经验，我们认为，企业合规管理体系包括四大组成部分，即合规管理组织、合规管理重点、合规管理运行机制与合规管理保障机制；包括十三个构成要素，即：合规方针，合规组织，合规风险管理，合规制度与流程，合规审查，合规管理评估，合规审计，合规考核与评价，合规宣传与培训，违规管理与问责，合规管理计划与合规报告，合规管理信息系统以及企业合规文化。

企业合规管理体系是企业合规管理的基本框架和主要内容，构成企业合规管理学的核心研究内容。

（三）合规规范研究

我国国家标准《合规管理体系 指南》第3.5条规定，企业在建立、制定、实施、评价、维护和改进合规管理体系时，应先识别企业合规义务。

企业合规规范是合规义务的来源，包括合规要求与合规承诺。企业合规规范包括企业外部合规规范与企业内部合规规范。合规要求主要来源于企业外部合规规范。合规承诺主要来源于企业内部合规规范。

巴塞尔银行监管委员会《合规与银行内部合规部门》将合规规范的内容概括为法律、监管规定和规则、自律性组织的准则以及适用于银行自身业务活动的行为准则。

国际标准以及我国国家标准《合规管理体系 指南》所述合规规范包括适用的法律法规及监管规定，以及相关标准、合同、有效治理原则或道德准则。

我国国资委《中央企业合规管理指引（试行）》将合规规范定义为法律法规、监管规定、行业准则和企业章程、规章制度以及国际条约、规则等。

我国发改委等七部委联合发布的《企业境外经营合规管理指引》第三条将合规规范定义为：法律法规、国际条约、监管规定、行业准则、商业惯例、道德规范和企业依法制定的章程及规章制度等。

上述国际组织的规定以及我国有关部委规章对合规规范的规定大致趋同，但道德规范、合同是否属于合规规范的范畴却存在不同观点。中国共产党党内法规是否应当成为中央企业、地方国有企业以及它们的控股子公司的合规规范需要研究。哪些道德规范与合同能够成为合规规范，企业股东决定、董事会决议等企业经营管理需要遵守的其他规范性文件等是否也应当属于合规规范，都需要进一步研究。

（四）重点领域研究

企业合规管理虽然属于企业管理的一个分支，属于企业管理范畴，但企业合规管理的发展催生了一些新兴的课题，包括合规组织、合规风险管理、专项合规制度与流程、合规审查、合规管理评估、违规管理与问责、企业合规管理信息系统、企业合规文化等，都有待深入研究。

企业合规管理在重点业务领域、重点管理环节以及重要管理人员方面的特点和要求，也是需要进一步研究的课题。

（五）合规组织的合规管理职能研究

合规组织包括董事会、监事会、经理层（高级管理人员）、合规委员会、合规负责人与合规管理部门、业务部门以及企业法务、纪检监察、审计、内控、风险管理、质量、安全环保等具有合规管理职能的部门。

监事会的合规管理职责及其切实履行，合规委员会的合规管理职责，合规管理部门的合规管理职责，业务部门的合规管理职责，企业职能部门中战略规划部门、财务部门、人力资源部门等的合规管理职责，企业法务、纪检监察、审计、内控、风险管理、质量、安全环保等部门的合规管理职责，有关企业合规管理的国际标准、指南以及我国环境标准、办法和指引等的规定尚不详细、具体，需要进一步研究。

（六）一体化管理平台与协同联动

企业合规管理作为新兴的企业管理职能，在管理职能方面与企业法务、全面风险管理、企业内控存在交叉和重叠。梳理、甄别它们之间的趋同性与差异，建立企业法律、合规、风险、内控一体化管理平台，整合管理资源，降低管理成本，提高管理效率，是企业合规管理学的重要课题。

我国国资委《中央企业合规管理指引（试行）》将协同联动确定为企业合规管理的基本原则之一，要求推动合规管理与法律风险防范、监察、审计、内控、风险管理等工作相统筹、相衔接，确保合规管理体系有效运行。

企业合规管理必须根植于企业业务，将合规管理融入企业经营管理，企业合规管理才具有生命力，才能实现其目标。企业合规管理如何与企业法务、纪检监察、审计、内控、风险管理等协同调联动，如何将合规要求与合规承诺融入企业制度与流程，如何促使业务部门成为合规责任主体及企业合规风险的第一道防线，如何将合规管理体系融入企业现有管理信息系统等，都是企业合规管理学需要研究的课题。

（七）违规管理研究

在欧美跨国企业，违规管理（包括违规举报、违规调查、违规处置等）主要由合规管理部门负责。我国国有企业的违规管理与欧美跨国企业不同。

在我国国有企业，涉及违规管理的部门包括纪委、监察、合规、人力资源等部门。因此，就我国国有企业违规管理而言，下列问题亟需研究：

1. 涉及违规管理的部门的职责分工及协同联动机制；
2. 国有企业直接聘用的外籍人员的违规管理；
3. 国有企业委派到非控股子公司的管理人员的违规管理；
4. 非国有企业（外国企业、民营企业等）委派到国有控股子公司的管理人员的违规管理；
5. 国有企业派驻海外子公司、分支机构人员（海外人员）的违规管理；
6. 国有企业海外子公司当地聘用员工的违规管理；等等。

（八）分类研究

需要对企业合规管理从不同角度进行分类研究。

从研究范围上看，可以划分为全面合规管理体系研究与专项合规管理研究。

从研究的合规规范上看，可以划分为企业外部合规规范研究与企业内部合规规范研究，并突出对具有域外管辖效力的法律法规（如出口管制）、监管规则、商业惯例、道德规范等外部合规规范以及公司治理机构决定、合同协议等内部合规规范的研究。

从部门法领域上看，可以从公司法、合同法、知识产权法、劳动人事法律、产品质量法与消费者权益保护法、反垄断法与反不正当竞争法、反腐败法律、网络安全与信息保护法律、国际贸易法律等方面进行合规管理研究。

从企业业务领域上看，可以划分为营销、采购、财务、人力资源、研发、生产、物流等不同业务领域的合规管理研究。

从管理功能上看，可以划分为合规组织、合规管理运行与合规管理保障等方面的研究。

从企业经营所在地上看，可以划分为企业境内经营管理合规研究和境外经营管理合规研究等。

（九）比较研究

可以对欧美国家、其他国家以及中国企业合规管理的历史发展、内容、流程、合规规范等方面，对企业合规管理进行比较研究。

也可以对欧美跨国公司的诚信合规管理与我国国有企业的全面合规管理进行比较研究。

（十）合规管理价值研究

"合规创造价值"，已作为重要的合规理念，明文写入我国原银监会《商业银行合规风险管理指引》、原保监会《保险公司合规管理办法》以及证监会《证券公司和证券投资基金管理公司合规管理办法》。

企业合规的管理价值、经济价值和社会价值等都值得深入探讨和研究。

（十一）企业集团合规管理研究

企业集团往往拥有悠久的发展历史和复杂的公司结构，可能包括数家全资子公司、控股子公司和非控股的参股公司。它们可能拥有各自不同的产品、业务线条和商业模式，并可能在国内不同省市及国外经营。它们适用的外部合规规范存在差异，内部合规规范也可能互不相同。

企业集团的合规管理体系如何搭建，企业集团如何推动全面合规管理，集团总部如何对控股子公司的合规管理进行管控，如何推动非控股的参股公司开展合规管理，集团总部合规管理部门如何指导、推动、支持下属子公司的合规管理等，都是需要研究的课题。

三、推动企业合规管理学的研究和发展

我国学术界对企业法务、企业合规管理的研究严重不足。推动企业合规管理学的研究和发展，是我国大专院校、各管理学研究机构、各咨询机构以及各律师事务所等义不容辞的责任。

大专院校可以尝试开设企业合规管理学课程，甚至设立企业合规管理专业。例如，华东师范大学几年以前就成立了企业合规研究中心，作为专门针对企业合规理论与实务研究的机构。该中心通过整合法学、经济学、管理学、政治学等多学科资源，着力构建企业合规方面跨学科、跨领域、跨部门的理论研究高地、学术交流平台、政府决策智库和人才培养基地。2018 年 3 月，该中心汇编了《企业合规讲义》，作为法律专业的专业教材。

四、大力培养企业合规管理人才

　　我国国家标准《合规管理体系　指南》、国资委《中央企业合规管理指引（试行）》、发改委等七部委《企业境外经营合规管理指引》等相继发布实施以后，合规管理将在我国中央企业、地方国有企业及其他所有制性质的企业迅速开展起来。

　　企业合规管理亟需知法律、晓管理、懂业务的合规管理人才。企业合规管理人才在未来五年内将极度缺乏。大力培养企业合规管理人才，助力我国企业合规管理的推进和发展，是我国大专院校、各咨询培训机构、各律师事务所的共同责任。

第二章　企业合规与合规管理
Chapter II　Corporate Compliance and Compliance Management

要　点：

1. 合规规范包括外部合规规范与内部合规规范。

2. 道德规范是否属于外部合规规范？党内法规、合同协议是否属于企业内部合规规范？

3. 具有中国特色的企业合规管理。

4. 合规创造价值论。

合规与合规管理是企业合规管理的最基本内容。企业开展合规管理，首先要澄清这两个概念。

一、合规

（一）"合规"字源考

"合规"是英文"compliance"的中文翻译，意思是"符合""遵守"。"企业合规"在英文中称为"corporate compliance"，其含义就是指企业遵守和执行合规规范。

"合规"中的"合"，是指"符合""遵守"和"执行"。

"合规"中"规"，既不是"规范"，更不仅限于企业"规章"。它是指"合规规范"，其范围要比法律法规、规范或者企业规章广得多。

（二）合规的定义

从有关企业合规管理的国际标准、指南以及我国国家标准、办法和指引的规定来看，合规是指符合、遵守、执行适用于企业的合规规范。

二、合规规范

（一）合规规范的定义和内容

"合规规范"并非法定术语，有关企业合规管理的国际标准、指南以及我国国家标准、办法和指引，也没有使用"合规规范"这一用语。我们在本书中建议和鼓励使用这一用语，使之成为企业合规管理中的专门术语，并与法律法规、道德规范等相区别。

关于合规规范的定义和内容，有关企业合规管理的国际标准、指南以及我国国家标准、办法和指引的规定趋同，但存在差别。

巴塞尔银行监管委员会《合规与银行内部合规部门》所述合规规范包括法律，监管规定和规则，自律性组织的准则，以及适用于银行自身业务活动的行为准则。

我国原银监会《商业银行合规风险管理指引》所述合规规范包括法律、规则和准则，即适用于银行业经营活动的法律、行政法规、部门规章及其他规范性文件、经营规则、自律性组织的行业准则、行为守则和职业操守。

我国原保监会《保险公司合规管理办法》所述合规规范包括法律法规、监管规定、公司内部管理制度以及诚实守信的道德准则。

我国证监会《证券公司和证券投资基金管理公司合规管理办法》所述合规规范包括法律、法规、规章及规范性文件、行业规范和自律规则、公司内部规章制度，以及行业普遍遵守的职业道德和行为准则。

国际标准以及我国国家标准《合规管理体系 指南》所述合规规范包括适用的法律法规及监管规定，以及相关标准、合同、有效治理原则或道德准则。

我国国资委《中央企业合规管理指引（试行）》将合规规范定义为法律法规、监管规定、行业准则和企业章程、规章制度以及国际条约、规则等。

我国发改委等七部委《企业境外经营合规管理指引》将合规规范定义为法律法规、国际条约、监管规定、行业准则、商业惯例、道德规范和企业依法制定的章程及规章制度等。

通过对上述标准、办法和指引进行梳理和总结，我国企业应当遵守的合规规范包括外部合规规范与内部合规规范。列表如下：

	外部合规规范	内部合规规范
1	适用的国际条约、国际规则（如联合国贸易术语解释通则）及国际组织的决定（如联合国的制裁决议等）	企业与第三方之间的合同与协议
2	企业国外经营所在国家和地区的法律、法规、监管规则、标准、司法判例、商业惯例和道德规范，以及部分具有有限域外效力的外国的法律法规（如美国的反海外腐败法案、出口管制条例等）	企业所在行业的自律性规则
3	国内法律、法规、部门规章（包括司法解释）、规范性文件、行业监管规则、标准、行政许可和授权	企业选择适用的非强制性国家标准、行业标准和企业标准
4	行业准则	企业自愿性对外承诺，如环境承诺、促销承诺等
5	强制性标准	企业章程、股东决议、董事会决议、管理层决议
6	法院判决和行政决定	企业内部规章制度
7	商业惯例	/
8	道德规范	/

　　每一企业因自身经营地域、所属行业、企业所有权性质等的不同，其所适用的合规规范的范围也存在差异。例如，一家纯内资企业，如果不涉及任何涉外业务，其应遵守和执行的合规规范可能不包括以上国际条约、国际规则、国际组织的决定以及外国的合规规范。

　　企业合规管理的首要任务是：（1）收集、梳理适用于本企业的所有合规规范，建立完整的合规规范库，并持续关注合规规范的最新发展，正确理解合规规范的规定，准确把握新的合规规范对企业的影响，确保持续合规；（2）识别企业的合规义务，包括合规要求与合规承诺；（3）开展合规培训，让全体员工懂法知规。

（二）关于党内法规

　　根据《中国共产党党内法规制定条例》（2013年5月27日）第2条的规定，党内法规是党的中央组织以及中央纪律检查委员会、中央各部门和省、自治区、直辖市党委制定的规范党组织的工作、活动和党员行为的党内规章制度的总称。

　　党内法规是我国国有企业党员干部和党员员工在国有企业经营管理应当遵守的重要合规规范，是我国国有企业应当遵守和执行的合规规范的重要组成部分。

我国国有企业党员干部和党员员工应当遵守的党内法规包括《中国共产党党章》《中国共产党纪律处分条例》《中国共产党廉洁自律准则》《中国共产党问责条例》，中共中央办公厅、国务院办公厅《国有企业领导人廉洁从业若干规定》，中共中央办公厅、国务院办公厅《党政机关国内公务接待管理规定》，中共中央政治局《关于改进工作作风、密切联系群众的八项规定》，中共中央办公厅、国务院办公厅《关于进一步推进国有企业贯彻落实"三重一大"决策制度的意见》、中共中央组织部和国务院国资委党委《贯彻落实全国国有企业党的建设工作会议精神重点任务》及《关于扎实推动国有企业党建工作要求写入公司章程的通知》、中共中央办公厅《中国共产党纪律检查机关监督执纪工作规则》等。

（三）关于司法判例

在一些国家（主要是英美法系国家），司法判例具有法律、法规的效力。因此，我国企业在国外经营时，须遵守和适用的当地合规规范可能包括司法判例。我国的司法判例不具备法律、法规的效力，但在企业合规风险管理中，司法判例对合规风险的识别、分析和评价有着重要参考价值。因此，我国司法判例虽然不构成合规规范的组成部分，但在企业合规管理中却是不可忽视的因素。

企业开展合规风险管理以及进行合规知识管理，需要收集、整理行业内相关司法判例。

（四）关于道德规范

道德规范泛指判断善和恶、正义和非正义、正当和不正当、荣和辱、诚实和虚伪、权利和义务等道德准则。

中共中央 2001 年 9 月 20 日发布实施了《公民道德建设实施纲要》，强调社会主义道德建设要坚持以为人民服务为核心，以集体主义为原则，以爱祖国、爱人民、爱劳动、爱科学、爱社会主义为基本要求，以社会公德、职业道德、家庭美德、个人品德为着力点。职业道德作为公民道德的重要部分，包括爱岗敬业、诚实守信、办事公道、服务群众、奉献社会等。

我国《宪法》第五十三条明确要求"中华人民共和国公民必须遵守宪法和法律，保守国家秘密，爱护公共财产，遵守劳动纪律，遵守公共秩序，尊重社会公德。"

因此，道德规范应当是企业合规规范不可分割的组成部分。

（五）关于自愿性对外承诺

国际标准暨我国国家标准《合规管理体系　指南》第 3.5.1 条在示例 2 中，将自愿性标志或环境承诺列为合规承诺之一。

自愿性承诺是企业自主作出的对有关政府部门、公共组织或公众的承诺，包括企业的环保承诺（如节能承诺）、安全承诺、产品质量承诺等，对企业具有约束力，是企业应当遵守和执行的合规规范之一。

自愿协议（Voluntary Agreement）是自愿性承诺的主要形式，是目前国际上应用最多的一种非强制性节能措施。中国节能协会于 2000 年 3 月，将自愿协议这一模式引入中国。

（六）关于公司治理机构的决定

我国国资委《中央企业合规管理指引（试行）》、发改委等七部委《企业境外经营合规管理指引》都将企业章程列为合规规范。国际标准暨我国国家标准《合规管理体系　指南》也将有效治理原则列为合规规范之一。

企业章程是企业经营管理的组织纲领，规定了企业治理机构的设立、运行机制以及企业经营管理应当遵行的重要规则。企业治理机构包括企业股东会、董事会、监事会和管理层，它们依据《公司法》与企业章程作出的决议、决定等，也是企业经营管理应当遵守的文件。

因此，企业章程以及企业治理机构依法作出的决定，也应当是企业合规规范的组成部分。

（七）关于合同协议

在有关企业合规管理的国际标准、指南和我国国家标准、办法和指引中，只有国际标准暨我国国家标准《合规管理体系　指南》在前言及第3.5.1 条将企业与第三方之间的合同协议确定为企业内部合规规范之一。

我们的理解是，与第三方之间的合同，其本身属于合规审查的对象，但在特定情况下也可能成为合规规范的一部分。例如：主合同是从合同应当遵循的合规规范，总合同（如年度合同、框架协议等）是具体执行合同、分合同、订单的合规规范，已订立合同是合同修改、补充、续订的合规规范，以及企业与社会团体或非政府组织签订的协议、与公共权力机构签订的协议是企业应当遵守的合规规范等。

在实务中，一般不把合同、协议纳入合规规范的范畴。

（八）关于企业集团内部合规规范在企业集团子公司的适用

企业集团子公司包括全资子公司、控股子公司和非控股的参股公司。跨国公司、国有企业集团以及其他所有制性质的企业集团习惯于向各子公司下发各类政策、文件和规章制度，并要求各子公司直接适用和执行。不少子公司在经营管理中，甚至在对员工进行违纪处理时，直接适用企业集团的政策、文件和规章制度。

各子公司依法属于独立的企业法人，其政策、规章制度的制定和生效应当按照其章程的规定，经相关企业治理机构制定和批准后生效并实施。在我国国有企业，重大的规章制度以及涉及员工切身利益的规章制度还需要企业职工代表大会批准通过。企业集团的各类政策、文件和规章制度要在各子公司贯彻执行，也需要按照子公司的章程履行批准生效程序，否则其在各子公司的合法有效性就存在问题。除子公司的章程有明文规定外，各子公司也不能直接引用和执行企业集团的政策或规章制度来规范自己的经营管理。

三、企业合规义务

（一）合规义务的来源

企业合规义务（Compliance Obligations）是企业合规规范规定的、企业必须履行的义务。

在有关企业合规管理的国际标准、指南以及我国国家标准、办法和指引中，只有国际标准《合规管理体系——指南》（ISO19600：2014，下同）、我国国家标准《合规管理体系　指南》第3.5条以较长篇幅对企业合规义务作出了规定，并成为贯穿整个指引的主要线索。

按照《合规管理体系　指南》第3.5.1条，合规义务来源于适用于企业的合规规范，包括合规要求与合规承诺。合规要求主要来自外部合规规范，具有强制执行的效力。合规承诺主要来自企业内部合规规范，是企业基于自主意识表示，自愿设定的义务和接受的约束。

（二）合规义务的识别

《合规管理体系　指南》第3.5.1条要求企业系统性地识别其合规义务及这些合规义务对企业活动、产品和服务的影响。企业在建立、制定、实施、评价、维护和改进合规管理体系时，宜考虑这些合规义务。企业宜以适合其规模、复杂性、结构和运行的方式记录其合规义务。

企业合规义务是企业合规的基础依据。识别企业合规义务是企业合规管理的重要内容，也是企业开展合规风险管理的首要任务和程序。

（三）合规义务的维护

按照《合规管理体系　指南》第3.5.2条，企业宜有适当的过程识别新的和变更的法律、法规、准则和其他合规义务，以确保持续合规。企业宜制定程序评价已识别的变更和任何变更的实施对合规义务管理的影响。获取关于法律和其他合规义务变更信息的过程包括：

（1）列入相关监管部门收件人名单；

（2）成为专业团体的会员；

（3）订阅相关信息服务；

（4）参加行业论坛和研讨会；

（5）监视监管部门网站；

（6）与监管部门会晤；

（7）与法律顾问洽商；

（8）监视合规义务来源（如：监管声明和法院判决）。

四、企业合规管理

（一）概念

管理是通过计划、组织、领导、控制及创新等手段，结合人力、物力、财力、信息、环境、时间等要素，以达到组织目标的过程。合规管理就是由企业董事会和高级管理层自己或者通过其授权的合规委员会领导合规组织，通过合规管理运行、合规管理保障等，促使企业遵守和执行合规规范，

预防和管控合规风险，保障企业安全、稳健、持续经营。

我国国资委《中央企业合规管理指引（试行）》将合规管理定义为：以有效防控合规风险为目的，以企业和员工经营管理行为为对象，开展包括制度制定、风险识别、合规审查、风险应对、责任追究、考核评价、合规培训等有组织、有计划的管理活动。

（二）合规组织

有关企业合规管理的国际标准、指南以及我国国家标准、办法和指引，都对企业各层级的合规管理组织做出了规定。例如，我国国资委《中央企业合规管理指引（试行）》将企业合规组织分为八个层级，即：（1）董事会，（2）监事会，（3）经理层，（4）合规委员会，（5）合规管理负责人，（6）合规管理牵头部门，（7）业务部门，（8）监察、审计、法律、内控、风险管理、安全生产、质量环保等相关（职能）部门。

在企业合规管理中，企业董事会应做合规管理的表率并对企业的合规管理承担最终责任。合规管理部门负责合规管理的组织、协调、支持和监督，并指导下属企业的合规管理工作。业务部门是合规管理的责任主体，负责并主动开展本业务领域日常合规管理工作，对本领域业务的合规性负首要责任。监察、审计、法律、内控、风险管理、安全生产、质量环保等相关部门，在职权范围内履行合规管理职责。

有关合规组织的详细内容，请参见第二篇第二章（合规组织）。

（三）内容

企业合规管理的内容包括合规管理运行、合规管理保障。按照有关合规管理的国际标准、指南以及我国国家标准、办法和指引，合规管理运行包括建立合规管理制度、合规风险管理、合规审查、合规管理评估、违规管理与问责。合规管理保障包括合规管理计划与合规报告、合规审计、合规考核与评价、合规宣传与培训、合规管理信息化系统以及企业合规文化。

有关合规管理内容的详细介绍，请参见第一篇第四章（合规管理体系）。

（四）分类

企业合规管理分为全面合规管理、诚信合规管理和专项合规管理。

1. 全面合规管理

企业全面合规管理，是企业合规管理全面性原则的体现，要求企业建立健全的全面合规管理体系，做到合规管理覆盖企业各业务领域、各部门、各级子企业和全体员工，贯穿决策、执行、监督各个环节。巴塞尔银行监管委员会《合规与银行内部合规部门》、国际标准化组织《合规管理体系——指南》以及我国有关合规管理的国家标准、办法和指南，都倡导和要求企业建立全面合规管理体系，开展全面合规管理。

2. 诚信合规管理

企业诚信合规管理，是以反腐败、反欺诈、反串谋等诚信合规为主要内容的合规管理。

经合组织《内控、道德与合规，最佳实践指南》、世界银行集团《诚信合规指南》等，都是诚信合规管理的集大成者。我国发改委等七部委《企业境外经营合规管理指引》，在要求企业境外经营开展全面合规管理的同时突出诚信合规管理，要求企业针对特定主体或特定风险领域制定具体的合规管理办法，包括但不限于礼品及招待、赞助及捐赠、利益冲突管理、举报管理和内部调查、人力资源管理、税务管理、商业伙伴合规管理等内容。

大多欧美跨国企业集团通过颁布《商业行为准则》等倡导企业开展诚信合规管理。

我国国资委于2016年开展建立企业合规管理体系试点的五家中央企业，都制定了《诚信合规手册》或者《诚信合规准则》，开展诚信合规管理。但同时，他们都制定了合规管理办法，建立合规管理体系，开展全面合规管理。一方面执行了我国《中央企业合规管理指引（试行）》关于建立全面合规管理体系的要求，另一方面又与国际诚信合规管理接轨。

3. 专项合规管理

是指企业针对重点业务领域（如市场交易、财税管理、人力资源、安全环保、知识产权、网络安全与信息保护等）、重点管理环节（如制度制定环节、经营决策环节等）、重点人员（如管理人员、重要风险岗位人员、海外人员等）、海外投资经营行为等开展专门的合规风险管理、合规管理评估、合规审计等。

有关全面合规管理、诚信合规管理、专项合规管理的具体内容，请参见第一篇第五章（诚信合规与全面合规）。

五、具有中国特色的企业合规管理探讨

中国企业的合规管理起始于 2006 年的我国原银监会《商业银行合规风险管理指引》，远晚于欧美企业。但通过十余年的发展，中国企业（尤其是国有企业）的合规管理也形成了自己鲜明的特色。

1. 建立全面合规管理体系

中国企业的合规管理起步较晚，但相对于欧美企业的诚信合规管理，中国企业从一开始就关注全面合规管理体系的建设。我国有关企业合规管理的国家标准（ISO19600《合规管理体系　指南》）以及指引（《中央企业合规管理指引（试行）》《企业境外经营合规管理指引》等）都强调和引导企业建立全面合规管理体系，也就是实践中常说的"大合规"。

有些中央企业（包括我国国资委 2016 年开展合规管理试点的五家中央企业）还将全面合规管理与诚信合规管理有机结合起来，做到与国际合规管理实践无缝接轨。

2. 党组织与国有企业合规管理

虽然我国有关企业合规管理的标准、指引等没有就中国共产党党组织参与国有企业合规管理作出明确规定，但党组织在以下三个方面对国有企业合规管理发挥着重大作用。一是，党内法规是国有企业合规规范的重要组成部分。二是，党组织是国有企业合规组织的首要和重要组成部分。三是，纪检监察部门在国有企业违规管理与问责方面发挥着巨大作用。

3. 合规是我国精神文明建设的一部分

我国《宪法》第二十四条规定，国家通过普及理想教育、道德教育、文化教育、纪律和法制教育，通过在城乡不同范围的群众中制定和执行各种守则、公约，加强社会主义精神文明的建设。

我国精神文明建设包括思想道德建设和科学文化建设。思想道德建设要求大力倡导文明礼貌、助人为乐、爱护公物、保护环境、遵纪守法的社会公德，大力倡导爱岗敬业、诚实守信、办事公道、服务群众、奉献社会的职业道德，大力倡导尊老爱幼、男女平等、夫妻和睦、勤俭持家、邻里团结的家庭美德。

企业合规管理增强企业诚信经营理念，培育企业全员诚信合规文化，带动员工在日常生活中诚信合规；树立行业和社区诚信合规典范，带动行业与社区合规。企业合规管理助力企业依法诚信合规经营，带动其他企业

和组织诚信合规，营造合规、有序、健康和公平竞争的营商环境，是我国精神文明建设的重要组成部分。

六、合规创造价值论

"合规创造价值"是重要的合规理念，是企业合规文化的重要组成部分。

合规创造管理价值、经济价值和社会价值，其基本内涵和作用已逐步得到认识，并推动企业合规管理发展。

（一）合规创造价值是重要的合规理念

合规创造价值的合规理念，已得到我国有关合规管理办法、指南和指引的确定。

1. 我国原银监会 2006 年《商业银行合规风险管理指引》第六条规定，商业银行应加强合规文化建设，并将合规文化建设融入企业文化建设全过程。董事会和高级管理层应确定合规的基调，确立全员主动合规、合规创造价值等合规理念，在全行推行诚信与正直的职业操守和价值观念，提高全体员工的合规意识，促进商业银行自身合规与外部监管的有效互动。

2. 我国原保监会 2016 年《保险公司合规管理办法》第四条规定，保险公司应当倡导和培育良好的合规文化，努力培育公司全体保险从业人员的合规意识，并将合规文化建设作为公司文化建设的一个重要组成部分。保险公司董事会和高级管理人员应当在公司倡导诚实守信的道德准则和价值观念，推行主动合规、合规创造价值等合规理念，促进保险公司内部合规管理与外部监管的有效互动。

3. 我国证监会 2017 年《证券公司和证券投资基金管理公司合规管理办法》第四条规定，证券基金经营机构应当树立全员合规、合规从管理层做起、合规创造价值、合规是公司生存基础的理念，倡导和推进合规文化建设，培育全体工作人员合规意识，提升合规管理人员职业荣誉感和专业化、职业化水平。

4. 我国国资委 2018 年《中央企业合规管理指引（试行）》第二十七条规定，积极培育合规文化，通过制定发放合规手册、签订合规承诺书等方式，强化全员安全、质量、诚信和廉洁等意识，树立依法合规、守法诚信

的价值观，筑牢合规经营的思想基础。

5.我国发改委等七部委2018年《企业境外经营合规管理指引》第四条（合规管理框架）规定，企业应以倡导合规经营价值观为导向，明确合规管理工作内容，健全合规管理架构，制定合规管理制度，完善合规运行机制，加强合规风险识别、评估与处置，开展合规评审与改进，培育合规文化，形成重视合规经营的企业氛围。

（二）合规创造管理价值

1.合规助力提升企业管理

合规管理帮助梳理和审查企业内部规章制度，对其存在的问题进行修改、补充，使之合法合规，并根据需要制定新的规章制度，明确各部门管理边界与协调合作机制，消除职责重叠、交叉和推诿，填补管理真空，形成管理合力。

多年以来，我国企业（尤其是国有企业）按照我国有关全面风险管理、内控体系、内部审计体系、法律风险管理、纪检监察等方面法律法规的要求，建立了各自的组织、制度和管理体系。企业风险管理的协同性原则，推动合规管理与法律风险防范、监察、审计、内控、风险管理等工作相统筹、相衔接［我国国资委《中央企业合规管理指引（试行）》第四条第三款］，以此整合各相关部门的体系和资源，健全和完善企业管理，推动企业整体管理水平和管理能力的提高。

合规管理通过依法合规、诚实经营等合规理念和价值观的宣传、合规培训、检查监督、管理评估、考核评价、违规调查和问责等，化"要我合规"为"我要合规"，提高各部门与员工守法合规的自觉性。

因此，合规管理能够帮助企业提升管理能力和管理效率，节约管理成本。

2.合规助力企业实现内控目标

企业内部控制的五大目标是，保证企业经营管理合法合规，保证企业资产安全，保证企业财务报告及相关信息真实完整，提高企业经营效率和效果，最终促进企业实现发展战略。

保障企业合法合规经营，是企业内部控制的首要目标。企业合规管理通过建立健全合规管理体系，助力企业内控落地，完善内控架构，推动实现企业内控的首要目标，保障企业经营管理的合法合规性。

3. 合规管理助力企业提升形象

企业合规管理保障企业诚信合规经营，防范腐败、欺诈、串通等不当行为，强化环保、安全、质量、诚信和廉洁等合规理念，树立依法合规、诚信经营的价值观，不断提高员工的合规意识和行为自觉，推进企业合规文化建设，创造企业良好信誉和形象，促进企业稳健、安全、持续经营。

根据德国西门子中国官方网站（http://www.siemens.com.cn），西门子在2006至2008年接受德国政府和美国政府的双重反腐败调查。为此，西门子遭受重罚并付出了巨大代价。2007年至2008年，西门子吸取教训，在公司内部首次制定并推出合规计划，并在之后加强诚信合规体系建设，包括建立多层级合规组织，制定强制性规章制度，引入全面控制，加强合规培训，建设合规管理队伍（合规官），将合规管理融入业务流程，等等。所有这些，使西门子成为合规管理的典范和楷模，为西门子挽回了损失并重塑良好企业形象。

合规管理助力企业创建和提升良好信誉和形象。

4. 企业合规就是依法治企

企业合规管理就是依法治企，即依法治理、依法合规经营、依法规范管理，是建设法治企业的主要内容。

（三）合规创造经济价值

1. 合规是企业参与国际市场竞争的基本条件与核心竞争力

诚信是合规产生与发展的源泉，诚信合规是企业发展基石。欧美跨国企业集团以及我国大型中央企业集团都将诚信合规确定为企业的核心价值观。

诚信合规管理在欧美企业日益得到加强，并被上升到国际商业行为准则的高度。合规管理已被纳入全球信用管理体系，成为企业参与国际市场竞争的基本条件与核心竞争力。我国企业疏于诚信合规管理常被欧美国家和跨国企业集团所诟病，并被用来为我国企业的国际竞争和经营设置障碍。我国企业要角逐国际市场竞争，参与"一带一路"建设，建立健全的合规管理体系，开展适当、充分、有效的合规管理，已刻不容缓。

2. 合规给企业带来更多业务和商业机会

合规管理助力企业树立诚信合规形象，增强商业伙伴对企业诚信经营的认知度、安全感和认同感，势必给企业带来更多的业务和商业机会，并维护企业与商业伙伴之间合作与交易的稳定性和持续性。

3. 合规助力企业防范风险，降低风险损失

合规助力企业防范风险。《合规管理体系　指南》在引言中明确提出，组织通过建立有效的合规管理体系，防止诚信合规领域（如反腐败、反洗钱、利益冲突等）、重点领域（如市场交易、安全环保、产品质量、财务税收、知识产权、商业伙伴等）、重点环节（制度制定环节、经营决策环节等）、重点人员等的违法违规，防范合规风险并对合规风险进行有效的应对和管控。

合规助力企业避免、减少财产损失。中兴通讯、长春长生等企业集团，都因严重违法违规而受到严厉处罚，遭受数亿甚至十几亿美元的损失。合规已成为企业的生存基础，而做好合规管理，能帮助企业避免合规风险，减少财产损失。

4. 合规帮助企业提高风险处置效率，降低风险处置成本

合规风险管理通过合规风险评估，编制合规风险清单，开展合规风险日常监测和预警，建立合规风险的快速反应和应对机制，实施后续整改与持续改进。合规帮助企业提高合规风险应对处置效率，控制合规风险并防止合规风险的影响和损失的扩大。

5. 合规帮助企业减轻甚至豁免行政处罚

按照我国国家标准《合规管理体系　指南》引言，建立有效的合规管理体系并不能杜绝不合规的发生，但是能够降低不合规发生的风险。在很多国家或地区，当发生不合规时，组织和组织的管理者以组织已经建立并实施了有效的合规管理体系作为减轻、甚至豁免行政、刑事或者民事责任的抗辩，这种抗辩有可能被行政执法机关或司法机关所接受。这对于我国企业无论是在国内还是在境外发展都尤为重要。

6. 合规帮助企业与员工的个人违规行为相隔离，降低企业违规风险

企业建立有效的合规管理体系，从组织、制度、流程上有效预防企业违法违规。企业开展有效的合规宣传与培训，培养企业员工"人人合规"理念。如果发生员工违规，企业合规管理体系能够帮助甄别员工违规行为是企业行为还是个人行为，使得企业与员工的个人违规行为相隔离，从而降低企业违规风险。

（四）合规创造社会价值

1.合规助力环境保护与公共卫生安全

人们熟知的疫苗事件、各类重大环境污染事件、各类食品安全事件等危害公共卫生、破坏环境资源保护的违法犯罪，危及国计民生、社会公共安全以及人们（尤其是下一代）的身心健康，造成重大社会危害和经济损失，具有严重的社会危害性。

环保、安全和卫生是企业合规的重要领域，要求企业在这些领域诚信合规，严格遵纪守法，助力防范危害社会的违法犯罪行为。

2.合规助力精神文明建设

如前所述，合规是我国精神文明建设的重要组成部分。合规助力我国精神文明建设。

第三章　企业合规管理原则
Chapter III　Corporate Compliance Principles

要　点:

合规管理八原则:诚信原则、全面性原则、责任性原则、协同性原则
适用性原则、独立性原则、客观性原则、持续性原则。

一、各原则说

关于合规管理原则,有不同的观点。有三原则说、四原则说和六原则说等。

(一)三原则说

以我国发改委等七部委联合发布的《企业境外经营合规管理指引》(第五条)为代表,采用三原则说,主张企业合规管理原则包括三项原则,即独立性原则、适用性原则和全面性原则。

(二)四原则说

以我国国资委《中央企业合规管理指引(试行)》为代表,采用四原则说,主张企业合规管理原则包括四项原则,即全面性原则、责任性原则、协同性原则和客观独立性原则。

也有学者将企业合规管理的四项原则表述为全面性原则、协同性原则、独立性原则和客观性原则,或表述为全面性原则、适用性原则、独立性原则和客观性原则。

(三)六原则说

王乐志教授在《企业合规管理操作指南》(中国法制出版社 2017 年版)提出了合规管理六原则,即有效性原则、前瞻性原则、一致性原则、适应

性原则、透明性原则和独立性原则。

二、八原则说

根据有关企业合规管理的国际标准、指南，我国国家标准、办法和指引，以及我们的实践案例，我们提出企业合规管理八原则，以供探讨。这八项原则包括：诚信原则、全面性原则、责任性原则、协同性原则、适用性原则、独立性原则、客观性原则和持续性原则。

（一）诚信原则

诚信原则，是民法的基本原则，要求民事主体在民事活动中讲诚实、守信用，恪守诺言，诚实不欺，正当行使权利、履行义务。该原则是市场经济活动的一项基本道德准则，也是现代法治社会的一项基本法律规则，是整个民法领域的"帝王条款"。

在企业合规管理中，诚信是合规的基石。诚信贯穿企业合规管理体系的各构成要素，对企业合规管理发挥着统领作用。

在欧美企业，诚信是合规管理产生的源泉和发展的基石。欧美企业更加关注和重视企业诚信合规管理。"诚信合规"经常被放在一起使用。或者说，欧美企业的合规，就是诚信合规。例如，西门子股份有限公司的合规管理体系，以管理层职责为核心，打造诚信与透明的企业文化。美国通用电气将诚实、公正和值得信赖作为公司所有活动与关系的一项基本的商业行为准则（Be honest, fair and trustworthy in all of your GE activities and relationships）。

我国企业参与市场经济活动（尤其是参与国际市场经济活动），诚信是基础，不可或缺，更需高度重视。我国国资委 2016 年开展建立合规管理体系试点的五家中央企业中，在建立全面合规管理体系的同时，都将诚实信用、合规经营作为企业的核心价值观。

因此，诚实信用应当是企业合规管理的首要原则。

（二）全面性原则

全面性原则是公认的企业合规管理原则。

我国国资委《中央企业合规管理指引（试行）》第四条将全面性原则

确立为企业合规管理的首要原则，要求合规管理覆盖企业各业务领域、各部门、各级子企业和全体员工，贯穿决策、执行、监督各环节。我国发展改革委员会等七部委联合发布的《企业境外经营合规管理指引》第五条要求，企业合规管理应覆盖所有境外业务领域、部门和员工，贯穿决策、执行、监督、反馈等各个环节，体现于决策机制、内部控制、业务流程等各个方面。

企业合规管理的全面性原则，是建立企业全员合规理念、培育企业合规文化的基本要求和保障。

（三）责任性原则

责任性原则是我国国资委《中央企业合规管理指引（试行）》规定的一项基本合规管理原则。

根据有关企业合规管理的国际标准、指南以及我国国家标准、办法和指引的规定，企业合规管理的责任性原则主要体现在以下几个方面：

1. 中央企业应强化责任，把加强合规管理作为企业主要负责人履行推进法治建设第一责任人职责的重要内容。建立全员合规责任制，明确管理人员和各岗位员工的合规责任并督促有效落实。

2. 对引发重大合规风险负有主要责任的董事、高级管理人员，企业监事会有权提出罢免建议；

3. 加强对重点人员的合规管理，强化考核与监督问责；

4. 对于不合规的经营行为，应及时制止并纠正，并对违规人员进行责任追究或提出处理建议；

5. 强化违规问责，完善违规问责制度与违规行为处罚机制，明晰违规责任范围，细化惩处标准。畅通举报渠道，针对反映的问题和线索，及时开展调查，严肃追究违规人员责任。

（四）协同性原则

企业合规管理作为企业管理的一项职能，与企业全面风险管理、企业内控、企业内部审计、企业法务以及中央企业、地方国有企业和它们的控股子公司的纪检监察部门，在管理职能方面存在交叉。尤其是，中央企业、诸多地方国企以及部分其他所有制性质的企业在全面风险管理、企业运行管理、内控体系建设、财务管理、法务管理、质量管理、安全管理等方面，在组织、制度、流程、信息管理系统等各方面已经建立一个甚至多个相对完善的管理体系。企业合规管理如何避免人员、机构、制度、系统的重叠，如何与企业业已存在的各个管理体系协调融合，建立法律、合规、风险、内控一体化管理平台，是企业合规管理学应当研究的重大课题。

我国国资委《中央企业合规管理指引（试行）》第四条将协同性原则确立为企业合规管理的一项基本原则，要求推动合规管理与法律风险防范、监察、审计、内控、风险管理等工作相统筹、相衔接，确保合规管理体系有效运行。

我国发改委等七部《企业境外经营合规管理指引》还用整个第十二条来规范合规管理协调，要求：（1）合规管理部门与业务部门分工协作，密切配合；（2）合规管理部门与其他监督部门分工协作，建立明确的合作和信息交流机制，加强协调配合，形成管理合力；（3）企业加强与外部监管机构沟通协调；（4）企业加强与第三方商业伙伴的沟通协调，做好对商业伙伴的合规管理。

（五）适用性原则

我国发改委等七部委《企业境外经营合规管理指引》第五条将适用性原则确立为企业合规管理的基本原则之一，要求企业合规管理从经营范围、组织结构和业务规模等实际出发，兼顾成本与效率，强化合规管理制度的可操作性，提高合规管理的有效性。同时，企业应随着内外部环境的变化持续调整和改进合规管理体系。

适用性原则不仅适用于我国企业境外合规经营，也应当适用于我国国内企业的合规经营。主要表现在以下几个方面：

1. 合规规范的适用性

企业根据其经营所在国家和地区、经营范围、行业、产品等确定适用的外部合规规范，跟踪适用的外部合规规范的修改、补充以及新的适用的外部合规规范。

企业根据其经营范围、组织结构、业务规模的内部环境因素以及外部合规规范制定企业合规规范，并根据前述因素的变更等，调整、修改、补充企业内部合规规范并确保其适用性。

2. 兼顾成本和效率

企业合规管理要根据企业的实际情况，在保障合规的前提下，节约成本，保证效率。

3. 可操作性

企业合规管理体系，尤其是合规管理制度应当具有可操作性，切忌好高骛远，空中楼阁，没有实际操作性而成为"鸡肋"，从而影响企业合规的积极性和有效性。

4. 有效性

企业合规管理的目的是促使企业依法合规经营，稳定、安全、持续经营。企业合规管理必须围绕这一目标，实现合规管理的实际有效性。

5. 持续适用

企业应随着内外部环境的变化持续调整和改进合规管理体系，保证其持续适用性。

（六）独立性原则

独立性原则是有关合规管理的国际标准、指南以及我国国家标准、办法和指引都确认的一项合规管理基本原则。

巴塞尔银行监管委员会《合规与银行内部合规部门》在引言9中就提出，不论一家银行如何组织其合规部门，该合规部门都应该是独立的，并有足够的资源支持。其原则5（独立性）专门论述了合规部门的独立性原则，规定银行的合规部门应该是独立的：

（1）独立性的概念包括四个相关要素，即：第一，合规部门应在银行内部享有正式地位。第二，应由一名集团合规官或合规负责人全面负责协调银行的合规风险管理。第三，在合规部门职员特别是合规负责人的职位安排上，应避免他们的合规职责与其所承担的任何其他职责之间产生可能的利益冲突。第四，合规部门职员为履行职责，应能够获取必需的信息并能接触到相关人员。

（2）合规部门应该在银行内部享有正式的地位，以使其具有适当的定位、授权及独立性。

（3）合规部门应与审计部门分离，确保合规部门的各项工作受到独立的复查。

根据有关企业合规管理的国际标准、指南以及我国国家标准、办法和指引，企业合规管理的独立性原则体现在以下两个方面：

1. 合规负责人的独立性

（1）合规负责人是企业高级管理人员；

（2）企业应采取保证合规负责人独立性的各项措施；

（3）在合规负责人的职位安排上，应避免其合规职责与其所承担的任何其他职责之间产生可能的利益冲突；

（4）合规负责人不得分管业务线条，不得兼管财务、资金运用和内部审计部门等可能与合规管理存在职责冲突的部门（总经理兼任合规管理人的除外）；

（5）保证合规负责人独立与董事会、合规委员会沟通，有权根据履职需要参加或者列席董事会会议、经营决策会议等重要会议；

（6）保障合规负责人履行职责所需充分的知情权和独立的调查权；

（7）各部门、各层级管理人员应支持配合合规负责人的工作，不得以任何理由限制、阻挠其履行职责；

（8）合规管理部门及合规管理人员由合规负责人考核；

（9）任命合规负责人或者其离任，应向监管部门报告。

2. 合规管理部门与合规管理人员的独立性

（1）合规管理部门在企业应当拥有独立的、正式的地位；

（2）企业应采取保证合规管理部门与合规管理人员独立性的各项措施；

（3）确保合规管理部门与合规管理人员具备独立采取措施的权限；

（4）合规管理部门与内部审计部门相互独立；

（5）合规管理部门与合规管理人员不得承担与合规管理相冲突的其他职责；

（6）向合规管理部门与合规管理人员提供履行合规管理职责所需充分适当的资源；

（8）保障合规管理部门与合规管理人员履行职责所需充分的知情权和独立的调查权；

（9）各部门、各层级管理人员应支持配合合规管理部门与合规管理人员的工作，不得以任何理由限制、阻挠其履行职责；

（10）企业应采取措施切实保障合规管理部门与合规管理人员不因履行职责遭受不公正的对待；

（11）合规管理部门及合规管理人员对合规部负责人负责，由合规负责人考核；

（12）合规管理部门向合规委员会、经理层随时、直接汇报的权利。

但企业合规管理的独立性具有相对性，还需要同时遵守协同性原则。例如，合规审查、合规风险管理等还得遵守经济性原则，对于触犯违规红线的重大合规风险，必须坚持独立性原则。但非触犯违规红线的一般合规风险，考虑到合规风险应对的经济成本和必要性，可以由企业决策机构根据实际情况决定是否承受该风险。

（七）客观性原则

我国国资委《中央企业合规管理指引（试行）》确立了企业合规管理的客观性原则，主要体现在以下两个方面：

1. 严格依照法律法规等规定对企业和员工行为进行客观评价和处理；

2. 企业合规管理应当贯彻以合规规范为依据，以客观事实为准绳的原则。

（八）持续性原则

企业合规管理并非一蹴而就，而是一个持续的过程。它从企业实施合规管理伊始，为企业的持续、安全、稳定一直保驾护航，贯彻企业始终，直至企业消亡。

《合规管理体系　指南》、我国国资委《中央企业合规管理指引（试行）》以及我国发改委等七部门《企业境外经营合规指管理引》都通篇强调企业合规管理的持续性。具体表现在以下几个方面：

1. 持续合规

持续合规是企业合规管理的基本要求以及目标，要求企业持续关注和跟踪合规规范的修改以及新的合规规范的发布，确保企业持续符合当时有效且适用的合规规范。

2. 持续改进

持续改进是企业合规管理的基本内容，是企业合规风险管理的基本特点，涵盖企业合规管理体系各构成要素的不断改进，贯彻企业始终。我国发展改革委员会等七部门联合发布的《企业境外经营合规指管理引》第二十八条整条规定持续改进，要求企业应根据合规审计和体系评价情况，进入合规风险再识别和合规制度再制定的持续改进阶段，保障合规管理体系全环节的稳健运行；积极配合监管机构的监督检查，并根据监管要求及时改进合规管理体系，提高合规管理水平。

3. 持久性

企业合规文化是企业文化的组成部分，具有持续性和持久性这两个企业文化的基本特点。

第四章　企业合规管理体系
Chapter IV Corporate Compliance Management System

要点：关于合规管理体系的构成要素有着不同的学说，笔者主张合规管理体系十三要素说。

按照国际标准暨我国国家标准《合规管理体系　指南》第2.7条，管理体系是组织建立方针和目标以及实现这些目标的过程的相互关联或相互作用的一组要素，包括组织的结构、角色和职责、策划、运行等。

企业合规管理体系是企业合规组织制度和企业合规管理制度的总称，是企业合规管理的基本框架和主要内容。它是企业合规的组织与制度保障，也是企业合规管理学的核心研究内容。

一、各构成要素说

关于企业合规管理体系的构成要素，不同学者有着不同的学术观点。主要有三要素说、六要素说和九要素说。

1. 三要素说

按照三要素说，"一个有效的合规管理体系一般由三个相互依赖的要素组成：一是董事会和管理层的监督管理，包括制定和实施银行合规政策，明确合规管理部门的组织结构及其资源配置。二是合规管理计划，包括逐步完善合规风险管理流程、合规培训与教育制度等。三是合规管理审计。"[1]

三要素说实际内含了六个基本要素，即合规政策、合规组织、合规计划、合规风险管理、合规培训以及合规审计。

2. 六要素说

按照六要素说，"合规管理体系由不同要素组合而成，是要素之间相互

---

[1] 黄毅、张晓朴、李劲松等编著：《合规管理原理与实务》，法律出版社2009年版。

配合以实现合规义务的系统。《ISO19600指南》对合规管理体系进行了描述，其描述与大多数企业在合规方面成熟的做法一致。"[①]

该观点认为，从企业的实践来看，完整的合规管理体系应当至少由以下六个要素组成的闭环：合规义务、合规目标、合规风险、合规团队、合规措施有效性和持续改进。

3. 九要素说

九要素说将企业合规管理体系划分为以下九个要素：治理与领导力，风险评估与尽职调查，标准、政策与程序，培训与沟通，员工报告，案件管理与调查，测试与监控，第三方合规，持续改进。

二、国际组织的标准和指南

1.《亚太经合组织高效率公司合规项目基本要素》

《亚太经合组织高效率公司合规项目基本要素》提出了企业合规项目的十一大基本要素，即：开展风险评估；管理层的全力支持和参与；制定和遵守书面的公司行为准则；建立合规管理组织架构；提供反腐败培训、教育讲座和持续指导；开展基于风险和详尽记录的尽职调查；审计和内部会计控制；合规机制和报告要求；激励；惩处；定期审查和测试。

2. 国际标准《合规管理体系——指南》（ISO19600：2014）

顾名思义，该标准的标题直接指向"合规管理体系"。国际标准化组织2014年12月15日发布的《合规管理体系——指南》是由国际组织制定的、专门阐述合规管理体系的规则，被我国国家质量监督检验检疫总局和国家标准化委员会等效采用，并于2017年12月29日发布了我国国家标准《合规管理体 指南》（GB/T 35770-2017）。其关于合规管理体系的规定详见下文。

三、我国国家标准、办法和指引

1. 国家标准ISO19600《合规管理体系 指南》

我国国家标准《合规管理体系 指南》（GB/T 35770-2017）等效采用国

---

① 胡国辉：《企业合规概论》，电子工业出版社2018年版。

际标准化组织 2014 年 12 月 15 日发布的 ISO19600《合规管理体系——指南》。其在前言中提出：组织通过建立有效的合规管理体系，来防范合规风险。组织在对其所面临的合规风险进行识别、分析和评价的基础之上，建立并改进合规管理流程，从而达到对风险进行有效的应对和管控。

《合规管理体系　指南》没有对合规管理体系的构成要素做明确的界定，而是从企业环境（第 3 节）、领导作用与合规方针（第 4.1 条、第 4.2 条），合规组织（第 4.3 条），合规风险管理（第 5.1 条、第 3.6 条、第 8.1 条、第 9 条），合规控制与程序（第 7.2 条），绩效评价和管理评审（第 8.3 条），合规培训（第 6.2 条），合规报告（第 8.1 条），沟通与文件化信息（第 6.4 条、第 6.5 条），企业合规文化（第 6.3 条）十个方面对企业合规管理提供指引。

2.《中央企业合规管理指引（试行）》

我国国资委《中央企业合规管理指引（试行）》要求中央企业加快建立健全合规管理体系，并从合规管理组织与职责（第二章）、合规管理重点（第三章）、合规管理运行（第四章）和合规管理保障（第五章）等四个方面进行了详细规定。

该指引通过对合规组织、合规管理运行和合规管理保障的规定，对企业合规管理的十一大构成要素进行了规范（未包括合规方针、合规审计）。列表如下：

1		合规组织（第二章）
2	合规管理运行	合规管理制度（第十七条）
3		合规风险管理（第十八条、第十九条）
4		合规审查（第二十条）
5		违规举报、调查与问责（第二十一条）
6		合规管理评估（第二十二条）
7	合规管理保障	合规考核评价（第二十三条）
8		合规管理信息化（第二十四条）
9		合规宣传与培训（第二十六条）
10		合规文化（第二十七条）
11		合规计划（第七条、第十条）与合规报告（第二十八条）

3.《企业境外经营合规管理指引》

我国发改委等七部《企业境外经营合规管理指引》第三章对企业合规管理的十二大要素进行了规定，在我国国资委《中央企业合规管理指引（试行）》的十一大构成要素上增加了合规审计。具体包括：合规管理机构，合规管理制度，合规培训，合规汇报，合规考核，合规审核，合规信息举报与调查，合规问责，合规风险识别、评估与处置，合规审计，合规管理体系评价，合规文化。

4.江苏省国资委《省属企业合规管理指引（试行）》

江苏省国资委《省属企业合规管理指引（试行）》规定的企业合规管理体系包括了十七个构成要素，即：合规组织，合规管理制度，合规风险管理，合规审查，合规联系会议机制，强制合规咨询，违规举报、调查与问责，合规管理评估，合规审计，领导合规责任，合规考核评价，合规管理信息化，激励约束机制，合规管理队伍，合规宣传与培训，合规计划与合规报告，合规文化。

四、我们的主张：十三要素说

按照国际标准暨我国国家标准《合规管理体系指南》第2.7条，管理体系是组织建立方针和目标以及实现这些目标的过程相互关联或相互作用的一组要素。一个管理体系能涉及一个方面或多个方面。体系的要素包括组织的结构、角色和职责、策划、运行等。管理体系的范围可包括整个组织、该组织具体和确定的职能、该组织具体和确定的部门，跨组织的一个或多个职能。

综合不同学者的观点，基于有关企业合规管理的国际标准、指南以及我国国家标准、办法和指引，结合我们开展合规管理服务项目的实践，我们认为企业合规管理体系应包括十三个构成要素，即：合规方针、合规组织、合规风险管理、合规制度与流程、合规审查、合规管理评估、合规审计、合规考核与评价、合规宣传与培训、违规管理与问责、合规计划与合规报告、合规管理信息系统以及合规文化。

1. 合规方针

企业合规方针是企业合规管理的基本方针和指导思想，表明企业股东和董事会对企业合规的决心、支持和期望，是企业核心价值观的重要内容，是鼓励企业人人合规、建立企业合规文化的纲领，是企业的合规宣言。

国际标准暨我国国家标准《合规管理体系指南》第 4.2.1 条规定，企业治理机构和最高管理者建立合规方针。企业建立合规方针宜与企业的价值观、目标和战略保持一致，且宜通过治理机构批准。

2. 合规组织

合规组织是企业合规的组织保障。

国际标准暨我国国家标准《合规管理体系　指南》规定的合规组织包括五个层级，即治理机构、最高管理者、合规团队、管理层和员工。

我国国资委《中央企业合规管理指引（试行）》第二章规定了八个层级的企业合规组织及其合规管理职责，即：董事会，监事会，经理层，合规委员会，合规管理负责人，合规管理牵头部门，业务部门以及监察、审计、法律、内控、风险管理、安全生产、质量环保等相关部门。

3. 合规风险管理

合规风险是企业合规义务的不合规发生的可能性和后果（国际标准暨我国国家标准《合规管理体系　指南》第 2.12 条），是企业违反法律、法规、规范可能导致的制裁、处罚、财产损失和声誉损失风险。

企业合规管理的核心是合规风险管理，包括：合规风险识别、合规风险评估、合规风险应对、监测和预警、监督和检查、沟通与协调以及持续改进。

4. 合规制度与流程

合规制度与流程是企业合规的制度保障，包括：企业全员普遍遵守的合规管理基本制度、合规管理具体制度、重点领域专项合规管理制度以及合规管理流程。

合规制度与流程还包括业务部门的业务管理制度与流程中的合规管理要求。企业应对业务部门制度与流程进行分析评价，甄别其与合规管理要求之间的差距和不足，并根据合规管理要求进行修改和补充，使合规管理要求融入企业业务管理制度和流程。

5. 合规审查

合规审查是企业合规管理的重要组成部分，包括（1）全面合规审查，即对企业经营管理的各个方面是否符合合规规范进行全面审查；（2）重点领域合规审查，即对企业经营管理的重点领域进行合规审查；（3）热点领域合规审查，即对企业经营管理的热点领域进行合规审查；（4）重大事项合规审查，即对企业规章制度、改革方案、重大事项决策、重要合同签订、重大项目运营、新产品、新业务等经营管理行为进行合规性审查。

6. 合规管理评估

企业合规管理评估是企业合规组织对企业合规管理体系以及本组织领域内合规管理的适当性、有效性和充分性，进行自我审查、评价、监督和持续改进。

企业合规管理评估与合规审计的内容趋同，但是其执行部门不同。合规审计是企业审计部门对企业合规管理的执行情况、合规管理体系的适当性和有效性等进行的独立审计。就合规组织而言，合规审计是来自外部的审查和监督，而合规管理评估是合规组织内部自我监督与纠错的制度。

7. 合规审计

企业合规审计是企业内部审计部门对企业合规管理体系运行的适当性和有效性进行的独立的内部审计，其目的在于保障企业依法合规、安全、稳健经营。企业合规审计属于企业内部审计范畴，从更小的范围来说，属于企业内部控制审计范畴。

合规审计作为企业合规的第三道防线，是确保企业合规管理适当、有效开展的保障。

8. 合规考核与评价

企业合规考核与评价是指对企业各部门及其管理人员和员工的合规管理绩效进行考核与评价，是企业合规管理体系的重要构成要素，也是合规管理保障的重要措施之一。

9. 合规培训与宣传

合规宣传培训的目标是确保所有员工有能力以与组织合规文化和对合规的承诺一致的方式履行角色职责（国际标准暨我国《合规管理体系　指南》第6.2.2条），加强全体员工对企业合规的基本认识，帮助员工理解和掌握自己的合规义务，提高员工的合规意识及遵纪守法的自觉性，是实现全员合规的基础。

10. 违规管理与问责

建立鼓励违规举报的制度，提供违规举报的方式和途径，做到有报必查、违规必究，并建立举报保密和反打击报复机制，向举报人员提供可靠保护。根据违规举报和违规线索，开展违规调查。违规调查结束后，提出调查报告和违规问责建议，并对违规部门与员工进行违规问责。

11. 合规管理计划与合规报告

合规管理计划包括年度合规计划与专项合规计划，由合规管理部门起草，呈报企业董事会（或者其授权的合规委员会）或者高级管理层批准。

企业建立适当的报告准则和程序，确立定期报告制度，建立特别报告系统，以确保企业治理机构和管理层及时有效并持续充分地了解合规管理体系的绩效（国际标准暨我国《合规管理体系 指南》第8.1.7条）。

12. 合规信息管理系统

互联网、大数据、云计算、办公自动化和智能化的飞速发展，使得管理信息系统（办公自动化系统，即OA系统）成为企业管理不可或缺的重要工具。与企业全面风险管理系统、企业运营管理信息系统、内控管理信息系统、财税管理信息系统、采购管理信息系统、销售信息管理系统、生产管理信息系统、人力资源管理信息系统、质量管理信息系统、环安卫管理信息系统、物流管理信息系统等一道，企业合规管理信息系统成为企业管理信息系统的重要组成部分。

我国国资委《中央企业合规管理指引（试行）》要求中央企业强化合规管理信息化建设，通过信息化手段优化管理流程，记录和保存相关信息。运用大数据等工具，加强对经营管理行为依法合规情况的实时在线监控和风险分析，实现信息集成与共享；同时要求推动合规管理与法律风险防范、监察、审计、内控、风险管理等工作相统筹、相衔接，确保合规管理体系有效运行。

13. 企业合规文化

企业合规管理的最终目的是建立企业合规文化，确保企业安全、稳健、持续经营，达成企业经营目标。建立企业合规文化，要求合规从领导做起，建立企业合规的方针、组织、制度与流程，建立企业合规管理信息系统，开展合规宣传与培训，确保全体员工树立合规意识并且熟悉、支持和执行企业的合规方针、目标、制度和流程，履行企业社会责任。

第五章　企业合规管理的产生和发展
Chapter V　Emergence and Development of Corporate Compliance

要　点：

1. 欧美国家和地区企业合规管理发展脉络：诚信合规与内控体系。

2. 国际组织推动企业合规管理发展。

3. 我国企业合规管理产生与发展的四个阶段。

4. 诚信合规与全面合规。

5. 大合规与小合规。

一、欧美企业合规管理的发展

欧美企业合规管理的发展，可以从以下两个方面进行观察和分析。

（一）欧美国家和地区

企业合规，源于 1977 年美国《反海外腐败法案》（Foreign Corrupt Practice Act，即 "FCPA"）。美国《反海外腐败法案》的基本内容为：（1）禁止企业为了获得业务而向外国政府官员行贿；（2）企业应当建立有效的内控管理体系，正确记录，准确做账。

2002 年美国颁布《萨班斯奥克斯利法案》，强化对上市公司的诚信合规要求。该法案共分 11 章，第 1 至第 6 章主要涉及对会计职业及公司行为的监管，包括：（1）建立一个独立的公众公司会计监管委员会（Public Company Accounting Oversight Board，"PCAOB"），对上市公司审计进行监管；（2）通过负责合伙人轮换制度以及咨询与审计服务不兼容等提高审计的独立性；（3）限定公司高管人员的行为，改善公司治理结构等，以增进公司的报告责任；（4）加强财务报告的披露；（5）通过增加拨款和雇员等来提高美国证监会的执法能力。第 8 至第 11 章主要是提高对公司高层主管及白领犯罪的刑事责任。通过上述规定，明确了企业管理层的责任，加强了对企业的会计监管，完善了企业审计制度与舞弊防范，严格了法律责任。

美国的两个法案有其深层次的历史背景。1977年水门事件，使美国高官和大企业主管这些传统上受人尊重的上层阶层的诚信度遭到社会质疑，美国《反海外腐败法案》应然而生。2001年12月，美国最大的能源公司之一安然公司突然申请破产保护，此后世通、施乐、默克制药等上市公司和证券交易市场丑闻不断，特别是2002年6月的世界通信公司会计丑闻事件，彻底打击了美国投资者对资本市场的信心，对企业的诚信合规提出了严重质疑。假账丑闻导致诚信危机，是《萨班斯奥克斯利法案》出台的直接原因。

继《美国反海外腐败法案》之后，其他欧美发达国家和地区相继制定和实施自己的反腐败法律，如英国2010年的腐败法案（Bribery Act），法国2016年的反腐败法案（Sapin II）。

（二）欧美企业

1977年美国《反海外腐败法案》发布实施以后，美国企业及其在海外的子公司和员工遵行该法案开展合规管理，加强企业内部控制体系建设与实施。2002年美国颁布《萨班斯奥克斯利法案》，美国企业进一步加强了企业内部控制。

根据德国西门子中国官方网站（http：//www.siemens.com.cn）的信息可知，西门子在2006年至2008年受到德国政府和美国政府的双重反腐败调查。为此，西门子遭受重罚并付出了巨大代价。2007年至2008年，西门子吸取教训，在公司内部首次制定并推出合规计划，并在之后加强诚信合规体系建设，包括建立多层级合规组织，制定强制性规章制度，引入全面控制，加强合规培训，建设合规管理队伍（合规官），将合规管理融入业务流程，等等。所有这些，使西门子成为合规管理的典范和楷模，为西门子挽回了损失并重塑良好企业形象。

欧美跨国企业集团大多通过制定《企业行为准则》，除了规定企业的愿景、使命、核心价值观、质量方针等以外，主要内容就是规范企业的诚信合规要求，包括企业诚信合规的方针与目标，反垄断与公平竞争，诚信经营，禁止泄露交易信息，关联交易的原则，防止利益冲突，反腐败，反欺诈和反洗钱，保密与知识产权，环境、健康与安全，公平就业机会，禁止使用童工和强迫劳动，防止性骚扰，贸易管制，企业社会责任等。

例如，德国巴斯夫股份公司《行为准则》包含的具体诚信合规准则为：人权、劳工和社会标准、环境、健康与安全保护、反托拉斯法、反腐败、礼品与招待、利益冲突、信息保护和内幕交易法、数据隐私保护、进出口、公司及业务伙伴资产保护、禁止洗钱。（源自巴斯夫官方网站：https：//www.basf.com/）。

二、国际组织推动企业合规管理发展

国际组织在诚信合规管理与全面合规管理两个方面，推动企业合规管理的发展。

（一）诚信合规管理

1997年OECD经合组织成员达成全球反腐败合作公约，即《OECD反对国际商业活动中向海外政府官员行贿行为公约》，并在此基础上颁布了《内控、道德与合规，最佳实践指南》，对反腐败合规体系的构建提出了建议。

2003年10月31日，第58届联大全体会议审议通过《联合国反腐败公约》，并于2006年2月12日对我国生效。作为联合国唯一一部具有法律约束力的国际性反腐败公约，目前已有172个缔约国。

2010年9月，世界银行集团颁布《诚信合规指南》，对企业建立和实施诚信合规管理方案作出了规定。

2013年，国际商会出版《国际商会道德与合规培训手册》。

2016年10月，国际标准化组织颁布第一个国际化反腐败标准，即《ISO37001：2016反贿赂管理体系——要求和适用指南》。

经合组织（OECD）《内控、道德与合规，最佳实践指南》与世界银行集团《诚信合规指南》是诚信合规管理的集大成者。以世界银行集团《诚信合规指南》为例，企业诚信合规管理包括十一个方面的内容：（1）禁止不当行为，（2）（领导与员工）诚信合规责任，（3）合规计划与合规风险评估，（4）（诚信合规）内部政策，（5）商业伙伴政策，（6）内部控制，（7）培训与沟通，（8）激励，（9）报告，（10）不当行为的补救，（11）集体行动。

（二）全面合规管理

2005 年 4 月 29 日，巴塞尔银行监管委员会颁布《合规与银行内部合规部门》，将合规定义为遵守法律，监管规定和规则，自律性组织的准则以及适用于银行自身业务活动的行为准则。该文件成为指导各国银行和金融机构开展全面合规管理、建立合规管理体系的最早的代表性文件。

2014 年 12 月 15 日，国际标准化组织（International Organization for Standardization）发布了 ISO19600《合规管理体系——指南》。

以国际标准化组织 ISO19600《合规管理体系——指南》为例，它要求组织通过建立有效的合规管理体系，来防范合规风险；并从组织环境、领导作用与合规方针、合规组织、合规风险管理、合规控制与程序、绩效评价和管理评审、合规培训、合规报告、沟通与文件化信息、企业合规文化十个方面对建立企业合规管理体系提供了具体指南。

三、我国企业合规管理的产生与发展

我国企业合规管理的产生和发展分为四个阶段，即第一阶段（1980 年至 2005 年）、第二阶段（2006 年至 2014 年）、第三阶段（2015 年至 2017 年）、第四阶段（2018 年及以后）。

1. 第一阶段（1980 年至 2005 年）

20 世纪 80 年代初，随着我国改革开放政策的实施，三资企业（中外合资经营企业、中外合作经营企业与外商独资企业）陆续建立起来。欧美跨国企业集团在中国设立三资企业时，都要求在中外合资合同、中外合作合同中写入"合规管理条款"，敦促三资企业遵守欧美跨国企业的合规管理制度要求，或者要求三资企业参照欧美跨国企业的合规制度制定和实施三资企业自己的合规管理制度。这一实践和做法延续至今。

2. 第二阶段（2006 年至 2014 年）

巴塞尔银行监管委员会于 2005 年发布了《合规与银行内部合规部门》，我国金融行业紧追其后。2006 年 9 月 7 日，我国原银监会发布实施《商业银行合规风险管理指引》。2007 年 10 月 25 日，我国原保监会发布实施《保险公司合规管理指引》（于 2016 年修改为《保险公司合规管理办法》）。这两个文件都推动建立合规管理体系，开展全面合规管理。

在这一阶段，我国有关部委发布实施的、与合规管理相关的政策文件还包括：

（1）2006年6月6日，国资委《中央企业全面风险管理指引》。

（2）2006年6月5日，上交所《上海证券交易所上市公司内部控制指引》；2006年9月28日，深交所《深圳证券交易所上市公司内部控制指引》。

（3）2008年6月28日，财政部、证监会、审计署、原银监会、原保监会五部委《企业内部控制基本规范》。

（4）2010年4月15日，财政部、证监会、审计署、原银监会、原保监会五部委《企业内部控制应用指引》《企业内部控制评价指引》和《企业内部控制审计指引》。

（5）2012年5月7日，国务院国资委、财政部发布《关于加快构建中央企业内部控制体系有关事项的通知》。

（6）2011年12月30日，国家标准化管理委员会《企业法律风险管理指南》。

3. 第三阶段（2015年至2017年）

这一阶段是中央企业建立合规管理体系试点阶段。

2014年12月18日，国务院国资委发布《关于推动落实中央企业法制工作新五年规划有关事项的通知》，要求各中央企业"力争再通过五年努力（2015-2019年），进一步深化企业法律风险防范机制、法律顾问制度和法律工作体系建设，进一步提升合规管理能力和依法治企能力"。

2015年12月8日，国务院国资委发布《关于全面推进法治央企建设的意见》，要求各中央企业"到2020年，中央企业依法治理能力进一步增强，依法合规经营水平显著提升，依法规范管理能力不断强化，全员法治素质明显提高，企业法治文化更加浓厚，依法治企能力达到国际同行业先进水平，努力成为治理完善、经营合规、管理规范、守法诚信的法治央企。"

2016年4月18日，国资委发布《关于在部分中央企业开展合规管理体系建设试点工作的通知》，确定在中国石油、中国移动、东方电气集团、招商局集团、中国中铁五家央企开展合规管理体系建设试点。

在这一时期，我国有关部委发布实施的与合规管理相关的文件还包括：

（1）2016年8月2日，国务院办公厅《关于建立国有企业违规经营投资责任追究制度的意见》；

（2）2017年6月6日，证监会《证券公司和证券投资基金管理公司合规管理办法》。

4. 第四阶段（2018年及以后）

这一阶段是我国企业合规管理发展阶段。2018年成为我国企业合规管理元年。

2018年7月1日，国家质量监督检验检疫总局、国家标准化管理委员会《合规管理体系 指南》生效。

2018年11月2日，国务院国资委发布实施《中央企业合规管理指引（试行）》。

2018年12月26日，发改委等七部委发布实施《企业境外经营合规管理指引》。

之后，我国有关省、直辖市国资委陆续发布实施本省、本直辖市企业合规管理指引，包括：

	名　称	发布时间
1	上海市国资委监管企业合规管理指引(试行)	2018年12月28日
2	重庆市市属国有企业合规管理指引（试行）	2019年11月1日
3	江苏省省属企业合规管理指引（试行）	2019年11月6日
4	山东省省属企业合规管理指引	2019年12月13日
5	广东省省属企业合规管理指引（试行）	2020年3月3日
6	陕西省省属企业合规管理指引（试行）	2020年4月9日
7	山西省省属企业合规管理指引(试行)	2020年7月14日

按照各省、直辖市属企业各合规管理指引，合规管理体系由四大部分构成，即组织体系、合规管理重点、运行机制与保障机制，但各指引在四大构成的具体内容方面略有不同。现作如下比较：

（一）组织体系

各省、直辖市属国有企业合规管理指引，关于合规管理组织及其职责的规定与国务院国资委《中央企业合规管理指引（试行）》基本相同，但有些省、直辖市属国有企业合规管理指引根据实际情况作了增补。具体如下：

发布人	合规管理组织及职责
国务院国资委	董事会、合规委员会、监事会、经理层、合规管理负责人、合规管理牵头部门、业务部门，以及监察、审计、法律、内控、风险管理、安全生产、质量环保等企业具有合规管理职责的部门
上海市	同国务院国资委规定
重庆市	同国务院国资委规定
江苏省	同国务院国资委规定 + 党委会、双线汇报制度、合规风险控制三道防线
山东省	同国务院国资委规定
广东省	同国务院国资委规定
陕西省	同国务院国资委规定 + 党委会、双线汇报制度、合规风险控制三道防线
山西省	同国务院国资委规定

（二）合规管理重点

合规管理重点包括合规管理重点领域、合规管理重点环节与合规管理重点人员。各省、直辖市属国有企业合规管理指引，关于合规管理重点环节与重点人员的规定与国务院国资委《中央企业合规管理指引（试行）》基本相同，即：合规管理重点环节包括制度制定环节、经营决策环节、生产运营环节和其他需要重点关注的环节，合规管理重点人员包括管理人员、重要风险岗位人员、海外人员和其他需要重点关注的人员。

然而，各省、直辖市属国有企业合规管理指引，在国务院国资委《中央企业合规管理指引（试行）》规定的基础上，根据本省、本直辖市的特点和实际情况，对合规管理重点领域作了适当增补，而且各有侧重。具体如下：

发布人	合规管理重点领域
国务院国资委	市场交易、安全环保、产品质量、劳动用工、财务税收、知识产权、商业伙伴
上海市	同国务院国资委规定
重庆市	同国务院国资委规定 + 配合执法
江苏省	同国务院国资委规定 + 公司治理、合同管理、信息安全、礼品与商务接待、社会捐赠与赞助
山东省	同国务院国资委规定 + 产权管理、建设工程
广东省	同国务院国资委规定 + 投资管理、合同管理、债务管理、资本运作、工程建设、租赁性资产、出口管制
陕西省	同国务院国资委规定 + 公司治理、合同管理、投融资管理、工程建设、信息安全、礼品与商务接待、捐赠与赞助
山西省	同国务院国资委规定 + 公司治理、投资管理、合同管理、工程建设、信息安全

（三）合规管理运行机制

各省、直辖市属国有企业合规管理指引，关于合规管理运行机制的规定与国务院国资委《中央企业合规管理指引（试行）》基本相同，但有些省、市属国有企业合规管理指引根据实际情况作了增补。具体如下：

发布人	合规管理运行机制
国务院国资委	合规管理制度、合规风险管理、合规审查、违规问责、合规管理评估
上海市	同国务院国资委规定
重庆市	同国务院国资委规定＋合规论证
江苏省	同国务院国资委规定＋合规联席会议、强制合规咨询、合规审计
山东省	同国务院国资委规定＋强制合规咨询
广东省	同国务院国资委规定＋合规联席会议
陕西省	同国务院国资委规定＋合规联席会议、强制合规咨询、合规审计
山西省	同国务院国资委规定＋强制合规咨询

（四）合规管理保障机制

各省、直辖市属国有企业合规管理指引，关于合规管理保障机制的规定与国务院国资委《中央企业合规管理指引（试行）》基本相同，但有些省、直辖市属国有企业合规管理指引根据实际情况作了增补。具体如下：

发布人	合规管理保障机制
国务院国资委	合规考核评价、合规管理队伍、合规培训、合规报告、合规管理信息系统、合规文化
上海市	同国务院国资委规定
重庆市	同国务院国资委规定
江苏省	同国务院国资委规定＋落实领导责任、激励约束机制
山东省	同国务院国资委规定
广东省	同国务院国资委规定＋激励约束机制、
陕西省	同国务院国资委规定＋落实领导责任、激励约束机制
山西省	同国务院国资委规定＋落实领导责任、激励约束机制

四、诚信合规与全面合规

国外企业合规管理的发展史呈现出两条清晰的脉络。

一是诚信合规，以反腐败、反欺诈、反共谋为主要内容，被众多欧美企业所采纳并且实际运用。经合组织（OECD）《内控、道德与合规，最佳实践指南》与世界银行集团《诚信合规指南》是诚信合规管理的集大成者。

二是全面合规管理，以全面合规管理体系为主要内容，被众多金融机构所采纳。巴塞尔银行监管委员会《合规与银行内部合规部门》、国际标准化组织ISO19600《合规管理体系——指南》所采纳的都是企业全面合规管理。中国企业合规管理起步较晚，但从金融企业合规管理开始，到国家标准《合规管理体系 指南》《中央企业合规管理指引（试行）》以及《企业境外经营合规管理指引》等，规定的都是企业全面合规管理。

我国企业合规管理起步较晚，但从金融企业合规管理〔2006年中国原银监会《商业银行合规风险管理指引》与2007年原中国保监会《保险公司合规管理指引》（于2016年修改为《保险公司合规管理办法》）〕开始，到国家标准《合规管理体系 指南》《中央企业合规管理指引（试行）》以及《企业境外经营合规管理指引》，采纳的都是企业全面合规管理。按照这些标准、办法和指引，企业合规管理管理体系包括十三个构成要素，即：合规方针、合规组织、合规风险管理、合规制度与流程、合规审查、合规管理评估、合规审计、合规考核与评价、合规宣传与培训、违规管理与问责、合规管理计划与合规报告、合规管理信息系统以及企业合规文化。

我国发改委等七部委《企业境外经营合规管理指引》在要求建立全面合规管理体系的同时，要求企业在境外经营中突出诚信合规管理，在第十四条（合规管理办法）中规定，企业应在合规行为准则的基础上，针对特定主题或特定风险领域制定具体的合规管理办法，包括但不限于礼品及招待、赞助及捐赠、利益冲突管理、举报管理和内部调查、人力资源管理、税务管理、商业伙伴合规管理等内容。企业还应针对特定行业或地区的合规要求，结合企业自身的特点和发展需要，制定相应的合规风险管理办法。例如金融业及有关行业的反洗钱及反恐怖融资政策，银行、通信、医疗等行业的数据和隐私保护政策等。

我国国资委于2016年开展企业合规管理试点的五家中央企业都制定了合规管理办法，建立合规管理体系，开展全面合规管理。同时，它们都制定了《诚信合规手册》或者《诚信合规准则》，开展诚信合规管理。它们在合规管理中兼收并蓄，一方面执行了我国《中央企业合规管理指引（试行）》关于建立全面合规管理体系的要求，另一方面又与国际诚信合规管理接轨。

例如，中国石油天然气集团公司《诚信合规手册》包含的具体诚信合规准则为：（1）公司与员工：营造和谐劳动关系，避免利益冲突、反对利益输送，保持良好工作氛围；（2）质量和健康安全环保：不断改进和提升质量，关注员工安全和健康，落实安全生产责任，保护生态和环境，严格管理承包商、供应商，妥善处理质量和健康安全环保事件；（3）对外交易：坚持公平公正诚信原则，禁止商业贿赂，禁止垄断行为，禁止不正当竞争，遵守贸易管制，反洗钱；（4）政府与社区：加强与政府的沟通，支持社区公益事业，尊重地方风俗习惯；（5）财务、资产与信息：正确使用和保护公司资产，保证财务信息真实准确，保护知识产权，保护公司信息安全，依法对外披露信息。

可见，诚信合规管理与全面合规管理并不相互排斥，而应当是相融和相互补充的，或者说，诚信合规管理是全面合规管理的重要组成部分，是专项合规管理的一种形式。

五、大合规与小合规

实务界有大合规与小合规之说。

大合规就是企业全面合规管理，具体体现为企业合规管理的全面性原则，要求建立合规管理体系，将合规管理覆盖企业各业务领域、各部门、各级子企业和全体员工，贯穿决策、执行、监督各个环节。

小合规有两种含义。

一是本章所述诚信合规管理。以欧美国家和地区、欧美跨国企业及部分国际组织文件为代表，关注反腐败、反舞弊、反垄断、利益冲突、贸易管制等重点合规管理领域，同时强调内部控制体系建设。

二是专指行业监管合规。烟草、酒类饮料、医药、医疗器械以及新兴的"互联网+"等行业领域，国有资产管理，上市公司等，都是政府强监管领域，行业监管合规是这些行业和领域企业合规管理的重点。

第六章　企业合规管理合规规范及其适用
Chapter VI　Corporate Compliance Norms and Their Application

要　点：

1. 本书引用了有关企业合规管理的十个主要的国际标准、指南以及我国国家标准、办法和指引。

2. 企业需要根据自身所处行业、所有制性质、经营所在国家等，确定适用于本企业的标准、办法、指南和指引。

3.《中央企业合规管理指引（试行）》对我国中央企业具有强制执行的效力。

一、本书引用的合规规范

	发布时间	发布机构	文件名称
1	2005年4月29日	巴塞尔银行监管委员会	合规与银行内部合规部门
2	2010年2月18日	经合组织（OECD）	内控、道德与合规，最佳实践指南
3	2010年9月	世界银行集团	诚信合规指南
4	2014年11月	亚太经合组织	高效率公司合规项目基本要素
5	2014年12月15日	国际标准化组织	合规管理体系—指南
	2017年12月29日	中国国家质量监督检验检疫总局、中国国家标准化管理委员会	合规管理体系 指南
6	2006年10月25日	中国银监会	商业银行合规风险管理指引
7	2007年9月7日发布，2016年12月30日修改	中国保监会	保险公司合规管理办法
8	2017年6月6日	中国证监会	证券公司和证券投资基金管理公司合规管理办法
9	2018年11月2日	中国国资委	中央企业合规管理指引（试行）
10	2018年12月26日	中国发改委等七部委	企业境外经营合规管理指引

二、有关合规规范的适用

（一）上述有关合规管理的国际标准、指南以及我国国家标准、办法和指引产生于不同时间，存在不断成熟和完善的过程

例如，巴塞尔银行监管委员会《合规与银行内部合规部门》早在2005年4月29日就已发布，而我国国资委《中央企业合规管理指引（试行）》于2018年11月2日方才发布，晚了十三年多的时间。

在我国，同一部委发布的合规管理规章也在不断修改和完善。例如，2007年9月7日，原中国保监会发布了《保险公司合规管理指引》。2016年12月30日，原中国保监会发布了《保险公司合规管理办法》，替代原《保险公司合规管理指引》。2008年7月14日，中国证券监督管理委员会发布《证券公司合规管理试行规定》。2017年6月6日，中国证券监督管理委员会发布《证券公司和证券投资基金管理公司合规管理办法》替代原《证券公司合规管理试行规定》。

因此，企业开展合规管理，应运用适用于本企业的、最新发布的有关合规管理的标准、办法、指南和指引。

（二）上述有关合规管理的国际标准、指南以及我国国家标准、办法和指引对企业合规管理的对象、程序、内容等不尽相同

上述有关合规管理的国际标准、指南以及我国国家标准、办法和指引对企业合规管理的对象、程序、内容等不尽相同。开展合规管理的企业，须根据企业本身所属行业、经营地域、企业所有制性质等，确定本企业应当或者更适合遵守的标准、办法、指南和指引。企业也可以根据实际情况和需要，在遵守对本企业强制或选择适用的合规管理标准、办法、指南或指引的同时，参照适用其他合规管理标准、办法、指南或指引中最适合本企业的不同规定，兼收并蓄，取长补短。

1. 国际标准暨我国国家标准《合规管理体系　指南》适用于所有组织的合规管理，不限于企业。按照指南第2.1条对组织的定义，组织的概念包括但不限于个体经营者、公司、集团、商行、企事业单位、权力机构、合伙企业、慈善机构或研究机构，或上述组织的部分或组合，无论是否为法人组织，公有的或私有的。

2. 巴塞尔银行监管委员会《合规与银行内部合规部门》、我国原银监会《商业银行合规风险管理指引》、我国原保监会《保险公司合规管理办法》、证监会《证券公司和证券投资基金管理公司合规管理办法》更加侧重并适用于金融机构的合规管理。由于商业银行、保险公司、证券基金管理公司之间的业务也存在差别，因此，这三个部委规章之间有关合规管理的规定也存在差别。

3. 我国国资委《中央企业合规管理指引（试行）》适用于我国中央企业。按照我国国资委 2018 年 11 月 2 日《关于印发〈中央企业合规管理指引（试行）〉的通知》，我国中央企业应当遵照执行该指引。因此，具有强制执行的效力。按照该指引第二十九条的规定，地方国有资产监督管理机构可以参照本指引，积极推进所出资企业合规管理工作。

4. 我国发改委等七部委《关于印发〈企业境外经营合规管理指引〉的通知》（发改外资〔2018〕1916 号）规定，为更好服务企业开展境外经营，推动企业持续提升合规管理水平，发展改革委、外交部、商务部、人民银行、国资委、外汇局、全国工商联共同制定了《企业境外经营合规管理指引》，现予以发布，供企业参考。因此，《企业境外经营合规管理指引》仅供企业参考执行。

5. 经合组织（OECD）《内控、道德与合规，最佳实践指南》由经合组织成员开展诚信合规管理的公司选择适用，没有法律约束力。

6. 世界银行集团《诚信合规指南》适用于使用世界银行集团贷款的组织（包括企业）和项目，尤其应得到被世界银行集团制裁而努力争取解除制裁的组织（包括企业）。

7. 亚太经合组织《高效率公司合规项目基本要素》系推荐给亚太经合组织成员开展合规管理项目的企业选择适用。

（三）适用步骤

1. 适用本行业、本所有制性质、本领域的专项合规规范；
2. 适用国际标准暨我国国家标准《合规管理体系　指南》；
3. 参考其他有关企业合规管理的国际标准、指南以及我国国家标准、办法和指引。

三、有关合规管理标准和指南的具体内容

（一）巴塞尔银行监管委员会《合规与银行内部合规部门》

2005年4月29日，巴塞尔银行监管委员会颁布《合规与银行内部合规部门》，率先提出在金融行业建立合规管理体系，成为商业银行开展合规管理的重要依据。我国原银监会2006年《商业银行合规风险管理指引》借鉴了该文件的概念、框架和具体规定。

文件提出了合规规范的范围、合规从高层做起、合规风险概念及其管理、合规组织、合规文化等企业合规管理的基本构成要素。尤其是，原则8强调合规部门应与审计部门分离，以确保合规部门的各项工作受到独立的复查。

文件对10大原则作出了具体规定，包括：

原则1：银行董事会负责监督银行的合规风险管理。

原则2：银行高级管理层负责银行合规风险的有效管理。

原则3：银行高级管理层负责制定和传达合规政策，确保合规政策得以遵守，并就银行合规风险管理向董事会报告。

原则4：作为银行合规政策的组成部分，高级管理层负责组建一个常设和有效的银行内部合规部门。

原则5：独立性原则。

原则6：为合规管理分配资源。

原则7：合规部门职责。

原则8：与内部审计的关系，强调合规部门应与审计部门分离，以确保合规部门的各项工作受到独立的复查。

原则9：跨境问题。

原则10：外包。

（二）经合组织（OECD）《内控、道德与合规，最佳实践指南》

2010年2月18日，经合组织（OECD）发布《内控、道德与合规，最佳实践指南》。

指南包括了公司诚信合规的主要内容，为成员的公司建立内部控制、道德与合规项目或方法，预防和调查海外腐败提供指南，并成为众多机构、

实体普遍认可的内控、道德与合规最佳实践措施。

指南包括 A）、B）两个部分。

A）公司最佳实践指南

建议公司进行风险评估，考虑以下最佳实践：

1.公司高级管理人员对内部控制、道德与合规项目或方法给予坚强、清晰和明示的支持与承诺；

2.公司政策清晰明示地禁止海外腐败；

3.遵守公司政策以及内部控制、道德与合规项目或方法，是公司所有层级人员的职责；

4.公司高级管理人员有责任对内部道德与合规项目或方法进行监督，包括向董事会或监事会的独立监督机构直接报告；应赋予该等高级管理人员在管理、资源和权力方面的自主权；

5.内部控制、道德与合规项目或方法在以下方面适用于公司所有董事、管理人员、员工以及公司拥有控制权的所有实体（包括子公司）：（1）送礼；（2）招待、娱乐和花费；（3）客户旅游；（4）政治捐款；（5）慈善捐赠和赞助；（6）好处费；（7）教唆和索贿。

6.基于合同安排，内部控制、道德与合规项目或方法适用于第三方，包括代理和其他中介、顾问、代表、分销商、承包商、供应商、合资伙伴等；

7.财务和会计程序，包括内部控制程序；

8.公司各层级定期沟通与培训机制；

9.激励机制；

10.惩处机制；

11.提供指导和咨询，诚信举报与保护，采取合理应对措施；

12.定期评估，持续改进。

B）商业机构和专业协会的行动

1.传播关于海外反腐败的信息；

2.提供培训、预防、尽职调查及其他合规工具；

3.尽职调查一般咨询；

4.抵制教唆和索贿的一般咨询与支持。

（三）世界银行集团《诚信合规指南》

2010年9月，世界银行集团发布《诚信合规指南》。指南的适用对象主要为受制裁方，但成为众多机构、实体普遍认可的良好治理和反欺诈、反腐败实践措施，包括了企业和组织诚信合规的主要内容，成为企业和组织诚信合规的集大成者。

指南包括11个方面的具体指引：

1.禁止不当行为（如欺诈、腐败、串通和强迫行为）。

2.职责：创建和维护一种基于信任的包容性组织文化，鼓励道德行为和守法承诺，对不当行为绝不姑息。包括领导作用、个人责任与合规职责。

3.合规计划启动、风险评估及检查。

4.内部政策，包括：雇员尽职调查，限制与前政府官员的关系安排，送礼、接待、娱乐、履行和开支，政治捐款，慈善捐赠和赞助，好处费，记录保存，欺诈、串通和强迫行为。

5.针对业务伙伴的政策，包括：业务伙伴尽职调查，向业务伙伴告知诚信合规计划，对等承诺，适当文件，适当报酬，监测/监督。

6.内部控制，包括：财务制度，合同义务，决策程序。

7.培训与交流。

8.激励机制，包括：奖励措施，惩戒措施。

9.报告制度，包括：上报义务，指导建议，检举/热线，定期验证。

10.不当行为的补救措施，包括：调查程序，应对措施。

11.集体行动。

（四）亚太经合组织《高效率公司合规项目基本要素》

2014年11月，第22届亚太经合组织领导人非正式会议发布了《高效率公司合规项目基本要素》，成为第一个明确提出公司合规管理基本要素的国际组织文件。

该文件提出了企业合规管理的11大基本要素，包括：

1.开展合规风险管理；

2.管理层的全力支持和参与；

3.制定并持续执行一份书面的公司行为准则；

4.建立合规组织框架；

5.提供反腐败培训、教育研讨会，提供持续指导；

6.基于合规风险开展尽职调查，并制作记录；

7.审计与内部会计控制；

8.合规机制与报告；

9.激励；

10.惩处；

11.定期评估与测试。

（五）国际标准化组织 ISO19600《合规管理体系——指南》、中国国家标准《合规管理体系　指南》

2014 年 12 月 15 日，国际标准化组织发布了 ISO19600《合规管理体系—指南》。中国国家质量监督检验检疫总局、中国国家标准化管理委员会于 2017 年 12 月 29 日发布了中国国家标准《合规管理体系　指南》。

中国国家标准《合规管理体系　指南》等效采用国际标准化组织 ISO19600《合规管理体系——指南》。国际标准化组织 ISO19600《合规管理体系——指南》一共 10 条内容，中国国家标准《合规管理体系　指南》只有 9 条内容。国际标准化组织 ISO19600《合规管理体系——指南》多出了第 2 条，其全文是："第 2 条 引用标准 没有引用标准"（2 Normative referencesThere are no normative references.）因此，两者仅有形式上的些微差别，没有任何实质性差别。因此，在本书中，作者统一使用"国际标准暨中国国家标准《合规管理体系　指南》"来指称这两个标准，并且在引用其具体条款时，统一使用中国国家标准《合规管理体系　指南》中的条号。

《合规管理体系　指南》倡导企业建立合规管理体系，并对企业合规管理体系的各构成要素做出了具体指引，适用于各种所有权性质的企业，是我国企业开展合规管理的重要指南。

值得提及的是，中国国家标准《合规管理体系　指南》系从国际标准化组织 ISO19600《合规管理体系——指南》英文版翻译而来，行文较为拗口，个别词语中文翻译的准确性尚值得商榷。例如，巴塞尔银行监管委员会《合规与银行内部合规部门》中的"internal audit"为内部审计；但是国际标准化组织 ISO19600《合规管理体系——指南》第 9.2 条在中国国家标准《合规管理体系　指南》第 8.2 条被规定为"审核"，似有不妥之处，我们认为其应当是"审计"的含义。

中国国家标准《合规管理体系 指南》包括以下 9 个方面的内容：

1. 范围。

2. 术语和定义。

3. 组织环境，其中规定了合规义务（包括合规要求与合规承诺）、合规风险评估等重要内容。

4. 领导作用，规定了治理机构和最高领导者在合规管理中的作用和承诺、合规方针、合规组织及其职责。

5. 策划，规定了合规风险的应对措施、合规目标与实施计划。

6. 支持，规定了资源、能力和培训、合规意识（合规文化）。

7. 运行，规定了运行的策划和控制、建立控制和程序、外包过程。

8. 绩效评价，规定了监视、测试、分析和评价，审核，管理评估。

9. 改进，包括不合格、不合规和纠正措施。

（六）原中国银监会《商业银行合规风险管理指引》

原中国银行业监督管理委员会于 2006 年 10 月 25 日发布《商业银行合规风险管理指引》，是我国合规管理开展的第一个规范性文件，适用于政策性银行、金融资产管理公司、城市信用合作社、农村信用合作社、信托投资公司、企业集团财务公司、金融租赁公司、汽车金融公司、货币经纪公司、邮政储蓄机构以及经银监会批准设立的其他金融机构，标志着全面合规管理在我国金融机构率先展开。

巴塞尔银行监管委员会《合规与银行内部合规部门》是该指引的重要参考依据。

该指引共五章三十一条，倡导商业银行等金融机构建立合规管理体系，并对商业银行合规管理体系的各构成要素作出了具体指引，包括：

总则：规定了适用范围，合规、合规风险、合规管理等基本概念，合规风险管理的目标、合规文化建设等。

董事会、监事会和高级管理层的合规管理职责：规定了合规风险管理体系的基本要素：合规管理部门的职责应包括的方面，董事会、监事会、高级管理层、合规负责人的合规管理职责，合规管理考核，诚信举报，违规问责等。

第三章合规管理部门职责：规定了合规管理部门的合规管理职责，对合规管理人员的要求，商业银行各业务线条和分支机构对经营活动的合规性负首要责任，协作机制，合规管理职能与内部审计职能相分离，合规风险报告，合规管理部门工作外包等。

第四章合规风险监督：规定了商业银行向银监会提交合规管理报告和备案制度，银监会合规管理评价等。

第五章为附则。

（七）原中国保监会《保险公司合规管理办法》

2007年9月7日，原中国保监会发布了《保险公司合规管理指引》。2016年12月30日，原中国保监会发布了《保险公司合规管理办法》，替代原《保险公司合规管理指引》。

该办法共六章四十二条，要求保险公司建立合规管理体系，对合规管理体系的各构成要素作出了具体规定，强调合规管理三道防线各自的职责，并首次提出建立合规管理信息系统的要求。具体包括：

第一章　总则：对合规、合规风险、合规管理等基本概念，合规文化建设，保险集团（控股）公司的合规管理要求等。

第二章　合规管理职责：规定了董事会、专业委员会、监事会、总经理的合规管理职责。

第三章　合规负责人和合规管理部门：规定了合规负责人的职责，保险公司总公司及省级分公司合规管理部门的职责和权利，合规管理部门和合规岗位的独立性。

第四章　合规管理：规定了合规管理体系以及合规管理的三道防线，向保监会的报告和备案制度，合规管理制度，合规风险评估，合规管理评估，合规考核与问责，合规培训，合规管理信息系统等。

第五章　合规的外部监督：规定了保监会的合规管理监督职责。

第六章　附则。

（八）中国证监会《证券公司和证券投资基金管理公司合规管理办法》

2008年7月14日，中国证券监督管理委员会发布《证券公司合规管理试行规定》。2017年6月6日，中国证券监督管理委员会发布《证券公司和证券投资基金管理公司合规管理办法》，替代原《证券公司合规管理试行规定》。

该办法共五章四十条，要求证券公司和证券投资基金管理公司建立合规管理体系，对企业合规管理体系的各构成要素作出了更严格的规定，首次提出了合规审查制度、合规负责人要求、合规管理人员要求等。具体包括：

第一章　总则：对合规、合规风险、合规管理等基本概念，要求合规管理全覆盖，合规文化建设等。

第二章　合规管理职责：规定了董事会、监事会、高级管理人员、下属各单位的合规管理职责，合规负责人职责和权利，合规管理基本制度，合规审查，合规报告等。

第三章　合规管理保障：规定了合规负责人的能力要求及聘用，合规部门的职责，合规管理人员资质和能力要求，各层级子公司的合规管理，合规负责人与合规管理人员的知情权和调查权、独立性保障，合规管理考核。

第四章　监督管理与法律责任：规定了向证监会的合规报告制度，证监会的合规管理监督，违反该办法的法律责任等。

第五章为附则。

2012年2月12日，中国证券业协会发布《证券公司合规管理有效性评估指引》；2017年9月8日，中国证券业协会发布《证券公司合规管理实施指引》，成为我国证券公司开展合规管理的具体依据。

（九）中国国资委《中央企业合规管理指引（试行）》

2018年11月2日，中国国务院国有资产监督管理委员会发布《中央企业合规管理指引（试行）》。

指引共六章三十一条，对我国中央企业合规管理做了更加科学的划分，提出了合规管理重点。具体包括：

第一章总则：规定了合规、合规规范、合规风险、合规管理等基本概念，提出了合规管理的三大基本原则，即：全面覆盖，强化问责、协同联动及客观独立。

第二章合规管理职责：规定了合规组织及其职责，包括董事会、监事会、经理层、合规委员会、合规负责人、合规管理牵头部门、业务部门，以及监察、审计、法律、内控、风险管理、安全生产、质量环保等相关部门在职权范围内履行合规管理职责。

第三章合规管理重点：规定了重点领域、重点环节、重点人员以及海外投资经营行为的合规管理。

第四章合规管理运行：规定了合规管理制度、合规风险管理、合规审查机制、违规问责机制、合规管理评估机制等。

第五章合规管理保障：规定了合规考核评价、合规管理信息化建设、合规管理队伍建设、合规宣传与培训、合规文化建设、合规报告制度等。

第六章附则：规定地方国有资产监督管理机构可以参照该指引，积极推进所出资企业合规管理工作。

（十）中国发改委等七部委《企业境外经营合规管理指引》

2018年12月26日，中国国家发展改革委、外交部、商务部、人民银行、国资委、外汇局、全国工商联等七部委联合发布《企业境外经营合规管理指引》。

指引提出了中国企业在境外经营三个方面的具体合规管理要求；规定了合规管理制度的三个层级，即：合规行为准则、合规管理办法、合规操作流程；并明确提出了合规审计的要求。

指引共八章三十条，具体包括：

第一章　总则：规定了适用范围，合规的基本概念，合规管理框架和合规管理原则。

第二章　合规管理要求：规定了对外贸易、境外投资、对外承包工程、境外日常经营的合规要求。

第三章　合规管理架构：规定了合规治理结构、合规管理机构（合规委员会、合规负责人、合规管理部门）的合规管理职责，合规管理协调。

第四章　合规管理制度：规定了合规管理制度的三个层级，即：合规行为准则，合规管理办法，合规操作流程。

第五章　合规管理运行机制：规定了合规培训，合规汇报，合规考核，合规咨询与审核，合规信息举报与调查，合规问责。

第六章　合规风险识别、评估与处置：规定了合规风险的概念，合规风险识别，合规风险评估，合规风险处置。

第七章　合规评审与改进：规定了合规审计，合规管理体系评价，持续改进。

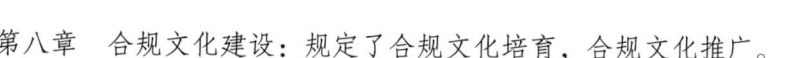

第八章　合规文化建设：规定了合规文化培育，合规文化推广。

四、引用的其他合规规范

本书还参考和引用了下列合规规范：

1.2015 年 12 月 8 日，国资委《关于全面推进法治央企建设的意见》（国资发法规〔2015〕166 号）；

2.2006 年 6 月 6 日，国资委《中央企业全面风险管理指引》；

3.2004 年 8 月 30 日，国资委《中央企业内部审计管理暂行办法》；

4.2009 年 5 月 6 日，国家质量监督检验检疫总局、国家标准化委员会《风险管理术语》（GB/T 23694—2009/ISO/IEC Guide 73：2002）；

5.2011 年 12 月 30 日，国家质量监督检验检疫总局、国家标准化委员会《风险管理风险评估计划》（GB/T27921–2011）；

6.2011 年 12 月 30 日，国家质量监督检验检疫总局、国家标准化委员会《企业法律风险管理指南》（GB/T 27914–2011）；

7.2008 年 5 月 22 日，财政部、证监会、审计署、原银监会、原保监会《企业内部控制基本规范》；

8.2010 年 4 月 15 日，财政部、审计署、原保监会、原银监会和证监会《企业内部控制应用指引》；

9.2013 年 8 月 20 日，中国内部审计协会《中国内部审计准则》；

10.2013 年 8 月 20 日，中国内部审计协会《第 2201 号内部审计具体准则——内部控制审计》；

11.2012 年 2 月 12 日，中国证券业协会《证券公司合规管理有效性评估指引》。

第二篇
企业合规管理分论

Part II
Thirteen Structurual Elements of Corporate Compliance System

第一章　企业合规方针
Chapter I　Corporate Compliance Policy

要　点：

1. 企业合规方针是企业合规管理体系的首要构成要素。

2. 企业合规管理的基本方针和指导思想，是企业最高管理者正式发布的企业合规承诺、宗旨和方向。

3. 企业合规方针范例。

企业合规方针是企业合规管理的基本方针和指导思想，是企业最高管理者正式发布的企业合规承诺、宗旨和方向。企业合规方针表明企业股东、董事会和企业领导对企业合规的决心、支持和期望，是企业核心价值观的重要内容，是鼓励企业人人合规、建立企业合规文化的纲领，是企业的合规宣言。

合规方针是企业合规管理体系的首要构成要素。

一、定义

按照国际标准化组织 ISO19600《合规管理体系——指南》，合规方针的英文为"Compliance Policy"。有些合规规范将其称为"合规政策"（如我国原保监会《保险公司合规管理办法》第二十五条）。

国际标准暨我国国家标准《合规管理体系　指南》第 2.8 条规定，企业合规方针是企业最高管理者正式发布的组织的合规宗旨和方向。企业合规方针是建立企业实现合规的总原则和措施承诺。它设定所要求的责任和绩效水平以及评估措施的期望。方针宜适合于组织活动产生的合规义务。

二、制定

国际标准暨我国国家标准《合规管理体系 指南》第 4.2.1 条规定，企业治理机构和最高管理者建立合规方针。企业建立合规方针宜与企业的价值观、目标和战略保持一致，且宜通过治理机构批准。

欧美跨国公司大多通过企业《商业行为准则》来发布企业合规方针。下文将介绍一些跨国公司发布企业合规方针的范例。

三、内容

国际标准暨我国国家标准《合规管理体系 指南》第 4.2.1 条还规定，合规方针应当适合于企业的目的，为设定合规目标提供框架，包括满足适用合规要求的承诺和持续改进合规管理体系的承诺。

企业合规方针宜清晰地反映合规管理体系的范围，与企业规模、性质、复杂性和运行环境有关的体系运用与体系环境，合规与其他职能，如治理、风险、审计和法务的结合程度，合规融入运行方针、程序、过程的程度，合规团队的独立和自治程度，管理和报告合规事项的责任，管理内部和外部利益相关方关系的原则，所要求的行为和问责的标准，不合规的后果。

制定企业合规方针，宜考虑国际、区域或本地的特定义务，企业的战略、目标和价值观，企业的结构和治理框架，与不合规有关的风险性质和等级以及其他内部方针、标准和准则。

我国原保监会《保险公司合规管理办法》将合规方针称为合规政策。其第二十五条规定，保险公司应当制订合规政策，经董事会审议通过后报保监会备案。

合规政策是保险公司进行合规管理的纲领性文件，应当包括以下内容：

（一）公司进行合规管理的目标和基本原则；

（二）公司倡导的合规文化；

（三）董事会、高级管理人员的合规责任；

（四）公司合规管理框架和报告路线；

（五）合规管理部门的地位和职责；

（六）公司识别和管理合规风险的主要程序。

四、要求

国际标准暨我国国家标准《合规管理体系　指南》第4.2.1条进一步规定，合规方针宜作为文件化信息可供使用，以通俗易懂的语言书写以便于所有员工均能容易地理解原则和目的，必要时翻译为其他语言，在企业内明确传达且所有员工随即可用，便于相关方获取，按要求更新以保持相关。

企业合规方针不宜是孤立的文件，宜由其他文件支持，包括运行方针、程序和过程。

五、欧美跨国企业集团的合规方针范例

考察欧美跨国企业集团的官方网站可以发现，欧美跨国集团大多在企业《商业行为准则》中宣示企业的合规方针。

（一）领导承诺

国际标准暨我国国家标准《合规管理体系　指南》第4.1条（Leadership and commitment 领导作用）要求：确立和坚持组织的核心价值观，确保建立组织的合规方针和合规目标，并与该组织的价值观、目标和战略方向保持一致。

《世界银行集团诚信合规指南》第2.1条（Leadership 领导作用）规定："公司高管、董事会或类似机构应全力、明确、公开、积极地支持并承诺推动诚信合规计划（以下简称合规计划）及其贯彻执行，无论从形式上还是从实质上。"

例如，西门子股份公司总裁兼首席执行官在西门子《商业行为准则》的前言中就宣示：

"我们在 2018 年 8 月公布'愿景 2020'战略赋予了西门子各业务部更大的经营自由度和灵活性。然而，更多的自由意味着更多的责任。而在一个关键的方面，西门子既不会妥协，也不会改变，那就是坚守法律规定和践行高道德标准的商业行为。无论在哪里开展业务，西门子始终是清廉业务的代名词。这一点是永远不可能妥协的。"（源自西门子中国官网：http://www.siemens.com.cn）。

（二）核心价值观

不少欧美企业集团将诚信合规确立为企业的核心价值观。

1.美国杜邦公司（DuPond）在《杜邦行为守则》中将最高标准的职业操守确立为企业核心价值观之一：我们按照最高的道德标准和所有的适用法律行事、开展业务，始终为成为一家在全球范围内受尊敬的企业公民努力。（源自美国 Dow DuPond 集团官网）。

2.美国李尔公司（Lear Corporation）确立的企业核心价值包括：质量（Quality）、创新（Innovation）、效率（Efficiency）、客户（Customer）、多样性（Diversity）、团队协作（Teamwork）、诚信合规（Integrity）和社区（Community）等。（源自美国李尔公司官网：https：//www.lear.com/）。

（三）在企业《商业行为准则》中宣示企业合规方针

1.西门子《商业行为准则》（我们行为举止得体）："我们遵守业务所在国家/地区的适用法律，并确保落实所有公司内部的准则、流程和控制措施。"

西门子中国官网（http：//www.siemens.com.cn）中发布的《商业行为准则》在前言中用醒目的字体宣示："只有清廉的业务才是西门子的业务"，并进一步规定："西门子的合规体系，以管理层职责为核心，打造诚信与透明的企业文化。我们以负责任的态度开展各项业务，严格遵守中国的各项法律法规以及西门子的《商业行为准则》。公司决不姑息任何违法和不道德的行为，以一整套约束性的规章制度，要求所有的员工遵纪守法，诚信守德。"

2.巴斯夫股份公司在《行为准则》前言中要求：

"本准则并非旨在阐述所有适用的法律和内部政策，而是定义了全球适用的基本行为标准以及对员工的期望。请确保您理解并始终遵守《行为准则》所列的标准、相关本地法律及公司指导方针，并参加所有强制性的及必要的培训课程。管理人员应负责在这一过程中为员工提供支持。

即使只有一名员工违法，也可能严重损害公司声誉，造成包括经济损失在内的巨大损失。我们公司不会容忍这些违法违规行为，也不会对受到相关政府部门制裁的责任人员提供保护。违反法律、国际标准和内部规定可能受到纪律处罚，包括终止雇用关系，并可能受到民事或刑事处罚。"

（源自巴斯夫官网：https：//www.basf.com/）。

3. 美国李尔公司《商业行为和道德规范》将遵守法律法规作为重要内容：

"作为一家在全球许多国家拥有广泛关系的国际化公司，李尔致力于在所有业务所在地区维持高标准的商业行为。我们希望所有员工遵守适用的法律、法规和条例开展业务，并且方式要道德。服从法律，包括从字面上以及精神上，是我们的道德标准建立的基础。您必须尊重和服从集团业务所在的国家、州和城市的法律。尽管并不期望您熟悉适用法律的细节，但是知晓足够的知识，知道何时向您的主管、人力资源代表或其他相关部门寻求建议仍然非常重要。李尔和其任何附属公司间或附属公司之间的所有交易，必须符合所有适用法律要求。违反这些法律可能导致高额罚款、监禁以及对李尔经商能力的严格限制。

如果某条法律和本规范中的政策冲突，您必须遵守该法律；但是，如果某当地风俗或惯例和本规范冲突，您必须遵守本规范。如果您对潜在的冲突有任何疑问，请根据本规范向您的主管或其他相关李尔人员寻求帮助。对于适用的法律要求有任何疑问，应提交给 Legal Department（法务部门）。"

（源自美国李尔公司官网：https：//www.lear.com/）。

从上述欧美跨国集团的《商业行为准则》可以看出，欧美企业将诚信视为企业的核心价值以及企业合规的基石和基本的合规方针，并通过《商业行为准则》将其制度化。

六、中国企业集团的合规方针范例

（一）中国石油天然气集团公司通过《诚信合规手册》来宣示企业合规方针

中国石油天然气集团公司董事长在《诚信合规手册》致辞：

"中国石油天然气集团公司是国有重要骨干企业，是以油气业务、工程技术服务、石油工程建设、石油装备制造、金融服务、新能源开发等为主营业务的综合性国际能源公司，是中国主要的油气生产商和供应商之一。我们始终秉承"奉献能源、创造和谐"的企业宗旨，坚持诚实守信、依法合规的价值观，努力为社会创造财富、促进和谐。实践证明，诚信合规是公司发展的基石，是公司有质量有效益可持续发展的坚实保障。

继往开来，我们清晰地认识到，公司的卓越声誉和持续发展更加有赖于诚信合规。我们将坚持诚信合规优先于经济利益的理念，让诚信合规涵盖经营管理各领域、业务活动各环节、全体员工各岗位。"

中国石油天然气集团公司在《诚信合规手册》中还规定了企业诚信合规基本要求，即守法合规、忠诚公司、诚信做事、爱岗敬业。具体表述为：

"诚信合规是公司基业常青的保障。无论在哪里开展业务，无论从事何种工作，我们的一言一行都直接关系到公司的利益和声誉。每一位员工都要做到守法合规、忠诚公司、诚信做事、爱岗敬业，为建设世界水平的综合性国际能源公司打牢根基。"

（二）中国东方电气集团有限公司在《诚信合规准则》宣示合规方针（源自中国东方电气集团有限公司官网：http://www.dongfang.com/）。

公司董事长在《诚信合规准则》中开篇致辞（摘录）：

"加强合规管理，是贯彻落实全面依法治国重要战略部署的客观要求，是全面推进法治东方电气的重要举措，是国际化进程中提升国际竞争的必由之路。东方电气始终遵循以创新发展、客户增值、员工成长、环境友好为价值驱动力，坚持诚信公平、依法合规的价值观，将诚信合规理念融入各项经营管理和业务发展活动中，践行企业社会责任和使命。"

中国东方电气集团有限公司在《诚信合规准则》中将守法合规作为其合规方针，要求：

（1）遵守中国和经营所在国（地）的法律法规，不从事违法活动。对任何触犯法律的行为，绝不姑息；遵守会计政策及被普遍接受的会计准则以及适用的法律法规，确保会计信息真实、可靠，会计资料完整、准确。

（2）始终遵循以合规发展、客户增值、员工成长、环境友好为价值驱动力，坚持诚信公平、合规经营的价值观，将诚信合规理念融入各项经营管理和业务发展活动中，守法合规，践行中央企业社会责任和使命。

（3）合规是公司经营发展重要组成部分，公司将不断完善合规管理体系，提高合规管理体系运行效率和有效性，切实防范风险。

第二章　企业合规组织
Chapter II　Corporate Compliance Organization

要　点：

1. 从企业董事会到合规管理部门、业务部门以及员工，都是合规组织的组成部分，并各司其职。

2. 企业董事会：合规从领导做起。

3. 企业监事会：关注其合规管理职责的切实履行。

4. 合规委员会：董事会的授权机构。

5. 合规管理部门：具体职责值得研究和探讨。

6. 业务部门以及某些职能管理部门：合规管理的责任主体与首要承担者。

7. 监察、审计、风控、内控、法务、质量、安全环保等，也具有相关合规管理职能。

企业合规组织是企业实施合规管理以及建设企业合规管理体系的组织载体。建立独立、高效、协调合作的企业合规组织，是企业合规管理体系的重要组成部分，是企业有效进行合规管理、依法治企的组织保障。

企业开展合规管理，建立合规管理体系，在确定企业合规方针之后，第一要务就是成立合规组织。

一、大合规组织

（一）大合规组织

突出诚信合规管理的国际组织的规定，如经合组织（OECD）《内控、道德与合规，最佳实践指南》、世界银行集团《诚信合规指南》，专注于企业诚信合规管理的程序和内容，而没有对建立完善的企业合规组织做出集中详细的规定。

与之相反，有关合规管理的国际标准、指南以及我国国家标准、办法和指引，凡倡导全面合规管理者，都提倡或要求企业建立完善的合规管理组织架构，即大合规组织。

1. 巴塞尔银行监管委员会2005年4月29日《合规与银行内部合规部门》最早提出建立合规管理部门以及较为完善企业合规组织架构，并对其合规管理职责作出了具体规定，包括：董事会、高级管理层、合规负责人与合规部门。

该文件还首先提出了企业合规管理与内部相分离原则，是对企业合规组织建设的重大贡献。其在原则8第45条中提出：本原则表明，合规部门应与审计部门分离，以确保合规部门的各项工作受到独立的复查。因此，重要的是，在银行内部对于两个部门之间如何划分风险评估和测试活动应有清晰的认识，并用文件形式（如银行的合规政策或诸如备忘录等相关文件）予以规定。当然，审计部门应该将与合规有关的任何审计调查结果随时告知合规负责人。

2. 国际标准暨我国国家标准《合规管理体系 指南》第4.3条规定，企业承担合规职责的合规组织包括企业治理机构、最高管理者、合规委员会、合规团队、各管理层以及员工。其中蕴含了全员合规的理念，也彰显企业大合规组织的架构。

3. 我国国资委《中央企业合规管理指引（试行）》第二章规定了八个层级的企业合规组织并确定了其合规管理职责，即：董事会，监事会，经理层，合规委员会，合规管理负责人，合规管理牵头部门，业务部门，以及监察、审计、法律、内控、风险管理、安全生产、质量环保等相关部门。图示如下：

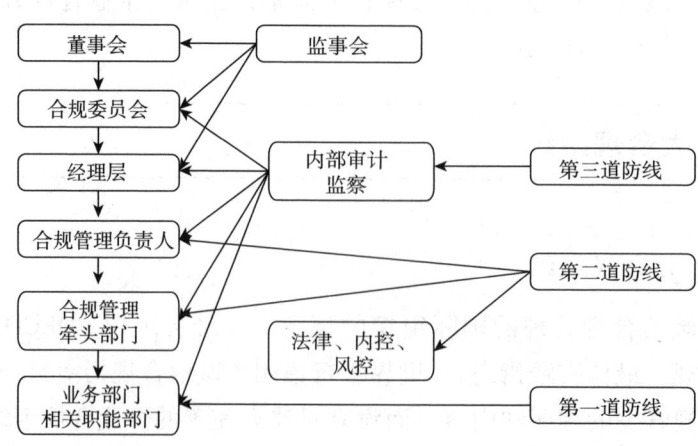

（二）合规组织名称

有关企业合规管理的国际标准、指南以及我国国家标准、办法和指引使用的各合规组织的名称不尽相同。列示如下：

合规与银行内部合规部门	合规管理体系指南	保险公司合规管理办法	中央企业合规管理指引（试行）	企业境外经营合规管理指引
董事会	治理机构	董事会	董事会	合规治理结构（决策、管理、执行）
		监事会	监事会	
高级管理层	最高管理者	总经理	经理层	
	合规委员会	专业委员会	合规委员会	合规委员会
合规负责人		合规负责人	合规管理负责人	合规负责人
合规部门	合规团队	合规管理部门	合规管理牵头部门	合规管理部门
各部门	各管理层	各部门和分支机构	业务部门	业务部门和分支机构
	员工	分支机构的合规管理部门	其他相关部门（监察、审计、法律、内控、风险管理、安全生产、质量环保等）	其他监督部门（审计、监察等）

值得提及的是，我国发改委等七部委《企业境外经营合规管理指引》从三个大的方面来规范企业的合规组织：

1. 合规治理结构，包括三个子层级，即决策（决策层）、管理（高级管理层）和执行（各执行部门及境外分支机构）。

2. 合规管理机构，包括合规委员会、合规负责人、合规管理部门。

3. 合规管理协调，包括合规管理部门与业务部门分工协作、合规管理部门与其他监督部门分工协作、企业与外部监管机构沟通协调以及企业与第三方沟通协调。

二、合规组织的职责

（一）有关合规规范的规定不尽相同

有关合规管理的国际标准、指南以及我国国家标准、办法和指引对合规组织职责的规定不尽相同。主要原因是，这些标准、指南和指引等产生于不同时间，存在不断成熟和完善的过程；对合规组织具体职责的规定，受不同行业业务特点、经营地域等的影响；对合规组织具体职责的规定，还受到企业所有制性质的影响。

（二）《中央企业合规管理指引（试行）》规定的合规组织的职责

有关合规管理的国际标准、指南以及我国国家标准、办法和指引中，我国国资委《中央企业合规管理指引（试行）》规定的合规组织的职责更加完善。

各合规组织的合规管理职责列示如下：

1	董事会	（1）批准企业合规管理战略规划、基本制度和年度报告； （2）推动完善合规管理体系； （3）决定合规管理负责人的任免； （4）决定合规管理牵头部门的设置和职能； （5）研究决定合规管理有关重大事项； （6）按照权限决定有关违规人员的处理事项
2	监事会	（1）监督董事会的决策与流程是否合规； （2）监督董事和高级管理人员合规管理职责履行情况； （3）对引发重大合规风险负有主要责任的董事、高级管理人员提出罢免建议； （4）向董事会提出撤换公司合规管理负责人的建议
3	经理层 （高级管理人员）	（1）根据董事会决定，建立健全合规管理组织架构； （2）批准合规管理具体制度规定； （3）批准合规管理计划，采取措施确保合规制度得到有效执行； （4）明确合规管理流程，确保合规要求融入业务领域； （5）及时制止并纠正不合规的经营行为，按照权限对违规人员进行责任追究或提出处理建议； （6）经董事会授权的其他事项
4	合规委员会	（1）合规管理组织领导和统筹协调工作； （2）定期召开会议，研究决定合规管理重大事项或提出意见建议； （3）指导、监督和评价合规管理工作
5	合规管理负责人	（1）组织制订合规管理战略规划； （2）参与企业重大决策并提出合规意见； （3）领导合规管理牵头部门开展工作； （4）向董事会和总经理汇报合规管理重大事项； （5）组织起草合规管理年度报告

6	合规管理牵头部门	组织、协调、监督合规管理工作，为其他部门提供合规支持，主要合规管理职责包括： （1）研究起草合规管理计划、基本制度和具体制度规定； （2）持续关注法律法规等规则变化，组织开展合规风险识别和预警，参与企业重大事项合规审查和风险应对； （3）组织开展合规检查与考核，对制度和流程进行合规性评价，督促违规整改和持续改进； （4）指导所属单位合规管理工作； （5）受理职责范围内的违规举报，组织或参与对违规事件的调查，并提出处理建议； （6）组织或协助业务部门、人事部门开展合规培训
7	业务部门，以及战略、规划、投融资、财务、人力资源等职能管理部门	（1）负责本领域的日常合规管理工作； （2）按照合规要求完善业务管理制度和流程； （3）主动开展合规风险识别和隐患排查，发布合规预警； （4）组织合规审查； （5）及时向合规管理牵头部门通报风险事项，妥善应对合规风险事件； （6）做好本领域合规培训； （7）做好本领域商业伙伴合规调查等工作； （8）组织或配合进行违规问题调查并及时整改
8	其他相关（职能管理）部门	监察、审计、法律、内控、风险管理、安全生产、质量环保等相关部门，在职权范围内履行合规管理职责

（三）关于管理层合规管理职责与员工的合规职责

除上述合规组织的合规管理职责外，国际标准暨我国国家标准《合规管理体系　指南》第4.3.5条和第4.3.6条还规定了管理层的合规管理职责以及员工的合规职责。

1.管理层的合规管理职责

管理层是企业各部门、分支机构的负责人，各部门、分公司所属分部、科、室的负责人，各车间及其班组负责人等。

企业各部门及其分支机构，包括企业横向职能管理部门（如规划、运营管理、财务、人事、内控、审计、行政等）、业务部门（包括研发、生产、采购、销售、物流、质量、环安卫等）以及各分公司、项目组、营业部等。企业各部门及其分支机构负责本领域的日常合规管理工作，是履行合规管理的第一道防线，对企业合规负首要责任。

我们的理解是，管理层作为业务部门的负责人，对业务部门的合规管理工作负领导和管理责任，也是业务部门的合规管理责任的最终承担者。

管理层的合规管理职责列示如下：

管理层 的合规管理职责	（1）与合规团队合作并支持合规团队，鼓励员工也这样做； （2）个人遵守并被看到遵守方针、程序、过程并参加和支持合规培训活动； （3）在运行中识别和沟通合规风险； （4）积极承担并鼓励指导、辅导和监督员工以促进合规行为； （5）鼓励员工提出其所关注的合规问题； （6）积极参与合规相关事件和问题的管理和解决； （7）提高员工履行合规义务的意识，并指导员工满足培训和能力要求； （8）确保合规列入职务描述； （9）将合规绩效纳入员工绩效考核(如：关键绩效指标、目标和晋升准则)； （10）将合规义务纳入他们职责范围内的现有业务实践和程序； （11）与合规团队协力，确保一旦确定需要纠正措施，则予以实施； （12）对外包业务进行监督，确保它们考虑合规义务

2. 员工的合规职责

企业员工代表企业的主要群体，是组成企业的最基本单元，也是履行企业合规职责的最基本单元和主要力量，是企业合规的最基本的践行者。企业如果做到了员工人人合规，企业合规就得到了最有力的保障，企业合规的目标也基本得以实现。

员工的合规职责列示如下：

员工 的合规职责	（1）坚持履行与其职位和职务有关的组织合规义务； （2）按照合规管理体系要求参与培训； （3）使用作为合规管理体系一部分的、可获得的合规资源； （4）报告合规疑虑、问题和缺陷

三、合规组织及其职责设计

我国大型中央企业集团、大型地方国有企业集团应当按照，非国有的大型企业集团可以参照我国国资委《中央企业合规管理指引（试行）》第二章的规定，建立多层级的企业合规组织，并确定其相应的合规管理职责。股东结构单一（如只有一家股东）、治理结构简单（如只设执行董事兼总经理和法定代表人、一名监事等）的非国有性质的企业，可以按照国际标准暨我国国家标准《合规管理体系　指南》第4章规定的建立合规组织并确定其合规管理职责。

设计企业合规组织及其职责，需要强调和明确职能管理部门和业务部门的合规管理职责，他们是企业合规管理的责任主体及合规风险的第一道防线。职能管理部门和业务部门在日常经营管理和业务开展中遵守合规规范，是企业实现合规的必然途径和目标。合规管理部门作为合规风险的第二道防线，其职责和作用是促进、指导和监督职能管理部门和业务部门遵守合规规范。

　　建立与完善合规组织及其合规管理职责，均需事先：（1）对企业的公司结构和治理机制进行考察；（2）对企业经营规模、业务和产品线及其运营管理模式进行考察；（3）对企业现有合规组织的层级、职责和权限、汇报路线、与其他部门的协调合作等进行梳理和分析；（4）了解企业其他职能管理部门的组织模式以及企业治理机构、最高管理者对组织模式的偏好。根据前述调查，研究确定适合本企业的合规组织及其合规管理职责。

四、关于董事会与监事会的合规管理职责

（一）董事会

　　董事会是企业经营决策机构，也是企业合规管理的决策机构。按照我国国资委《中央企业合规管理指引（试行）》的规定，董事会的合规管理职责包括：批准企业合规管理战略规划、基本制度和年度报告，推动完善合规管理体系，决定合规管理负责人的任免；决定合规管理牵头部门的设置和职能；研究决定合规管理有关重大事项；按照权限决定有关违规人员的处理事项。

　　关于董事会的合规管理职责，有关企业合规管理的国际标准、指南以及我国的国家标准、办法和指引的规定不尽一致。下列规定是其中一些摘录，用作参考：

　　1. 合规应从高层做起。当企业文化强调诚信与正直的准则并由董事会和高级管理层作出表率时，合规才最为有效（巴塞尔银行监管委员会《合规与银行内部合规部门》引言2）。

　　2. 董事会对企业的合规管理承担最终责任（我国原银监会《商业银行合规风险管理指引》第十条，我国原保监会《保险公司合规管理办法》第七条）。

　　3. 推行合规价值观。

　　（1）推行诚信与正直的价值观（巴塞尔银行监管委员会《合规与银行

内部合规部门》第 14 条）；

（2）确立全员主动合规、合规创造价值等合规理念，推行诚信与正直的职业操守和价值观念（我国原银监会《商业银行合规风险管理指引》第六条）；

（3）倡导诚实守信的道德准则和价值观念，推行主动合规、合规创造价值等合规理念（我国原保监会《保险公司合规管理办法》第六条）。

4.对合规管理有效性承担责任（我国证监会《证券公司和证券投资基金管理公司合规管理办法》第七条）。

5.对呈交行业监管机构的年度合规报告的真实性、准确性和完整性负责（我国原保监会《保险公司合规管理办法》第三十七条）。

（二）监事会

我国有关企业合规管理的办法和指引对监事会的合规管理职能都作出了规定，具体可以参见上文介绍的《中央企业合规管理指引（试行）》关于监事会合规管理职责的规定。

我国《公司法》乃至大多企业的章程，都详细规定了监事会的职责权限以及议事规则。但是，在我国企业治理机制的实践中，监事会的作用经常被忽视和边缘化，不少企业的监事会没有发挥真正的监督作用。

如何按照我国《公司法》以及企业章程的规定规范我国企业的治理机制，以及在企业合规管理实践中如何保障企业监事会行使其合规管理职责，都是值得探讨的课题。

五、关于合规委员会

（一）合规委员会的设立与职责

对设立合规委员会及其合规管理职责作出规定的主要有以下有关企业合规管理的国际标准、指南以及我国的国家标准、办法和指引。从这些规定来看，合规委员会一般是企业董事会下设的机构，负责按照董事会的授权，指导、监督和评价企业合规管理工作，听取、核准合规管理计划与合规报告，统筹领导合规风险应对，向董事会或高级管理层提出合规管理的意见和建议。

巴塞尔银行监管委员会《合规与银行内部合规部门》	董事会可以将其职责委托给董事会下设的委员会，如推行诚信与正直的价值观念、制定合规政策并监督其实施，听取合规部门的年度合规报告与重大违规报告、听取违规调查报告等
《合规管理体系　指南》	许多组织由专人（如：合规官）负责日常的合规管理，有些组织由跨职能的合规委员会协调整个组织的合规工作（第4.3.2条）
原银监会《商业银行合规风险管理指引》	董事会可以授权董事会下设的风险管理委员会、审计委员会或专门设立的合规管理委员会对商业银行合规风险管理进行日常监督（第十条第三款）。董事会下设的委员会应通过与合规负责人单独面谈和其他有效途径，了解合规政策的实施情况和存在的问题，及时向董事会或高级管理层提出相应的意见和建议，监督合规政策的有效实施（第十一条）
原保监会《保险公司合规管理办法》	董事会可以授权专业委员会履行以下合规职责：（1）审核公司年度合规报告；（2）听取合规负责人和合规管理部门有关合规事项的报告；（3）监督公司合规管理，了解合规政策的实施情况和存在的问题，并向董事会提出意见和建议；（4）公司章程规定或者董事会确定的其他合规职责（第八条）
国资委《中央企业合规管理指引（试行）》	中央企业设立合规委员会，与企业法治建设领导小组或风险控制委员会等合署，承担合规管理的组织领导和统筹协调工作，定期召开会议，研究决定合规管理重大事项或提出意见建议，指导、监督和评价合规管理工作（第八条）。对于重大合规风险事件，合规委员会统筹领导，合规管理负责人牵头，相关部门协同配合，最大限度化解风险、降低损失（第十九条）
发改委等七部委《企业境外经营合规管理指引》	企业可结合实际设立合规委员会，作为企业合规管理体系的最高负责机构。合规委员会一般应履行以下合规职责：（1）确认合规管理战略，明确合规管理目标；（2）建立和完善企业合规管理体系，审批合规管理制度、程序和重大合规风险管理方案；（3）听取合规管理工作汇报，指导、监督、评价合规管理工作（第十一条第一款）

（二）是否设立独立的合规委员会

有关企业合规管理的国际标准、指南以及我国的国家标准、办法和指引中，只有我国发改委等七部委《企业境外经营合规管理指引》第十一条第一款规定企业可以结合实际设立合规委员会。我国国资委《中央企业合规管理指引（试行）》第八条明确规定，中央企业设立合规委员会，但应与企业法治建设领导小组或风险控制委员会等合署。其他标准、办法和指引只提及企业董事会可以将部门合规管理职责授权下设的专业委员会，可以是风险管理委员会、审计委员会或者合规委员会。

因此，可以总结的是：

1.合规委员会是董事会下设的一级合规管理组织，行使董事会授予的合规管理职权；

2.可以设立独立的合规委员会；合规委员会也可以与其他专业委员会合署，或者直接由其他专业委员会监管；

3.合规委员会的主要职责是研究决定合规管理重大事项或提出意见建议，统筹协调、指导、监督和评价企业合规管理工作；听取与核准合规管理计划与合规报告；向董事会提出合规管理的意见和建议。

（三）合规委员会的组成

有关企业合规管理的国际标准、指南以及我国的国家标准、办法和指引并未对合规委员会的组成及人数作出规定。

结合跨国企业集团以及我国企业合规管理实践，设立合规委员会宜考虑以下几个因素：（1）合规委员会是董事会的下设机构，行使董事会授予的职权，也因此与企业合规管理部门及其他业务部门的职责相区别；（2）合规委员会的职权与合规管理职能相关，主要是统筹协调、指导、监督和评价合规管理工作，具有领导、监督、评价职能；（3）合规委员会做出决定，宜执行少数服从多数原则，其成员以单数为宜。

基于以上几个因素，组建合规委员会可以参考以下几点：

1.大型企业合规委员会以五至七人组成为宜；

2.合规委员会至少包括以下人员：董事长或者一名董事，一名监事，合规负责人（由总法律顾问兼任），内控、审计负责人，国有企业纪检监察负责人等。

3.合规委员会不宜包括业务部门负责人。因为，业务部门应是合规委员会合规管理的对象。

六、关于合规管理部门

（一）合规管理部门的设立

有关企业合规管理的国际标准、指南以及我国的国家标准、办法和指引对合规管理部门的称谓包括"合规部""合规团队""合规部门""合规管理部门""合规管理牵头部门"等。在本章中统称合规管理部门。

其中，巴塞尔银行监管委员会《合规与银行内部合规部门》、国际标准暨我国国家标准《合规管理体系 指南》以及我国原银监会、原保监会和证监会的办法和指引，都要求企业保证合规部门的独立性，并向合规部门提供充分的合规管理资源。

我国发改委等七部委《企业境外经营合规管理指引》第十一条第三款规定，企业可结合实际设置专职的合规管理部门，或者由具有合规管理职能的相关部门承担合规管理职责。

我国国资委《中央企业合规管理指引（试行）》第十条规定，法律实务机构或其他相关机构为合规管理牵头部门，并未要求中央企业设立专门的合规管理部门。但是，该指引规定，合规管理牵头部门独立履行职责，不受其他部门和人员的干涉。

（二）合规管理部门的职责

关于企业合规部的职责，有关企业合规管理的国际标准、指南以及我国国家标准、办法和指引都作了相关规定。以下以国际标准暨我国国家标准《合规管理体系　指南》、我国原保监会《保险公司合规管理办法》（我国原银监会《商业银行合规风险管理指引》的规定与之趋同）以及我国国资委《中央企业合规管理指引（试行）》的相关规定为例，列表如下：

	合规管理体系 指南（合规团队）	保险公司合规管理办法（合规部）	中央企业合规管理指引(试行)（合规管理牵头部门）
1	合规管理计划，合规报告	协助合规负责人制订、修订合规管理计划，撰写合规年度报告	研究起草合规管理计划、合规报告
2	识别合规义务，将其转化为合规方针和程序	协助合规负责人制订、修订合规政策，组织协调各部门制订、修订合规管理规章制度	研究起草、基本制度和具体制度规定
3	合规风险管理	组织实施合规风险管理	组织开展合规风险管理
4	/	组织实施合规审查：内部规章制度和业务流程；重要的业务行为、财务行为、资金运用行为和机构管理行为；新产品、新业务	重大事项合规审查
5	合规管理评审	合规检查及报告	合规检查
6	合规绩效指标设定及考核	合规考核与问责	组织合规考核
7	建立违规举报机制	独立调查，可外聘专业人员或者机构协助工作	职责范围内的违规管理
8	提供或组织合规培训	开展合规培训	合规培训，支持业务部门开展合规培训
9	/	/	指导所属单位合规管理工作

（续表）

	合规管理体系 指南 （合规团队）	保险公司合规管理办法 （合规部）	中央企业合规管理指引（试行）（合规管理牵头部门）
10	对商业伙伴进行合规管理	/	/
11	/	协助高级管理人员培育合规文化	/
12		与监管机构的沟通协调	

从上述标准、指引关于合规管理部门的规定可以总结出以下三点：

1.合规管理部门的主要工作是管理性工作，包括合规管理工作的组织、指导、协调、监督、支持等。

2.合规管理部门的主要工作是程序性工作，如：合规风险评估，合规管理评估，考核与评价等。

3.合规管理部门的工作也包括一些实务性工作，如：起草合规管理计划、合规报告，起草合规管理基本制度和具体制度，参与企业重大事项合规审查，违规事件的调查等。

（三）关于中央企业合规管理部门的合规管理职责

我国国资委《中央企业合规管理指引（试行）》将合规管理部门称为"合规管理牵头部门"，并对其合规管理职责进行了规定。以下几点仅供探讨：

1.中央企业合规管理牵头部门为管理性部门

我国国资委《中央企业合规管理指引（试行）》的规定，夯实了我国中央企业合规管理牵头部门作为管理性部门的地位和职责，即组织、协调和监督合规管理工作，为其他部门提供合规支持，指导下属单位合规管理等。

2.中央企业合规管理牵头部门的合规管理职责

我国国资委《中央企业合规管理指引（试行）》第十条、第二十八条关于合规管理牵头部门的合规管理职责分解如下：

	合规管理职责	内容
1	研究起草	合规管理计划、年度合规报告、合规管理基本制度和具体制度规定
2	组织	合规风险识别和预警，合规检查与考核
3	组织或协助	业务部门、人事部门的合规培训
4	参与合规审查	重大事项，制度流程
5	报告	较大、重大合规风险事件

	合规管理职责	内容
6	指导	企业所属单位合规管理工作
7	督促违规整改和持续改进	合规检查与考核以及对制度和流程及进行合规性评价时发现的违规问题
8	违规管理	受理职责范围内的违规举报，组织或参与对违规事件的调查，并提出处理建议

3. 关于合规审查

指引第二十条要求中央企业建立健全合规审查机制，将合规审查作为规章制度制定、重大事项决策、重要合同签订、重大项目运营等经营管理行为的必经程序，及时对不合规的内容提出修改建议，未经合规审查不得实施。

该条规定并未明确合规审查的负责部门。

合规审查包括全面性合规审查、专业性合规审查、法律审查和重大事项合规审查。企业合规审查应包括以下四个层级：

第一层级：各部门（业务部门与职能管理部门）的全面合规审查；

第二层级：相关业务部门的专业合规审查；

第三层级：法务部门的法律审查；

第四层级：合规管理部门的重大事项合规审查。

4. 关于合规管理评估

指引第二十二条要求中央企业开展合规管理评估，定期对合规管理体系的有效性进行分析，对重大或反复出现的合规风险和违规问题，深入查找根源，完善相关制度，堵塞管理漏洞，强化过程管控，持续改进提升。

该条规定并未明确合规管理评估的负责部门。

合规管理评估包括全面性合规管理评估（即对企业合规管理体系的适当性、充分性和有效性进行评估）与专项合规管理评估（即对企业某一部门或者某一业务领域合规管理的适当性、充分性和有效性进行评估）。企业的合规管理评估应包括以下三个层级：

第一层级：各部门（业务部门与职能管理部门）进行自我专项合规管理评估；

第二层级：合规管理部门开展全面性合规管理评估与专项合规管理评估；

第三层级：企业内部审计部门对企业合规管理体系的适当性和有效性

开展独立审查和评价（即合规审计）。

5. 关于合规考核与评价

指引第二十三条要求加强合规考核评价，把合规经营管理情况纳入对各部门和所属企业负责人的年度综合考核，细化评价指标。对所属单位和员工合规职责履行情况进行评价，并将结果作为员工考核、干部任用、评先选优等工作的重要依据。

该条规定并未明确合规考核评价的负责部门。但按照指引第十条第三款的规定，对各部门和所属企业负责人的年度综合考核应由合规管理牵头部门组织。因此，企业的合规考核与评价应包括以下三个层级：

第一层级：各部门（业务部门与职能管理部门）对本部门员工进行合规考核与评价；

第二层级：合规负责人、合规管理部门组织对各部门和所属企业负责人进行年度综合合规考核与评价；

第三层级：合规委员会对合规负责人、合规管理部门的合规考核与评价。

6. 关于合规管理信息化建设

指引第二十四条要求强化合规管理信息化建设，通过信息化手段优化管理流程，记录和保存相关信息。运用大数据等工具，加强对经营管理行为依法合规情况的实时在线监控和风险分析，实现信息集成与共享。

该条规定并未明确合规管理信息化建设的负责部门。根据企业信息管理系统的实际情况，参与企业合规管理信息化建设应包括以下部门：

（1）IT部门；

（2）风控、内控、运营管理部门；

（3）法务部门；

（4）合规管理牵头部门。

我们认为，合规管理牵头部门应当组织与推动合规管理信息化建设，作为合规管理信息化建设的牵头部门。

7. 关于受理职责范围内的违规举报，组织或参与对违规事件的调查，并提出处理建议

在我国国有企业，党员干部、党员员工的违纪行为，以及管理人员的职务犯罪和职务违法行为，其违规举报受理、违规调查和问责由纪检监察部门统一归口管理。

合规管理牵头部门受理违规举报、组织或参与对违规事件的调查并提

出处理建议（即违规管理）的职责范围的确定，可以考虑以下几个因素：

（1）国有企业的违规管理，可以由纪检监察部门统一归口管理，而在合规管理牵头部门不设违规管理职责；

（2）合规管理牵头部门的违规管理职责，由企业董事会根据合规委员会的建议确定，但不应包括由纪检监察部门统一归口管理的职责范围；

（3）合规管理牵头部门可以根据纪检监察部门的要求，对违规事件的调查和处理提供专业性支持；

（4）可以在合规管理牵头部门增设违规举报渠道（热线电话、电子邮件、举报信箱等），但其收到的违规举报以及违规线索应转交纪检监察部门并由纪检监察部门做线索分类处置。

8. 职责扩展

基于以上分析、有关企业合规管理的国际标准、指南以及我国的国家标准、办法和指引，结合中央企业合规管理实践案例，我们认为，中央企业合规管理牵头部门的合规管理职责可以做下列适当的扩展（用粗体字标示）。企业可以根据自身的实际情况以及合规管理的需要，报经企业董事会或经理层批准，适当扩展本企业合规管理牵头部门的职责。

	合规管理职责	内容
1	研究起草	合规管理计划、年度合规报告、合规管理基本制度和具体制度规定、**企业合规方针**
2	组织	合规风险识别和预警，合规检查与考核，**全面合规管理评估与专项合规管理评估，对各部门、所属单位负责人的合规管理考核，合规管理信息化建设**
3	组织或协助	业务部门、人事部门的合规培训，**合规宣传**
4	参与	重大事项、制度流程的合规审查
5	报告	较大、重大合规风险事件，**职责范围内违规调查的结果**
6	指导	企业所属单位合规管理工作
7	督促违规整改和持续改进	合规检查与考核以及对制度和流程及进行合规性评价时发现的违规问题
8	违规管理	受理职责范围内的违规举报，组织或参与对违规事件的调查，并提出处理建议

关于合规管理牵头部门对企业所属单位合规管理职责的扩展，详见第三篇第二章（企业集团合规管理）。

七、关于业务部门合规管理职责

企业的哪些部门是业务部门，有关企业合规管理的国际标准、指南以及我国国家标准、办法和指引并无明文规定。我国国资委《中央企业全面风险管理指引》第六条将一般企业划分为战略、规划、产品研发、投融资、市场运营、财务、内部审计、法律事务、人力资源、采购、加工制造、销售、物流、质量、安全生产、环境保护等各部门。

企业从职能和管理对象上来看，企业包括业务部门和职能管理部门，具体划分如下：

业务部门	技术和产品研发、市场运营、采购、加工制造、销售、物流等部门
职能管理部门	战略、规划、投融资、财务、风控、内控、内部审计、法律事务、人力资源、质量、环安卫等部门

关于合规管理，人们通常认为，合规管理只是合规管理部门的职责，业务部门只是协助、配合、支持合规管理部门的合规管理工作。业务部门总是处于被合规的地位。这是一个重大误解。

有关企业合规管理的国际标准、指南以及我国国家标准、办法和指引，都对业务管理部门的合规管理职责做出了明确界定。列示如下：

1.合规要求覆盖各业务领域、各部门及全体员工

我国国资委《中央企业合规管理指引（试行）》第四条第一款、证监会《证券公司和证券投资基金管理公司合规管理办法》第三条都要求，坚持将合规要求覆盖各业务领域、各部门、各级子企业和分支机构、全体员工，贯穿决策、执行、监督全流程。

2.业务部门履行合规管理的第一道防线职责，对本领域经营活动的合规性负直接和首要责任

原银监会《商业银行合规风险指引》第二十条	商业银行各业务条线和分支机构的负责人应对本条线和本机构经营活动的合规性负首要责任
原保监会《保险公司合规管理办法》第二十一条	保险公司各部门和分支机构履行合规管理的第一道防线职责，对其职责范围内的合规管理负有直接和第一位的责任

证监会《证券公司和证券投资基金管理公司合规管理办法》第十条	证券基金经营机构各部门、各分支机构和各层级子公司负责人负责落实本单位的合规管理目标，对本单位合规运营承担责任。证券基金经营机构全体工作人员应当遵守与其执业行为有关的法律、法规和准则，主动识别、控制其执业行为的合规风险，并对其执业行为的合规性承担责任

3. 业务部门负责本领域日常合规管理工作，主动开展本领域的合规管理，包括按照合规要求完善业务管理制度和流程、合规风险管理、组织合规审查、合规报告、合规培训、商业伙伴合规调查、违规管理等

原银监会《商业银行合规风险管理指引》第二十条	各业务条线和分支机构合规管理部门应根据合规管理程序主动识别和管理合规风险，按照合规风险的报告路线和报告要求及时报告
国资委《中央企业合规管理指引(试行)》第十一条	业务部门负责本领域的日常合规管理工作，按照合规要求完善业务管理制度和流程，主动开展合规风险识别和隐患排查，发布合规预警，组织合规审查，及时向合规管理牵头部门通报风险事项，妥善应对合规风险事件，做好本领域合规培训和商业伙伴合规调查等工作，组织或配合进行违规问题调查并及时整改
发改委等七部委《企业境外经营合规管理指引》第十二条第一款	境外经营相关业务部门应主动进行日常合规管理工作，识别业务范围内的合规要求，制定并落实业务管理制度和风险防范措施，组织或配合合规管理部门进行合规审查和风险评估，组织或监督违规调查及整改工作

4. 接受合规管理评估，对本部门进行自我合规管理评估

我国国资委《中央企业合规管理指引（试行）》第二十二条要求中央企业开展合规管理评估，定期对合规管理体系的有效性进行分析，对重大或反复出现的合规风险和违规问题，深入查找根源，完善相关制度，堵塞管理漏洞，强化过程管控，持续改进提升。

业务部门应当进行自我合规管理评估，接受合规管理部门的全面性合规管理评估与专项合规管理评估，并接受内部审计部门的合规审计。

5. 接受合规考核评价，对本部门员工进行合规考核评价

我国国资委《中央企业合规管理指引（试行）》第二十三条，要求加强合规考核评价，把合规经营管理情况纳入对各部门和所属企业负责人的年度综合考核，细化评价指标。对所属单位和员工合规职责履行情况进行评价，并将结果作为员工考核、干部任用、评先选优等工作的重要依据。

我国原保监会《保险公司合规管理办法》第三十一条规定，保险公司应当建立有效的合规考核和问责制度，将合规管理作为公司年度考核的重

要指标，对各部门、分支机构及其人员的合规职责履行情况进行考核和评价，并追究违法违规事件责任人员的责任。

业务部门及其负责人应当接受合规管理部门的合规管理考核，并对本部门员工合规职责的履行情况进行考核评价。

6. 配备合规管理人员

业务部门开展本部门的合规管理，应当根据实际需要配备专职或者兼职的合规管理人员。例如，我国证监会《证券公司和证券投资基金管理公司合规管理办法》第二十三条，要求证券基金经营机构各业务部门、各分支机构应当配备符合规定的合规管理人员。

7. 支持和配合合规管理部门的工作

我国证监会《证券公司和证券投资基金管理公司合规管理办法》第二十六条规定，证券基金经营机构的董事、监事、高级管理人员和下属各单位应当支持和配合合规负责人、合规部门及本单位合规管理人员的工作，不得以任何理由限制、阻挠合规负责人、合规部门和合规管理人员履行职责。

八、关于相关职能部门的合规管理职责

（一）相关职能部门的范围

如前所述，企业从职能和管理范围来看，企业除了业务部门外，还包括战略、规划、投融资、财务、风控、内控、内部审计、法律事务、人力资源、质量、环安卫等职能管理部门。

（二）相关职能部门在合规风险三道防线中的地位

按照我国国资委《中央企业合规管理指引（试行）》第十一条，企业监察、审计、法律、内控、风险管理、安全生产、质量环保等相关部门本身也具有合规管理职责。其中，按照发改委等七部委《企业境外经营合规管理指引》（第十二条第二款）的规定，审计部门和监察部门等还是具有合规管理职能的监督部门。

因此，从企业合规风险三道防线角度来看，一般企业的各部门可以作如下划分：

业务部门	技术和产品研发、市场运营、采购、加工制造、销售、物流等部门		合规风险第一道防线
职能管理部门	一般职能管理部门	战略、规划、投融资、财务、人力资源等	合规风险第一道防线
	具有合规管理职能的部门	合规管理部门、合规负责人、合规委员会	合规风险第二道防线
		法律事务、风险控制、内控、质量、环安卫等	合规风险第二道防线
		监察、内部审计、审计委员会	合规风险第三道防线

1.战略、规划、投融资、财务、人力资源等部门：虽然是职能管理部门，却与业务部门一样，也处于合规风险的第一道防线以及合规管理职责的主体和首要承担者。它们需要承担与业务部门一样的合规管理职责。

2.法律事务、风险控制、内控、法律事务、质量、环安卫等部门：它们也具有一定的合规管理职责。它们与合规管理部门共同构成企业合规风险的第二道防线。

3.监察部门、审计部门：企业合规风险的第三道防线。

（三）具有合规管理职能的其他部门

按照我国国资委《中央企业合规管理指引（试行）》的规定，其他相关部门包括监察、审计、法律、内控、风险管理、安全生产、质量环保等部门。但是，该指引没有对这些相关部门的合规管理职责作具体规定。根据我国有关合规规范的规定，其他相关部门的合规管理职责简述如下：

监察	按照我国《监察法》，对国有企业管理人员的职务违法和职务犯罪行为进行监察，包括：受理违法、违规举报；违法、违规线索分类处置；违法、违规调查；监察处置。纪检部门与监察部门合署办公，成立纪检监察部门
审计	合规审计
法律	法律审查，违法、违规引致的法律纠纷处理，为合规管理提供法律专业支持，法律风险管理(与全面风险管理、合规风险管理协调统一)，法律培训
内控	内控审查，内控管理评估，管理考核与评价，为合规管理提供内控专业支持，内控管理培训
风险管理	统一协调合规风险管理、法律风险管理，开展全面风险管理(包括风险识别、评估、监测和预警、应对与整改、监督与监察以及持续改进)，风险管理培训
安全生产	安全生产制度流程的制定与监督执行，安全生产风险管理，安全生产的检查、评估、考核与评价、培训等

（续表）

质量	质量标准、质量管理制度与流程的制定与监督执行，质量风险管理，质量检查、评估、考核与评价、培训等
环保	环保制度与流程的制定与监督执行，环保风险管理，环保检查、评估、考核与评价、培训等

九、界别管理与合规管理协调

1. 界别管理

设计企业合规组织及其职责，要区别企业合规管理与企业法务、内部审计、内控、风险管理以及监察等之间的关系。

2. 合规管理协调

我国国资委《中央企业合规管理指引（试行）》将协同联动确立为企业合规管理的基本原则之一，要求推动合规管理与法律风险防范、监察、审计、内控、风险管理等工作相统筹、相衔接，确保合规管理体系有效运行。

我国《企业境外经营合规管理指引》第十二条对合规管理协调进行了规定，也值得我国在企业境内经营合规管理中参考：

（1）合规管理部门与业务部门分工协作

合规管理需要合规管理部门和业务部门密切配合。境外经营相关业务部门应主动进行日常合规管理工作，识别业务范围内的合规要求，制定并落实业务管理制度和风险防范措施，组织或配合合规管理部门进行合规审查和风险评估，组织或监督违规调查及整改工作。

（2）合规管理部门与其他监督部门分工协作

合规管理部门与其他具有合规管理职能的监督部门（如审计部门、监察部门等）应建立明确的合作和信息交流机制，加强协调配合，形成管理合力。企业应根据风险防控需要以及各监督部门的职责分工划分合规管理职责，确保各业务系统合规运营。

（3）企业与外部监管机构沟通协调

企业应积极与境内外监管机构建立沟通渠道，了解监管机构期望的合规流程，制定符合监管机构要求的合规制度，降低在报告义务和行政处罚等方面的风险。

（4）企业与第三方沟通协调

　　企业与第三方合作时，应做好相关的国别风险研究和项目尽职调查，深入了解第三方合规管理情况。企业应当向重要的第三方传达自身的合规要求和对对方的合规要求，并在商务合同中明确约定。

第三章　企业合规风险管理
Chapter III　Corporate Compliance Risk Management
（CRM）

要　点：

1. 合规风险管理是企业合规管理的核心，贯穿企业合规管理的始终。

2. 企业合规风险管理包括合规义务识别、合规风险评估、应对整改、监测预警、沟通协调和持续改进。

3. 企业合规风险管理需要使用企业全面合规风险管理的技术方法。

4. 企业合规风险防范的三道防线。

　　企业合规风险是企业主要风险之一。企业合规风险的有效防控是合规管理的目的。企业合规风险管理是企业合规管理的核心内容，也是企业开展合规管理的基础，并贯穿企业合规管理的始终。

　　企业合规风险管理是合规义务识别、合规风险评估（包括合规风险的识别、分析和评价）、合规风险应对、合规风险监督检查、监测和预警，沟通协调，循环往复，持续改进的过程。

一、企业合规风险

　　企业合规风险是指企业因未能遵循法律、监管规定、规则、自律性组织制定的有关准则，以及适用于银行自身业务活动的行为准则而可能遭受法律制裁或监管处罚、重大财务损失或声誉损失的风险（巴塞尔银行监管委员会《合规与银行内部合规部门》引言3）；是合规义务的不合规发生的可能性和后果（国际标准暨我国国家标准《合规管理体系指南》第2.12条）；是企业及其员工不合规行为，引发法律责任、受到相关处罚、造成经济或声誉损失以及其他负面影响的可能性（《中央企业合规管理指引（试行）》第三条）；是企业或其员工因违规行为遭受法律制裁、监管处罚、重大财产损失或声誉损失以及其他负面影响的可能性（《企业境外经营合规管理指引》第十二条）。

从企业风险分类上看，合规风险是具体的、现实的、纯粹的、单一的风险。企业一旦违反合规规范规定的合规义务，就会遭受法律制裁（包括刑事处罚、行政处罚和民事赔偿），承担法律责任（包括刑事责任、行政责任和民事责任）。也正因为如此，合规管理是底线管理或红线管理，要求企业及其员工不触碰合规要求与合规承诺的底线，不逾越合规要求与合规承诺的红线。

二、企业合规风险管理

按照国家标准《风险管理 风险评估计划》的规定（第 4.2.1 条），风险管理过程包含以下要素：明确环境信息；风险评估（包括风险识别、风险分析与风险评价）；风险应对；监测和预警；监督检查；沟通协调。

我国《中央企业全面风险管理指引》第五条将风险管理的基本流程概括为五个方面的主要工作：（一）收集风险管理初始信息；（二）进行风险评估；（三）制定风险管理策略；（四）提出和实施风险管理解决方案；（五）风险管理的监督和改进。我国《企业法律风险管理指南》（第 5.1 条）沿袭了《中央企业全面风险管理指引》的理念，并进行了梳理和规范，将企业风险管理流程确定为：明确法律风险环境信息、法律风险评估（包括法律风险的识别、分析和评价）、法律风险应对以及监督检查。

国际标准暨我国国家标准《合规管理体系　指南》没有集中规定企业合规风险的管理流程，而将合规风险的识别、分析和评价、应对等分列于第 3.6 条和第 5.1 条。此外，该指南没有将明确合规风险环境信息纳入企业合规风险管理流程，但在第 3.5 条对合规义务的识别与维护作了详细规定。

我国国资委《中央企业合规管理指引（试行）》第十八条要求中央企业建立合规风险识别预警机制，全面系统梳理经营管理活动中存在的合规风险，对风险发生的可能性、影响程度、潜在后果等进行系统分析，对于典型性、普遍性和可能产生较严重后果的风险及时发布预警。第十九条要求加强合规风险应对，针对发现的风险制定预案，采取有效措施，及时应对处置。

我国发改委等七部委《企业境外经营合规指引》在不同章节提及合规

风险管理流程，归纳为：合规风险识别、合规风险评估、合规风险处置、合规风险报告、持续改进。

综合上述指引和指南的规定，企业合规风险管理是企业合规义务识别、合规风险评估（包括合规风险的识别、分析和评价）、合规风险应对（处置）、监测预警、监督检查、沟通协调，循环往复，持续改进的过程。

企业合规风险的管理流程应包括：

1. 合规义务识别；

2. 合规风险评估（包括合规风险的识别、分析和评价）；

3. 合规风险应对（处置）；

4. 监测和预警；

5. 监督检查；

6. 沟通协调；

7. 持续改进。

（一）识别合规义务

按照国际标准暨我国国家标准《合规管理体系　指南》第2.12条规定，合规风险是合规义务的不合规发生的可能性和后果。要识别合规风险，首先要识别合规义务。

合规义务来源于适用于企业的合规规范，包括合规要求与合规承诺（《合规管理体系　指南》第3.5.1条）。合规要求主要来自外部合规规范，具有强制执行的效力。合规承诺是企业基于自主意识表示，自愿设定的义务和接受的约束。

企业合规要求与合规承诺列表如下：

	合规要求	合规承诺
1	适用的国际条约、国际规则及国际组织的决定	企业与第三方之间的合同与协议
2	适用的国内、国外法律、法规、部门规章（包括司法解释）、规范性文件、司法判例	企业所在行业的自律性规则
3	强制性标准	企业选择适用的非强制性标准
4	行业监管规则	企业自愿性对外承诺，如环境承诺、促销承诺等
5	行政许可和授权	企业内部合规规范，如企业章程、股东决议、董事会决议、规章制度等
6	法院判决和行政决定	道德规范
7	商业惯例	/

识别合规义务，需要根据合规风险管理的目标领域和范围，收集适用于企业该领域的所有合规规范，根据合规要求与合规承诺进行分类，建立合规风险管理合规规范库，并根据行业监管部门的监管重点以及企业经营管理具体情况，逐项、逐条进行梳理、分析，甄别企业合规风险管理目标领域需要遵守的合规义务（主要是强制性规定和禁止性规定项下的合规义务），制定合规义务清单。

合规义务清单格式如下：

合规义务清单

目标领域	合规义务	合规规范条目	合规规范名称	涉及企业内部部门

（二）合规风险评估

我国有关风险管理的国家标准、指南和指引都规定，合规风险评估包括：

（1）合规风险识别；

（2）合规风险分析；

（3）合规风险评价。

风险评估是根据风险分析的结果确定可容许风险的过程。按照我国国家标准《风险管理风险评估计划》风险评估旨在为有效的风险应对提供基于证据的信息和分析，其主要作用包括：（1）认识风险及其对目标的潜在影响；（2）为决策者提供相关信息；（3）增进对风险的理解，以利于风险应对策略的正确选择；（4）识别哪些导致风险的主要因素，以及系统和组织的薄弱环节；（5）沟通风险和不确定性；（6）有助于建立优先顺序；（7）帮助确定风险是否可以接受；（8）有助于通过事后调查来进行事故预防；（9）选择风险应对的不同方式；（10）满足监管要求。

1. 合规风险识别

合规风险识别是发现、收集、确认、描述、分类、整理合规风险，对其产生原因、影响范围、潜在后果等进行分析归纳，最终生成企业合规风险清单，为下一步合规风险的分析和评价明确对象和范围。合规风险识别是合规风险评估的首要步骤、前提和基础。开展合规风险识别，宜遵循以下步骤：

（1）构建合规风险识别框架

为保证合规风险识别的全面性、准确性和系统性，企业要构建符合自身经营管理需求的合规风险识别框架，提供若干识别合规风险的角度。企业可以根据自身的不同需要，选择不同的角度或不同角度的组合，构建合规风险识别框架。

识别合规风险的角度列表如下：

序号	角度	内容
1	企业主要的经营管理活动	通过对企业主要的经营管理活动(如生产、市场营销、物资采购、对外投资、人力资源管理、财务管理、内部控制等)的梳理，发现每一项经营管理活动可能存在的合规风险
2	企业组织机构设置	通过对企业各业务管理部门/岗位的业务管理范围和工作职责的梳理，发现各机构内可能存在的合规风险
3	利益相关者	通过对企业的利益相关者(如股东、董事、监事、高级管理人员、一般员工、顾客、供应商、债权人、社区、政府等)的梳理，发现与每一利益相关者相关的合规风险
4	引发合规风险的原因	通过对合规环境、违规等引发合规风险原因的识别，发现企业存在的合规风险
5	合规风险事件发生后承担的责任	通过对刑事、行政、民事等法律责任的梳理，发现不同责任下企业存在的合规风险
6	部门法律领域	通过对不同的法领域(如公司法、合同法、知识产权法律、招投标法律、劳动用工法律、财务税收法律等)的梳理，发现不同领域内存在的合规风险
7	业务领域	通过对不同的业务领域(如研发、生产、采购、销售、物流、建设工程、国际贸易等)的梳理，发现不同业务领域内存在的合规风险
8	以往发生的案例	通过对本企业或本行业发生的案例的梳理，发现企业存在的法律风险

（2）查找合规风险事件，收集违规案例

合规风险识别，需要根据构建的合规风险识别框架，查找合规风险事件，方法包括：①问卷调查、访谈调研、头脑风暴法、德尔菲法、检查表法等；②合规管理评估；③内部审计；④员工举报等。

此外，还需要关注和收集违规案例以及相关司法判例，同类企业、本企业过去识别和发生的合规问题及违规案例。

根据收集的合规风险事件和违规案例，编制合规风险事件与违规案例清单，建立合规风险事件与违规案例库。

合规风险事件与违规案例清单格式如下：

合规风险事件与违规案例清单

目标领域	合规义务	合规规范条目	合规规范名称	合规风险事件、违规案例描述	产生原因

（3）编制初步合规风险清单

对查找出的合规风险事件和违规案例进行归类，确定合规风险，并对每个合规风险设置相应的编号和名称。然后，将这些合规风险事件及合规风险统一列表，并列示每一合规风险事件及合规风险适用的合规规范、可能产生的责任后果、相关的案例、分析意见及其涉及的业务单元和部门、经营管理流程等信息，形成初步合规风险清单，作为合规风险分析和评价的基础和用表。

初步合规风险清单划分为三个信息区。第一部分为基础信息区，主要内容为合规风险及引发风险的具体行为（产生原因）与合规风险等级，为便于今后的使用和管理，这里还可以为每个合规风险设置不同的编码；第二部分为合规义务信息区，包括风险涉及的合规规范、案例、责任和后果、应对建议等；第三部分为管理信息区，包括合规风险涉及的企业内部部门、外部主体、经营管理活动或流程等：

初步合规风险清单格式如下：

初步合规风险清单

基础信息区					合规规范信息区					管理信息区		
风险代码	风险名称	风险描述	产生原因	风险等级	合规规范	具体规定	责任后果	案例	应对建议	涉及部门	法律主体	业务/管理活动

2. 合规风险分析

根据国际标准暨我国国家标准《合规管理体系　指南》第3.6条，合规风险分析是企业对不合规的原因、来源、后果的严重程度、不合规及其后果发生的可能性进行分析和研究，对识别出的合规风险进行定性、定量的分析，为合规风险的评价和应对提供支持。

根据合规风险分析的目的、可获得的信息数据和资源，合规风险分析可以有不同的详细程度，可以是定性的、定量的分析，也可以是这些分析的组合。一般情况下，首先采用定性分析，以初步评定合规风险等级，揭示主要合规风险。在可能和适当的时候，要进一步进行更具体和定量的合规风险分析：

（1）合规风险可能性分析

合规风险发生可能性是指在公司目前的管理水平下，合规风险发生概率的大小或者发生的频繁程度。对合规风险发生可能性的量化分析，可以从以下5个维度进行，每个维度可以进一步细化为若干评分标准，以下示例影响程度分为3个等级，分别赋予1分至5分，表示发生可能性依次加强，得分越高意味风险发生的可能性越大。格式如下：

分析维度	得分		
	5	3	1
内部合规规范的完善	很不完善，需要重新制定	较完善，需要修改、补充	完善
合规规范的执行	很难得到执行	执行程度一般	执行非常准确
人员相关合规管理素养	不了解相关合规规范	了解主要合规规范	了解所有相关合规规范
外部监管执行力度	无相关监管规定，监管力度弱	有相关监管规定，违规行为并未及时查处	有严格监管规定，监管部门监管严格到位，对违规行为处罚严厉

分析维度	得分		
	5	3	1
违规行为一年内已发生的次数	超过3次	2次	1次

（2）合规风险影响程序分析

合规风险影响程度是指合规风险会对公司的经营管理和业务发展所产生影响的大小。对合规风险影响程度进行分析时，可以考虑但不限于以下因素：①后果的类型，包括财产类的损失和非财产类的损失（如商誉损失、企业形象损失、知识产权损失）等；②后果的严重程度，包括财产损失金额的大小、非财产损失的影响范围、利益相关者的反应等。

对合规风险影响程度的量化分析，可以从以下三个维度进行，每个维度可以进一步细化为若干评分标准，以下示例影响程度分为3个等级，分别赋予1分~9分，得分越高意味风险影响程度越大。

分析维度	得分			
	9	5	1	0
财产损失大小				无
非财产损失大小	很大	一般	很小	无
影响范围	广（如全国范围甚至有国际影响）	中等（全省或市范围）	较小（本市范围或企业内部）	无

根据对合规风险可能性及其影响程度分析，编制合规风险分析表。格式如下：

合规风险分析表

基础信息区					发生的可能性				影响程度			
风险代码	风险名称	风险描述	产生原因	风险等级	高5	中3	低1	无0	大9	中5	小1	无0

3. 合规风险评价

根据国际标准暨我国国家标准《合规管理体系　指南》第3.6条，合规风险评价是根据合规风险分析的结果对合规风险等级与企业能够并愿意接受的合规风险水平进行评估。通过分析评估，设定合规风险的优先等级，帮助企业做出合规风险应对的决策。

合规风险评价的步骤包括：

（1）在合规风险分析的基础上，对合规风险进行不同维度的排序，包括合规风险事件发生可能性的高低、影响程度的大小以及风险水平的高低，以明确各合规风险对企业的影响程度；

（2）在合规风险水平排序的基础上，对合规风险进行分级；

（3）在合规风险排序和分级的基础上，进一步确定需要重点关注和优先应对的合规风险。

根据合规风险分析与评价结果，编制合规风险评价表。格式如下：

合规风险评价表

基础信息区				合规规范信息区					管理信息区	
重大合规风险										
风险代码	风险名称	风险描述	产生原因	合规规范	具体规定	责任后果	案例	应对建议	涉及部门	法律主体	业务／管理活动
中等合规风险										
风险代码	风险名称	风险描述	产生原因	合规规范	具体规定	责任后果	案例	应对建议	涉及部门	法律主体	业务／管理活动
较低合规风险										
风险代码	风险名称	风险描述	产生原因	合规规范	具体规定	责任后果	案例	应对建议	涉及部门	法律主体	业务／管理活动

（三）合规风险应对（处置）

风险应对是在完成风险评估之后，选择并执行一种或多种改变风险的措施，包括改变风险事件发生的可能性和／或后果，以及针对合规风险采取相应措施，消除合规风险或者将合规风险控制在企业可承受的范围。

合规风险应对包括选择评估合规风险应对现状、选择合规风险应对措施、明确合规风险应对具体举措、制定合规风险应对计划、实施合规风险应对措施与计划等环节。

1. 评估合规风险应对现状

评估合规风险应对现状至少要考虑以下几方面的因素：

（1）资源配置，即企业内部的相关机构设置、人员、设备和经费配备能否满足合规风险应对需要；

（2）职责权限，即是否明确与风险应对相关的职责和权限；

（3）过程监控，即是否要求对持续性业务管理活动进行定期或不定期的监督和控制、证据资料保留、信息沟通和预警；

（4）奖惩机制，即对企业相关人员在合规风险应对工作中的绩效是否设立了奖惩机制；

（5）执行者能力要求，即企业对与合规风险应对相关的内部执行者是否有明确的资质、能力要求；

（6）部门内部合规审查，即是否要求业务部门内部对一般性的合规问题进行审查；

（7）专业合规审查，即是否要求合规部门或专业律师对专业性合规问题进行审查或提供相关合规意见；

（8）合规风险意识，即企业相关人员对合规风险的存在、可能造成的后果，以及如何开展合规风险应对等方面是否有必要的认识和理解。

2. 选择合规风险应对措施

按照我国国家标准《风险管理 原则与实施指南》（GB/T 24353-2009），风险应对措施包括：

— 决定停止或退出可能导致风险的活动以规避风险；

— 增加风险或承担新的风险以寻求机会；

— 消除具有负面影响的风险源；

— 改变风险事件发生的可能性的大小及其分布的性质；

— 改变风险事件发生的可能后果；

— 转移风险；

— 分担风险；

— 保留风险等。

合规风险是企业或其员工因违规行为遭受法律制裁、监管处罚、重大财产损失或声誉损失以及其他负面影响的可能性。合规风险是现实、具体和纯粹的风险，一旦发生，只会给企业带来法律制裁以及财产或声誉损失。因此，我国国家标准《风险管理 原则与实施指南》（GB/T 24353–2009）规定的风险应对措施并不都适用于合规风险的应对。合规风险的应对措施，只能是规避、消除和降低风险，即：

（1）决定停止或退出可能导致风险的活动以规避风险；

（2）消除具有负面影响的风险源；

（3）消除风险事件发生的可能性；

（4）降低风险事件发生的可能后果。

3. 制定合规风险应对具体举措

就应对现状进行分析并选择风险应对措施后，应针对每一合规风险制定具体的应对举措和实施计划。企业合规风险应对具体举措通常包括以下几种类型：

序号	类型	内容
1	资源配置类	设立或调整与合规风险应对相关的机构、人员，补充经费或风险准备金等
2	制度、流程类	制定或完善与合规风险应对相关的制度、流程
3	标准、规范类	针对特定合规风险，编写标准、规范等文件，供相关人员使用
4	技术手段类	利用技术手段规避、降低或转移某些合规风险
5	信息类	针对某些合规风险事件发布预警信息
6	活动类	开展某些专项活动，规避、降低或转移某些合规风险
7	培训类	开展合规风险培训与宣传，提高相关人员的合规风险意识与合规风险管理技能

4. 制定合规风险应对计划

在合规风险应对具体举措确定之后，需要制定应对的实施计划。合规风险应对具体举措与实施计划应呈报公司管理层（如合规委员会）或者其他相关负责机构批准后执行。

实施计划中至少包括以下信息：（1）实施合规风险应对措施的机构、人员安排，明确责任分配和奖惩机制；（2）应对措施涉及的具体业务及管理活动；（3）报告和监督、检查的要求；（4）资源需求和配置方案；（5）实施合规风险应对措施的优先次序和条件；（6）实施时间表。

合规风险应对措施与计划格式如下：

基础信息					应对措施	应对计划						
风险代码	风险名称	风险描述	产生原因	风险等级		负责部门	负责人员	业务/管理活动	资源配置	报告监督	考核	时间表

5. 合规风险管理成果的升华

合规风险管理完成后，根据分析评价结果以及应对整改的必要，除对公司现有规章制度、现有管理流程、现有政策文件、现有合同协议进行修改外，还应当：（1）制定企业总体合规管理指南；（2）制定某专门业务领域的合规管理指南；（3）根据具体合规风险，制定具体合规指引；（4）按合规要求对相关合同协议进行梳理，编制企业合同格式库。

（四）监测和预警

合规管理流程完成后，需要根据合规风险清单，对识别出的合规风险进行日常监测。合规风险监测是运用风险监测方法，对合规风险进行监督和测试，提供风险预警，并对合规风险应对的改进提供基础信息依据。

实施合规风险监测，需要确定监测的目标合规风险，制定监测计划（如监测频率、监测期限等），设计监测指标，组成监测小组并明确职责分工，制作监测报告。

通常将合规风险监测级别划分为正常、关注、特别关注、风险预警与风险形成等五个级别，并用不同颜色标示（通常将预警级别标示为橙色，将风险形成标示为红色）。如果合规风险可能会演变为合规风险事件，则需要及时进行合规风险预警。

企业可根据自身的需求和资源状况，选择建立重大合规风险预警制度，即根据对内外部合规风险环境变化的监控结果，及时发布合规风险预警信息，并制定相应的应急预案。应急预案要明确应急处理的相关组织机构、处理流程、沟通机制、应急措施和资源的配置保障，确保企业对突发合规风险事件的及时反应，有效控制和处置突发合规风险事件对企业造成的影响。

（五）监督检查

企业应对合规风险应对措施与计划的实施进行跟踪检查，确保合规风险应对措施与计划的有效执行，并根据发现的问题对合规风险管理工作进行持续改进。

企业合规风险管理监督和检查的内容包括但不限于以下内容：（1）内外部合规风险环境的变化，如法律法规、相关政策的出台和变化，司法、执法及社会守法环境的变化，企业自身战略的调整改变等；（2）监测合规风险事件，分析趋势及其变化并从中吸取教训；（3）对照合规风险应对计划检查工作进度与计划的偏差，保证风险应对措施的设计和执行有效；（4）报告关于合规风险变化、合规风险应对计划的执行进度与合规风险管理方针的遵循情况；（5）实施合规风险管理绩效评估。

企业实施合规风险应对措施后，应评估其剩余风险是否可以承受。如果不可承受，应调整或制定新的合规风险应对措施和应对计划，并评估新的措施的效果，直到剩余风险可以承受。

执行合规风险应对措施会引起企业风险情况的改变，需要跟踪、监督有关风险应对的效果和企业的环境信息，并对变化的合规风险进行评估，必要时重新制定合规风险应对措施。合规风险应对是一个递进的动态过程，需要根据内外部合规风险环境变化对制定的措施进行评估调整，以确保措施的有效性。

（六）沟通协调

企业合规风险管理是一项复杂、严肃的工作，涉及各不同层级管理人员以及各相关职能管理部门和业务部门及其员工，可能有着不同的价值观、诉求、假设、认知和关注点，其合规风险偏好和对合规风险管理的期望也可能存在差异，这些对合规风险管理的决策和执行有重要影响。

合规管理部门、合规风险管理项目小组在合规风险管理过程的每个阶段都应当与他们有效沟通并制作和保存相关记录，充分协调，以保证他们能够充分了解企业面临的合规风险及其给企业带来的影响，正确理解企业合规风险管理决策的依据和开展合规风险管理对企业的重大意义，支持合规风险管理的开展，并根据相关信息做出恰当决策和有效执行合规风险管理应对措施。

（七）持续改进

合规风险管理是动态和持续的管理过程，绝非一蹴而就。企业在发展，合规管理的外部环境和内部环境不断发生变化，要求企业周而复始地、持续地进行合规风险管理。

按照我国《合规管理体系 指南》第3.6条，发生以下情形时，宜对合规风险进行周期性再评估：（1）新的活动、产品或服务，或者现有活动、产品或服务发生改变；（2）企业结构或战略发生改变；（3）重大的外部变化，如金融经济环境、市场条件、债务和客户关系；（4）合规义务改变；（5）发生不合规。

企业通过周期性的、持续的合规风险管理，循环往复，使合规风险管理的各个环节形成有效的闭环，并不断改进和提高合规管理水平，有效防控和应对合规风险，确保企业安全、稳定、持续经营。

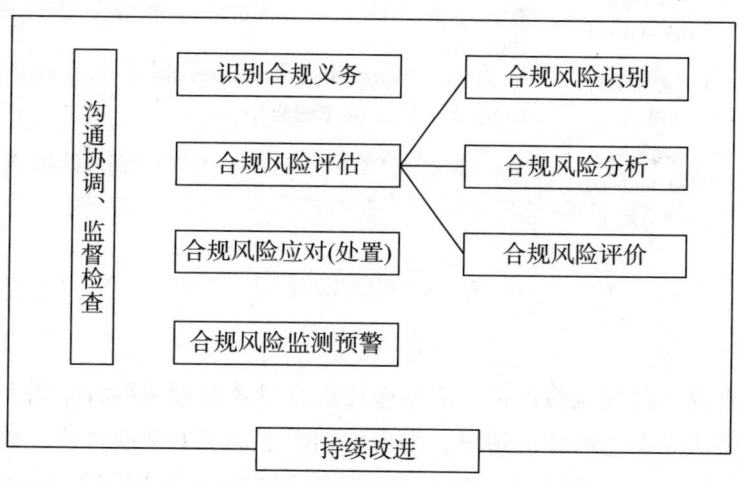

三、合规风险管理的技术方法

合规风险管理，尤其是合规风险评估，需要使用专业的评估技术和方法，复杂情况下可能需要同时采用多种技术和方法。这对企业合规管理人员来说是个挑战，要求合规管理人员加强合规风险管理技术和方法的学习和实践。

我国国家质量监督检验检疫总局、国家标准化委员会发布国家标准与发布国家标准《风险管理风险评估计划》（GB/T27921–2011）第 6 条对 32 种风险评估的技术和方法作了详细介绍。其中，较为常用的技术方法如下：

序号	名称	内容
1	头脑风暴法（Brainstorming）	激励知识渊博的一群人员畅所欲言，以发现潜在合规风险、决策准则和 / 或应对办法。常与其他技术方法一起使用。
2	结构化 / 半结构化访谈（Structured Interviews）	根据事先准备好的提纲向访谈对象提出一系列准备好的问题，从而获得访谈对象对某些问题的看法。常与其他技术方法一起使用。
3	德尔菲法（Delphi）	依据一套系统的程序在一组专家中取得可靠共识的技术，以获得专家单独、匿名表达的观点。常与其他技术方法一起使用。
4	情景分析（Scenario Analysis）	通过假设、预测、模拟等手段，对未来可能发生的情景及其影响进行分析。
5	检查表法（Check–Lists）	是一个通常凭经验编制的风险清单。可以用来识别潜在危险、风险或者评估控制效果，适用于产品、过程或系统的生命周期的任何阶段，可作为其他风险评估技术的组成部分使用。通过检查表法，可以生成一个控制措施评估清单或者风险清单。
6	风险矩阵（Risk Matrix）	是用于识别风险和对识别的若干风险进行优先排序的有效工具，有助于直观地显现风险的分布情况，确定风险管理的关键控制点和风险应对方案。
7	业务影响分析（BIA）	旨在分析干扰性风险因素对企业运营的影响方式，同时识别企业是否具备必要的风险管理能力。
8	风险指数（Risk Indices）	是对风险的半定量测评，利用顺序尺度的记分法得出估算值。
9	因果分析法（CCA）	
10	根原因分析（RCA）	对重大损失作根原因分析或者损失分析，避免重大损失的再次发生。

　　企业进行合规风险评估，需要选择适合具体合规风险评估需要的技术方法，即适应企业的相关情况，得出的结果能加深对风险性质及如何应对风险的认识，且应能按可追溯、可重复及可验证的方式使用。此外，具体技术方法的选择还受资源的可获得性、现有数据和信息中不确定性的性质和程度以及在应用方面的复杂性等因素的影响。由于每一技术方法都有其优点和局限性，在合规风险评估中，往往合并使用多个技术方法。以下介绍 QUIZ 方法、RPN 方法与合规偏差分析法（Gap Analysis）。

（一）QUIZ 方法

　　QUIZ 是调查问卷（Questionnaire）、初步评估（Upfront Assessment）、

访谈（Interview）和关注重大风险（Zoom in）几个单词首字母的缩写，称为合规风险评估 QUIZ 方法。

1. 调查问卷（Questionnaire）

由项目小组根据合规风险检查清单，编制调查问卷，并发放给与合规风险管理项目相关的领导、部门和员工。调查问卷格式如下：

合规风险调查问卷

被调查人姓名：　　　　　所在部门：　　　　　　　　职务：　　　　时间：

合规风险	发生原因	发生的可能性			可能造成的损失		
		高5	中3	低1	大9	中5	小1
				·			

调查问卷阶段，也可以将合规风险检查清单直接交由合规风险管理项目相关的领导和部门做初步填写。

调查问卷方式和初步填写，必须确保其内容填写的真实性和严肃性，否则就没有意义，甚至会误导合规风险的分析和评价结果。因此，调查问卷和初步填写前，项目小组应组织被调查人进行培训，说明问卷调查的重要性，严肃问卷调查纪律。

2. 初步评估（Upfront Assessment）

调查问卷阶段结束后，合规风险管理项目小组应根据调查问卷结果做初步的分析和评价。初步评估应梳理调查问卷，综合调查问卷中存在的问题，为下一步访谈阶段打下基础。

3. 访谈（Interviews）

访谈是与项目目标领域相关的领导、部门负责人和员工进行面对面的沟通。访谈的目的在于：（1）深入了解合规风险管理目标领域的业务模式和业务流程；（2）澄清综合调查问卷中存在的问题；（3）了解可能存在的其他合规风险并扩展合规风险清单；（4）了解合规风险目标领域现有的规章制度、政策文件、合同协议等，为下一步分析评估及提出应对整改措施打下基础。

访谈的形式多种多样，但必须打消被访谈人的任何疑虑，使之知无不言，言无不尽。通过访谈获得的信息应当真实、完整，避免任何虚假、遗漏或刻意隐瞒信息。

访谈应制作详细记录，并与收集到的相关规章制度、政策、合同文件等合编成册，为最后集中归档留痕做好准备。

4. 关注重大风险（Zoom In）

通过前面的步骤，识别企业重大合规风险，编制企业重大合规风险清单，确定合规应对措施，并在呈报企业合规委员会或者其他类似机构批准后实施。

（二）RPN方法

RPN是Risk Priority Number缩写，即SOD风险系数评估法，从风险的严重程度（Severity）、发生的可能性（Occurrence）以及可探测度（Detection，即根据企业现有规章制度识别和监测到合规风险的可能性）三个方面对风险进行评估和打分，根据三个方面的得分乘积，确定合规风险系数的高低。根据合规风险管理项目的实际情况和得分乘积，合规风险管理项目小组应确定合规风险的高中低级别。可参考的评判标准如下：

RPN合规风险评级参考标准

	得分	发生的可能性	可能造成的损失	可探测度
高合规风险	＞100			
	＞30			
中等合规风险	45—100			
	15–30			
低合规风险	＜45			
	＜15			

根据RPN方法，以合规风险的严重程序、发生的可能性以及可探测度为基础，编制合规风险清单。格式如下：

合规风险	发生的可能性			可能造成的损失			可探测度		
	高5	中3	低1	大9	中5	小1	高3	中2	低1

（三）内部合规规范偏差分析法（Gap Analysis）

按照我国发改委等七部委《企业境外经营合规管理指引》第十一条第

三款，合规管理组织需要查找规章制度和业务流程存在的缺陷并进行相应的调整。因此，对企业合规风险进行分析评价，需要对企业现有规章制度、管理流程、政策文件、合同协议等进行分析，并与合规义务进行比较，甄别其存在的合规偏差与不足。格式如下：

内部合规规范合规偏差表

现有规章制度合规偏差					
序号	目标领域	合规义务	规章制度	合规偏差	相关部门（公司）

现有管理流程合规偏差					
序号	目标领域	合规义务	管理流程	合规偏差	相关部门（公司）

现有政策文件合规偏差					
序号	目标领域	合规义务	政策文件	合规偏差	相关部门（公司）

现有合同协议合规偏差					
序号	目标领域	合规义务	合同协议	合规偏差	相关部门（公司）

四、合规风险管理计划与报告

企业合规风险管理贯穿于企业合规管理的全过程。企业合规风险管理工作包括合规风险管理项目和日常监测预警。

（一）企业合规风险管理计划

企业合规风险管理计划主要包括企业合规风险管理年度计划与企业合规风险管理项目规划。企业合规风险管理计划是企业合规管理计划的重要内容和组成部分。企业合规风险管理计划应呈报企业合规委员会或者其他类似机构，经批准后执行。

（二）企业合规风险管理报告

企业合规风险管理报告主要包括企业合规风险管理项目报告与年度合规风险管理报告。

如发生性质严重或可能给企业带来重大合规风险的违规行为，应当及时向企业合规风险委员会或者其他类似机构提交重大合规风险报告，提出风险警示以及合规风险应对建议，经批准后及时纠正违规行为并采取补救措施。

五、合规风险管理项目方法论

根据企业合规风险管理目标，可以将合规风险管理划分为全面合规风险管理项目和专项合规风险管理项目。

（一）全面合规风险管理项目

全面合规风险管理项目，是基于建立全面合规管理体系的合规管理目标，在公司内部各部门、各产品业务事业部门以及集团各层级公司开展全面合规风险管理。企业在下列情况下，宜开展全面合规风险管理项目：

（1）企业新设；

（2）企业合规风险发生频率高且涉及不同业务领域或者多个业务部门和职能管理部门；

（3）企业投资并购其他企业（尤其是投资并购境外企业）而对目标企业进行全面合规风险管理；

（4）企业改制、重组；

（5）企业上市；

（6）企业建立合规管理体系时开展初步合规风险管理；等等。

企业全面合规风险管理，尤其是集团公司的此类合规风险管理，是一浩大的合规管理工程，需要合理、统筹规划、组织和协调。需要制定详细的项目方案，分配充分资源（包括人员、费用、工具等），花费较长时间，步步为营，稳步推进。

全面合规风险管理项目应划分为若干专项合规风险管理项目，同步进行。也可以逐个进行各专项合规风险管理项目，有序推进，从点到面，最终完成全面合规风险管理项目。

（二）专项合规风险管理项目

专项合规风险管理是对企业某一部门或某一业务领域开展合规风险管理。专项合规风险管理可继续划分为部门领域专项合规风险管理、业务领域专项合规风险管理、法律领域专项合规风险管理和境外经营专项合规风险管理等。

从内部组织结构上来看，企业包括治理机构（董事会、监事会、管理层）、各职能管理部门（投资、财务、内控、人力资源、法务、审计等）和各业务部门（如生产、采购、销售、物流、研发、工程等）。部门领域专项合规风险管理，是对企业某一业务部门或者专业职能部门开展专门的合规风险管理。企业在发生下列情况时，须开展部门领域专项合规风险管理：战略调整，组织机构改变，开拓新的市场（尤其是境外市场），合规规范被修改或废止或者颁行新的外部合规规范，颁行新的内部合规规范，部门出现重大合规风险等。

从产品和义务线条上来看，企业可能包括不同的产品和业务线条并设立的相关的事业部。业务领域专项合规风险管理，是对企业某一产品或业务线条领域（事业部）开展专门的合规风险管理。企业在发生下列情况时，须开展业务领域专项合规风险管理：产品、业务线条调整，引入新的或者扩展产品业务领域，某一产品业务领域合规规范被修改或废止或者颁行新的合规规范，业务领域出现重大合规风险等。

法律领域专项合规风险管理，是针对企业经营管理所涉及的某一部门法领域，如公司法领域、合同法领域、知识产权法律领域、劳动与社会保障法律领域、反垄断与不正当竞争法律领域、国际贸易法律领域、网络安全与信息保护法律领域、反腐败法律领域等，开展的专项合规风险管理。

境外经营专项合规风险管理，是对企业针对其境外经营，如境外投资、境外并购、境外设厂、境外工程承包、产品出口等，开展专项的合规风险管理。

（三）企业集团合规风险管理安排

企业集团具有复杂的企业架构，包括总公司、全资子公司、控股子公司、非控股的参股子公司、分公司等。有些企业集团还拥有一个或多个上市公司。大多企业总公司仅拥有投资和管理职能，旗下的全资子公司、控股子公司、非控股的参股子公司、分公司可能从事不同产品和业务的经营管理。

企业集团需要充分考虑以上因素，从以下几个方面探索合规风险管理：

1. 企业集团总部应统筹规划，总体指导、协调、监督各子公司、分公司的合规风险管理，并进行合规管理考核与评价；

2. 企业集团总部开展集团总部的合规风险管理，各子公司、分公司宜各自开展的合规风险管理并接受集团总部的指导、协调、监督与考核评价；

3. 按照企业集团的合规管理架构与流程，在各全资子公司、控股子公司及分公司，同步开展合规风险管理，统一执行集团总部的合规风险管理计划；

4. 就非控股的参股子公司而言，通过其董事会、监事会以及委派的高管，宣传与培训合规风险管理，促使其同步开展合规风险管理。

（四）初次合规风险管理项目

初次合规风险管理是企业根据合规管理要求，对企业所做第一次合规风险管理。对于重新建立合规管理体系、开展合规管理的企业，在建立合规组织之后，首先要开展的就是初次合规风险管理。通过初次合规风险管理，企业能够对企业当时存在的合规风险有一初步的、全面的了解，并在此基础上，逐步建立、修改和补充合规管理流程，开展合规审查、合规管理评估、合规培训与宣传等其他合规管理工作。初次合规风险管理是企业开展合规管理的基础和依据，对启动和推动企业合规管理、建立合规管理体系具有重要意义。

初次合规风险管理构成一个独立的项目，可以按照项目管理方式予以推动和管理。初次合规管理项目由项目目标、计划、领导、小组、流程、预算和资源分配、成果与报告等组成。

初次合规风险管理项目小组，对项目的合理、有序推进尤为重要。

全面合规风险管理是一浩大系统性工程，需要企业领导的坚强领导和坚定的支持。因此，全面合规风险管理小组由两个层级组成。一是领导小组，负责批准项目计划和报告、总体领导、重大事项决策、分配资源、分工协调、跟踪监督、评价考核等。全面合规风险管理项目的领导小组应由企业董事长或总经理领导，并由企业合规总监（如有）或主管合规管理的副总经理、企业总法律顾问、企业风控和内控部门负责人等组成。二是工作小组。由合规总监或者合规管理部门牵头并指定项目小组组长，各相关部门授权委派人员参加，并聘请外部专业顾问（如律师、会计师、税务专家等）参与。

专项合规风险管理小组专注于某一职能、业务或法律领域开展合规风险管理，成立工作小组即可。

项目小组应合理分配小组成员职责，明确小组工作方式，规范小组工作纪律。

六、风险管理三道防线

（一）风险管理三道防线

风险管理三道防线是全面风险管理中的概念。

国资委《中央企业全面风险管理指引》第十条规定："企业开展全面风险管理工作应与其他管理工作紧密结合，把风险管理的各项要求融入企业管理和业务流程中。具备条件的企业可建立风险管理三道防线，即各有关职能部门和业务单位为第一道防线；风险管理职能部门和董事会下设的风险管理委员会为第二道防线；内部审计部门和董事会下设的审计委员会为第三道防线。"

由于企业法律、合规、内控、风控部门分别是企业法律风险、合规风险、内部控制风险（运行风险）和全面风险的管理部门，因此，在企业风险管理领域，企业法律、内控、风控与合规管理部门，都属于企业风险防范的第二道防线。

（二）合规风险管理三道防线

2016年原保监会《保险公司合规管理办法》将三道防线引入企业合规风险管理，并在第二十条至第二十三条作了具体规定：

第二十条规定：保险公司应当建立三道防线的合规管理框架，确保三道防线各司其职、协调配合，有效参与合规管理，形成合规管理的合力。

第二十一条规定：保险公司各部门和分支机构履行合规管理的第一道

防线职责，对其职责范围内的合规管理负有直接和第一位的责任。保险公司各部门和分支机构应当主动进行日常的合规管控，定期进行合规自查，并向合规管理部门或者合规岗位提供合规风险信息或者风险点，支持并配合合规管理部门或者合规岗位的合规风险监测和评估。

第二十二条规定：保险公司合规管理部门和合规岗位履行合规管理的第二道防线职责。合规管理部门和合规岗位应当按照本办法第十六条规定的职责，向公司各部门和分支机构的业务活动提供合规支持，组织、协调、监督各部门和分支机构开展合规管理各项工作。

第二十三条规定：保险公司内部审计部门履行合规管理的第三道防线职责，定期对公司的合规管理情况进行独立审计。

《江苏省省属企业合规管理指引（试行）》第十六条规定：科学有效确立合规风险控制的三道防线，业务部门是防范合规风险的第一道防线，业务人员及其负责人应当承担首要合规责任；合规管理（牵头）部门是防范合规风险的第二道防线，同时也是合规管理体系建设的责任单位；内部审计和纪检监察部门是防范合规风险的第三道防线，负责合规审计和监督企业整体风险防控。

（三）理论和实践意义

合规风险三道防线的合规管理框架，明确了企业各职能部门和业务部门作为第一道防线的合规主体地位，它们应主动进行日常合规管控，负有直接和第一位的责任；明确了合规管理部门和合规岗位作为第二道防线的职责，即支持、组织、协调、监督各部门开展合规管理各项工作；明确了企业审计部门作为第三道防线的职责，即对公司的合规管理情况进行独立审计。

企业合规管理的终极目标是防控合规风险，促使企业依法合规经营，保证企业稳健、安全、持续经营。合规风险三道防线理论具有三个方面的理论和实践意义，值得大力宣传和推广。

1.不少企业认为合规是合规管理部门的职责，企业职能部门和业务部门只是配合与支持合规管理部门的合规管理工作。合规风险三道防线理论有利于纠正这一误解，正本清源，确立各职能部门和业务部门的企业合规责任主体地位，促使企业合规真正落地，推动企业全员合规，培育企业合规文化。

2. 合规风险三道防线理论有利于确立合规管理部门的独立地位和管理职能，即支持、组织、协调、监督各部门开展合规管理各项工作。企业合规管理部门不是合规的责任部门或责任主体。在企业组织结构矩阵中，企业合规管理部门成为与企业财务、内控、人力资源、法务、内部审计等同一层级的新的横向管理部门。

企业法务、合规、风控、内控部门同属企业风险防范的第二道防线，在组织体系、制度体系、运行机制和保障机制等方面具有较高的趋同性，具备建立一体化管理平台的基本条件，也是国务院国资委要求各中央企业与地方国有企业努力探索的课题之一。

3. 企业内部审计与纪检监察属于企业风险防范的第三道防线。国务院国资委《中央企业合规管理指引（试行）》第四条规定的协同联动原则，要求推动合规管理与法律风险防范、监察、审计、内控、风险管理等工作相统筹、相衔接，确保合规管理体系有效运行。

不少企业混淆企业合规管理与内部审计的地位和职责，合二为一设立合规审计部，忽视企业合规管理与内部审计各自的独立性。合规风险三道防线理论将企业合规管理部门与内部审计部门分置于企业合规风险防范的第二道防线和第三道防线，清晰了企业合规管理部门与内部审计部门相互独立的地位和职责。

第四章　企业合规制度与流程
Chapter IV　Corporate Compliance Rules and Process

要　点：

1. 企业合规制度与流程包括四个层级。

2. 企业如何制定企业合规制度与流程：点到面或者面到点。

企业合规制度与流程是企业合规的制度保障，包括：企业全员普遍遵守的合规管理基本制度、合规管理具体制度、重点领域专项合规管理制度以及合规管理流程。

一、企业合规制度与流程的层级

关于企业合规制度与流程，国际标准暨我国国家标准《合规管理体系指南》并未作详细规定。

我国《中央企业合规管理指引（试行）》第十七条作了原则性的规定，即：建立健全合规管理制度，制定全员普遍遵守的合规行为规范，针对重点领域制定专项合规管理制度，并根据法律法规变化和监管动态，及时将外部有关合规要求转化为内部规章制度。

我国发改委等七部委《企业境外经营合规管理指引》将企业合规制度与流程划分为三个层级，即合规行为准则、合规管理办法与合规操作流程。这也是欧美跨国企业集团广泛采用的结构。因此，企业合规制度与流程可以分为以下几个层级：

1. 合规管理基本制度

根据我国国资委《中央企业合规管理指引（试行）》第十七条、发改委等七部委《企业境外经营合规管理指引》第十三条以及证监会《证券公司和证券投资基金管理公司合规管理办法》第十二条，企业首先应制定全员普遍遵守的合规行为规范，作为企业最重要、最基本的合规制度以及其他合规制度的基础和依据，适用于所有部门和员工。合规管理的基本制度应当明确合规管理的目标、基本原则、机构设置及其职责，违法违规行为及合规风险隐患的报告、处理和责任追究等内容。

2. 合规管理具体制度

根据我国《中央企业合规管理指引（试行）》第二章规定，合规管理牵头部门负责研究起草合规管理具体制度，由企业经理层批准。企业合规管理具体制度应包括合规管理组织制度、合规管理运行制度以及合规管理保障制度。

3. 重点领域专项合规管理制度

我国《中央企业合规管理指引（试行）》第十七条要求中央企业针对重点领域制定专项合规管理制度。其第十三条规定的重点合规领域包括：市场交易、安全环保、产品质量、劳动用工、财务税收、知识产权、商业伙伴以及其他需要重点关注的领域。除上述领域外，企业重点合规领域还应包括网络安全与信息保护、国际贸易管制等领域。

我国《企业境外经营合规管理指引》第十四条（合规管理办法）要求企业境外经营应在合规行为准则的基础上，针对特定主题或特定风险领域制定具体的合规管理办法。该条规定的合规管理办法，内容局限于诚信合规，属于欧美企业集团《行为准则》规定的具体行为指引。从建立全面合规管理体系角度来看，应属于重点领域专项合规管理制度。

4. 合规管理流程

我国《企业境外经营合规管理指引》第十五条对合规操作流程作了规定："企业可结合境外经营实际，就合规行为准则和管理办法制定相应的合规操作流程，进一步细化标准和要求。也可将具体的标准和要求融入现有的业务流程当中，便于员工理解和落实，确保各项经营行为合规。"

我国《中央企业合规管理指引（试行）》第二章也规定，经理层的合规管理职责之一是，明确合规管理流程，确保合规要求融入业务领域。业务部门负责本领域的日常合规管理工作，按照合规要求完善业务管理制度和流程。

二、企业合规管理基本制度

（一）合规行为准则

关于企业合规管理的基本制度，以诚信合规管理为主流的欧美跨国企业集团以及经合组织（OECD）《内控、道德与合规，最佳实践指南》、世界银行集团《诚信合规指南》等国际组织的指南，普遍采用企业行为准则这一合规制度形式，来规范企业全员普遍遵守的合规管理基本制度。

其基本内容趋同，一方面规定企业集团的合规管理的基本制度，同时也包括具体的诚信合规管理办法。欧美跨国企业集团在行为准则中规定的合规管理基本制度主要包括企业愿景和使命、企业核心价值观、企业合规方针与领导承诺等。具体详见第二篇第一章（企业合规方针），此处不再赘述。

欧美跨国企业集团的行为准则模式，主要是基于诚信合规的理论和理念，内容也局限于诚信合规。诚信合规的主要内容请参见第一篇（总论）第四章（诚信合规与全面合规）。

我国《企业境外经营合规管理指引》第十三条对企业境外经营合规管理的行为准则做了专门规定，即"合规行为准则是最重要、最基本的合规制度，是其他合规制度的基础和依据，适用于所有境外经营相关部门和员工，以及代表企业从事境外经营活动的第三方。合规行为准则应规定境外经营活动中必须遵守的基本原则和标准，包括但不限于企业核心价值观、合规目标、合规的内涵、行为准则的适用范围和地位、企业及员工适用的合规行事标准、违规的应对方式和后果等。"这一制度形式借鉴了欧美跨国企业集团的合规管理基本制度模式。

（二）总体合规管理指南

以巴塞尔银行监管委员会《合规与银行内部合规部门》，我国原银监会、原保监会、证监会有关合规管理的办法和指引，以及我国国资委《中央企业合规管理指引（试行）》等为代表，更倾向于建立全面合规管理体系，开展全面合规管理。它们更多地制定企业的《总体合规管理指南》《合规管理办法》《合规管理大纲》等，来规定企业的合规方针、合规管理原则、合规组织、重点合规领域以及合规管理运行、合规管理保障的基本架构等。

三、重点领域合规管理制度

（一）重点领域合规管理制度

我国《中央企业合规管理指引（试行）》第十七条要求中央企业针对重点领域制定专项合规管理制度。按照该指引第十三条的规定，中央企业重点领域合规管理制度应当包括：

1.市场交易合规管理制度：严格履行决策批准程序，建立健全自律诚信体系，突出反商业贿赂、反垄断、反不正当竞争合规，规范资产交易、招投标等活动；

2.安全环保合规管理制度：严格执行国家安全生产、环境保护法律法规，完善企业生产规范和安全环保制度，加强监督检查，及时发现并整改违规问题；

3.产品质量合规管理制度：完善质量体系，加强过程控制，严把各环节质量关，提供优质产品和服务；

4.劳动用工合规管理制度：严格遵守劳动法律法规，健全完善劳动合同管理制度，规范对聘用人员的合规尽职调查，规范劳动合同签订、履行、变更和解除等；

5.财务税收合规管理制度：健全完善财务内部控制体系，严格执行财务事项操作和审批流程，严守财经纪律，强化依法纳税意识，严格遵守税收法律政策；

6.知识产权合规管理制度：及时申请注册知识产权成果，规范实施许可和转让，加强对商业秘密和商标的保护，依法规范使用他人知识产权，防止侵权行为；

7.商业伙伴合规管理制度：对重要商业伙伴开展合规调查，通过签订合规协议、要求作出合规承诺等方式促进商业伙伴行为合规；

8.其他需要重点关注的领域合规管理制度，如网络安全与信息保护合规管理制度、国际贸易管制合规管理制度、诚信合规管理办法等。

（二）诚信合规管理办法

1.我国《企业境外经营合规管理指引》第十四条（合规管理办法）要求企业境外经营应在合规行为准则的基础上，针对特定主题或特定风险领域制定具体的合规管理办法，包括但不限于礼品及招待、赞助及捐赠、利益冲突管理、举报管理和内部调查、人力资源管理、税务管理、商业伙伴合规管理等内容。企业还应针对特定行业或地区的合规要求，结合企业自身的特点和发展需要，制定相应的合规风险管理办法。例如金融业及有关行业的反洗钱及反恐怖融资政策，银行、通信、医疗等行业的数据和隐私保护政策等。

该条规定的合规管理办法，内容局限于诚信合规，类似于欧美跨国企业集团《行为准则》规定的具体诚信合规准则。从合规管理制度角度来看，应属于诚信领域的专项合规管理制度。

2.诚信合规管理办法的主要内容

根据我国《企业境外经营合规管理指引》第十四条（合规管理办法）规定，诚信合规管理办法的主要内容包括（但不限于）：礼品及招待，赞助及捐赠，利益冲突管理，举报管理和内部调查，人力资源管理（人员聘用合规尽职调查等）、税务管理、商业伙伴合规管理、反洗钱、数据和隐私保护等。

世界银行集团《诚信合规指南》包括十一个方面的内容，即：（1）禁止不当行为，（2）领导与员工职责，（3）合规计划与合规风险评估，（4）（诚信合规）内部政策，（5）商业伙伴政策，（6）内部控制，（7）培训与沟通，（8）激励，（9）报告，（10）不当行为的补救，（11）集体行动。

巴斯夫的《行为准则》包含的具体诚信合规准则为：人权、劳工和社会标准、环境、健康与安全保护、反托拉斯法、反腐败、礼品与招待、利益冲突、信息保护和内幕交易法、数据隐私保护、进出口、公司及业务伙伴资产保护、禁止洗钱。（源自巴斯夫官方网站：https：//www.basf.com/）。

美国李尔公司的《商业行为与道德规范》包含的具体诚信合规准则为：遵守法律法规，报告关切和反报复，利益冲突，礼品与招待和政治捐献，内幕交易，竞争和反垄断，出口和禁止交易，机密和专有信息，公司资产的保护和合理使用，准确的业务和财务记录，环境、健康和安全，可持续性，多样性，平等机会和尊重，规范的豁免，合规计划监控，承诺做正确的事。（源自美国李尔公司官网：https：//www.lear.com/）。

中国石油天然气集团公司《诚信合规手册》包含的具体诚信合规准则为：

（1）公司与员工：营造和谐劳动关系，避免利益冲突、反对利益输送，保持良好工作氛围。

（2）质量和健康安全环保：不断改进和提升质量，关注员工安全和健康，落实安全生产责任，保护生态和环境，严格管理承包商、供应商，妥善处理质量和健康安全环保事件。

（3）对外交易：坚持公平公正诚信原则，禁止商业贿赂，禁止垄断行为，禁止不正当竞争，遵守贸易管制，反洗钱。

（4）政府与社区：加强与政府的沟通，支持社区公益事业，尊重地方风俗习惯。

（5）财务、资产与信息：正确使用和保护公司资产，保证财务信息真实准确，保护知识产权，保护公司信息安全，依法对外披露信息。

四、合规管理具体制度

我国《中央企业合规管理指引（试行）》第二章规定，合规管理牵头部门负责研究起草合规管理具体制度，由企业经理层批准。

企业合规管理的具体制度，即合规管理体系主要构成要素的具体规范和要求，主要包括：

（一）合规组织制度

合规组织制度在于规定企业负责合规管理的组织及其职责。

有关企业合规管理的国际标准、指南以及我国国家标准、办法和指引规定的合规组织包括董事会，监事会，经理层，合规委员会，合规管理负责人，合规管理牵头部门，管理层，业务部门，员工，以及监察、审计、法律、内控、风险管理、安全生产、质量环保等相关部门。

（二）合规管理运行方面的合规管理具体制度

合规风险管理制度	合规风险评估、应对整改、监测预警、监督检查、沟通协调、持续改进、指标体系、评估模型等，以及合规风险管理的组织、职责分工与协调合作以及合规风险管理计划与报告等
合规审查制度	合规审查的组织、对象和范围、依据的合规规范、职责权限、计划和程序、合规审查意见及其处置、线上合规审查等
违规管理制度、奖惩办法	违规举报办法、违规调查程序、违规处置办法、合规奖惩办法、反打击报复办法以及纪检监察与合规管理的分工协作等
合规管理评估制度	合规评审的组织及职责分工、评审计划、评审对象和范围、评审报告和评审整改等

（三）合规管理保障方面的合规管理具体制度

合规考核评价制度	合规考核评价的指标、计划、组织、程序、结果处置等
合规管理信息化制度	合规管理信息化的管理模块、输入和输出流程、日常监测、信息安全和保护等
合规宣传与培训制度	合规宣传与培训的目标、组织、计划、实施、考核等
合规管理计划与合规报告制度	合规管理计划、报告的责任部门和报告对象，需要制定和提交合规计划与合规报告的情形，合规计划与合规报告的形式，合规计划与报告的受理、审批和处置等

五、合规管理流程

　　我国《企业境外经营合规管理指引》第十五条对合规操作流程作了规定："企业可结合境外经营实际，就合规行为准则和管理办法制定相应的合规操作流程，进一步细化标准和要求。也可将具体的标准和要求融入到现有的业务流程当中，便于员工理解和落实，确保各项经营行为合规。"

　　我国《中央企业合规管理指引（试行）》第二章也规定，经理层的合规管理职责之一是，明确合规管理流程，确保合规要求融入业务领域。业务部门负责本领域的日常合规管理工作，按照合规要求完善业务管理制度和流程。

　　我们理解，这里的业务领域包括企业管理矩阵中的横向职能管理领域，如规划、财务、风控、内控、运营管理、人力资源、法务、行政、信息管理等，以及纵向业务领域，如产品、生产、质量、采购、销售、物流、环保安全卫生等。因此，所述业务管理制度和流程包括：

（1）职能管理领域的制度和流程

例如：企业合规负责部门应当直接参与制定和修改的职能部门管理规章包括（但不限于）：执行上市公司监管合规规范的管理制度，公司治理规章，授权体制，印章管理办法，对外投融资、担保管理办法，并购重组管理办法，境外投资并购管理办法，关联交易和利益冲突管理办法，员工手册及有关员工管理的其他规章制度，知识产权管理办法，合同管理办法，信息技术管理制度，合规审计流程等。

（2）业务流程

不同行业的企业（如传统制造企业、金融企业、互联网企业、贸易企业等），其业务部门的设置也存在差异。传统制造企业的业务部门一般包括采购部、市场部、销售部、产品部、生产部、质量部、物流部、研发部门、环安卫部门等。

企业各业务部门的业务流程，具有很强的专业性和技术特性。但是，企业各业务领域涉及不同合规规范（如行业监管、招投标管理、反垄断与公平竞争、消费者权益保护、产品规范与标准、网络安全等专业领域的法律、法规、标准和规范等）的适用、执行和遵守，政府监管日益加强，企业面临的合规风险日益突出。企业合规负责部门参与企业业务流程的制定和修改的必要性也日益凸显。

业务合规流程是企业合规管理与业务管理高度协调融合的产物。业务合规流程须根植于企业业务及其管理，与相关业务管理制度和流程充分协调，有机衔接，科学融合。正因为如此，业务合规流程可以采取单行制度形式；也可以将合规管理要点和程序直接纳入业务管理制度和流程之中，成为业务管理制度和流程的一部分。

六、企业合规制度和流程的制定

（一）新设企业合规制度和流程的制定

企业新设，一切规章制度和流程都有待制定。也是企业建立合规管理体系、制定企业合规制度和流程的最佳时机。

1.新设企业制定企业合规制度和流程，首先应取得企业领导（治理机构）的强力支持，获得领导的合规承诺，确立企业合规方针；

2.设置企业合规总监（公司高级管理人员之一），设立企业合规管理部，以牵头启动、组织、协调、推动企业合规管理，包括其他合规组织的建设；

3.收集、整理适用于企业的外部合规规范以及业内违规案例，识别合规义务（包括合规要求与合规承诺），用以指导企业合规管理的开展；

4.参加合规管理培训，学习同行业企业合规管理最佳实践案例；

5.与规划、风控、内控、法务、人力资源、行政、纪检监察等部门沟通，听取其意见，取得其支持；

6.制定企业合规管理基本制度《企业合规管理总体指南》(或者《合规管理办法》)，确立企业合规的核心价值观、基本原则、组织机构及职责、合规管理体系建设等，用以指导以后的合规管理工作；

7.梳理企业经营重点领域，逐步制定重点领域专项合规管理制度；

8.制定企业合规管理具体制度；

9.参与企业各职能部门规章制度和管理流程的起草、修改，对它们进行全覆盖审查，融入合规要求与合规承诺。

（二）单一结构老牌企业合规制度和流程的制定

此处所述单一结构老牌企业是指已经成立多年和公司架构较为单一（没有太多子公司）的企业。在单一结构老牌企业启动和开展合规管理，制定合规管理制度和流程，组织和管理相对容易一些。

1.单一结构老牌企业制定合规管理制度和流程

单一结构老牌企业制定合规管理制度和流程，可以参考以下顺序和工作内容：

（1）首先应取得企业领导（治理机构）的强力支持，获得领导的合规承诺，确立企业合规方针；

（2）设置企业合规总监（系公司高级管理人员之一），设立企业合规管理部，以牵头启动、组织、协调、推动企业合规管理，包括其他合规组织的建设；

（3）参加合规管理培训，学习同行业企业合规管理最佳实践案例；

（4）收集、整理适用于企业的外部合规规范以及业内违规案例，收集、整理企业内部合规规范，识别合规义务（包括合规要求与合规承诺）；

（5）与规划、风控、内控、法务、人力资源、行政、纪检监察等部门沟通，听取其意见，取得其支持；

（6）开展合规风险管理，建立企业合规风险清单，制定企业合规风险管理具体指引，通过企业信息管理系统，建立企业合规风险日常监测和预警机制；

（7）制定企业合规管理基本制度《企业合规管理总体指南》（或者《合规管理办法》），确立企业合规的核心价值观、基本原则、组织机构及职责、合规管理体系建设等，用以指导以后的合规管理工作；

（8）梳理企业经营重点领域，逐步制定重点领域专项合规管理制度；

（9）参与企业各职能部门新的规章制度和管理流程的制定，对它们进行全覆盖审查，融入企业合规要求与合规承诺；

（10）运用内部合规规范偏差分析法（Gap Analysis，详见第二篇第四章企业合规风险管理），依据合规规范以及企业合规风险清单，对企业现有规章制度和流程进行分析比较，甄别其存在的合规偏差与不足，然后根据企业适用的合规规范，对企业现有规章制度和流程进行修改、补充和再造，融入合规要求与合规承诺，实现企业现有规章制度和流程的合规。

2. 从面到点、从点到面方法论

单一结构老牌企业的合规管理也涉及各个职能部门和业务部门，甚至不同的业务线条或产品事业部。如果合规风险管理、重点领域专项合规管理制度的制定、职能和业务部门业务流程的修改和补充齐头并进，人员、资金和其他资源投入过于集中，容易造成混乱，影响合规管理目标的达成。

可以尝试从面到点、从点到面的工作方法：

第一步：面。先在企业设立合规组织、制定总体合规管理指南。

第二步：点。在某一二个职能部门和 / 或业务部门进行合规管理制度修改和补充试点（包括设立合规管理项目小组，在该部门开展合规风险管理，甄别现有规章制度和流程的偏差和不足，制定该部门专项合规管理制度，对该部门现有规章制度进行修改、补充并融入合规要求），积累经验，培养合规管理人才，培育合规意识与合规理念。

第三步：面。将试点范围逐步扩展到其他部门，最后实现所有部门全覆盖。

（三）企业集团合规制度和流程的制定

企业集团有总部与各子公司（全资子公司、控股子公司和参股非控股子公司），存在各种业务线条和业务模式，可能地处不同国家和不同省市，制定合规管理制度更加复杂。但是，就制定合规管理制度和流程而言，同样可以尝试从面到点、从点到面的工作方法。

（1）第一步：面。

先在企业总部设立合规组织、制定总体合规管理指南。

（2）第二步：点。

在总部某一两个职能部门和 / 或业务部门进行合规管理制度修改和补充试点（包括设立合规管理项目小组，在该部门开展合规风险管理，甄别现有规章制度和流程的偏差和不足，制定该部门专项合规管理制度，对该部门现有规章制度进行修改、补充并融入合规要求），积累经验，培养合规管理人才，培育合规意识与合规理念。

在某一两个子公司进行合规管理制度修改和补充试点。在该子公司内部，同样可以尝试从面到点、从点到面的工作方法。

（3）第三步：面。

将试点范围逐步扩展到总部其他部门，最后实现总部所有部门全覆盖。

将试点范围逐步扩展到其他子公司，最后实现企业集团总部和所有子公司全覆盖。

第五章　企业合规审查
Chapter V　Compliance Review

要　点：

1. 合规审查的依据是什么？

2. 合规审查什么？业务部门应做全面合规审查，合规管理部门做重大事项合规审查。

3. 合规审查的程序。

企业合规审查是指对企业经营管理活动（合规审查对象）的合规性进行审核检查，实施违规整改，持续改进，保障企业经营管理的合规性。合规审查是企业合规管理的重要内容。

一、关于合规审查的合规规范

对合规审查进行规定的、有关企业合规管理的国际标准、指南以及我国国家标准、办法和指引有：

（一）原银监会《商业银行合规风险管理指引》

我国原银监会《商业银行合规风险管理指引》首先提出合规审查制度：

第十八条第三款	合规管理部门应当审核评价商业银行各项政策、程序和操作指南的合规性，组织、协调和督促各业务条线和内部控制部门对各项政策、程序和操作指南进行梳理和修订，确保各项政策、程序和操作指南符合法律、规则和准则的要求
第十八条第六款	合规管理部门应当积极主动地识别和评估与商业银行经营活动相关的合规风险，包括为新产品和新业务的开发提供必要的合规性审核和测试

（二）原保监会《保险公司合规管理办法》

第十六条第九款、第二十九条	合规管理部门的合规审查事项包括：（1）重要的内部规章制度和业务规程；（2）重要的业务行为、财务行为、资金运用行为和机构管理行为；（3）为公司新产品和新业务的开发提供合规支持，识别、评估合规风险
第二十一条	保险公司各部门和分支机构履行合规管理的第一道防线职责，对其职责范围内的合规管理负有直接和第一位的责任。保险公司各部门和分支机构应当主动进行日常的合规管控，定期进行合规自查

（三）证监会《证券公司和证券投资基金管理公司合规管理办法》

第十一条	合规负责人应对本公司及其工作人员的经营管理和执业行为进行合规审查、监督和检查
第十三条	合规负责人应对公司内部规章制度、重大决策、新产品和新业务方案等进行合规审查，并出具书面合规审查意见
第二十四条	证券基金经营机构应将各层级子公司的合规管理纳入统一体系，对子公司的合规管理制度进行审查，对子公司经营管理行为的合规性进行监督和检查

（四）国资委《中央企业合规管理指引（试行）》

我国国资委《中央企业合规管理指引（试行）》将合规审查作为合规管理的重要内容加以规定（第二条），要求中央企业建立健全合规审查机制。

第二十条	将合规审查作为规章制度制定、重大事项决策、重要合同签订、重大项目运营等经营管理行为的必经程序，及时对不合规的内容提出修改建议，未经合规审查不得实施
第十四条	要求加强制度环节的合规管理，强化对规章制度制定、改革方案等重要文件的合规审查，确保符合法律法规、监管规定等要求
第十条第二款	法律实务机构或其他相关机构作为合规管理牵头部门，组织、协调和监督合规管理工作，为其他部门提供合规支持，参与企业重大事项合规审查，组织开展合规检查与考核，对制度和流程进行合规性评价，督促违规整改和持续改进
第十一条	业务部门负责本领域的日常合规管理工作，按照合规要求完善业务管理制度和流程，组织合规审查

（五）发改委等七部委《企业境外经营合规管理指引》

第十一条第三款	合规管理部门的合规职责之一是审查评价企业规章制度和业务流程的合规性，组织、协调和监督各业务部门对规章制度和业务流程进行梳理和修订
第十二条第一款	境外经营相关业务部门的日常合规管理工作包括组织或配合合规管理部门进行合规审查和风险评估，组织或监督违规调查及整改工作

二、合规审查依据：依据什么审查

合规审查依据，即企业开展合规审查所依据的合规规范。

笔者在第一篇第二章（合规与合规管理）中，对我国企业应当适用的合规规范进行了梳理和总结。列表如下：

	外部合规规范	内部合规规范
1	适用的国际条约、国际规则(如联合国贸易术语解释通则) 及国际组织的决定(如联合国的制裁决议等)	企业与第三方之间的合同与协议
2	企业国外经营所在国家和地区的法律、法规、监管规则、标准、司法判例、商业惯例和道德规范，以及部分具有有限域外效力的外国的法律法规(如美国的反海外腐败法案、出口管制条例等)	企业所在行业的自律性规则
3	国内法律、法规、部门规章(包括司法解释)、规范性文件、行业监管规则、标准、行政许可和授权	企业选择适用的非强制性国家标准、行业标准和企业标准
4	行业准则	企业自愿性对外承诺，如环境承诺、促销承诺等
5	强制性标准	企业章程、股东决议、董事会决议、管理层决议
6	法院判决和行政决定	企业内部规章制度
7	商业惯例	/
8	道德规范	/

每一企业因自身经营地域、所属行业、企业所有权性质等的不同，其所适用的合规规范的范围也存在差异。企业合规审查的首要任务是：

1. 掌握适用于本企业的所有合规规范，建立完整的合规规范库，并对合规规范规定的、企业应当遵守的合规义务进行识别；

2. 持续关注合规规范的最新发展，正确理解合规规范的规定，准确把握新的合规规范对企业的影响，确保持续合规；

3. 开展合规培训，让合规管理人员懂得运用合规规范进行合规审查，并让企业全体员工懂法知规。

关于如何获取合规规范，我国标准化管理委员会《合规管理体系　指南》列举了下列方法：（1）列入相关监管部门收件人名单；（2）成为专业团体的会员；（3）订阅相关信息服务；（4）参加行业论坛和研讨会；（5）监视监管部门网站；（6）与监管部门会晤；（7）与法律顾问洽商；（8）监视合规义务来源（如：监管声明和法院判决）。

三、合规审查对象和范围：审查什么

（一）合规审查对象与范围

根据我国有关合规管理的办法、指引的规定，合规审查的对象和范围如下：

1. 全面合规审查

全面合规审查是企业合规审查的基本要求和内容，是合规管理全面性原则的重要体现，要求对企业经营管理的各个方面是否符合合规规范进行全面审查，防控合规风险，保障企业依法合规经营。

值得提及的是，企业所有内部规章制度既是合规审查依据，也是重要的合规审查对象。对企业内部规章制度进行审查，除审查其是否符合外部合规规范外，还须审查其是否符合企业内部更高效力层次的内部规章制度，以及与公司内部其他规章制度是否协调一致与融合，避免相互矛盾和相互重叠。

2. 重点领域合规审查

我国国资委《中央企业合规管理指引（试行）》第三章概括了中央企业合规管理（包括合规审查）的重点领域，包括市场交易、安全环保、产品质量、劳动用工、财务税收、知识产权、商业伙伴等。

3. 热点领域合规审查

除上述重点领域外，目前企业合规管理（包括合规审查）的热点领域还包括反垄断与公平竞争、广告、消费者权益保护、反腐败、反欺诈、关联交易、网络安全与信息保护、出口管制等。在这些领域，政府监管比较严格，企业合规风险比较突出。

不同企业，基于所在行业、业务模式、所有权性质、行业监管情况等的不同，其重点领域、热点领域的合规审查对象和范围也会存在差别。例如，跨国企业在华投资的外商投资企业更加侧重于上述热点领域的合规审查；金融、保险、医疗行业等，更侧重于行业监管规则的合规性审查；上市公司对是否遵守证监会监管规则的合规审查尤为重视。

每一企业须根据其所在行业、业务模式、所有权性质、行业监管情况等的不同，通过合规风险识别、分析和评价，发现和确定本企业合规审查的重点领域和热点领域，在全面合规审查的基础上，突出对重点领域、热点领域的合规审查。

4. 重大事项合规审查

我国原银监会、原保监会、证监会、国资委都要求合规管理部门对重大合规事项进行合规审查，但对重大合规事件的定义和范围并不一致。企业可以根据本身的规模、业务模式、可利用资源、合规风险现状等，确定合规管理部门的合规审查范围，包括可以考虑将合规管理部门合规审查范围扩大到热点领域。

	合规管理部门的重大事项合规审查对象	相关合规规范
1	内部规章制度和业务流程(包括各项政策、程序和操作指南)的合规性	各办法、指引
2	重要的业务行为、财务行为、资金运用行为和管理行为	原保监会《保险公司合规管理办法》第二十九条
3	新产品和新业务开发的合规性	原银监会《商业银行合规风险管理指引》第十八条、原保监会《保险公司合规管理办法》第十六条、证监会《证券公司和证券投资基金管理公司合规管理办法》第十三条
4	重大事项，包括：规章制度制定、改革方案等重要文件，重大事项决策、重要合同签订，重大项目运营，海外投资项目等	国资委《中央企业合规管理指引(试行)》第十条、第十四条、第二十条

5. 专业性合规审查

专业性合规审查是对合规审查对象的专业性内容（如财务、人事、技术、质量、安全环保、IT 等）的合规性进行审查。

四、合规审查部门：谁审查

人们一般认为，合规审查是企业合规负责人与企业合规管理部门专属的职责和义务。这是一种误解。与此相反，业务部门才是全面合规审查的责任主体，并应对本领域经营管理活动的合规性负责。

根据我国原银监会、原保监会、证监会、国资委有关企业合规管理的办法和指引，企业合规审查的职责分配可做如下总结：

（一）各部门：全面合规审查

企业各部门（包括各业务部门和各职能管理部门）作为企业合规风险

管理的第一道防线以及第一责任主体，应当在本部门领域和职责范围开展全面合规审查，突出重点领域合规审查与热点领域合规审查，确保本部门经营管理活动的合规性。这是我国原银监会、原保监会、证监会、国资委对各业务部门和各职能管理部门的合规管理要求。

（二）合规管理部门：重大事项合规审查

如上文所述，合规管理部门对企业的重大事项的合规性进行审查，包括：

1.重要的业务行为、财务行为、资金运用行为和管理行为；

2.新产品和新业务开发；

3.规章制度制定、改革方案等重要文件，重大事项决策、重要合同签订，重大项目运营，海外投资项目等。

（三）法务部：法律审查

企业法务部从成立伊始，就一直在进行法律审查。法律审查是合规审查的重要组成部分与核心内容，但法律审查不等同于合规审查。

有关企业合规管理的国际标准、指南以及我国国家标准、办法和指引，没有对合规审查与法律审查的联系和区别作出规定，但从企业法务管理与合规管理的实践经验来看，合规审查与法律审查存在以下联系和区别：

1.合规审查强调全面审查，范围要广于且包括法律审查，是合规管理全面性原则的反映和要求。

2.从合规审查依据来看，合规审查涉及适用于企业的所有合规规范；法律审查仅涉及相关法律实务所适用的合规规范，一般不包括行业监管规则、技术标准、商业习惯和道德规范等。

3.法律审查在于审查法律实务涉及的当事人的权利、义务和法律风险等，侧重在处理企业法律实务（如合同、法律文件的起草、审查和修改，知识产权管理，重大项目法律服务，诉讼和仲裁等）的过程中适用合规规范并同时进行法律审查；合规审查是企业合规组织的专门合规管理活动，主要审查企业经营管理活动的合规性。

4.从合规审查对象来看，合规审查要求对企业经营管理的各个方面的合规性进行全面审查、重大事项合规性审查、重要领域合规性审查以及热点领域合规性审查；法律审查的对象主要是企业法律实务所及范围，如公司治理法律事务、合同法律事务、知识产权法律事务、劳动人事法律事务、重大项目法律事务、诉讼和仲裁法律事务等。

合规审查要求审查人员谙熟企业管理和业务，法律审查需要运用法律专业知识并能在法律专业领域对合规审查提供专业性支持，两者相辅相成，协调统一，共同做好企业合规审查工作。

法律审查是合规审查最重要、最核心的部分，两者也经常存在重叠、交叉的地方。法务合规管理部门将企业法务与企业合规管理合二为一，更能解决这一问题。分别设立合规管理部门与法务部的企业，则需要妥善协调处理，厘清职责边界，避免人员、职责重叠和重复劳动。

（四）其他相关部门

按照我国国资委《中央企业合规管理指引（试行）》第十一条的规定，监察、审计、法律、内控、风险管理、安全生产、质量环保等相关部门，在职权范围内履行合规管理职责。这里的合规管理职责也包括合规审查，列示如下：

审计	合规审计（本质上也属于合规审查）
法律	法律审查
内控	内控审查
安全生产	安全生产检查
质量	质量检查
环保	环保检查

五、合规审查程序：如何审查

合规审查程序类似于法律审查程序。分述如下：

（一）各部门自查

如前所述，业务部门（包括职能部门，如财务、内控、人事等部门）作为企业合规风险管理的第一道防线以及企业合规风险管理的主体，有责任对其负责的合规审查对象作全面合规审查。

业务部门自我合规审查，一般由负责合规审查对象的业务经理提起，报业务部门专职或者兼职合规管理员进行。

（二）其他部门专业性合规审查

对于需要其他相关部门（如财务、人事、技术、质量、安全环保、IT、其他相关业务部门等）作专业性合规审查的事项，业务部门应提请专业性合规审查。

（三）法律审查

业务部门完成内部合规审查、相关业务部门专业性合规审查后，按企业内部程序将合规审查对象提交法务部门进行法律审查。

企业法务部门与合规管理部合二为一的，法律审查与合规审查也可以合二为一。企业法务部门与合规管理部分别设立的，应先由法务部门作法律审查。

（四）合规管理部门最终合规审查

对于需要合规管理部门做合规审查的重大事项和热点领域等，宜将合规管理部门的合规审查（尤其是法律审查）前移至项目启动阶段（如企业重大决策会议，尽职调查，重大项目的意向书、备忘录、框架协议、保密协议的谈判与签署等），使合规管理部门的合规审查贯穿项目始终。

除合规审查前移至项目启动和/或进行阶段的合规审查事项外，合规管理部门的合规审查应置于最后环节，以确保合规审查对象事先得到业务部门自身的审查、相关部门的专业性审查和法律审查，发挥合规管理部门第二道防线的作用。

合规管理部门开展合规审查，应包括以下步骤：

（1）确保完全理解合规审查对象的目的和内容。必要时，应与提起合规审查的部门以及其他相关部门作充分沟通协商。

（2）确定审查依据（即适用的合规规范），查询合规风险成案。

（3）确定合规审查负责人员，进行合规审查。必要时，还应聘请外部中介机构（如律师事务所、会计师事务所、劳动咨询事务所等）参与和支持。

（4）制作合规审查意见。要求对合规审查对象进行修改的，应提出修改建议，并指导合规审查申请部门进行修改。经修改的合规审查对象，须按原程序重新提起合规审查。

（5）制作合规审查记录，将相关资料存档。合规管理部门进行合规审查，"应当将出具的合规审查意见、提供的合规咨询意见、签署的公司文件、合规检查工作底稿等与履行职责有关的文件、资料存档备查，并对履行职责的情况作出记录。"（我国证监会《证券公司和证券投资基金管理公司合规管理办法》第十七条）。

合规审查是合规管理部门的重要职责，是合规管理部门开展合规培训的重要途径和实战演练，也是将合规要求融入业务部门规章和业务流程的有利途径。

需要明确的是，合规审查的对象和内容，只限于合规审查对象是否符合合规规范，而不包括合规审查对象的专业内容（如业务、财务、法务、技术、商务、技术、安全环保、IT 等）。合规审查对象的专业内容，系业务部门和其他相关部门的专业审查范畴。

六、合规审查工具：用什么审查

企业合规管理信息系统（OA 系统），是企业合规审查的重要工具。合规审查的各部门，应通过 OA 系统进行合规审查，实现合规审查的网络化、无纸化、远程化及高效率。

七、合规管理部门合规审查的独立性

独立性原则是企业合规管理的重要原则之一。合规管理部门合规审查的独立性，是企业合规管理独立性原则的重要内容和体现，要求合规管理部门和合规管理人员独立履行合规审查职责，不受其他部门和人员的干涉；也要求各业务部门积极配合，不得以任何方式或借口加以干涉或阻挠，并应当确保所提供信息真实、准确、完整（我国证监会《证券公司和证券投资基金管理公司合规管理办法》第三十二条）。

第六章　企业合规管理评估
Chapter VI　Compliance Management Review

要　点：

1. 谁来做合规管理评估？
2. 评估什么？
3. 合规管理评估的方法。
4. 合规管理评估的程序。

企业合规管理评估是企业合规组织（主要是企业治理机构和企业合规管理部门）对企业合规管理体系的适当性、有效性和充分性，进行自我审查、评价、监督和持续改进。

企业合规管理评估与合规审计不同。合规审计是企业审计部门对企业合规管理的执行情况、合规管理体系的适当性和有效性等进行的独立审计。就合规组织而言，合规审计是来自外部的审查和监督，而合规管理评估是合规组织内部自我监督与纠错的制度。

一、合规管理评估之称谓

合规管理评估在英文中称为"Compliance Management Review"，或者"Compliance Assessment"。我国国家标准《合规管理体系　指南》在第 8.3 条将其翻译为合规管理评审。

《亚太经合组织高效率公司合规项目基本要素》称之为定期评估和测试（Periodic Review and Testing），并将其作为企业合规管理十一大基本要素之一。

巴塞尔银行监管委员会《合规与银行内部合规部门》、我国《中央企业合规管理指引（试行）》《企业境外经营合规管理指引》《商业银行合规风险管理指引》《保险公司合规管理办法》以及《证券公司和证券投资基金管理公司合规管理办法》称之为管理评估。

我们倾向于后一种称谓，即"合规管理评估"，以更能反映其目的和内容，并使之更容易与"合规审查""合规审计"等相区别。

二、合规管理评估之目的

按照有关合规管理的国际组织的标准、指引以及我国国家标准、指引和办法的规定，合规管理评估的目的是及时发现合规管理体系运行过程中存在的问题和不足，并进行整改和持续改进，确保企业合规管理体系持续的适用性、充分性和有效性。

三、合规管理评估之机构

（一）合规管理评估机构

梳理从有关企业合规管理的国际组织标准、指引以及我国国家标准、指引和办法，合规管理评估机构包括：

1. 合规管理部门

巴塞尔银行监管委员会《合规与银行内部合规部门》第 39 条规定，合规部门应该评估银行各项合规程序和指引的适当性，立即深入调查任何已识别的缺陷，如有必要，系统地提出修改建议。

我国原银监会《商业银行合规风险管理指引》第十八条第五款规定，合规管理部门评估合规管理程序和合规指南的适当性，为员工恰当执行法律、规则和准则提供指导。

2. 合规委员会

我国《中央企业经营合规管理指引（试行）》第八条规定，中央企业设立合规委员会，与企业法治建设领导小组或风险控制委员会等合署，承担合规管理的组织领导和统筹协调工作，定期召开会议，研究决定合规管理重大事项或提出意见建议，指导、监督和评价合规管理工作。

我国《企业境外经营合规管理指引》也有类似的规定。

3. 高级管理人员（治理机构成员）

世界银行集团《诚信合规指南摘要》第 3 条规定，高管人员应采用系统的方法监督合规计划，定期检查合规计划在预防、发现、调查和应对各种不当行为方面的适用性、充分性和有效性。

巴塞尔银行监管委员会《合规与银行内部合规部门》在"定期评估与测试"这一合规管理基本要素中规定，企业高级管理人员应监督合规管理项目，定期评估项目的适用性、充分性和有效性，并实施适当的改进措施。

国际标准暨我国国家标准《企业合规管理　指南》第8.3条规定，最高管理者宜按计划定期评审组织的合规管理体系，以确保其持续的适用性、充分性和有效性。

4. 董事会

我国证监会《证券公司和证券投资基金管理公司合规管理办法》第七条规定："证券基金经营机构董事会决定本公司的合规管理目标，对合规管理的有效性承担责任，履行下列合规管理职责：……（六）评估合规管理有效性，督促解决合规管理中存在的问题。"

（二）合规管理评估小组

1. 合规管理评估具有很强的专业性。合规管理评估机构宜组建合规管理评估小组开展合规管理评估。

中国证券业协会2012年2月12日《证券公司合规管理有效性评估指引》第五条就规定，证券公司开展合规管理有效性评估，应当由董事会、监事会或董事会授权管理层组织评估小组或委托外部专业机构进行。

2. 宜由企业合规负责人担任合规管理评估小组组长，并由合规管理部门、相关职能部门（如内控、审计、财务等）以及外聘的专业中介机构（如外部律师）等委派人员共同组成合规管理评估小组。

四、合规管理评估之内容

合规管理评估在于评估合规管理的适用性、充分性和有效性。

（一）合规管理的适用性

适用性即英文中的"suitability"，也有学者将其翻译为"适当性"。

我国《企业境外经营合规管理指引》将适用性确立为企业合规管理的一项基本原则，要求企业合规管理在以下几个方面确保企业合规管理的适用性：

1. 合规规范的适用性

企业根据其经营所在国家和地区、经营范围、行业、产品等确定适用的外部合规规范，跟踪适用的外部合规规范的修改、补充以及新的适用的外部合规规范。

企业根据其经营范围、组织结构、业务规模的内部环境因素以及外部合规规范制定企业内部合规规范，并根据前述因素的变更等，调整、修改、补充企业内部合规规范并确保其适用性。

2. 兼顾成本和效率

企业合规管理要根据企业的实际情况，在保障合规的前提下，节约成本，保证效率。

3. 可操作性

企业合规管理体系，尤其是合规管理制度应当具有可操作性，切忌好高骛远，空中楼阁，没有实际操作性而成为鸡肋，从而影响企业合规的积极性和有效性。

4. 持续适用

企业应随着内外部环境的变化持续调整和改进合规管理体系，保证其持续适用性。

（二）合规管理的充分性

充分性即英文中的"adequacy"。

合规管理的充分性是合规管理"全面性"原则的基本要求，即企业合规管理应覆盖企业各业务领域、各部门、各级子企业和分支机构、全体员工，贯穿决策、执行、监督全流程，并体现于决策机制、内部控制、业务流程等各个方面。

企业合规管理的充分性要求：

1. 向合规管理配置充分的资源，包括充分的人力、物力、财力、技术支持和保障；

2. 配备充分的合规管理人员，并为其履行合规管理职责提供充分条件；

3. 保障合规管理人员履职所需充分的自主权、知情权和调查权；

4. 合规管理部门与合规管理人员应与其他职能管理部门和业务部门充分沟通协调；

5.应确保企业全体员工充分了解和理解企业的合规方针、合规承诺即合规要求；

6.鼓励和支持充分和坦诚报告的文化；

7.对违规举报人给予充分的保护；

8.建立全面、充分、有效的违规问责机制。

（三）合规管理的有效性

合规管理的有效性在英文中称为"compliance management effectiveness"，是指合规管理体系有效运行，合规风险得到有效防范和应对，企业经营管理的稳健和安全性得到有效保障。

1.综合我国有关企业合规管理的国家标准、指引和办法的规定以及中国证券业协会《证券公司合规管理有效性评估指引》，合规管理的有效性表现在以下几个方面：

（1）企业治理机构的高级管理人员等（即企业领导）作出合规承诺，并作出合规表率，这是有效合规管理的前提；

（2）合规组织建设、合规管理人员配备情况，其履行合规管理职责情况；

（3）合规管理制度和流程的制定及运行状况；

（4）企业合规风险三道防线（业务部门、合规管理部门、审计部门）各司其职、协调配合，有效参与合规管理，形成合规管理合力是有效合规管理的保障；

（4）实施有效的合规风险管理，包括合规风险评估、应对、监测和预警以及持续改进；

（5）向企业所有员工提供有效的合规培训；

（6）建立全面有效的合规问责制度，明晰合规责任范围，细化违规惩处标准，严格认定和追究违规行为责任；

（7）建立有效的信息系统，是有效合规管理的工具保障。

2.参考中国证券业协会《证券公司合规管理有效性评估指引》，对合规管理评估的有效性进行评估，应涵盖三个方面的内容：

（1）合规管理环境评估，重点关注公司高层是否重视合规管理、合规文化建设是否到位、合规管理制度是否健全、合规管理的履职保障是否充分等。

（2）对合规管理职责履行情况进行评估，重点关注合规咨询、合规审查、合规检查、合规监测、合规培训、合规报告、监管沟通与配合、信息隔离墙管理、反洗钱等合规管理职能是否有效履行。

（3）对经营管理制度与机制建设与运行情况的评估，重点关注各项经营管理制度和操作流程是否健全，是否与外部法律、法规和准则相一致，是否能够根据外部法律、法规和准则的变化及时修订、完善；以及是否能够严格执行经营管理制度和操作流程，是否能够及时发现并纠正有章不循、违规操作等问题。

关于合规管理有效性评价的详细内容，具体请参阅第三篇第七章。

五、合规管理评估须考虑的因素

按照国际标准暨我国国家标准《企业合规管理 指南》第8.3条，合规管理评估宜考虑以下几个方面：

1.以前管理评估措施的状态；

2.合规方针的充分性；

3.合规目标实现的程度；

4.资源的充分性；

5.与合规管理体系相关的内外部问题的变化；

6.合规绩效信息，包括以下各项体现的趋势：（1）不合格、纠正措施和解决的时间表；（2）监视和测量的结果；（3）与相关方的沟通，包括投诉；审核的结果。

7.持续改进的机会。

六、合规管理评估之程序

按照国际标准暨我国国家标准《企业合规管理 指南》第8.3条，参考中国证券业协会《证券公司合规管理有效性评估指引》，合规管理评估一般包括五个阶段，即评估准备、评估实施、评估报告、后续整改以及考核评价与问责。

（一）评估准备

合规管理评估准备包括：

1. 成立评估小组，进行职责分工，并对评估小组成员开展必要的培训。

企业须确保评估小组具备独立开展合规管理评估的权力，确保评估小组成员具备相应的胜任能力。

2. 制定评估实施方案，明确评估目的、范围、内容、分工、进程和要求，制作评估底稿等评估工作文件。

（二）评估实施

合规管理评估实施包括以下几个方面：

1. 各部门自评

合规管理评估小组组织各部门（评估对象）开展合规自评，由各部门如实填写评估底稿，提交评估相关材料。

2. 收集内外部资料，明确评估重点

合规管理评估小组收集评估期内外部监管检查意见、审计报告、合规报告、投诉、举报、媒体报道等资料，明确评估重点。

3. 复核各部门自评底稿，进行合规管理评估

评估小组对各部门自评底稿进行复核，并采取合规管理评估方法，针对评估期内发生的合规风险事项开展重点评估，查找合规管理缺陷，分析问题产生原因，提出整改建议。

4. 复核

评估小组应当在评估工作结束前，与被评估部门就合规管理有效性评估的内容和结果进行必要沟通，就评估发现的问题进行核实。被评估部门应积极配合，并及时反馈意见。

（三）合规管理评估报告

1. 起草合规管理评估报告。

合规管理评估部门开展合规管理评估，应起草合规管理评估报告，至少应包括：评估依据、评估范围和对象、评估程序和方法、评估内容、发现的问题及改进建议、前次评估中发现问题的整改情况等。

合规管理评估报告总的改进建议宜包括以下方面：（1）合规方针以及

与它相关的目标、体系、结构和人员所需的改变；（2）合规过程的改变以确保与运行实践和体系有效整合；（3）需监视的未来潜在不合规的区域；（4）与不合规相关的纠正措施；（5）当前合规体系和长期持续改进的目标之间的差距和缺陷；（6）认可组织内的示范性合规行为。

2. 按企业内部规定程序，履行报批程序。

（四）后续整改

1. 制定整改方案

合规管理评估报告经批准后，对于合规管理评估发现的问题，合规管理评估小组或者企业相关权力机构要求的其他部门应制定整改方案，明确整改责任部门、整改内容、整改目标和时间表。

2. 监督与报告

合规管理部门应当对评估发现问题的整改情况进行持续关注和跟踪，指导并监督相关部门全面、及时完成整改。整改责任部门应当及时向公司管理层报告整改进展情况。

（五）考核评价与问责

1. 考核评价

企业应当将合规管理评估结果纳入企业管理层、合规管理部门、各业务部门和分支机构及其工作人员的绩效考核范围。

2. 问责

对合规管理有效性评估中新发现的违法、违规行为，企业应当及时对责任人采取问责措施。

对在合规管理有效性评估过程中出现拒绝、阻碍和隐瞒的，企业应当采取相应的问责措施。

七、合规管理评估方法

参考中国证券业协会《证券公司合规管理有效性评估指引》，合规管理评估的方法包括采取访谈、文本审阅、问卷调查、知识测试、抽样分析、穿行测试、系统及数据测试等。

（一）关于抽样分析

评估小组可以根据合规管理评估所关注的重点，对业务与管理事项进行抽样分析，按照业务发生频率、重要性及合规风险的高低，从确定的抽样总体中抽取一定比例的样本，并对样本的符合性做出判断。

（二）关于穿行测试

评估小组可以对具体业务处理流程开展穿行测试，检查与其相关的原始文件，并根据文件上的业务处理踪迹，追踪流程，对相关管理制度与操作流程的实际运行情况进行验证。

（三）关于系统及数据测试

评估小组可以对涉及企业业务进行系统及数据测试，重点检查相关业务系统中权限、参数设置的合规性，并调取相关业务数据，将其与相应的业务凭证或其他工作记录相比对，以验证相关业务是否按规则运行。

八、合规管理评估之分类

合规管理评估可以从不同角度进行分类。

（一）全面合规管理评估与专项合规管理评估

按照中国证券业协会《证券公司合规管理有效性评估指引》，从合规管理评估的范围和内容上分析，可以划分为全面合规管理评估与专项合规管理评估。

1. 全面合规管理评估

全面合规管理评估是对企业整个合规管理体系进行评估，是以合规风险为导向，合规管理评估覆盖合规管理各环节，重点关注可能影响合规目标实现的关键业务及管理活动，客观揭示合规管理状况。

2. 专项合规管理评估

专项合规管理评估是针对某一具体部门，某一业务领域，或者某一重大或反复出现的合规风险和违规问题，进行专门的合规管理评估。

（二）定期评估、临时评估和反复评估

按照合规管理的频率，可以划分为定期评估、临时评估和反复评估

1. 定期评估

我国证监会《证券公司和证券投资基金管理公司合规管理办法》第三十一条规定，证券基金经营机构应当组织内部有关机构和部门或者委托具有专业资质的外部专业机构对公司合规管理的有效性进行评估，及时解决合规管理中存在的问题。对合规管理有效性的全面评估，每年不得少于1次。委托具有专业资质的外部专业机构进行的全面评估，每3年至少进行1次。

企业可以根据自己业务规模、行业特点、合规风险情况、行业监管要求等，确定本企业合规管理评估的频率。以下合规管理评估的频率值得参考：

（1）全面合规管理评估：企业建立合规管理体系后的前三年，宜每年一次；以后每两年一次；

（2）专项合规管理评估：企业可以选择针各职能管理部门和业务管理部门，轮流进行专项合规管理评估，每年评估一至两个部门。

2. 临时评估

对某一突发合规风险事件，或者按照治理机构的指示，或者依照自我决定，合规管理评估机构可以进行临时合规管理评估。

3. 反复评估

对重大或反复出现的合规风险和违规问题，宜进行再评估和多次评估。

（三）级别评估

按照评估机构的级别来划分，可以划分为集团评估、同级评估和自我评估。

集团评估是指集团合规管理部门对各子公司进行合规管理评估。

同级评估是指合规管理部门对其他职能管理部门和业务部门进行的合规管理评估。

自我合规管理评估，是指合规组织对自我合规管理进行的评估。

九、合规管理评估制度和流程

　　合规管理评估是企业合规管理体系的重要构成要素，是合规管理运行的重要内容。企业有必要结合自身实际情况，制定本企业合规管理评估工作的具体合规管理制度，对评估组织形式、评估范围、评估内容、评估程序和方法、评估报告、评估问责等作出明确规定。

第七章　企业合规审计
Chapter VII　Compliance Audit

要　点：

1. 合规审计是企业合规管理体系的构成要素之一，属于企业内部控制审计，合规审计独立于合规管理部门。

2. 合规审计的内容、程序、方法等与企业合规管理评估趋同，但合规管理评估是合规组织的自我评价与纠错，合规审计是独立第三方的评价和监督。

企业合规审计是企业内部审计部门对企业合规管理体系运行的适当性和有效性进行的内部审计，其目的在于保障企业依法合规、安全、稳健、持续经营。

企业合规审计属于企业内部审计范畴，从更小的范围来说，属于企业内部控制审计范畴。

从合规管理体系角度来说，企业合规审计也是企业合规管理体系的重要的、基本的构成要素。

一、企业合规审计，属于企业内部控制审计范畴

（一）内部控制

根据《企业内部控制基本规范》（我国财政部、证监会、审计署、原银监会、原保监会 2008 年 5 月 22 日）第三条规定，企业内部控制是由企业董事会、监事会、经理层和全体员工实施的、旨在实现控制目标的过程。内部控制的目标是合理保证企业经营管理合法合规、资产安全、财务报告及相关信息真实完整，提高经营效率和效果，促进企业实现发展战略。

企业内部控制有三大目标，保证企业经营管理合法合规是企业内部控

制的首要目标。其次是保证企业的资产安全，以及保证企业财务报告及相关信息真实完整。最终目标是提高企业经营效率和效果，促进企业实现发展战略。

因此，企业合规管理是企业内部控制首要的、核心的内容。

（二）内部审计

按照《中国内部审计准则》（中国内部审计协会2013年8月20日）第二条规定，内部审计是一种独立、客观的确认和咨询活动，它通过运用系统、规范的方法，审查和评价组织的业务活动、内部控制和风险管理的适当性和有效性，以促进组织完善治理、增加价值和实现目标。

按照《中央企业内部审计管理暂行办法》（我国国资委2004年8月30日）第三条规定，企业内部审计是指企业内部审计机构依据国家有关法律法规、财务会计制度和企业内部管理规定，对本企业及子企业（单位）财务收支、财务预算、财务决算、资产质量、经营绩效，以及建设项目或者有关经济活动的真实性、合法性和效益性进行监督和评价工作。

（三）内部控制审计

根据中国内部审计协会第2201号内部审计具体准则——内部控制审计（2013年8月20日）第二条规定，企业内部控制审计是指内部审计机构对组织内部控制设计和运行的有效性进行的审查和评价活动。

企业合规管理是企业内部控制的核心内容，企业内部控制审计包括对企业合规管理的审计，即合规审计。

企业合规审计是企业内部审计部门对作为企业内部控制核心内容的企业合规管理的适当性和有效性进行的内部审计。

二、企业合规审计，企业合规管理体系的基本构成要素

内部审计独立于合规管理部门。合规审计属于企业内部控制审计的组成部分。因此，有观点认为合规审计不应是企业合规管理体系的构成要素。

我们经过分析、研究，认为合规审计是企业合规管理体系的构成要素之一。

（一）有关企业合规管理的国际组织的标准、指南以及我国国家标准、指引和办法的规定

企业合规审计既属于企业内部控制范畴，也是企业合规管理体系的重要的、基本的构成要素。这一点已被有关企业合规管理的国际组织的标准、指南以及我国国家标准、指引和办法所确认。列示如下：

巴塞尔银行监管委员会《合规与银行内部合规部门》引言9	合规部门的职责应予以明确规定，合规部门的工作应受到内部审计部门定期和独立的复查。原则8对合规管理与内部审计的关系作了规定，要求合规部门与审计部门分离，以确保合规部门的各项工作受到独立的复查
原银监会《商业银行合规风险管理指引》第二十二条	商业银行内部审计部门应负责商业银行各项经营活动的合规性审计。内部审计方案应包括合规管理职能适当性和有效性的审计评价
原保监会《保险公司合规管理办法》第二十三条	将合规审计作为企业合规风险的第三道防线，要求保险公司内部审计部门履行合规管理的第三道防线职责，定期对公司的合规管理情况进行独立审计
国资委《中央企业合规管理指引（试行）》第十一条	将企业内部审计部门确定为企业合规组织之一，要求监察、审计、法律、内控、风险管理、安全生产、质量环保等相关部门在职权范围内履行合规管理职责
发改委等七部委《企业境外经营合规管理指引》第二十六条	要求企业合规管理职能与内部审计职能分离，企业审计部门应对企业合规管理的执行情况、合规管理体系的适当性和有效性等进行独立审计。企业应根据合规审计和体系评价情况，进入合规风险再识别和合规制度再制定的持续改进阶段，保障合规管理体系全环节的稳健运行

（二）ISO19600《合规管理体系　指南》的相关规定探讨

国际标准化组织 ISO19600《合规管理体系——指南》第 3.31 条以及第 9.2 条对"audit"进行了规定。我国国家标准《合规管理体系　指南》第 2.31 条和第 8.2 条将其规定为"审核"。笔者认为，从国际标准化组织 ISO19600《合规管理体系——指南》第 3.31 条以及第 9.2 条所述"audit"的内容来看，将其理解为"审计"更为合适，或者说，这里的"audit"至少应包括"审计"的含义。

我国国家标准《合规管理体系　指南》第 2.31 条规定，审核（audit）是为获取"审核证据"并对其进行客观的评价，以确定满足"审核准则"的程度所进行的系统的、独立的并形成文件的过程。第 8.2 条对审核（audit）作了更加详细的规定：

"组织宜至少在计划的时间间隔内安排审核，以提供信息。确定合规管理体系是否：

a）符合：

1）组织自身的准则；

2）本标准的建议。

b）有效实施和维护。

需要时，也能进行额外审核。

组织宜：

—— 策划、建立、实施和维护审核方案，包括频率、方法、职责、策划要求和报告。审核方案宜考虑相关过程的重要性和前期审核的结果；

—— 界定审核准则和每次审核的范围；

—— 选择审核员，并进行审核，以确保审核过程的客观和公正；

—— 确保审核结果报告给相关管理层；

—— 保留文件化信息，作为实施审核方案和审核结果的证据。"

三、企业合规审计与企业合规管理

（一）企业合规风险的三道防线

企业合规风险的三道防线，在巴塞尔银行监管委员会《合规与银行内部合规部门》中已初见雏形，要求合规部门应与审计部门分离，以确保合规部门的各项工作受到独立的复查。

我国国资委 2016 年 6 月 6 日《中央企业全面风险管理指引》第十条对风险管理三道防线提出了明确指引，要求具备条件的企业可建立风险管理三道防线，即各有关职能部门和业务单位为第一道防线；风险管理职能部门和董事会下设的风险管理委员会为第二道防线；内部审计部门和董事会下设的审计委员会为第三道防线。

我国原保监会《保险公司合规管理办法》第二十条至第二十三条对保险公司合规风险的三道防线作了具体规定，要求保险公司应当建立三道防线的合规管理框架，确保三道防线各司其职、协调配合，有效参与合规管理，形成合规管理合力。

1.第一道防线（第二十一条）：各部门和分支机构

保险公司各部门和分支机构履行合规管理的第一道防线职责，对其职责范围内的合规管理负有直接和第一位的责任。要求保险公司各部门和分支机构主动进行日常的合规管控，定期进行合规自查，并向合规管理部门或者合规岗位提供合规风险信息或者风险点，支持并配合合规管理部门或者合规岗位的合规风险监测和评估。

2.第二道防线（第二十二条）：合规管理部门和合规岗位

保险公司合规管理部门和合规岗位履行合规管理的第二道防线职责。合规管理部门和合规岗位应当履行合规管理职责，向公司各部门和分支机构的业务活动提供合规支持，组织、协调、监督各部门和分支机构开展合规管理各项工作。

3.第三道防线（第二十三条）：内部审计部门

保险公司内部审计部门履行合规管理的第三道防线职责，定期对公司的合规管理情况进行独立审计。

（二）合规管理与内部审计分属相互独立的部门

有关企业合规管理的国际组织标准、指南以及我国国家标准、办法和指引都规定，合规管理与内部审计属于两个相互独立的部门。

1.分属合规风险的两道防线

如上所述，企业合规管理与内部审计分属企业合规风险的第二道防线与第三道防线，共同为企业合规风险的防控发挥作用。

2.合规管理与内部审计属于两个不同管理职能部门

合规管理负责合规管理体系的建设、运行和保障，是企业内部控制的核心组成部分。合规审计属于企业内部审计的重要组成部分。两者属于不同的管理职能部门。

3.合规管理与内部审计相互独立

巴塞尔银行监管委员会《合规与银行内部合规部门》原则8、我国原银监会《商业银行合规风险管理指引》第二十二条、发改委等七部委《企业境外经营合规管理指引》第二十六条，都要求合规部门应与审计部门分离，以确保合规部门的各项工作受到独立的复查。

我国原保监会《保险公司合规管理办法》将合规管理与合规审计分属合规风险防范的第二道防线和第三道防线加以规定。

我国国资委《中央企业合规管理指引（试行）》第十一条将企业内部审计部门确定为企业合规组织之一，但属于与合规管理相互独立的部门，要求监察、审计、法律、内控、风险管理、安全生产、质量环保等相关部门在职权范围内履行合规管理职责。

（三）合规管理是合规审计的对象

有关企业合规管理的国际组织的标准、指引以及我国国家标准、指引和办法都确定合规管理是合规审计的对象和范围。

巴塞尔银行监管委员会《合规与银行内部合规部门》原则8规定，合规部门应与审计部门分离，以确保合规部门的各项工作受到独立的复查。

我国原银监会《商业银行合规风险管理指引》第二十二条规定，合规管理职能的履行情况应受到内部审计部门定期的独立评价。内部审计方案应包括合规管理职能适当性和有效性的审计评价，内部审计的风险评估方法应包括对合规风险的评估。

我国发改委等七部委《企业境外经营合规管理指引》第二十六条规定，企业审计部门应对企业合规管理的执行情况、合规管理体系的适当性和有效性等进行独立审计。

（四）企业审计规章制度是合规审查的对象

有关企业合规管理的国际组织的标准、指南以及我国国家标准、办法和指引都规定，合规审查是企业合规管理体系的基本构成要素。企业规章制度，包括企业审计规章制度和流程，都是合规审查的对象。

（五）合规管理向内部审计提供专业支持

合规审计的重要依据是合规规范。合规管理部门在提供、理解和解释合规规范方面向内部审计部门提供专业支持。

（六）合规管理评估为合规审计奠定基础

企业合规管理评估是企业合规组织（主要是企业治理机构和企业合规管理部门）对企业合规管理体系的适当性、有效性和充分性进行自我评估。合规审计是对企业合规管理体系运行的适当性和有效性进行的内部审计。就合规组织而言，合规审计是来自外部的审查和监督，而合规管理评估是合规组织内部自我监督、纠错与持续改进的制度。

企业合规管理评估与合规审计除了分属不同部门的职责外，两者在工作程序、方法、内容等方面都趋于一致。合规管理评估的内容多于合规审计，合规管理评估的范围包括合规管理体系的适当性、充分性和有效性；而合规审计只审计合规管理体系的适当性和有效性，不包括充分性审计。合规管理评估一般先于合规审计，并为合规审计奠定基础。

（七）合规管理与内部审计的协作联动

协同性原则是企业合规管理的基本原则之一，这同样反映在合规管理与内部审计方面。

1. 统筹衔接

我国国资委《中央企业合规管理指引（试行）》第十条要求推动合规管理与法律风险防范、监察、审计、内控、风险管理等工作相统筹、相衔接，确保合规管理体系有效运行。

我国发改委等七部委《企业境外经营合规管理指引》第十二条对合规管理协调做了专门规定，第二款要求合规管理部门与其他监督部门分工协作，与其他具有合规管理职能的监督部门（如审计部门、监察部门等）应建立明确的合作和信息交流机制，加强协调配合，形成管理合力。

2. 信息沟通

有关合规管理的国际组织标准、指南以及我国国家标准、办法和指引都要求，合规管理部门应与审计部门相互沟通信息：

（1）审计部门应该将与合规有关的任何审计情况和调查结果通报合规管理部门；

（2）合规管理部门也可以根据合规风险的监测情况主动向内部审计部门提出开展审计工作的建议。

四、合规审计原则

我国《中央企业内部审计管理暂行办法》（国务院国资委 2004 年 8 月 30 日）第十四条和《中国内部审计准则》（中国内部审计协会 2013 年 8 月 20 日）都规定了内部审计的独立性原则、客观性原则和公正性原则。这些原则同样适用于合规审计。

（一）独立原则

独立性是企业内部审计的首要和最基本的原则，要求企业内部审计部门独立开展内部审计，不受其他部门或个人干预。有关企业合规管理的国际组织标准、指南以及我国国家标准、办法和指引，我国《中央企业内部审计管理暂行办法》（国资委国务院 2004 年 8 月 30 日）和《中国内部审计准则》都确认了合规审计的独立性原则。

（二）客观原则

《中国内部审计准则》（中国内部审计协会 2013 年 8 月 20 日）第四章对审计的客观性做了专章规定，同样适用于合规审计。

1. 企业内部审计人员实施内部审计业务时，应当实事求是，不得由于偏见、利益冲突而影响职业判断。

2. 企业内部审计人员实施内部审计业务，应当采取步骤对客观性进行评估，识别可能影响客观性的因素，并采取措施保障内部审计的客观性。

3. 当内部审计人员的客观性受到严重影响，且无法采取适当措施降低影响时，应停止实施有关业务，并及时向董事会或者最高管理层报告。

（三）公正原则

企业内部审计的公正性原则要求：

1. 企业内部审计人员公正、不偏不倚地作出审计职业判断，出具客观、公正的审计报告，不得滥用职权、徇私舞弊、泄露秘密、玩忽职守。

2. 企业内部审计人员与审计事项有利害关系的，应当回避。

这些规定同样适用于合规审计。

五、合规审计分类

（一）全面合规审计与专项合规审计

中国内部审计协会 2013 年 8 月 20 日《第 2201 号内部审计具体准则——内部控制审计》将内部控制审计从范围上划分为全面内部控制审计和专项内部控制审计。同样，合规审计可以划分为全面合规审计与专项合规审计。

1. 全面合规审计是针对企业全面合规管理体系的建立和运行的适当性和有效性进行全面审计。

2. 专项合规审计是针对企业合规管理体系的某个构成要素、某一业务领域或者某一业务部门（包括合规管理部门）的合规管理所进行的审计。

（二）定期合规审计、临时合规审计和后续合规审计

按照合规审计的频率，可以划分为定期、临时和后续合规审计

1. 定期合规审计

定期合规审计主要是指年度合规审计，由企业内部审计部门按照年度审计计划开展年度合规审计。

2. 临时合规审计

对某一突发合规风险事件，或者按照治理机构的指示，或者依照自我决定，企业内部审计部门可以进行临时合规审计。

3. 后续合规审计

中国内部审计协会 2014 年 1 月 1 日《第 2107 号内部审计具体准则——后续审计》对后续审计做了专门规定，这同样适用于合规审计的后续审计。

后续审计是指内部审计机构为跟踪检查被审计单位针对审计发现的问题所采取的纠正措施及其改进效果，而进行的后续审查和评价活动。

六、企业合规审计的内容

企业合规审计在于对企业合规管理体系的适当性和有效性进行审计，与企业合规管理评估的内容趋于一致。具体详见第二篇第六章（合规管理评估）。

全面合规审计的内容涵盖企业全面合规管理体系的建立和运行的适当性和有效性的全面审计，专项合规审计限于对企业合规管理体系的某个构成要素、某一业务领域或者某一业务部门（包括合规管理部门）的合规管理的适当性和有效性合规审计。

（一）审计合规管理的适当性

我国《企业境外经营合规管理指引》将适用性确立为企业合规管理的一项基本原则，要求确保企业合规管理的适用性。

合规管理的适当性包括合规规范的适用性、兼顾成本和效率、可操作性和持续适用。

（二）审计合规管理的有效性

合规管理的有效性在英文中称为"compliance management effectiveness"，是指合规管理体系得到有效运行，合规风险得到有效防范和应对，企业经营管理的稳健和安全性得到有效保障。

（三）认定合规管理缺陷

中国内部审计协会 2013 年 8 月 20 日《第 2201 号内部审计具体准则——内部控制审计》第五章对内部控制缺陷的认定作了具体规定，同样适用于合规审计。

1. 设计缺陷和运行缺陷

准则第二十一条规定，合规管理缺陷包括设计缺陷和运行缺陷。内部审计人员应当根据合规审计结果，结合相关管理层的自我评估，综合分析后提出合规管理缺陷认定意见，按照规定的权限和程序进行审核后予以认定。

2. 合规管理缺陷登记

准则第二十二条规定，内部审计人员应当根据获取的证据，对合规管理缺陷进行初步认定，并按照其性质和影响程度分为重大缺陷、重要缺陷和一般缺陷。

重大缺陷，是指一个或者多个控制缺陷的组合，可能导致企业严重偏离合规管理目标。

重要缺陷，是指一个或者多个合规管理缺陷的组合，其严重程度和经济后果低于重大缺陷，但仍有可能导致企业偏离合规管理目标。

一般缺陷，是指除重大缺陷、重要缺陷之外的其他缺陷。重大缺陷、重要缺陷和一般缺陷的认定标准，由内部审计机构根据上述要求，结合本企业具体情况确定。

3. 合规管理缺陷报告

准则第二十三条要求，内部审计人员应当编制合规管理缺陷认定汇总表，对缺陷及其成因、表现形式和影响程度进行综合分析和全面复核，提出认定意见，并以适当的形式向企业适当管理层报告。重大缺陷应当及时向企业董事会或者最高管理层报告。

七、企业合规审计的程序和方法

（一）企业合规审计程序

按照中国内部审计协会 2013 年 8 月 20 日《第 2201 号内部审计具体准则——内部控制审计》第十六条规定，合规审计主要包括下列程序：

1. 编制项目审计方案；
2. 组成审计小组；
3. 实施现场审查；
4. 认定合规管理缺陷；
5. 汇总合规审计结果；
6. 编制合规审计报告。

内部合规审计人员在实施现场审查之前，可以要求被审计单位提交最近一次的合规管理评估报告。内部合规审计人员应当结合合规管理评估报告，确定合规审计内容及重点，实施合规审计。

按照中国内部审计协会 2013 年 8 月 20 日《第 2201 号内部审计具体准则——内部控制审计》第二十四条规定，内部控制审计报告的内容，应当包括审计目标、依据、范围、程序与方法、内部控制缺陷认定及整改情况，以及内部控制设计和运行有效性的审计结论、意见、建议等相关内容。

（二）企业合规审计方法

按照中国内部审计协会 2013 年 8 月 20 日《第 2201 号内部审计具体准则——内部控制审计》第十九条，企业合规审计的方法包括以下七个方面。与中国证券业协会《证券公司合规管理有效性评估指引》规定的合规管理评估方法相类似。

1. 访谈；

2. 问卷调查；

3. 专题讨论；

4. 穿行测试；

5. 实地查验；

6. 抽样测试；

7. 比较分析等。

八、合规审计报告

中国内部审计协会 2013 年 8 月 20 日《第 2201 号内部审计具体准则——内部控制审计》第六章对内部控制审计报告进行了规定，同样适用于企业合规审计报告。

1. 合规审计报告的内容

准则第二十四条规定，内部控制审计报告的内容应当包括：（1）审计目标；（2）依据；（3）范围；（4）程序与方法；（5）内部控制缺陷认定及整改情况；（6）内部控制设计和运行有效性的审计结论、意见、建议等。

2. 合规审计报告报批

准则第二十五条规定，内部审计机构应当向企业适当管理层报告审计结果。一般情况下，全面审计报告应当报送企业董事会或者最高管理层。包含有重大缺陷认定的专项内部审计报告在报送企业适当管理层的同时，也应当报送董事会或者最高管理层。

3. 合规审计报告的披露

准则第二十六条规定，经董事会或者最高管理层批准，合规审计报告可以作为《企业内部控制评价指引》中要求的内部控制评价报告对外披露。

第八章　企业合规管理考核与评价

Chapter VIII　Corporate Compliance Assessment and Evaluation

要　点：

1. 合规管理考核与评价的分类。

2. 合规管理考核与评价的内容。

3. 合规管理考核与评价的程序。

4. 探讨：谁评价谁？

企业合规管理考核与评价是指对企业各部门及其管理人员和员工的合规管理绩效进行考核与评价，是企业合规管理体系的重要构成要素，也是合规管理保障的重要措施之一。

有关企业合规管理的国际组织标准、指南以及我国国家标准、办法和指引规定的"评价"（英文为"evaluation"）包括合规管理体系评价、合规制度与流程的合规性评价、合规风险管理评价、合规审计评价、合规管理绩效评价等。本章将考核与评价连用，仅仅是指对合规管理绩效的考核评价，也可以简称为企业合规管理考评。

一、关于合规管理考核与评价的合规规范

有关企业合规管理的国际组织标准、指南以及我国国家标准、办法和指引对企业合规管理考核与评价的规定不尽相同，具体列示如下。企业可以根据自身实际情况需要，对本企业的考核评价作出具体规定。

（一）《合规管理体系　指南》

国际标准暨我国国家标准《合规管理体系　指南》规定，企业最高管理者宜对照合规关键绩效措施或结果接受考核。

该标准还对绩效评价的内容和程序作了具体规定。在下文中详细介绍。

我们认为，该标准要求企业高级管理人员应当接受董事会的合规管理考核与评价。该规定适用于采纳该标准的所有企业。

（二）《中央企业合规管理指引（试行）》

按照我国国资委《中央企业合规管理指引（试行）》，中央企业应加强对管理人员、各部门及下属公司负责人、各部门及下属公司员工的合规管理考核与评价。

指引第十条第三款规定，合规管理牵头部门的主要职责包括组织开展合规检查与考核，对制度和流程进行合规性评价，督促违规整改和持续改进。

指引第十五条规定，加强对管理人员的合规管理，促进管理人员切实提高合规意识，带头依法依规开展经营管理活动，认真履行承担的合规管理职责，强化考核与监督问责。

指引第二十三条规定，加强合规考核评价，把合规经营管理情况纳入对各部门和所属企业负责人的年度综合考核，细化评价指标。对所属单位和员工合规职责履行情况进行评价，并将结果作为员工考核、干部任用、评先选优等工作的重要依据。

（三）原银监会《商业银行合规风险管理指引》

我国原银监会《商业银行合规风险管理指引》第十五条规定，商业银行应建立对管理人员合规绩效的考核制度。商业银行的绩效考核应体现倡导合规和惩处违规的价值观念。

（四）原保监会《保险公司合规管理办法》

我国原保监会《保险公司合规管理办法》第三十一条规定，保险公司应当建立有效的合规考核和问责制度，将合规管理作为公司年度考核的重要指标，对各部门、分支机构及其人员的合规职责履行情况进行考核和评价，并追究违法违规事件责任人员的责任。

（五）证监会《证券公司和证券投资基金管理公司合规管理办法》

1. 证券基金经营机构董事会对合规负责人的考核

办法第七条第四款规定，证券基金经营机构董事会履行的合规管理职责包括决定聘任、解聘、考核合规负责人，决定其薪酬待遇。第二十七条规定，证券基金经营机构董事会对合规负责人进行年度考核时，应当就其履行职责情况及考核意见书面征求中国证监会相关派出机构的意见，中国证监会相关派出机构可以根据掌握的情况建议董事会调整考核结果。

2. 合规负责人对合规管理部门与合规管理人员的考核

办法第二十七条规定，合规部门及专职合规管理人员由合规负责人考核。对兼职合规管理人员进行考核时，合规负责人所占权重应当超过50%。

二、客观独立原则

客观性原则和独立性原则是企业合规管理的两项重要基本原则，应当在企业合规管理考核评价中得到充分运用。

我国国资委《中央企业合规管理指引（试行）》，第四条第四款将客观独立性原则确立为中央企业合规管理的基本原则，要求严格依照法律法规等规定对企业和员工行为进行客观评价和处理。合规管理牵头部门独立履行职责，不受其他部门和人员的干涉。

我国证监会《证券公司和证券投资基金管理公司合规管理办法》第二十七条也规定，证券基金经营机构应当制定合规负责人、合规部门及专职合规管理人员的考核管理制度，不得采取其他部门评价、以业务部门的经营业绩为依据等不利于合规独立性的考核方式。

三、合规管理考核与评价程序

根据国际标准暨我国国家标准《合规管理体系　指南》(第6.3条和第8.1条）以及其他相关合规规范的规定，企业合规管理绩效考核与评价的程序包括：

（一）建立合规管理绩效指标

企业应制定一系列量化的、可测量的合规管理绩效指标，帮助企业对合规目标的实现进行评价。合规管理绩效指标举例如下：

1.活动类指标包括：（1）经过有效培训的员工比例；（2）监管部门来访的频率；（3）反馈机制的使用（包括用户对那些机制价值的评论）；（4）对于每项不合规，采取何种类型的纠正措施。

2.反应类指标包括：（1）根据类型、区域和频率报告已识别的问题和不合规；（2）不合规的后果，包括对经济补偿、罚款和其他处罚、补救成本、声誉或员工时间成本影响的估价；（3）报告和采取纠正措施所花费的时间。

3.预测类指标包括：（1）一定时期的不合规的风险［以目标的潜在损失／收益（收入、健康和安全、声誉等）测量］；（2）不合规趋势（基于过去趋势预测合规率）。

（二）收集合规管理绩效信息

收集与合规管理考核评价对象有关的合规管理绩效信息。

1.合规绩效信息的来源

合规绩效信息来源包括：（1）员工，如通过举报工具、热线电话、反馈、意见箱；（2）客户，如通过投诉处理系统；（3）供应商；（4）监管部门；（5）过程控制日志和活动记录（包括电子版和纸质版）。

2.合规绩效信息的内容

合规绩效信息包括的内容有：（1）合规问题；（2）不合规和合规疑虑；（3）新出现的合规问题；（4）持续的监管和／或组织的变更；（5）对合规有效性和合规绩效的评论；（6）优秀合规实践案例。

3.收集合规绩效信息的方法

合规绩效信息收集的方法包括：（1）出现或确认不合规时的特别报告；（2）通过热线电话、投诉和其他反馈（包括举报）所收集的信息；（3）非正式讨论、研讨会和分组座谈会；（4）抽样和诚信试验，例如神秘购物；（5）感知调查的结果；（6）直接观察、正式访谈、工厂巡视和检查；（7）审核和评审；（8）利益相关方质询、培训需要和培训过程中的反馈（尤其是员工的反馈）。

（三）合规管理绩效分析和评价

一旦收集了合规绩效，则需要对它进行分类、分析和精确评估以识别根本原因和需采取的适当措施。分析时，宜考虑系统性和反复发生的问题，并进行改正或改进，因为这些可能给组织带来重大并更加难以识别的合规风险。

（四）考核评价报告

分析和评价后，应及时编制合规考核评价报告。

考核评价报告应包括：（1）考核依据，包括相关的合规义务、合规管理制度和流程、绩效指标等；（2）考核主体；（3）考核对象；（4）考核期限；（5）考核评价方法和流程；（6）考核评价结果；（5）揭示重大不合规和新出现的合规问题，提出应对整改建议；（7）报告优秀的合规管理实践案例，提出激励措施建议。

（五）考核评价沟通

考核评价沟通是合规宣传和培训的重要途径和方式。考核评价结果应与考核评价对象进行充分沟通，听取其意见，允许其申辩。企业合规管理考核评价的总体情况和结果，还应在企业内公开进行沟通，让全体员工知晓企业合规管理运行的状况、需要应对整改的问题等。

（六）考核评价结果的执行

1.将合规管理考核评价结果，作为员工考核、干部任用、评先选优等工作的重要依据。

2.倡导和奖励合规管理优秀的部门和员工。

3.违规问责，即追究违法违规事件责任人员的责任。

4.违规整改，持续改进。

四、合规管理考核与评价分类

从不同角度，可以对合规管理考核与评价进行分类。

1.从考核评价的频率和时间来看，可以分为定期考核评价（如年度考核与评价）与临时考核评价。

2. 从考核评价的范围来看，可以分为全面合规管理考核评价与专项合规管理考核评价（即对某一领域、某一部门或某一类人员合规管理的专门考核评价）。

3. 从考核对象来看，可以分为对合规组织（包括合规管理部门、职能部门、业务部门等）的合规管理考核评价、对管理人员（包括高级管理人员、合规负责人、部门负责人等）的合规管理考核评价以及对员工的合规管理考核评价。

4. 从考核主体来看，可以分为董事会主持的合规管理考核评价、合规委员会主持的合规管理考核评价、合规管理部门组织的合规管理考核评价以及职能部门和业务部门内部的合规管理考核评价等。

5. 从公司结构来看，可以分为本公司内部合规管理考核评价、母公司对下属公司的合规管理考核评价等。

五、合规管理考核与评价内容

关于合规管理考核评价的内容，只有我国发改委等七部门《企业境外经营合规管理指引》作了原则性的规定。根据该指引第十八条规定，合规管理考核内容包括但不限于按时参加合规培训、严格执行合规管理制度、积极支持和配合合规管理机构工作、及时汇报合规风险等。

从合规管理考核评价的对象来看，结合我们合规管理实践案例的经验，合规管理考核评价的内容包括：

1. 对高级管理人员的考核评价

对高级管理人员的合规管理考核，包括对本公司高级合规人员、合规管理负责人、子公司高级管理人员的考核，宜包括：（1）执行企业董事会关于合规管理决定情况；（2）企业合规管理的有效性；（3）经营管理和执业行为的合规性；（3）合规意识、带头依法开展经营管理活动及认真履行承担的合规管理职责情况；（4）企业年度合规管理计划执行情况；（5）将合规管理流程融入业务流程情况；（6）重大合规风险的应对整改情况；（7）违规问责情况等。

2. 对合规部门的合规管理考核评价

对合规管理部门（包括子公司合规管理部门）的合规管理考核评价内

容，宜包括：（1）本公司合规管理体系的建设及运行情况；（2）合规部门合规管理职责的履行情况；（3）合规管理人员的合规意识与合规管理知识及能力情况；（4）年度合规计划的执行情况；（5）及时汇报重大合规风险，以及重大合规风险的应对整改情况；（6）对各部门、下属公司的合规管理指导、支持和管控情况。

3. 对业务部门、分支机构及其负责人的合规管理考核

对业务部门及其负责人的合规管理考核内容，宜包括：（1）合规管理体系在本部门的运行情况；（2）本部门合规管理职责的履行情况；（3）负责人的合规意识、带头依法开展经营管理活动及认真履行承担的合规管理职责情况；（4）对合规管理的支持与配合情况；（5）本部门执行合规管理制度情况；（6）不合规事件及其整改情况。

4. 对业务部门员工的考核

对业务部门员工的合规管理考核，宜包括：（1）员工的合规意识；（2）参加合规培训情况；（3）遵守和履行合规管理制度情况；（4）对合规管理的支持与配合情况；（5）不合规事件及整改情况；（6）配合违规调查情况。

5. 对子公司的合规管理考核

对子公司的合规管理考核，宜包括：（1）合规管理有效性；（2）经营管理和执业行为合规性。

六、合规管理考核与评价机制

（一）建立合规管理考核评价机制，是有关合规规范的要求

我国国资委《中央企业合规管理指引（试行）》第二十三条要求中央企业加强合规考核评价，把合规经营管理情况纳入对各部门和所属企业负责人的年度综合考核，细化评价指标。要求对所属单位和员工合规职责履行情况进行评价，并将结果作为员工考核、干部任用、评先选优等工作的重要依据。

我国发改委等七部门《企业境外经营合规管理指引》第十八条规定，企业境外经营相关部门和境外分支机构可以制定单独的合规绩效考核机制，也可将合规考核标准融入总体的绩效管理体系中。

我国原银监会《商业银行合规风险管理指引》第十五条要求商业银行

应建立对管理人员合规绩效的考核制度。商业银行的绩效考核应体现倡导合规和惩处违规的价值观念。

我国原保监会《保险公司合规管理办法》第三十一条规定，保险公司应当建立有效的合规考核和问责制度。

我国证监会《证券公司和证券投资基金管理公司合规管理办法》第二十七条规定，证券基金经营机构应当制定合规负责人、合规部门及专职合规管理人员的考核管理制度。

（二）合规管理考核评价机制的内容

根据国际标准暨我国国家标准《合规管理体系　指南》第 8 条的规定，企业合规管理考核评价机制的内容主要包括：

（1）考核评价指标的设定机制；

（2）合规管理体系监视机制，对持续监视计划、过程、时间表、资源和要收集的信息等做出规定；

（3）收集合规考核评价信息的方法和程序；

（4）考核评价报告规定；

（5）考核评价沟通机制；

（6）考核评价结果的处理机制。

七、合规管理考核与评价问题探讨

（一）谁考核谁

有关合规管理的国际组织标准、指南以及我国国家标准、办法和指引对考核对象（即被考核人）都有明确的规定，但是对考核主体（即考核人）的规定甚少。我们根据对上述标准、指南、办法和指引的理解，结合我们开展合规管理服务的经验，对企业合规管理考核评价的双方进行了梳理，并提出相关建议。

以下列表中，正文字体部分是上述标准、指南、办法和指引的规定，加黑粗体字体部分是笔者的理解和建议。

	被考核人	考核人
1	高级管理人员	董事会 / 合规负责人 / **合规委员会**
2	管理人员	**合规负责人与合规管理部门**
3	合规负责人	董事会 / **合规委员会**
4	合规管理部门	合规负责人 / **合规委员会**
5	专职合规管理人员	合规负责人
6	兼职合规管理人员	合规负责人 / **合规管理部门** / **业务部门**
7	业务部门、分支机构及其负责人	合规负责人 / **合规管理部门**
8	员工	合规管理部门 / **业务部门**
9	子公司合规负责人	合规负责人 / **合规管理部门**
10	下属单位合规管理部门	集团合规负责人 / **集团合规管理部门**

（二）合规管理考核评价与其他管理考核的衔接融合

合规管理考核评价是企业管理考核的形式和内容之一，应当与企业其他管理考核相衔接、相融合。

1. 与人力资源部门的员工绩效考核相融合

国际标准暨我国国家标准《合规管理体系　指南》第 4.3.5 条要求企业管理层将合规绩效纳入员工绩效考核（如：关键绩效指标、目标和晋升准则）。

我国《中央企业合规管理指引（试行）》第二十三条、《企业境外经营合规管理指引》要求将合规经营管理情况纳入对各部门和所属企业负责人的年度综合考核，合规管理考核结果作为员工考核的重要依据，与员工薪酬挂钩。

对管理人员、员工以及合规管理人员的合规管理绩效考核，应在考核指标设定、考核评价、沟通、奖惩等方面，纳入企业人力资源部主导的企业管理考核范畴。

设定合规管理绩效考核指标时，合规管理负责人以及合规管理部门沟通协商，确定合规管理绩效考核指标所占权重。我国证监会《证券公司和证券投资基金管理公司合规管理办法》（第二十七条）要求对兼职合规管理人员进行考核时，合规负责人所占权重应当超过 50%，并要求不得采取其他部门评价、以业务部门的经营业绩为依据等不利于合规独立性的考核方式。这些规定都值得借鉴和参考。

2. 与评先选优相融合

我国国资委《中央企业合规管理指引（试行）》第二十三条要求将合

规管理考核结果与评先选优挂钩，并作为评先选优工作的重要依据。

3. 与干部任用相融合

我国国资委《中央企业合规管理指引（试行）》第二十三条要求将把合规经营管理情况纳入对各部门和所属企业负责人的年度综合考核，合规管理考核结果作为干部任用的重要依据。

《企业境外经营合规管理指引》要求合规考核结果应作为企业绩效考核的重要依据，与职务任免、职务晋升等挂钩。

第九章　企业合规宣传与培训
Chapter IX　Corporate Compliance Propaganda and Training

要　点：
1. 企业不但有合规培训，还有合规宣传。
2. 谁应参加合规培训？
3. 谁有合规培训职责？
4. 合规培训的内容是什么？

　　企业合规宣传培训的目标，是确保所有员工有能力以与组织合规文化和对合规的承诺一致的方式履行角色职责（国际标准暨我国国家标准《合规管理体系　指南》第 6.2.2 条），加强全体员工对企业合规的基本认识，帮助员工理解和掌握自己的合规义务，提高员工的合规意识及遵纪守法的自觉性，是实现全员合规的基础。企业合规培训的有效性也是企业合规管理评估的重要内容。

一、企业合规宣传与培训是企业合规管理体系的基本构成要素

　　合规宣传与培训是企业合规管理体系的构成要素之一，是企业文化建设的重要途径和内容。

　　我国原银监会《商业银行合规风险管理指引》就明确规定，合规培训与教育制度合规管理体系的基本构成要素。

　　国际标准暨我国国家标准《合规管理体系　指南》第 6.2 条对合规培训的程序和要求作了具体规定。

　　我国国资委《中央企业合规管理指引（试行）》(第二十六条) 与发改委等七部委《企业境外经营合规管理指引》(第十六条) 都把合规培训作为重要的合规管理运行机制进行规定。

二、合规培训对象

梳理有关企业合规管理的国际标准、指引以及我国国家标准、指引和办法的规定，合规培训的对象及内容包括：

（一）治理机构成员

治理机构成员包括企业董事会成员、监事会成员和高级管理人员。

治理机构是企业的决策机构，需要倡导诚实守信的道德准则和企业价值观，制定合规方针与合规目标，做出合规管理承诺，为合规管理提供明确坚定的支持并分配所需资源，推动合规管理体系的建设和运行，做诚信合规的表率。因此，治理机构成员应带头参加与其职责相关的合规培训，学习主要合规规范，掌握合规管理的基本知识，具备履行合规义务的能力。

我国发改委等七部委《企业境外经营合规管理指引》要求决策层和高级管理层带头接受合规培训。

国际标准暨我国国家标准《合规管理体系　指南》第 6.2.2 条规定，治理机构、管理层都应具备履行合规义务的能力，并应通过包括教育、培训后工作经历等多种方式获得与提高合规管理技能。

（二）合规管理人员

合规管理人员包括企业合规负责人、合规管理部门的合规管理人员以及各部门的专职和兼职合规管理人员。

我国国资委《中央企业合规管理指引（试行）》第二十五条要求企业建立专业化、高素质的合规管理队伍，根据业务规模、合规风险水平等因素配备合规管理人员，持续加强业务培训，提升队伍能力水平。

我国原银监会《商业银行合规风险管理指引》（第十九条）、原保监会《保险公司合规管理办法》（第十九条）都规定，商业银行与保险公司应为合规管理部门配备有效履行合规管理职能的资源。合规管理人员应具备与履行职责相匹配的资质、经验、专业技能和个人素质，熟练掌握法律法规、监管规定、行业自律规则和公司内部管理制度。应定期为合规管理人员提供系统的专业技能培训，提高合规管理人员的专业技能。

合规管理人员不但应当自己接受合规培训，还应努力具备对其他员工进行合规培训的能力。因此，对于合规管理人员，应开展"培训培训老师"

（"train the trainers"）的项目。

（三）管理层

管理层是企业各部门、分支机构的负责人，各部门、分公司所属分部、科、室的负责人，各车间及其班组负责人等。

企业各部门及其分支机构，包括企业横向职能管理部门（如规划、运营管理、财务、人事、内控、审计、行政等）、业务部门（包括研发、生产、采购、销售、物流、质量、环安卫等）以及各分公司、项目组、营业部等。企业各部门及其分支机构负责本领域的日常合规管理工作，是履行合规管理的第一道防线，对企业合规负首要责任。

各管理层负责本部门的日常合规管理工作，组织、指导、监督本部门员工诚信合规守法。各管理层即是合规管理的践行者，又是本部门合规管理的组织者、领导者和责任人。因此，各管理层除了本部门业务知识以外，还应具有合规管理人员其他三个方面的知识和能力，包括基本的法律知识与能力、管理学知识与能力以及经济学知识与能力。

各管理层都应具备履行合规义务的能力，并应通过包括教育、培训后工作经历等多种方式获得与提高合规管理技能（国际标准暨我国国家标准《合规管理体系　指南》第6.2.2条），参加和支持合规培训活动（该指南第4.3.5条）。

（四）员工

按照国际标准暨我国国家标准《合规管理体系　指南》第4.3.6条、第6.2.2条、我国发改委等七部委《企业境外合规管理指引》第十六条的规定，所有员工都应具备履行合规义务的能力，都应按照合规管理体系要求接受和参与培训，了解并掌握企业的合规管理制度和风险防控要求。

企业员工是合规责任的具体实施者，是企业合规的最基本单元。员工合规，关系到企业合规管理的成败。因此，需要定期强制性地为员工安排灵活多样的合规培训，培育员工诚信合规意识，让员工理解和执行合规义务，促进人人合规的企业文化建设。

对于高风险领域、关键岗位员工，亚太经合组织《高效率公司合规项目基本要素》、我国国资委《中央企业合规管理指引（试行）》、我国发改委等七部委《企业境外经营合规管理指引》要求对他们进行有针对性的、专题的法律和道德合规培训，加大培训力度，使他们熟悉并严格遵守业务涉及的各项规定。

对于海外人员，我国国资委《中央企业合规管理指引（试行）》第十五条第三款还要求将合规培训作为其任职、上岗的必备条件，确保遵守我国和所在国法律法规等相关规定。

（五）业务伙伴

世界银行集团《诚信合规指南》第7条以及亚太经合组织（OECD）《高效率公司合规项目基本要素》要求对业务伙伴提供合规培训，促使业务伙伴与企业做出对等的合规承诺。

对业务伙伴的合规培训，主要涉及诚信合规内容，包括反腐败、反欺诈、反洗钱、反串谋等内容。

三、合规培训内容

（一）具有合规管理职责的人员

合规管理是企业重要的、特殊的、专业的管理职能，要求各合规组织拥有合规管理职责的人员（包括治理机构各成员、合规负责人、合规管理人员、各职能管理部门的管理层、各业务部门的管理层，以及各分公司、项目组、营业部的管理层）具有四个方面的知识和能力。

1.法律知识与能力

各合规组织拥有合规管理职责的人员需要领导、决策、支持、监督、实施合规管理工作，需要了解、掌握企业以及本部门适用的合规规范的基本知识。

合规管理是合规管理人员专职的、专业性很强的工作。合规管理人员需要持续加强业务培训，全面学习、理解和运用合规规范，掌握专业合规管理技能，尤其是在正确把握法律、规则和准则的最新发展及其对商业银行经营的影响等方面的技能培训（我国原银监会《商业银行合规风险管理指引》第十九条）。

合规规范包括外部合规规范（如适用的国际条约、法律法规、行业监管规定、自律性规则、国家标准、商业惯例、道德规范等）和内部合规规范（包括内部规章制度、企业自律性承诺等）。

2. 管理学知识与能力

合规管理是企业重要的管理职能。开展合规管理，应在组织、指导、监督和支持合规管理工作，在业务流程、项目管理、管理评估、考核评价等方面具备基本的管理学知识和能力。

3. 经济学知识与能力

合规管理，尤其是合规风险管理、合规管理评估、合规考核与评价等需要运用经济学模型与技术方法。开展合规管理，应积极参加学习，掌握相关的经济学知识，具有运用经济学知识和技术方法的开展合规管理的能力。

4. 基本业务知识

合规管理需要把合规要求融入业务流程，开展合规风险管理，进行合规管理评估、合规管理考核与评价等，应对各部门的基本业务内容、业务模式、业务流程等有基本的了解。

（二）员工

1. 对企业员工进行合规培训的内容

对企业员工进行合规培训的主要内容应包括：（1）企业的合规方针，领导的合规承诺，企业的核心价值观；（2）与员工岗位职责相关的合规规范与合规义务；（3）与员工岗位职责相关的管理制度与流程；等等。

2. 企业员工合规培训内容的确定

按照国际标准暨我国国家标准《合规管理体系　指南》第6.2.2条，对员工的教育和培训宜：

（1）针对与员工角色和职责相关的义务和合规风险量身定制；

（2）适宜时，以对员工知识和能力缺口的评估为基础；

（3）与组织的培训计划一致，并纳入年度培训计划；

（4）实用并易于员工理解；

（5）与员工的日常工作相关，并且以相关行业、组织或部门的情况作为案例；

（6）按要求更新。

四、合规组织的合规培训职责

（一）治理机构：积极支持合规管理体系建设，支持持续进行合规培训

国际标准暨我国国家标准《合规管理体系　指南》第4.3.2条、第6.3.2.3条。

（二）合规负责人：领导、组织企业合规培训

有关企业合规管理的国际组织的标准、指引以及我国国家标准、指引和办法都规定，企业合规负责人全面负责公司的合规管理工作，领导合规管理部门，其中包括领导、组织企业合规培训工作。

我国证监会《证券公司和证券投资基金管理公司合规管理办法》第二十九条还规定，支持证券基金经营机构合规负责人依法开展工作，组织行业合规培训和交流。

（三）合规管理部门：组织、支持、提供合规培训

有关企业合规管理的国际组织的标准、指引以及我国国家标准、指引和办法规定，企业合规管理部门的合规管理职责之一是，组织或协助业务部门、人事部门开展合规培训，并提供合规专业知识培训。

（四）各部门管理层：支持合规培训，做好本领域合规培训

国际标准暨我国国家标准《合规管理体系　指南》第4.3.5条、我国国资委《中央企业合规管理指引（试行）》第十一条。

（五）业务部门

业务部门是合规的责任主体与合规风险的第一道防线。做好本领域的合规培训，是业务部门义不容辞的责任。我国国资委《中央企业合规管理指引（试行）》第十一条就要求业务部门负责本领域的日常合规管理工作，做好本领域合规培训。

五、合规培训程序

我国国家标准《合规管理体系　指南》第6.2.1条对合规培训的程序作了简要规定。结合其他有关合规管理的国际组织标准、指南以及我国国家标准、办法和指引的规定，合规培训的程序梳理如下：

1. 制定合规培训计划

合规培训计划应是企业合规计划与培训计划的一部分，应当纳入企业年度合规计划与年度培训计划。

2. 评估员工合规培训需求

适宜时，采取措施（包括与员工面对面的沟通），对培训对象的知识和能力缺口进行评估，了解培训对象的合规培训需求。

3. 确定培训项目和内容

根据员工合规培训需求，针对与员工角色和职责相关的义务和合规风险，量身定制合规培训项目与培训内容。

合规培训项目内容应当实用并易于员工理解，应当与员工的日常工作相关，并且以相关行业、企业本身或部门的情况作为案例。

4. 提供合规培训

培训方式应足够灵活，涉及各种技能，以满足组织和员工的不同需求。

5. 对培训的有效性进行评估

培训结束时，对培训的有效性进行评估，包括对培训对象进行培训考核。

合规培训的组织与效果是合规管理考核评价的重要指标与内容（国际标准暨我国国家标准《合规管理体系　指南》第8.1.6条）。

6. 合规培训的记录与保存

合规培训时，应制作并妥善保存培训记录，包括：培训项目名称，培训时间，培训内容简介，培训对象姓名单位和职务，培训老师姓名、职务介绍，培训考核情况，培训效果评估情况。培训对象名册应由培训对象逐一签署。

7. 合规培训报告

合规管理部门应基于合规培训记录，向决策层和高级管理层汇报合规培训的组织情况与合规培训效果的评估结果（我国发改委等七部委《企业境外经营合规管理指引》第十七条）。

8. 再培训

根据国家标准《合规管理体系　指南》第6.2.1条，在下列情况下应考虑合规再培训：（1）员工角色或职责改变；（2）企业内部方针、程序和过程改变；（3）企业组织结构改变；（4）企业合规义务（尤其是法律或相关方）要求改变；（5）企业活动、产品或服务改变；（6）从监视、审核、评审、投诉和不合规（包括利益相关方反馈）产生的问题。

六、合规培训方式

合规培训与合规活动的形式可以多种多样，不拘一格。很多企业集团已经采取线下培训、网络培训与合规活动相结合的方式，取得了很好的效果，值得借鉴。

1. 线下培训。由合规培训老师面对面地进行培训授课。可以在企业总部集中培训，到相关业务部门和子公司提供现场培训，也可以参加咨询机构组织的合规培训或研讨会等。可以是普及培训、合规管理人员专职培训、入职培训、业务部门专项合规培训等。线下培训需要与企业人力资源部门充分协作，进行培训考核，制作培训记录。

2. 网络培训。设置网络培训课程，通过企业内网和企业合规管理信息系统，自动推送到各培训对象，培训对象接受线上合规培训，进行线上培训考核，制作线上合规培训记录。

七、合规宣传

（一）有关合规规范对合规宣传的规定

有关合规管理的国际组织的标准、指引以及我国国家标准、指引和办法对合规宣传的规定甚少，主要包括：

1. 国际标准暨我国国家标准《合规管理体系　指南》第6.3.2.2条规定，企业最高管理者的关键职责之一是：宣传组织对合规的承诺并建立合规意识，以便激励员工接受合规管理体系。

2. 世界银行集团《诚信合规指南》第7条也要求，采取切实合理的步骤，定期宣传合规计划，同时根据不同的需求、情况、职位和职责，为公

司各级职员（尤其是从事高风险活动的职员）提供有效培训并予以记录，适当时也可为业务伙伴提供培训。公司管理层须在年度报告中对合规计划进行说明，或公开披露／宣传合规计划的相关知识。

（二）合规宣传的内容

合规宣传是企业宣传的一部分，属于合规意识形态领域，目的在于建立全员合规意识，培育企业合规文化。

企业合规宣传的内容主要包括：将诚信合规列入企业的核心价值观，宣传合规方针、领导承诺、员工合规义务、合规目标以及合规计划等。

（三）合规宣传的方式

合规宣传宜采取灵活多样的合规宣传方式，例如：

1. 在企业宣传墙、员工电脑屏保上宣传企业合规方针与领导承诺；
2. 发放合规手册、合规操作指引等；
3. 在员工大会上进行合规宣示，在部门例会、晨会上宣示、宣传合规；
4. 员工签署合规承诺书；
5. 开展合规宣传周、活动日活动；
6. 有奖问卷调查、现场案例宣讲、专题座谈等。

八、合规宣传与培训协作

有关企业合规管理的国际组织标准、指南以及我国国家标准、办法和指引规定，企业合规管理部门的合规管理职责之一是，组织或协助业务部门、人事部门开展合规培训，并提供合规专业知识培训。

例如，国际标准暨我国国家标准《合规管理体系　指南》第6.2.2条要求对员工的培训和宣传与组织的培训计划一致，并纳入年度培训计划。我国原保监会《保险公司合规风险管理指引》第三十二条规定，合规管理部门应当与业务部门、人事部门、宣传部门和相关培训部门建立协作机制，制定合规培训计划，定期组织开展合规培训工作。

第十章　企业违规管理与问责
Chapter X　Non–Compliance and Punishment

要　点：

1. 违规管理包括违规举报、违规调查、违规问责（处置）以及对举报人的保护。

2. 在我国国有企业，违规管理与问责多由纪检监察部门负责，在欧美跨国企业集团多由合规管理部门负责。

3. 国有企业违规经营投资责任追究。

企业违规管理，在跨国企业集团的合规管理中常称为违规举报、调查与处置，在我国国资委《中央企业合规管理指引（试行）》以及我国发改委等七部委《企业境外经营合规管理指引》中称为违规举报、调查与问责。

企业违规管理与问责有利于引导员工自觉合规，促进员工相互约束和监督，及时预警和识别合规风险，促进企业合规文化建设。

一、违规管理与问责是企业合规管理体系的基本构成要素

有关企业合规管理的国际标准、指南以及我国国家标准、办法和指引对违规管理作出了以下规定：

1. 鼓励坦陈的违规举报，并为违规举报提供举报热线等便利的途径；

2. 对被发现和举报的违规行为，进行调查；

3. 对经过调查核实的违规行为，严格惩处和问责；

4. 对举报违规行为的人予以保护，严禁打击报复。

这些规定还要求企业制定违规举报、调查、惩处问责和反打击报复的制度，建立相关机制。企业违规管理与问责是企业合规管理系统的基本构成要素之一。

二、违规管理的原则

（一）客观独立原则

客观性原则和独立性原则是企业合规管理的两项重要基本原则，也是企业违规管理的基本原则。

我国原保监会《保险公司合规管理办法》、我国证监会《证券公司和证券投资基金管理公司合规管理办法》，都要求保障合规负责人、合规管理部门和合规岗位的独立调查权。

按照我国国资委《中央企业合规管理指引（试行）》第四条第四款的规定，企业应当严格依照法律法规等规定对企业和员工行为进行客观评价和处理。合规管理牵头部门独立履行职责，不受其他部门和人员的干涉。

我国《监察法》第四条也规定，监察委员会依照法律规定独立行使监察权，不受行政机关、社会团体和个人的干涉。

（二）以事实为依据，以法律为准绳

以事实为依据，以法律为准绳是企业违规管理的基本原则之一。

《中国共产党纪律处分条例》第四条第三款规定，对党组织和党员违犯党纪的行为，应当以事实为依据，以党章、其他党内法规和国家法律法规为准绳，准确认定违纪性质，区别不同情况，恰当予以处理。

我国《监察法》第五条规定，国家监察工作严格遵照宪法和法律，以事实为根据，以法律为准绳；在适用法律上一律平等，保障当事人的合法权益；权责对等，严格监督；惩戒与教育相结合，宽严相济。

国务院办公厅 2016 年 8 月 2 日《关于建立国有企业违规经营投资责任追究制度的意见》(国办发〔2016〕63 号)、国务院国资委 2018 年 7 月 13 日《中央企业违规经营投资责任追究实施办法（试行）》(第 37 号) 规定的基本原则包括：

1. "依法合规、违规必究""坚持依法依规问责"，要求"以国家法律法规为准绳，严格执行企业内部管理规定，对违反规定、未履行或未正确履行职责造成国有资产损失以及其他严重不良后果的国有企业经营管理有关人员，严格界定违规经营投资责任，严肃追究问责，实行重大决策终身责任追究制度。"

2. "客观公正、责罚适当""坚持客观公正定责"，要求在充分调查核实和责任认定的基础上，既考虑量的标准也考虑质的不同，实事求是地确定资产损失程度和责任追究范围，恰当公正地处理相关责任人。

三、合规组织的违规管理职责

关于合规组织的违规管理职责，国有企业和其他企业之间存在差别。

（一）我国国有企业

我国国资委《中央企业合规管理指引（试行）》第二十一条要求中央企业强化违规问责，完善违规行为处罚机制，明晰违规责任范围，细化惩处标准。畅通举报渠道，针对反映的问题和线索，及时开展调查，严肃追究违规人员责任。

按照指引第二十九条规定，地方国有资产监督管理机构可以参照指引，积极推进所出资企业合规管理工作。因此，如果地方国有企业集团开展合规管理，其违规管理也应参照指引的规定执行。

虽然我国原银监会《商业银行合规风险管理指引》、我国原保监会《保险公司合规管理办法》、我国证监会《证券公司和证券投资基金管理公司合规管理办法》以及我国七部委《企业境外经营合规管理指引》等对商业银行、保险公司、证券公司、证券投资基金管理公司、企业境外分子机构的违规管理有专门的规定，但下列企业仍应执行我国法律法规（包括党内法律）关于国有企业违规管理的规定：

1. 国有企业性质的商业银行、保险公司、证券公司和证券投资基金管理公司；

2. 国有企业委派到非国有企业的党员和管理人员；

3. 国有企业委派到境外分子公司的党员和管理人员。

关于中央企业的违规管理与问责的归口管理部门，从法律角度来说，应该包括以下四个方面：

1. 违规经营投资责任追究职能部门或机构

国务院国资委《中央企业违规经营投资责任追究实施办法（试行）》第五十条规定："中央企业应当明确相应的职能部门或机构，负责组织开展责任追究工作，并做好与企业纪检监察机构的协同配合。"

2. 纪检监察部门

在我国国有企业，纪检监察合署办公。按照中国共产党党内法规以及我国《监察法》，纪检监察部门负责：（1）受理违规举报，并进行线索分类和处置；（2）负责对企业党员干部和员工违反党纪的行为以及企业管理人员的职务犯罪和职务违法行为进行调查，提出违规问责或纪律处分建议，向企业党组织报告；（3）按照企业党组织的决定，实施违纪处分或监察处置。

《中国共产党纪律处分条例》第六条规定，本条例适用于违犯党纪应当受到党纪责任追究的党组织和党员。

按照我国《监察法》第一条的规定，为了深化国家监察体制改革，加强对所有行使公权力的公职人员的监督，实现国家监察全面覆盖，深入开展反腐败工作，推进国家治理体系和治理能力现代化，根据宪法，制定本法。第十五条规定，监察机关对下列公职人员和有关人员进行监察：（三）国有企业管理人员。

因此，我国国有企业纪检监察全面覆盖的范围包括国有企业的党员干部、党员员工以及管理人员。

3. 合规管理牵头部门

按照我国国资委《中央企业合规管理指引（试行）》第十条第五款的规定，中央企业合规管理牵头部门受理职责范围内的违规举报，组织或参与对违规事件的调查，并提出处理建议。

因此，合规管理牵头部门的违规管理职责限于纪检监察部门违规管理范围以外的违规举报受理、组织或参与对违规事件的调查并提出处理意见。

此外，按照指引第七条第五款规定，经理层（高级管理人员）的职责包括及时制止并纠正不合规的经营行为，按照权限对违规人员进行责任追究或提出处理建议。第五条第六款规定，董事会的职责包括按照权限决定有关违规人员的处理事项。但是，我国国资委《中央企业合规管理指引（试行）》对经理层和董事会在违规管理方面的职责并未作出详细规定。

4. 业务部门

按照指引第十一条的规定，中央企业业务部门负责本领域的日常合规管理工作……组织或配合进行违规问题调查并及时整改。

（二）非国有企业和非国有境外分子公司

按照有关企业合规管理的国际标准、指南以及我国国家标准、办法和指引的有关规定，非国有企业和境外分子公司的合规组织在企业违规管理方面的职责梳理总结如下：

1.董事会与合规委员会

（1）听取和接收有关重大违规情况（例如，可能会导致法律制裁或监管处罚、重大财务损失或声誉损失等）的报告；

（2）听取和接收有关高级管理人员违规行为的报告；

（3）听取和接受企业年度合规报告中有关重大违规事件及其处理情况。

合规委员会是企业董事会的下属机构，按照董事会的授权行使董事会的部分权利。

2.高级管理人员（我国《公司法》中称经理层）

（1）与治理机构一道，确立并维护问责机制，包括违规事件的报告机制；

（2）创造一个鼓励举报违规行为并且举报人员不会受到报复的环境；

（3）追究违规人员的违规责任，并及时制止和采取适当的纠正措施；

（4）及时向董事会或董事会下设的委员会、监事会报告重大违规情况；

（5）接受、听取合规部门的违规调查报告。

3.合规负责人与合规管理部门

（1）受理违规举报；

（2）针对举报信息制定调查方案并开展调查，在合规调查结束后就调查情况和结论制作报告并呈报给合规委员会；

（3）及时向高级管理人员、合规委员会或者董事报告违规行为（尤其是企业和高级管理人员的重大违规行为），提出处置意见；

（4）督促和监督违规整改，跟踪、监督违规处置的执行。

4.业务部门

（1）配合、协助合规管理部门开展的违规调查；

（2）实施违规整改。

四、违规举报

（一）鼓励举报

有关企业合规管理的国际标准、指引以及我国国家标准、指引和办法都鼓励员工和第三方（如供应商、经销商、服务提供者、工程承包商等）坦诚的违规举报，要求企业须建立违规举报制度，对举报者提供保护。

巴塞尔银行监管委员会《合规与银行内部合规部门》第 9.3 条（检举 / 热线），要求银行对于受到上级指示或压力却不愿违反合规计划的个人，或有意检举公司内部违规行为的个人，为其提供沟通渠道（包括秘密渠道）及保护。

《合规管理体系　指南》第 4.3.4 条 f）款要求企业制定和实施信息管理过程，如通过热线、举报系统和其他机制进行的投诉和 / 或反馈。

我国原银监会《商业银行合规风险管理指引》第十七条规定，商业银行应建立诚信举报制度，鼓励员工举报违法、违反职业操守或可疑行为，并充分保护举报人。

我国发改委等七部委《企业境外经营合规管理指引》第二十条（合规信息举报与调查）规定，企业应根据自身特点和实际情况建立和完善合规信息举报体系。员工、客户和第三方均有权进行举报和投诉，企业应充分保护举报人。

（二）举报渠道

如前所述，我国国有企业由纪检监察部门统一受理违规举报。我国国有企业设置了违规举报热线电话，明确了接受违规举报的部门、人员、电话、电子邮件。有些国有企业还设置了举报信箱，方便员工等投递举报信件。

跨国企业集团大多为违规举报提供了多种渠道，包括：（1）设立违规举报热线电话，有些甚至委托第三方咨询机构专门负责接听举报电话并提供不同语种的接听服务；（2）提供接受违规举报的电子邮件和信箱地址；（3）公开接受违规举报的部门、人员、电话、电子邮件等。

我国非国有性质的企业可以参照上述方式设置举报渠道。

（三）举报方式

大多举报者都选择匿名举报，提供的线索有限。这主要是出于保护自己的需要，但给企业后续调查带来困难。我国国有企业纪检监察鼓励实名举报，鼓励提供线索与证据，起到了良好的效果。

（四）反打击报复

担心打击报复是员工不愿举报或者不愿实名举报的主要原因。因此，企业鼓励违规举报，需要对举报者提供有力保护，严厉惩处报复行为。有关企业合规管理的国际标准、指南以及我国国家标准、办法和指引在鼓励员工进行违规举报的同时，都要求企业充分保护举报人。

反打击报复的基本措施包括：

1. 对举报人严格保密；

2. 对实施打击报复的被举报人给予严厉惩处；

3. 将反打击报复作为企业违规管理制度的重要组成部分加以规定，使之制度化；

4. 在合规宣传与培训中宣传和鼓励违规举报，并阐明公司保护举报人、严惩打击报复行为的政策和决心，在精神思想和舆论上给打击报复着以严厉警示。

五、违规调查

任何部门或个人收到违规举报以后，企业应当展开违规调查，做到有报必查，这是企业违规管理的基本要求。

（一）我国国有企业的违规调查

在我国国有企业，纪检监察合署办公，负责违规调查。按照我国《监察法》的规定，纪检监察部门开展违规调查的方式包括：谈话函询，初步核实，立案审查调查，案件审理，处置执行；经审批采取谈话、讯问、询问、留置、查询、冻结、搜查、调取、查封、扣押（暂扣、封存）、勘验检查、鉴定，提请有关机关采取技术调查、通缉、限制出境等措施。

我国国资委《中央企业合规管理指引（试行）》规定，合规管理牵头部门受理职责范围内的违规举报，组织或参与对违规事件的调查，并提出处理建议（第十条第五款）。因此，我国国有企业宜：

1. 研究和考虑增加合规管理牵头部门受理违规举报的职能，在合规管理牵头部门设置举报渠道，包括公开合规管理牵头部门受理违规举报的电话、人员、电子邮件并设置举报信箱等。需要注意的是，合规管理部门收到违规举报及线索后，应当将举报信息和违规线索交由纪检监察部门做统一的分类和线索处置。

2. 研究和考虑合规管理牵头部门组织和参与对违规事件的调查范围。如前所述，按照我国党内法规以及我国《监察法》的规定，从合规规范角度来说，合规管理牵头部门的违规管理范围可以包括：（1）国有企业以企业为主体的违法行为；（2）非党员的普通员工与国有企业有关的违法、违规行为；（3）党员普通员工非违犯党纪的、与国有企业有关的违法、违规行为；（4）党员管理人员非违犯党纪、且不属于职务违法和职务犯罪的、与国有企业有关的一般违法、违规行为；（5）非党员管理人员不属于职务违法和职务犯罪的、与国有企业有关的一般违法、违规行为。

3. 研究合规管理牵头部门组织和参与对违规事件的调查措施。依据我国现有法律、法规的规定，国有企业合规管理牵头部门不具备监察部门的下列调查权利：留置、查询、冻结、搜查、调取、查封、扣押（暂扣、封存）、勘验检查、鉴定，提请有关机关采取技术调查、通缉、限制出境等。

4. 研究合规管理牵头部门与纪检监察协调合作的机制。例如，合规管理牵头部门可以在合规规范的理解和运用方面，向纪检监察部门提供专业支持；纪检监察部门在违规调查方面向合规管理牵头部门提供指导等。

（二）非国有企业和境外分子公司的违规调查

1. 违规调查部门

有关企业合规管理的国际组织标准、指南以及我国国家标准、办法和指引都规定，非国有企业和境外分子公司的违规调查一般由合规管理部门负责。

巴塞尔银行监管委员会《合规与银行内部合规部门》第23条和第31条规定，合规部门应该能够自主地对银行内部所有可能存在合规风险的部门履行风险管理的职责。合规部门应该有权对可能违反合规政策的事件进行调查，并在适当情况下请求银行内部专业人员（如法律或内部审计人员）

的协助或外聘专业人士履行该职责。

我国原保监会《保险公司合规管理办法》第十七条第二款规定，保险公司应当保障合规负责人、合规管理部门和合规岗位享有对违规或者可能违规的人员和事件进行独立调查并可外聘专业人员或者机构协助工作的权利。

我国证监会《证券公司和证券投资基金管理公司合规管理办法》第二十五条规定，证券基金经营机构应当保障合规负责人和合规管理人员充分履行职责所需的知情权和调查权。

我国发改委等七部委《企业境外经营合规管理指引》第二十条规定，合规管理部门或其他受理举报的监督部门应针对举报信息制定调查方案并开展调查。形成调查结论以后，企业应按照相关管理制度对违规行为进行处理。

2. 违规调查措施

企业合规管理牵头部门的违规调查措施一般包括：（1）外围调查，如通过电话、询问、收集电子邮件和其他文件等，从公司外部的第三方（如供应商、客户、离职员工等）收集违规线索和证据；（2）内部调查，如询问企业员工、检索被举报人电子邮件、查阅被举报人财务报销资料，从公司内部收集违规线索和证据；（3）谈话，即与被举报人工面对面谈话，澄清、核实有关证据，允许被举报人声辩等。

违规调查可能涉及专业技术和知识。必要时，还需要企业法务部门、内审部门、财务部门、人力资源部门、技术部门等参与违规调查或提供支持，甚至聘请调查公司或者律师提供专业性调查服务。

违规调查应由合规管理部门独立地开展，不受其他部门或者管理层的干涉。

（三）违规调查的合规性

违规调查是一项严肃的合规管理工作。违规调查工作本身，包括违规调查程序、方法、措施等，应当符合各合规规范的规定，真正做到以事实为根据，以法律为准绳。

我国《监察法》第五条就明确规定，国家监察工作严格遵照宪法和法律，以事实为根据，以法律为准绳；在适用法律上一律平等，保障当事人的合法权益；权责对等，严格监督；惩戒与教育相结合，宽严相济。第十八条规定，监察机关及其工作人员对监督、调查过程中知悉的国家秘密、商业秘密、个人隐私，应当保密。第五十六条规定，监察人员必须模范遵守宪法和法律，忠于职守、秉公执法，清正廉洁、保守秘密。

六、违规调查报告

（一）违规调查报告的撰写与提交

1. 我国国有企业由纪检监察部门负责违规调查的违规事件，由纪检监察部向企业党组织和企业治理机构汇报违规调查结果，并提出纪律处分或监察处置建议。

2. 我国国有企业由企业合规管理牵头部门负责违规调查的违规事件，由合规管理牵头部门向合规委员会提交违规调查报告，提出违规问责建议，并由合规委员会审批违规问责措施。对于重大违规事件，还应及时向高级管理人员和治理机构汇报，并由其审批违规问责措施。

3. 非国有企业和企业境外分支机构的违规调查，由合规管理部门向合规委员会提交违规调查报告，提出违规处置建议，并由合规委员会审批违规处置措施。对于重大违规事件，还应及时向高级管理人员和治理机构汇报，并由其审批违规处置措施。

（二）违规调查报告的内容

违规调查报告的内容一般包括：

1. 违规信息、线索的来源以及违规线索的分类处置情况；

2. 违规调查小组的组成与职责；

3. 违规调查内容、计划与方案；

4. 违规调查过程、方法，采取强制措施情况；

5. 配合调查的单位、人员及其提供的线索、证据；

6. 获得证据情况，以及证据所能证明的事实；

7. 违规调查结果，以及违规行为违反的合规规范；

8. 违规问责（处置）措施建议。

七、违规处置与问责

（一）强化违规处置与问责

国务院办公厅《关于建立国有企业违规经营投资责任追究制度的意见》、国务院国资委《中央企业违规经营投资责任追究实施办法（试行）》要求：以国家法律法规为准绳，严格执行企业内部管理规定，对违反规定、未履行或未正确履行职责造成国有资产损失以及其他严重不良后果的国有企业经营管理有关人员，严格界定违规经营投资责任，严肃追究问责，实行重大决策终身责任追究制度。

我国国资委《中央企业合规管理指引（试行）》第二十一条，要求强化违规问责，完善违规行为处罚机制，明晰违规责任范围，细化惩处标准。畅通举报渠道，针对反映的问题和线索，及时开展调查，严肃追究违规人员责任。

我国原银监会《商业银行合规风险管理指引》第十六条规定，商业银行应建立有效的合规问责制度，严格对违规行为的责任认定与追究，并采取有效的纠正措施，及时改进经营管理流程，适时修订相关政策、程序和操作指南。

我国《监察法》第六条规定，国家监察工作坚持标本兼治、综合治理，强化监督问责，严厉惩治腐败；深化改革、健全法治，有效制约和监督权力；加强法治教育和道德教育，弘扬中华优秀传统文化，构建不敢腐、不能腐、不想腐的长效机制。

（二）违规处置与问责措施

1.违规经营投资责任追究

根据国务院办公厅《关于建立国有企业违规经营投资责任追究制度的意见》、国务院国资委《中央企业违规经营投资责任追究实施办法（试行）》的规定，对相关责任人的处理方式包括：

（1）组织处理。包括批评教育、责令书面检查、通报批评、诫勉、停职、调离工作岗位、降职、改任非领导职务、责令辞职、免职等。

（2）扣减薪酬。扣减和追索绩效年薪或任期激励收入，终止或收回其他中长期激励收益，取消参加中长期激励资格等。

（3）禁入限制。五年直至终身不得担任国有企业董事、监事、高级管理人员。

（4）纪律处分。由相应的纪检监察机构查处。

（5）移送国家监察机关或司法机关处理。依据国家有关法律规定，移送国家监察机关或司法机关查处。

以上处理方式可以单独使用，也可以合并使用。

2. 国有企业纪律处分

根据《中国共产党纪律处分条例》第八条、第二十九条、第三十三条的规定，对党员的纪律处分种类包括警告、严重警告、撤销党内职务、留党察看和开除党籍。对于受到纪律处分的党员在党外组织担任职务的，应当建议党外组织依照规定作出相应处理。在纪律审查中发现党员严重违纪涉嫌违法犯罪的，原则上先作出党纪处分决定，并按照规定给予政务处分后，再移送有关国家机关依法处理。党员依法受到刑事责任追究的，党组织应当根据司法机关的生效判决、裁定、决定及其认定的事实、性质和情节，依照本条例规定给予党纪处分，是公职人员的由监察机关给予相应政务处分。

3. 国有企业监察处置

根据《监察法》第四十五条和第四十六条的规定，监察机关根据监督、调查结果，依法对监察对象作出如下处置：

（1）对有职务违法行为但情节较轻的公职人员，按照管理权限，直接或者委托有关机关、人员，进行谈话提醒、批评教育、责令检查，或者予以诫勉；

（2）对违法的公职人员依照法定程序作出警告、记过、记大过、降级、撤职、开除等政务处分决定；

（3）对不履行或者不正确履行职责负有责任的领导人员，按照管理权限对其直接作出问责决定，或者向有权作出问责决定的机关提出问责建议；

（4）对涉嫌职务犯罪的，监察机关经调查认为犯罪事实清楚，证据确实、充分的，制作起诉意见书，连同案卷材料、证据一并移送人民检察院依法审查、提起公诉；

（5）对监察对象所在单位廉政建设和履行职责存在的问题等提出监察建议。

监察机关经调查，对违法取得的财物，依法予以没收、追缴或者责令退赔；对涉嫌犯罪取得的财物，应当随案移送人民检察院。

4.对纪检监察对象以外违规人员的违规问责

国有企业对纪检监察对象以外违规人员的违规问责，主要依据企业内部规章制度（如奖惩条例、员工手册等），包括警告、降薪、降职、调岗、罚款、解除劳动合同等。

5.非国有企业、境外分子公司违规处置

非国有企业、境外分子公司对违规人员的违规处置，主要依据企业内部规章制度（如奖惩条例、员工手册等），包括警告、降薪、降职、调岗、罚款、解除劳动合同等。

（三）违规处置问责决定的实施

1.根据国务院办公厅《关于建立国有企业违规经营投资责任追究制度的意见》规定，根据调查事实，依照管辖规定移送有关部门，按照管理权限和相关程序对相关责任人追究责任。相关责任人对处理决定有异议的，有权提出申诉，但申诉期间不停止原处理决定的执行。责任追究调查情况及处理结果在一定范围内公开。

2.按照《中国共产党纪律处分条例》的规定，国有企业对党员的纪律处分，由党组织做出决定，由纪检监察部门实施。

3.按照我国《监察法》第四十五条的规定，国有企业监察机关根据监督、调查结果，依法作出处置。

4.国有企业对纪检监察对象以外违规人员的违规处置，以及非国有企业、企业境外违规人员的违规处置，按照企业内部规章制度，由企业人力资源部门具体实施，企业合规管理部门提供支持，给予监督。

第十一章　企业合规管理计划与合规报告
Chapter XI　Compliance Plan and Report

要　点:

企业合规管理计划和合规报告是企业合规管理体系的基本构成要素。

企业合规合规计划与合规报告是企业合规管理体系的基本构成要素。大多文章、学术著作提合规报告者居多，而少有提及合规计划，似有欠妥之处。

一、企业合规计划

（一）制定企业合规管理计划

1. 有关合规规范的规定

有关企业合规管理的国际标准、指南以及我国国家标准、办法和指引大多要求企业制定合规管理计划。列示如下：

巴塞尔银行监管委员会《合规与银行内部合规部门》第18条	高级管理层在合规部门的协助下，制定每年至少一次管理银行面临的主要合规风险问题的计划
《合规管理体系　指南》第6.5.1条	组织的合规管理体系宜包括所必需的文件化信息，例如年度合规计划。组织宜控制计划变更，并重新评审计划外变更的后果，必要时采取措施缓解任何不利影响
原银监会《商业银行合规风险管理指引》第十八条	合规管理部门的基本职责包括制定并执行风险为本的合规管理计划，包括特定政策和程序的实施与评价、合规风险评估、合规性测试、合规培训与教育等

（续表）

原保监会《保险公司合规管理办法》第十三条、十六条	十三条规定，保险公司合规负责人负责制订公司年度合规管理计划，并报总经理审核。第十六条规定，合规管理部门协助合规负责人制订、修订公司年度合规管理计划，并推动其贯彻落实。总经理应每年至少组织一次对公司合规风险的识别和评估，并审核公司年度合规管理计划
国资委《中央企业合规管理指引（试行）》第七条、第十条	合规管理牵头部门负责研究起草合规管理计划、基本制度和具体制度规定。经理层负责批准合规管理计划，采取措施确保合规制度得到有效执行
发改委等七部委《企业境外经营合规管理指引》第十一条	合规管理部门负责制定企业合规管理制度和年度合规管理计划，并负责推动其贯彻落实

2. 合规管理计划的制定和批准

从上述有关企业合规管理的国际标准、指南以及我国国家标准、办法和指引的规定来看，合规管理计划一般由合规负责人领导合规管理部门起草，由企业高级管理人员（我国《公司法》称经理层）或者董事会批准后执行。

（二）合规管理计划的种类与内容

企业合规管理计划主要包括年度合规管理计划与专项合规管理计划。

1. 年度合规管理计划

以上（一）所列合规计划多为年度合规管理计划。年度合规管理计划是企业年度合规管理的总体安排，首先应制定年度合规目标。按照国际标准暨我国国家标准《合规管理体系　指南》第5.2条，合规目标宜（1）与合规方针一致；（2）可以测量（如可行）；（3）考虑适用的合规要求；（4）予以监视；（5）充分沟通；（6）适当时，更新和/或修订。合规目标宜确定需要做什么、需要什么资源、由谁负责、何时完成以及结果如何评价，如：根据已识别的合规关键绩效措施和结果。

年度合规管理计划应基于合规管理体系的各构成要素，逐项分别制定计划，主要包括：（1）年度合规组织建设计划；（2）合规管理队伍培养与建设计划；（3）合规风险管理的重点及计划；（4）合规制度与流程制定、修改与补充安排；（5）合规管理评估计划；（6）合规管理绩效指标及考核评价计划；（7）合规宣传培训计划；（8）合规管理信息系统建设计划；（9）合规文化建设计划；（10）企业集团对子公司的合规管理计划与安排；等等。

2. 专项合规管理计划

专项合规管理计划包括：（1）年度专项合规计划，主要是针对某一合规管理领域的专门合规管理安排，如企业某一业务领域专项合规风险管理计划等；（2）临时专项合规计划，即发生重大合规风险或者按照上级合规组织的指令，由合规管理部门就某一重大合规风险或者业务领域，制定临时合规计划并开展合规管理。

（三）合规管理计划的调整

有些有关企业合规管理的国际标准、指引以及我国国家标准、指引和办法还规定了企业合规计划的调整机制。

例如，世界银行集团《诚信合规指南》第 3 条规定，高管人员应采用系统的方法监督合规计划，定期检查合规计划在预防、发现、调查和应对各种不当行为方面的适用性、充分性和有效性；同时也应考虑合规领域的相关变化，以及国际和行业标准的演变。如发现合规计划存在缺陷，公司应采取合理措施避免此类缺陷进一步发生，这些措施包括对合规计划做出必要的修改。

国际标准暨我国国家标准《合规管理体系　指南》第 6.5.1 条规定，组织宜控制计划变更，并重新评审计划外变更的后果，必要时采取措施缓解任何不利影响。

（四）合规计划报备

行业监管严格的企业，如金融业（包括商业银行、保险公司、证券经营机构等），要求企业及时向监管机构备案合规计划。

例如，我国原银监会《商业银行合规风险管理指引》第二十六条要求商业银行应及时向银监会报送合规风险管理计划和合规风险评估报告。

二、企业合规报告

企业合规报告包括年度合规报告、合规监管报告和专项合规报告。

（一）年度合规报告

巴塞尔银行监管委员会《合规与银行内部合规部门》第 18 条要求高级

管理层在合规部门的协助下，每年至少一次就银行的合规风险管理向董事会或董事会下设的委员会报告，此报告应能够有助于董事会成员就银行是否有效管理合规风险问题作出有充分依据的判断。

我国原银监会《商业银行合规风险管理指引》第十三条规定，高级管理层每年向董事会提交合规风险管理报告，报告应提供充分依据并有助于董事会成员判断高级管理层管理合规风险的有效性。

我国原保监会《保险公司合规管理办法》规定，合规管理部门负责撰写年度合规报告，交由合规负责人审核，报总经理审批后，由总经理报董事会或者董事会授权的专业委员会审核批准。

我国国资委《中央企业合规管理指引（试行）》规定，合规负责人组织合规管理牵头部门起草年度合规报告，并报企业董事会审批。

关于年度合规报告的内容，国际标准及我国国家标准《合规管理体系 指南》、我国原保监会《保险公司合规管理办法》、我国证监会《证券公司和证券投资基金管理公司合规管理办法》都做了相关规定。企业可以根据自身实际情况，确定本企业年度合规报告应报告的内容。

1.《合规管理体系 指南》

国际标准暨我国国家标准《合规管理体系 指南》第8.1.8条提出了合规报告宜包括的内容：（1）组织按要求向任何监管机构通报的任何事项；（2）合规义务变化及其对组织的影响，以及为了履行新义务，拟采用的措施方案；（3）对合规绩效的测量，包括不合规和持续改进；（4）可能的不合规数量和详细内容和随后对他们的分析；（5）采取的纠正措施；（6）合规管理体系有效性、业绩和趋势的信息；（7）与监管部门的接触和关系进展；（8）审核和监视活动的结果。

2. 原保监会《保险公司合规管理办法》

原保监会《保险公司合规管理办法》第三十七条规定，公司年度合规报告应当包括以下内容：（1）合规管理状况概述；（2）合规政策的制订、评估和修订；（3）合规负责人和合规管理部门的情况；（4）重要业务活动的合规情况；（5）合规评估和监测机制的运行；（6）存在的主要合规风险及应对措施；（7）重大违规事件及其处理；（8）合规培训情况；（9）合规管理存在的问题和改进措施；（10）其他。

3. 证监会《证券公司和证券投资基金管理公司合规管理办法》

我国证监会《证券公司和证券投资基金管理公司合规管理办法》第

企业合规管理体系实务指南（第2版）

三十条规定，年度合规报告应包括下列内容：（1）证券基金经营机构和各层级子公司合规管理的基本情况；（2）合规负责人履行职责情况；（3）违法违规行为、合规风险隐患的发现及整改情况；（4）合规管理有效性的评估及整改情况；（5）中国证监会及其派出机构要求或证券基金经营机构认为需要报告的其他内容。

（二）合规监管报告

合规监管报告是企业按合规规范向监管部门提交的合规报告，包括：

1. 中央企业向国资委的合规报告

我国国资委《中央企业合规管理指引（试行）》第二十八条规定，中央企业建立合规报告制度，重大合规风险事件应当向国资委和有关部门报告。合规管理牵头部门于每年年底全面总结合规管理工作情况，起草年度报告，经董事会审议通过后及时报送国资委。

2. 保险公司向保监会的合规报告

我国原保监会《保险公司合规管理办法》第三十七条规定，保险公司应当于每年 4 月 30 日前向中国保监会提交公司上一年度的年度合规报告。保险公司董事会对合规报告的真实性、准确性、完整性负责。

3. 证券基金经营机构向证监会的合规报告

我国证监会《证券公司和证券投资基金管理公司合规管理办法》第十五条规定，合规负责人发现证券基金经营机构存在违法违规行为或合规风险隐患的，应当依照公司章程规定及时向董事会、经营管理主要负责人报告，提出处理意见，并督促整改。合规负责人应当同时督促公司及时向中国证监会相关派出机构报告；公司未及时报告的，应当直接向中国证监会相关派出机构报告；有关行为违反行业规范和自律规则的，还应当向有关自律组织报告。

第十九条规定，证券公司合规负责人应当经中国证监会相关派出机构认可后方可任职。合规负责人任期届满前，证券基金经营机构解聘的，应当有正当理由，并在有关董事会会议召开 10 个工作日前将解聘理由书面报告中国证监会相关派出机构。

第二十条规定，合规负责人不能履行职务或缺位时，应当由证券基金经营机构董事长或经营管理主要负责人代行其职务，并自决定之日起 3 个工作日内向中国证监会相关派出机构书面报告，代行职务的时间不得超过

6个月。合规负责人提出辞职的，应当提前1个月向公司董事会提出申请，并向中国证监会相关派出机构报告。在辞职申请获得批准之前，合规负责人不得自行停止履行职责。

第三十条规定，证券基金经营机构应当在报送年度报告的同时向中国证监会相关派出机构报送年度合规报告。证券基金经营机构的董事、高级管理人员应当对年度合规报告签署确认意见，保证报告的内容真实、准确、完整；对报告内容有异议的，应当注明意见和理由。

（三）专项合规报告

专项合规报告包括：

1. 针对专门业务领域的合规报告，如企业营销领域合规报告、劳动人事领域合规报告等；

2. 针对专门合规管理体系构成要素的合规报告，如合规组织建设报告、合规管理队伍建设报告、合规风险管理报告、合规审查报告、合规审计报告、合规宣传与培训报告、合规管理评估报告、合规考核评价报告等；

3. 重大合规风险报告。有关企业合规管理的国际标准、指引以及我国国家标准、指引和办法都要求合规管理部门、业务部门发现重大合规风险后，及时向企业管理层和董事会报告。

三、企业合规管理计划与合规报告制度

（一）合规管理计划制度

有关企业合规管理的国际组织标准、指南以及我国国家标准、办法和指引对合规管理计划的起草、提交、审批、变更等作出了规定。我们认为，企业有必要制定合规管理计划的制度，明确规定合规管理计划的起草部门、提交和审批路线、合规管理计划的内容、合规管理计划的变更程序和规范要求等。

（二）合规报告制度

我国原保监会《保险公司合规管理办法》第二十八条要求，保险公司应当明确合规风险报告的路线，规定报告路线涉及的每个人员和机构的职

责，明确报告人的报告内容、方式和频率以及接受报告人直接处理或者向上报告的规范要求。

国际标准暨我国国家标准《合规管理体系　指南》第 4.3.3 条（治理机构和最高管理者的角色和职责）规定，治理机构和最高管理者宜确保建立高效及时的报告系统。第 8.1.7 条对内部合规报告制度提出了指导性规定，要求内部报告制度的安排宜确保：

1. 设定适当的报告准则和义务；

2. 确立定期报告时间表；

3. 建立便于对新出现的不合规进行特别报告的异常报告系统；

4. 建立合适的系统和过程确保信息的准确性和完整性；

5. 向组织的恰当职能部门或区域提供准确和完整的信息，以采取预防、纠正和补救的措施；

6. 要对向治理机构提交报告的准确性签字确认，包括合规团队的签字。

除非法律另有规定，组织宜选择适合自己情况的内部合规报告的版式、内容和时间。对合规的报告宜融入组织的常规报告中。只宜为重大不合规和新出现的问题单独编写报告。

第十二章　企业合规管理信息系统
Chapter 12　Corporate Compliance Information System

要　点：

1. 企业合规管理信息系统是合规管理必不可少的工具。

2. 企业应尽力将合规管理信息系统植入企业现有管理信息体系，实现管理信息系统一体化。

互联网、大数据、云计算、办公自动化和智能化的飞速发展，使得管理信息系统（办公自动化系统，即 OA 系统）成为企业管理不可或缺的重要工具。与企业全面风险管理系统、企业运营管理信息系统、内控管理信息系统、财税管理信息系统、采购管理信息系统、销售信息管理系统、生产管理信息系统、人力资源管理信息系统、质量管理信息系统、环安卫管理信息系统、物流管理信息系统等一道，企业合规管理信息系统成为企业管理信息系统的重要组成部分。

我国国资委《中央企业合规管理指引（试行）》在第二十四条中就要求中央企业强化合规管理信息化建设，通过信息化手段优化管理流程，记录和保存相关信息。运用大数据等工具，加强对经营管理行为依法合规情况的实时在线监控和风险分析，实现信息集成与共享。

一、目的和作用

（一）目标

建立和运行企业合规管理信息系统，就是要通过企业办公自动化系统（OA 系统）实现企业合规管理的自动化和智能化，为企业领导层、管理层、合规部门、各职能部门以及各业务部门提供一个合规管理工作平台，实现各部门之间的合规管理信息的集成和共享，减少手工操作及人为失误，提高企业合规管理的规范性、执行力、效率和透明度，加强公司治理主体对企业合规管理的监管和及时准确决策，促进企业合规文化建设。

（二）作用

企业合规管理信息系统与其他管理信息系统一样，具有以下作用：

1. 有助于企业实现合规管理的自动化和智能化，提高合规管理的效率和质量，节约管理成本。

2. 有助于企业增强合规管理工作过程的透明度，提高企业领导对合规管理工作的管控能力。

3. 促使企业合规管理权责明晰、流程清晰，防止相互推诿，提高企业各层级的合规管理执行力。

4. 促进企业合规管理工作的体系化、专业化和规范化，防止人为干预。

5. 提供企业合规风险评估的技术方法，协助企业合规风险的日常监测和预警，助力企业提升合规风险管理能力。

6. 增强企业合规管理的主动性，加强企业各层级合规组织之间纵向和横向的协调与联系。

7. 方便企业集团对分子公司的远程合规管理的指导、支持和监督。

二、主要功能模块

企业合规管理信息系统中，除合规管理信息系统本身以外，其余十二大企业合规管理系统构成要素，都可以建立合规管理信息系统模块。他们之间相互协同并紧密联系，构成企业合规管理信息系统的总体框架。企业合规管理信息系统的十二大模块包括：

（一）合规知识管理

用以采集、储存、发布、共享、查询、统计和运用合规管理的信息和知识。

1. 合规规范，包括适用于企业生产经营和管理的所有外部合规规范与内部合规规范；

2. 违规案例，包括与企业生产经营和管理相关的司法判例、行政处罚案例、行业内违规案例、企业内部违规案例；

3.合规管理最佳企业实践与经验分享；

4.有关合规管理理论和实践研究的学术著作和文章；

5.有关合规管理的内部格式文件；等等。

（二）合规组织

用以采集、储存、共享、查询合规管理各层级组织、人员及其职责，以及合规管理中的授权管理体系文件。

（三）合规风险管理

1.发布合规风险管理项目方案，包括合规风险管理项目的目标、计划、组织与职责、领域和对象、方法和程序等；

2.识别并发布相关合规义务清单及具体内容；

3.提供合规风险评估的技术方法和程序；

4.收集合规风险信息、线索和报告；

5.储存并不断更新合规风险清单，实现合规风险日常监测和预警；

6.发布合规风险管理项目成果，提交、批准合规风险管理报告；

7.发布合规风险应对整改计划和方案，分配应对整改职责；

8.对合规风险的应对整改进行跟踪和监督检查；

9.提供合规风险管理沟通与协调平台。

（四）合规管理制度和流程

1.发布合规管理制度与流程及其修改、补充；

2.跟踪监督合规管理制度与流程的执行，收集合规管理制度和流程执行情况的信息和意见；

3.收集对合规管理制度与流程的修改、补充意见；

4.组织对合规管理制度与流程的修改和补充。

（五）合规审查

1.合规负责人、合规管理部门的合规审查：对公司重大决策事项、重大项目事项、重大合同事项、大额投资事项、改革方案文件、新产品、新业务进行合规审查；

2.规章制度审查：规章制度的合规性审查，不同规章制度、流程之间的协调统一性审查，合规管理制度与业务操作流程的协调统一性审查；

　　3.业务部门开展本领域日常合规审查；

　　4.法务部门对交易文本及其他法律文件进行法律审查；

　　5.实现线上合规审查；

　　6.实现线上合规审批。

（六）合规管理评估

　　1.发布合规管理评估计划；

　　2.组织评估项目小组；

　　3.提供合规管理评估工具，支持业务部门的自我评测与合规管理部门主动检测相结合的合规检查工作模式，对合规测试工作准备、测试评估、控制观察与确认等过程提供全面而有效的支持；

　　4.上传、汇总合规管理评估文件和信息；

　　5.发布合规管理评估报告，提交、批准合规管理评估报告；

　　6.发布整改计划和方案，分配整改职责；

　　7.对整改进行跟踪和监督检查；

　　8.提供合规管理评估的沟通与协调平台。

（七）合规管理考核与评价

　　1.发布合规管理考核指标，提供合规考核信息；

　　2.提供多角度（垂直、横向）考核评级与信息沟通平台；

　　3.提供合规管理考核工具，运算、发布考核评价结果；

　　4.跟踪、监督考核评价结果执行。

（八）合规宣传与培训

　　1.提供线上合规宣传与培训平台；

　　2.发布合规宣传与培训课程资料；

　　3.实施线上合规宣传与培训；

　　4.实现线上合规培训考核。

（九）违规管理

　　1.公布违规举报电话、负责部门及负责人员的联系方式；

2.提供线上违规举报链接；

3.线上违规线索处置；

4.提交、审批违规调查计划；

5.线上违规调查：收集违规证据、信息，对相关人员进行线上访谈，汇总调查证据，起草、呈交、审批违规调查报告；

6.发布违规调查结果和处置、问责决定；

7.跟踪、监督违规处置、问责执行。

（十）合规管理计划与合规报告

1.收集合规管理计划、合规报告信息资料和意见；

2.修改、提交、审批合规管理计划、合规报告；

3.发布合规管理计划、合规报告；

4.跟踪、监督合规管理计划、合规报告的执行。

（十一）合规文化

1.发布、宣传企业合规理念、合规价值观、合规方针与合规管理基本制度；

2.发布企业合规管理工作信息；

3.开展合规管理沟通；

4.探讨企业合规文化建设，发表、收集关于企业合规文化建设的意见和建议；

5.倡导人人合规、全员合规、我要合规，培育企业合规文化。

（十二）分子公司合规管理

协调、覆盖企业集团分子公司合规管理信息系统，或者提供与分子公司合规管理信息系统相衔接的接口，实现对分子公司的远程合规管理。

三、项目实施和维护

企业建立合规管理信息系统，宜按照项目管理的方式和程序开展。

（一）立项

建立企业合规管理信息系统，需要申报项目和预算，经批准后实施。

（二）项目小组

企业合规管理信息系统建设的技术性、前瞻性很强，需要 IT 及其他方面专业人员的参与和支持。

项目实施团队是企业合规管理信息系统建立和成功运营的重要保障。项目小组宜包括企业合规管理人员、企业 IT 经理及信息管理系统外部咨询机构、企业法务人员及外部合规管理律师团队、风控部门代表、内控部门代表、审计部门代表、运营管理代表、人力资源代表、采购部门代表、销售部门代表以及国有企业纪检监察部门代表等。项目小组组长宜由企业合规负责人担任。

（三）项目计划

宜制定建立企业合规管理信息系统的进度计划，循序渐进，有序进行。

（四）合规管理功能需求

提出合规管理功能需求是建立合规管理信息系统的关键环节。合规管理信息系统要实现其模块功能，需要企业合规管理部门提出详细的管理目标和管理功能需求。

（五）项目工具

企业合规管理信息系统应建立在先进、完善、运营成熟有效的信息管理系统之上，涉及项目管理软件和平台的选择和运用，对整个项目进行阶段划分、人员分工、任务分解、文档共享、过程协作和资源调度，能被企业尽快学习掌握，并对项目中的问题进行专家诊断和问题排除。

（六）信息输入

根据合规信息管理系统的功能模块，项目小组应输入合规管理的基础信息、方法、程序和工具。

（七）项目成果

合规管理信息系统初步建成后，项目小组应对其各项功能进行测试和验收，查找缺陷和不足，并进行调整、补充和完善。

（八）培训

合规管理信息系统初步后，需要对企业合规组织以及合规管理人员进行培训，确保其掌握和熟练使用系统，为企业合规管理服务。

（九）维护

合规管理信息系统需要企业合规管理部门和 IT 部门委派专人进行维护，确保系统有效运行。

四、管理信息系统一体化

我国国资委 2015 年 12 月 8 日《关于全面推进法治央企建设的意见》（国资发法规〔2015〕166 号），要求我国中央企业加快提升合规管理能力，探索建立法律、合规、风险、内控一体化管理平台。

我国国资委《中央企业合规管理指引（试行）》第四条第三款（协调联通）要求推动合规管理与法律风险防范、监察、审计、内控、风险管理等工作相统筹、相衔接，确保合规管理体系有效运行。

我国国有企业及其他所有制性质的大型企业都已经建立不同的企业管理信息系统，如企业全面风险管理系统、企业运营管理信息系统、内控管理信息系统、财税管理信息系统、采购管理信息系统、销售信息管理系统、生产管理信息系统、人力资源管理信息系同、质量管理信息系统、环安卫管理信息系统、物流管理信息系统等。企业合规管理信息系统是企业管理信息系统的组成部分。根据企业的业务领域、规模及实际需要，企业管理信息系统可以包括若干平台，如：全面风险管理，内控管理，行政管理，人事管理，财务管理，质量管理，采购管理，营销管理等。

企业需要对现有信息管理系统和管理平台进行诊断，研究将合规管理信息系统植入现有企业管理信息系统和平台的可行性和有效性，实现企业合规管理信息系统与企业管理的其他信息系统相互衔接，协调融合，互通共享，避免出现重复、矛盾的情况。

五、企业合规管理信息体系的技术探讨

（一）安全性和保密性

合规管理信息系统承载着企业、企业员工以及企业业务伙伴的重要保密信息和数据。

我国证监会《证券公司和证券投资基金管理公司合规管理办法》第十四条就要求合规负责人协助董事会和高级管理人员建立和执行信息隔离墙制度。

企业需要按照我国有关网络安全和信息保护的法律法规，建立企业合规管理信息的安全保护制度，包括网络安全保护、密码制度、信息的分类和分级保护、信息存取和修改的授权和分级管理、支持入侵检测与防御系统和防火墙的应用等。

（二）扩展性

1. 企业合规管理信息系统应具有良好的扩展性，足以适应企业管理模式、业务变化、合规管理调整等的需要。

2. 预留标准的 EDI 接口，方便与新的业务部门及分子公司的链接。

（三）分析与预测功能

开发合规管理信息的分析功能和预测功能，为企业合规管理部门提供图形化、报表化的合规管理信息分析数据，对合规风险做出预警，对未来企业合规管理需求做出预测等。

六、建立企业合规管理信息系统实践案例介绍：中石油合规管理信息平台系统

中国石油天然气集团有限公司是我国国资委于 2016 年开展建立合规管理体系试点的中央企业之一，并建立了合规管理信息平台系统。

平台系统包括两大模块，即"合规管理业务"与"法律风险岗位防控业务"。合规管理业务模块以下包括"预防与控制""监督与问责"两个

子模块。

"预防与控制"子模块以下包括合规培训、合规登记报告、合规评价、合规审查、合规档案、合规风险评估与预警等小模块。监督与问责以下包括责任追究、举报与调查、检查监督等小模块。

（一）合规培训

合规培训包括在线和线下两种模式，可以在线发布培训课程、进行在线合规培训、上下级合规培训、培训测试和归档，可以进行线下合规培训录入，实现公司全员参与的自我培训。

（二）合规评价

实现在线合规评价。评价内容包括员工自评、对直属领导评价（评价上级）、对直属下级评价（评价下级）以及综合评价。

（三）合规登记

实现在线合规登记和处理。

登记事项包括兼职登记、推荐交易对象登记、拟与公司交易登记以及其他登记。登记信息计入员工合规档案。

登记事项按员工隶属公司层级，由总部合规部门、地区公司合规部门或者二线单位合规部门处理。

（四）合规审查

通过合规管理信息平台，实现在线合规审查，记录合规审查结果。

合规审查包括制度审查、反垄断反不正当竞争审查以及交易对象审查。

（五）风险评估与责任追究

通过合规管理信息平台，收集集团、各子企业风险评估报告，建立汇总资料库；并通过平台登记违规人员信息。

（六）合规档案与业务资料

合规管理信息平台包括总部合规部门、地区公司合规部门以及二级单位合规部门三级合规档案，并向全员公开提供法律法规库、资料库与诚信合规手册。

　　中石油合规管理信息平台系统的建立，经过了实施准备、系统实施和系统上线三个阶段。实施准备包括成立项目组，学习和练习、调整 AD 机构与收集资料等。系统实施包括上传资料、分配角色、设置隶属关系和用户培训等。

　　在建立合规管理信息平台系统的过程中，集团法律部负责实施组织和业务指导，项目组负责技术支持、运用培训和功能完善，地区公司负责收集资料、数据录入和用户培训。

第十三章　企业合规文化
Chapter 13　Corporate Compliance Culture

要　点：

1. 企业合规文化是企业文化的重要组成部分。

2. 企业合规文化依靠企业各层级组织的共同培育。

3. 大型企业集团培育企业合规文化的最佳实践。

国际标准暨我国国家标准《合规管理体系　指南》第 2.19 条规定，合规文化是贯穿整个企业的价值观、道德规范和信念，与组织的结构和控制系统相互作用，产生有利于合规成果的行为准则。

企业合规文化是企业合规管理体系的基本构成要素，也是企业文化的重要组成部分。

一、企业文化

企业文化是企业在经营管理中形成的企业经营理念、经营目的、经营方针、核心价值观、企业使命、社会责任、企业形象等的总和。

（一）企业文化的构成

一般认为，企业文化由四个层次构成。

1. 物质文化

物质文化是表面层的企业文化，主要包括企业的生产环境（厂房），机械设备，以及产品的造型、外观、包装、质量等物质形态，是物质文明建设在企业文化的具体体现。

2. 行为文化

企业行为包括企业与第三方之间（包括企业与员工之间）、企业与商业伙伴之间、企业与政府部门之间、企业与社会之间的行为。企业行为文化表现为企业管理人员和员工在生产经营管理及学习、培训、团体活动中产生的行为文化。

3. 制度文化

企业制度文化在于对企业管理人员和员工的行为文化赋予一定限制，是企业行为实现的保障。企业制度文化包括企业治理机制、企业组织结构和授权体系以及企业各项规章制度和流程。企业章程、企业组织及职责分工、工艺操作流程、合规管理制度与流程、考核奖惩办法等，均属于企业制度文化的内容。

4. 精神文化

企业精神文化又称企业精神，是企业文化的核心，是精神文明建设在企业的具体体现。企业精神文化是企业在长期生产经营管理过程中逐步形成的企业意识形态的总和，包括：（1）企业的经营理念；（2）企业核心价值观；（3）企业使命；（4）企业经营方针，如质量方针、环安卫方针等；（5）企业精神，即企业基于自身性质、宗旨、任务和发展方向等，经过精心培养而形成的企业管理人员和全体员工独特的精神风貌；（6）企业道德，是以善恶、公私、荣辱、诚实与虚伪等构成的道德规范；（7）团体意识；（8）企业形象，包括企业门牌、厂徽、司标、广告、商标、服装以及企业视觉识别系统（VIS）等。

（二）企业文化的作用

企业文化展示企业鲜明的个性和时代特色，是企业的灵魂，是企业核心竞争力和发展的原动力。综合起来，企业文化的作用包括：

1. 激发企业全体员工的使命感；
2. 提高企业全体员工的凝聚力和向心力，形成员工极强的归属感；
3. 加强员工的责任感；
4. 赋予员工荣誉感。

二、企业合规文化

（一）企业合规文化的定义

国际标准暨我国国家标准《合规管理体系　指南》第 2.19 条对合规文

化做了专门定义，即：合规文化是贯穿整个组织的价值观、道德规范和信念，与组织的结构和控制系统相互作用，产生有利于合规成果的行为准则。

结合企业文化的定义，企业合规文化可以定义为：企业在合规管理中形成的合规理念、合规目的、合规方针、合规价值观、合规管理体系、合规管理运行等的总和。

（二）企业合规文化是企业文化的组成部分

企业合规文化是企业文化的组成部分。

我国原银监会《商业银行合规风险管理指引》第六条要求商业银行加强合规文化建设，将合规文化建设融入企业文化建设全过程。

我国原保监会《保险公司合规管理办法》第四条要求保险公司倡导和培育良好的合规文化，努力培育公司全体保险从业人员的合规意识，并将合规文化建设作为公司文化建设的一个重要组成部分。

（三）企业合规文化是企业合规管理体系的基本构成要素

从有关合规管理的国际组织的标准、指南以及我国国家标准、办法和指引的规定来看，企业合规文化是企业合规管理体系的基本构成要素。

国际标准暨我国国家标准《合规管理体系　指南》第2.19条对合规文化做了专门定义，第6.3.2.3条对支持合规文化发展的因素以及合规文化形成的体现提供了具体指引。

我国原保监会《保险公司合规管理办法》第三条要求保险公司推动合规文化建设，倡导和培育良好的合规文化。第二十五条要求保险公司制定合规政策，包括保险公司进行合规管理的目标和基本原则和倡导的合规文化等内容。

我国证监会《证券公司和证券投资基金管理公司合规管理办法》第四条要求证券基金经营机构倡导和推进合规文化建设，培育全体工作人员合规意识，提升合规管理人员职业荣誉感和专业化、职业化水平。

我国国资委《中央企业合规管理指引（试行）》第二十七条要求中央企业积极培育合规文化。

我国发改委等七部门《企业境外经营合规管理指引》第四条（合规管理框架）明确要求企业以倡导合规经营价值观为导向培育合规文化，并在第八章用专章来规范企业合规文化建设。

（四）企业合规文化就是企业法治文化

我国国资委于 2015 年 12 月 8 日发布《关于全面推进法治央企建设的意见》，要求把依法治企要求全面融入企业决策运营各个环节，贯穿各业务领域、各管理层级、各工作岗位，努力实现法治工作全流程、全覆盖，同时突出依法治理、依法合规经营、依法规范管理等重点领域法治建设；打造企业法治文化，大力推进法治文化建设，弘扬法治精神，增强法治理念，努力使全体员工成为法治的忠实崇尚者、自觉践行者、坚定捍卫者。

意见要求到 2020 年，中央企业依法治理能力进一步增强，依法合规经营水平显著提升，依法规范管理能力不断强化，全员法治素质明显提高，企业法治文化更加浓厚，依法治企能力达到国际同行业先进水平，努力成为治理完善、经营合规、管理规范、守法诚信的法治央企。

意见还要求地方国有资产监督管理机构参照该意见，积极推进所出资企业法治建设。

可见，企业合规文化就是企业法治文化。

（五）企业合规文化的基本内容

有关合规管理的国际组织的标准、指引以及我国国家标准、指引和办法对企业合规文化的基本内容提出了指引，具体包括：

1. 合规理念

（1）合规从领导做起

《合规管理体系　指南》第 6.3.2.3 条、我国证监会《证券公司和证券投资基金管理公司合规管理办法》第四条、原银监会《商业银行合规风险管理指引》第六条、发改委等七部门《企业境外经营合规管理指引》第二十九条。

（2）全员主动合规

我国原银监会《商业银行合规风险管理指引》第六条、原保监会《保险公司合规管理办法》第四条、证监会《证券公司和证券投资基金管理公司合规管理办法》第四条。

（3）合规创造价值

我国原银监会《商业银行合规风险管理指引》第六条、原保监会《保险公司合规管理办法》第四条、证监会《证券公司和证券投资基金管理公司合规管理办法》第四条。

（4）全员安全、质量、诚信和廉洁

我国国资委《中央企业合规管理指引（试行）》第二十七条。

（5）合规是企业生存的基础

我国证监会《证券公司和证券投资基金管理公司合规管理办法》第四条。

2. 合规价值观

（1）诚信与正直

我国原银监会《商业银行合规风险管理指引》第六条。

（2）诚实守信

我国原保监会《保险公司合规管理办法》第四条、国资委《中央企业合规管理指引（试行）》第二十七条、发改委等七部门《企业境外经营合规管理指引》第二十九条。

（3）依法合规

我国国资委《中央企业合规管理指引（试行）》第二十七条、发改委等七部门《企业境外经营合规管理指引》第二十九条。

3. 合规行为

（1）与外部监管部门有效互动

促进企业自身合规与外部监管的有效互动。（我国原银监会《商业银行合规风险管理指引》第六条、我国原保监会《保险公司合规管理办法》第四条）。

（2）培训

治理机构、管理层和具有合规义务的所有员工都宜具备有效履行合规义务的能力。确保能通过多种方式获得能力，包括通过教育、培训或工作经历获取必需的技能和知识。培训项目的目标是确保所有员工有能力以与组织合规文化和对合规的承诺一致的方式履行角色职责。（《合规管理体系指南》第 6.3.2.3 条）。

（3）制定和发放合规手册、签订合规承诺书

我国国资委《中央企业合规管理指引（试行）》第二十七条。

4. 合规管理人员荣誉感

我国证监会《证券公司和证券投资基金管理公司合规管理办法》第四条。

三、企业合规文化的培育

如以上第二条第三款所述，有关合规管理的国际组织的标准、指引以及我国国家标准、指引和办法，都要求企业积极培育企业合规文化，提高全体员工的合规意识，提升合规管理人员职业荣誉感和专业化、职业化水平。

（一）支持合规文化发展的因素

国际标准暨我国国家标准《合规管理体系　指南》第 6.3.2.3 条详细列明了支持合规文化发展的因素，梳理如下：

1. 合规价值观：企业应有清晰的价值观系列；

2. 合规从管理层做起：管理层积极实施和遵守价值观；

3. 平等原则：不论职位，处理相似措施时保持一致；

4. 身体力行：合规管理人员在监视、辅导和指导合规管理中过程中以身作则；

5. 员工聘用前合规尽职调查：对潜在员工进行适当的就业前评估；

6. 培训：持续进行合规培训（包括更新培训内容），在入职培训或新员工训练中强调合规和企业价值观；

7. 沟通：持续就合规问题进行沟通（包括公开和适当的沟通）；

8. 合规考核与评价：考核建立绩效考核体系，考虑对合规行为的评估，并将合规表现与工资挂钩，以实现合规关键绩效措施和结果；

9. 激励：对合规管理业绩和结果予以明确认可；

10. 问责：对故意或因疏忽而违反合规义务的情况给予及时和适当的惩罚；

11. 协同联动：在组织战略和个人角色之间建立清晰的联系，反映出合规是实现企业合规结果所必不可少的。

（二）企业合规文化形成的表现

按照《合规管理体系　指南》第 6.3.2.3 条，企业合规文化的形成体现于以下方面的实现程度：

1. 以上（一）所述所有上述事项均得到充分实施；

2. 利益相关方（尤其是员工）相信上述事项已得到充分实施；

3. 员工充分了解与其自身活动和所在业务部门活动相关的合规义务；

4. 企业各层级按要求针对不合规进行"自主"补救，并采取相应措施；

5. 合规团队所扮演的角色及其目标得到重视；

6. 员工能够向相应的管理层提出其合规疑虑，且受到鼓励。

（三）企业合规文化的培育方法

有关合规管理的国际组织标准、指南以及我国国家标准、办法和指引提出了企业合规文化培训方法指引，列示如下：

1. 领导承诺

发展合规文化要求治理机构、最高管理者和管理层，对企业的各个领域所要求的共同的、已发布的行为标准作出积极的、可见的、一致的和持久的承诺（《合规管理体系　指南》第6.3.2.3条）。

2. 领导层（董事会和高级管理人员）身体力行，积极推动

《合规管理体系　指南》第6.3.2.3条、我国证监会《证券公司和证券投资基金管理公司合规管理办法》第四条、原银监会《商业银行合规风险管理指引》第六条、发改委等七部门《企业境外经营合规管理指引》第二十九条。

3. 制定和发放合规手册、签订合规承诺书

我国国资委《中央企业合规管理指引（试行）》第二十七条。

4. 促进企业自身合规与外部监管的有效互动

我国原银监会《商业银行合规风险管理指引》第六条、我国原保监会《保险公司合规管理办法》第四条。

5. 培训

治理机构、管理层和具有合规义务的所有员工都宜具备有效履行合规义务的能力。确保能通过多种方式获得能力，包括通过教育、培训或工作经历获取必需的技能和知识。培训项目目标是确保所有员工有能力以与组织合规文化和对合规的承诺一致的方式履行角色职责（《合规管理体系　指南》第6.3.2.3条）。

（四）企业合规文化推广

有关合规管理的国际组织的标准、指南以及我国国家标准、办法和指引提出了企业合规文化推广指引，列示如下：

1. 企业应将合规作为企业经营理念和社会责任的重要内容，并将合规文化传递至利益相关方（发改委等七部门《企业境外经营合规管理指引》第二十九条）。

2. 企业应促进自身合规与外部监管的有效互动。（我国原银监会《商业银行合规风险管理指引》第六条、我国原保监会《保险公司合规管理办法》第四条）。

四、企业合规文化最佳实践

（一）中国石油天然气集团公司

（以下信息摘录自中国石油天然气集团公司官方网站：http：//www.cnpc.com.cn/）

1. 领导的合规承诺

集团董事长在《诚信合规手册》中开篇致辞（摘录）：

"我们始终秉承'奉献能源、创造和谐'的企业宗旨，坚持诚实守信、依法合规的价值观，努力为社会创造财富、促进和谐。实践证明，诚信合规是公司发展的基石，是公司有质量有效益可持续发展的坚实保障。

继往开来，我们清晰地认识到，公司的卓越声誉和持续发展更加有赖于诚信合规。我们将坚持诚信合规优先于经济利益的理念，让诚信合规涵盖经营管理各领域、业务活动各环节、全体员工各岗位。"

2. 合规理念

（1）诚信合规是公司发展的基石，是公司有质量有效益可持续发展的坚实保障。

（2）公司的卓越声誉和持续发展更加有赖于诚信合规。

（3）诚信合规优先于经济利益。

（4）全面诚信合规：诚信合规涵盖经营管理各领域、业务活动各环节、全体员工各岗位。

3. 合规价值观

（1）守法合规

"守法合规是我们行为的底线。我们在开展业务时，要遵守所有适用的法律法规和规章制度，恪守职业道德。即使为了公司利益，也不能违法违规行事。"

（2）诚信做事

"诚信是我们行为的前提，没有诚信，一切将被否定。我们要始终坚持诚信至上、诚信为本，传承、弘扬中华民族诚实守信的传统美德和中国石油的优良作风，当老实人、说老实话、办老实事，言必行、行必果，不欺上瞒下、不弄虚作假。"

4.合规组织

中国石油天然气集团公司的合规组织包括董事会、监事会、公司管理层、法律事务部、各职能部门、各分公司、各子公司等。

5.合规管理制度与流程

（1）《诚信合规手册》。

（2）《合规管理办法》。

（3）搭建合规管理信息平台，实现合规事项申报、审查、评价、档案管理网上运行。

6.企业合规文化培育

（1）签署遵守诚信合规手册《承诺书》。

（2）建设综合素质较高的合规管理专业团队。

（3）开展多种多样的合规宣传与培训。

（4）参与我国国资委《中央企业合规管理指引（试行）》的制定工作。

（二）中国东方电气集团有限公司

（以下信息摘录自中国东方电气集团有限公司官方网站：http://www.dongfang.com/）

公司将合规文化作为公司合规管理体系的一部分加以规定，要求倡导和培育良好的合规文化努力培育公司全员的合规意识，并将合规文化建设作为企业文化建设的重要组成部分。全员宣贯合规文化，树立合规价值观，通过不定期组织全面培训与专业培训、自我学习与有效测试相结合方式，强调合规理念，引导全体员工从"要我合规"转变为"我要合规"，将合规风险防范于未然。

1.领导的合规承诺

公司董事长在《诚信合规准则》中开篇致辞（摘录）：

"加强合规管理，是贯彻落实全面依法治国重要战略部署的客观要求，是全面推进法治东方电气的重要举措，是国际化进程中提升国际竞争的必由之路。东方电气始终遵循以创新发展、客户增值、员工成长、环境友好为价值驱动力，坚持诚信公平、依法合规的价值观，将诚信合规理念融入各项经营管理和业务发展活动中，践行企业社会责任和使命。"

2. 合规理念

始终遵循以合规发展、客户增值、员工成长、环境友好为价值驱动力，坚持诚信公平、合规经营的价值观，将诚信合规理念融入各项经营管理和业务发展活动中，守法合规，践行中央企业社会责任和使命。

合规是公司经营发展重要组成部分，公司将不断完善合规管理体系，提高合规管理体系运行效率和有效性，切实防范风险。

3. 合规管理体系

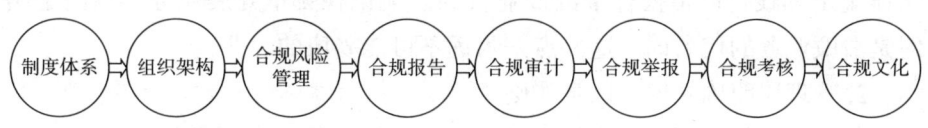

4. 合规组织

公司合规组织包括董事会，战略、投资及风险管理委员会，公司管理层，总法律顾问，以及合规归口管理部门（法务审计部）、专项部门（纪检监察部）和直接责任部门（公司各部门和所属企业）。

5. 制度体系

（1）《诚信合规准则》

于 2017 年 3 月经集团董事长签批发布。作为公司管理制度体系的核心。涵盖了公司和员工处理内部事务与对外交易交往的基本行为规范和规则。是公司每一位员工必须遵守的合规基本准则及对外展示公司诚信合规理念的重要载体。

（2）《合规管理办法》

通过组织机构和流程设计，建立合规管理机制，开展合规风险监测、合规检查、合规考核以及合规培训与合规文化建设等，预防、识别、评估、报告和应对合规风险的行为。

（3）具体合规要求和规范

对重要的合规问题进行补充规定，如商业伙伴合规管理、举报与内部调查等，与内部经营管理流程相契合。

（三）西门子股份有限公司

（以下信息摘自西门子股份有限公司中国官方网站：http://www.siemens.com.cn）

1. 领导承诺

西门子股份公司总裁兼首席执行官在《商业行为准则》中开篇致辞（摘录）：

"西门子开展业务时遵循最高的伦理和道德标准。这种行为赢得了所有利益相关方的尊重。他们完全有理由相信西门子在做任何一件事情时都会坚持这些标准。这是所有西门子人的责任 —— 无论我们从事何种工作。

而在一个关键的方面，西门子既不会妥协，也不会改变，那就是坚守法律规定和践行高道德标准的商业行为。无论在哪里开展业务，西门子始终是清廉业务的代名词。这一点是永远不可能妥协的。"

2. 管理层明确立场，以身作则

西门子合规体系的决定性因素是所有西门子管理者所肩负的合规职责。针对这种合规职责，高管的立场非常明确：西门子每一位管理者都须以身作则，并确保其职责范围内的业务决策和行动始终符合相关的法律规定和我们自己的价值观与准则。

3. 合规理念：只有清廉的业务才是西门子的业务

西门子的合规体系，以管理层职责为核心，打造诚信与透明的企业文化。我们以负责任的态度开展各项业务，严格遵守各项法律法规以及西门子的《商业行为准则》。公司决不姑息任何违法和不道德的行为，以一整套约束性的规章制度，要求所有的员工遵纪守法，诚信守德。

4. 合规价值观：诚信文化是西门子合规的价值观

对西门子来说，倡导诚信意味着在任何情况下开展业务都要按照西门子的价值观 —— 勇担责任、追求卓越和矢志创新 —— 行事。诚信的一个重要元素就是合规，即遵守法律法规和西门子的内部规章制度。合规是我们一切业务决策和活动的基础，也是我们开展业务过程中倡导诚信的关键。我们的前提是：只有清廉的业务才是西门子的业务。这一原则适用于全球所有层级的西门子机构。

在中国，西门子成熟的合规管理经验和高效的合规体系，助力西门子成为廉洁"一带一路"的最佳合作伙伴。

5. 合规体系：以管理层职责为核心的防范、监察和应对

西门子合规体系由一系列的措施组成，以确保我们的业务始终完全按照法律以及我们的内部原则和规章制度进行。在这个过程中，我们还希望向西门子员工灌输负责任的行为理念。

我们的合规体系分为三个板块：防范、监察和应对。防范的措施包括合规风险管理、合规政策与流程，以及提供给员工的全面培训和咨询等等。在识别和处理不当行为方面，以"Tell Us"举报平台，全球特派调查官和公平的内部调查为代表的合规沟通渠道必不可少。而清晰的答复和明确的处理后果有助于惩治不当行为并消除薄弱环节。所有管理人员在合规方面所承担的责任是这三个板块的核心要素。

6. 合规组织

西门子的合规组织包括管理委员会、监事会、法律总顾问、首席合规官、法律和合规部、区域合规官。

合规组织负责以下工作：反腐败、反垄断、数据保护、反洗钱、合规案件处理等。

7. 合规制度与流程

（1）《商业行为准则》。

《商业行为准则》在西门子的企业价值观基础上结合了法律和道德方面的基本要求，构成了西门子所有内部规章制度和西门子合规体系的基础。西门子要求所有的员工熟悉并在全球范围内遵守这些原则和规则。

（2）《内部合规调查行为准则》。

（3）《商业伙伴合规手册》。

（4）《供应商和第三方中间人行为准则》。

（5）《保持商业诚信》小册子。

（6）《西门子内部合规标准》。

（7）《全球合规通告》。

8. 合规行动

（1）培训、建议与沟通

开展合规培训，收集合规管理建议，与员工和商业伙伴进行合规管理沟通。

（2）合规风险管理

包括业务流程合规风险管理、系统化评估业务部门的合规风险以及集

团层面的合规风险分析，建立和实施合规风险雷达流程。

（3）控制、审查和审计

采取强制性控制措施，检查是否执行合规流程。利用合规委员会检查和评估合规体系的有效性。由审计部门与首席合规官协商并依据基于风险的审计计划进行合规审计，合规组织为这些审计和审查提供支持。

（4）与商业伙伴协作，并在大项目中融入合规

利用全面的程序（包括合规尽职调查与审核）来选择商业伙伴，通过签合同的方式迫使他们遵守我们的行为准则，对商业伙伴定期评估以监督后续的合作。

与合作伙伴制定特殊协议，确保在大型项目的执行中落实相应合规标准。

（5）违规案件处理

建立违规举报平台。违规案件处理流程包括：受理违规案件举报、审查与评估、授权调查、研究与规划、调查、调查报告、纪律惩戒及整改。对举报人给予保护。

（6）合规联合行动：携手打造清廉业务所需的公平竞争环境

作为一家负责任的企业，西门子主动联合外部利益相关者，政府机构，非政府组织，科研院校等机构合作，共同打击腐败，建立反腐败联盟，从多个角度处理和解决腐败问题，进而推动创建公平的市场环境，也就是为所有的市场参与者消除腐败的诱惑，打造一个"公平公正的竞争环境"，这就是西门子合规联合行动的目的。

西门子与各方开展持续对话，在参与反腐立法，反腐败项目的开展和监督等方面与政府及非政府组织合作进行相关的研究工作；与公共和私营企业的反腐合作，主要在制定企业合规管理体系、建立合规组织和工具等方面提供经验和建议；而在与各高校的合作中，西门子则致力于开展合规讲座和培训，培养未来一代管理者的诚信与合规意识。

在联合行动中，竞争对手也是西门子联合行动的合作伙伴。通过签订反腐败联合协议，廉洁公约等活动，大家在行业内约定公平竞争，更长远的做法是，大家签署合规公约，在市场上长期确保行业内的竞争者之间有着共同的合规标准，从而把政府机构乃至整个社会拉进反腐败的合作中来。

西门子和世界银行在2010年共同发布了一亿美元廉洁行动项目，旨在推动全球范围内反腐败和廉洁市场的建设。

第三篇
企业合规管理实务

Part III
Corporate Compliance Practice

第一章　企业合规部设计与合规管理团队建设
Chapter I　Design of Compliance Department and
Growing-up of Compliance Officers

要　点：

1. 企业合规部有着不同的组织模式和汇报路线设计。

2. 企业合规部职责需要梳理和设计。

3. 合规管理队伍的岗位设计、资质要求和独立性要求。

企业合规部即企业合规管理部门，在我国国资委《中央企业合规管理指引（试行）》中称为企业合规管理牵头部门。

企业合规部是企业合规组织的核心，也是企业合规管理体系建设伊始需要尽早安排和实施的构成要素。

如何设置企业合规部？如何配置合规管理人员？本文结合跨国公司的做法、国际标准暨我国国家标准《合规管理体系　指南》以及我国国资委《中央企业合规管理指引（试行）》等，对此作初步梳理。

一、企业合规部溯源

最早提出需要建立企业合规部的当系 2005 年 4 月 29 日巴塞尔银行监管委员会《合规与银行内部合规部门》，要求银行组建专门的合规部门。自此以后，欧美跨国公司大都逐渐任命自己的合规总监并建立合规管理部门。国际标准化组织 2014 年 12 月 5 日颁布 ISO19600《合规管理体系——指南》，对合规管理机构的具体责任及分配责任的原则和条件作出了具体规定。

我国最早提出建立企业合规部要求的，是原银监会于 2006 年颁布的《商业银行合规风险管理指引》。其第三条规定：本指引所称合规管理部门，是指商业银行内部设立的专门负责合规管理职能的部门、团队或岗位；并在第三章对合规管理部门的职责作出了详细规定。其后，我国原保监会

2016《保险公司合规管理办法》、证监会 2017《证券公司和证券投资基金管理公司合规管理办法》、国家标准暨我国国家标准《合规管理体系 指南》等，都对企业建立合规部及其职责作出了规定。我国国资委 11 月 2 日《中央企业合规管理指引（试行）》第九条、第十条规定，"中央企业相关负责人或总法律顾问担任合规管理负责人""法律事务机构或其他相关机构为合规管理牵头部门"。

二、企业合规部组织模式设计

企业合规部的职能是合规管理，合规是目标，管理是方法、程序和手段。企业合规部与规划、财务、人力资源、审计等并列，属于企业职能管理部门之一。

企业合规部的设立通常有三种组织模式。

（一）独立模式

即任命专门的合规总监，设立独立的企业合规部，集中管理和负责企业的合规管理。例如，西门子、戴姆勒、富士胶片、辉瑞、葛兰素史克、我国各大银行、保险公司及证券公司等都采用这一模式。

（二）复合模式

即企业不设独立的合规部，合规部与法律部合二为一，形成法律合规部或者将合规管理职责归入法律部，下设合规分部或合规团队。企业总法律顾问兼事合规负责人（合规总监）职责。

我国《中央企业合规管理指引（试行）》规定"中央企业相关负责人或总法律顾问担任合规管理负责人""法律事务机构或其他相关机构为合规管理牵头部门"，就是典型的复合模式。我国国资委 2016 年建立合规管理体系试点的五家中央企业，即中国石油、中国移动、东方电气集团、中国中铁、招商局集团，都采取复合模式，将原法律事务部调整为法律合规部。

究其原因，主要是企业法务与企业合规管理具有很大的相容性，它们在适用合规规范、合规审查等方面的职责主要部分趋同。但它们之间也存在较大区别。企业法务重在法律实务，如合同的起草、审查和修改，知识产权法务，项目法务，争议解决法务（诉讼、仲裁）等。而企业合规管理重在对合规管理体系各构成要素进行管理和维护，是企业的职能管理部门之一。因此，即使设立复合模式的企业合规部，也需要建立合规管理团队，配备经验丰富、熟悉企业业务并具备相关管理知识和经验的合规管理人员。

（三）简单模式

产品线单一、规模较小、合规风险低的企业，只设立一个合规小组或合规专员，或者将合规管理归入企业法律部并由法律部代行合规管理职责，或者委托外部律师提供合规管理服务。

企业合规部具体采取哪一组织模式，取决于企业的公司结构、经营规模、业务和产品线的运营管理模式，以及政府监管和所在行业所面临的合规风险。无论采取何种模式，都需要充分考虑：

1. 确保合规部有效、实际地管理和防控合规风险，顺利履行合规职责；
2. 确保合规部独立地、严肃地开展合规管理；
3. 合规部与其他相关部门之间的职责分工明确，但又协调合作；
4. 适当的成本管理，但绝不能因此忽视或者牺牲合规管理。

三、企业合规部汇报路线设计

企业合规部的汇报路线通常有两种模式。

（一）垂直汇报路线

企业合规部向董事会或者董事会授权的合规委员会汇报，以下各层级合规部门、合规团队垂直向上级合规部门汇报，合规部门、合规团队不向所属公司或部门的业务最高管理者汇报或者只向其做虚线汇报。

美国企业的合规部采取垂直汇报路线的居多。这些企业偏好对包括合规部在内的专业职能部门采取集中化组织模式。在汇报路线方面，除垂直汇报路线外，甚至在部门职责、人员招聘、岗位和薪资待遇、费用预算和使用、费用报销、外部专业合规管理服务的采购、合规管理评估、合规考核与评价、违规调查及其处置等方面都实行独立的垂直管理。

（二）矩阵汇报路线

企业合规部同时向董事会（或者董事会授权的合规委员会）与最高管

理者（CEO）汇报，以下各层级合规部门、合规团队同时向上级合规部门及其所属公司或部门的业务最高管理者汇报。我国商业银行、保险公司等多采取矩阵汇报路线。例如，我国原保监会《保险公司合规管理办法》第十三条规定："保险公司合规负责人对董事会负责，接受董事会和总经理的领导。"第十四条规定："保险公司分支机构的合规管理部门、合规岗位对上级合规管理部门或者合规岗位负责，同时对其所在分支机构的负责人负责。"

大多欧美跨国企业集团在董事会下设立合规委员会，由一到两名董事、一名监事、最高管理者（CEO）、首席合规官（CCO）、总法律顾问（GC）及财务总监（CFO）等组成，具体履行企业治理机构与最高管理者在企业合规管理中的决策和领导职责。在企业合规领域，合规委员会在企业治理机构和最高管理者层面将矩阵汇报路线中的两条汇报路线合二为一，将企业治理机构与最高管理者有机融合。

我国国资委《中央企业合规管理指引（试行）》第八条也规定："中央企业设立合规委员会，与企业法治建设领导小组或风险控制委员会等合署，承担合规管理的组织领导和统筹协调工作，定期召开会议，研究决定合规管理重大事项或提出意见建议，指导、监督和评价合规管理工作。"

四、企业合规部职责设计

（一）有关合规规范的规定

关于企业合规部的职责，有关企业合规管理的国际标准、指南以及我国国家标准、办法和指引都作了相关规定。以下以国际标准暨我国国家标准 ISO19600《合规管理体系　指南》、我国原保监会《保险公司合规管理办法》（我国原银监会《商业银行合规风险管理指引》的规定与之趋同）以及我国国资委《中央企业合规管理指引（试行）》的相关规定为例，列表如下：

	合规管理体系 指南（合规团队）	保险公司合规管理办法（合规部）	中央企业合规管理指引（试行）（合规管理牵头部门）
1	合规管理计划，合规报告	协助合规负责人制订、修订合规管理计划，撰写合规年度报告	研究起草合规管理计划、合规报告
2	识别合规义务，将其转化为合规方针和程序	协助合规负责人制订、修订合规政策，组织协调各部门制订、修订合规管理规章制度	研究起草、基本制度和具体制度规定
3	合规风险管理	组织实施合规风险管理	组织开展合规风险管理
4	/	组织实施合规审查：内部规章制度和业务流程；重要的业务行为、财务行为、资金运用行为和机构管理行为；新产品、新业务	重大事项合规审查
5	合规管理评审	合规检查及报告	合规检查
6	合规绩效指标设定及考核	合规考核与问责	组织合规考核
7	建立违规举报机制	独立调查，可外聘专业人员或者机构协助工作	职责范围内的违规管理
8	提供或组织合规培训	开展合规培训	合规培训，支持业务部门开展合规培训
9	/	/	指导所属单位合规管理工作
10	对商业伙伴进行合规管理	/	/
11	/	协助高级管理人员培育合规文化	/
12	/	与监管机构的沟通协调	/

　　上述标准、办法和指引关于企业合规部合规管理职责的规定不尽相同。其中我国国资委《中央企业合规管理指引（试行）》将合规管理部门定义为合规管理牵头部门，更强调其管理职能，包括组织、协调、监督、支持和指导等。

（二）企业合规部职责设计

　　根据上述国家标准、办法和指引，结合合规管理实践，企业合规部的职责宜按下列内容和范围进行确定：

　　1.起草合规管理计划与合规报告，报审批机构（合规委员会、经理层或者董事会）批准；

　　2.起草合规管理基本制度、合规管理办法，报审批机构（合规委员会、经理层或者董事会）批准；协助业务部门对业务管理制度与流程进行检查、修订和补充，将合规要求融入业务管理制度和流程；

3. 组织企业合规风险管理；

4. 对企业规章制度以及重大事项（包括改革方案、重大决策事项、重大投资事项、重大项目事项、重大合同事项、新产品、新的业务方案等）进行合规审查；

5. 对企业合规管理体系的适当性、充分性和有效性进行全面合规管理评估及专项合规管理评估；

6. 接受、协助合规审计；

7. 参与、支持合规管理考核与评价；

8. 负责违规管理（违规举报、调查与处置，保护举报人；国有企业违规管理按有关国有企业违规管理的法律、法规执行）；

9. 组织、支持合规培训；

10. 协助建立合规管理信息系统，将其植入企业已有管理信息系统；

11. 协助合规文化建设；

11. 协助业务部门、职能管理部门开展合规管理；

12. 组织、指导、支持、监督下属单位开展合规管理。

设计企业合规部的职责，需要区别与企业法务、企业内审以及国有企业纪检监察之间的关系。详见第三篇第五章（界别管理）。

五、企业合规部的人员配备、岗位设计和资质要求

（一）合规负责人

1. 关于"合规负责人"称谓

国际标准暨我国国家标准《合规管理体系　指南》只对合规团队作出了规定，而未提及合规负责人。我国原银监会《商业银行合规风险管理指引》、原保监会《保险公司合规管理办法》、证监会《证券公司和证券投资基金管理公司合规管理办法》、发改委等七部委《企业境外经营合规管理指引》都要求设立合规负责人，并对合规负责人的职责进行了规定。我国国资委《中央企业合规管理指引（试行）》第九条规定，"中央企业相关负责人或总法律顾问担任合规管理负责人"。

企业合规负责人在欧美企业多称为合规总监。合规总监是美国"Chief Compliance Officer"（CCO）的中文译文，很多学者将之译为"首席合规

官"，以与"首席执行官"（Chief Executive Officer，即 CEO）、"首席财务官"（Chief Financial Officer，即 CFO）、"首席运营官"（Chief Operational Officer"，即 COO）、"首席行政官"（Chief Administrative Officer"，即 CAO）等相一致。

我们认为，将 CEO、CFO、CCO 的中文译文都戴上"官"帽，这与中国企业管理实务中职务称谓习惯不符，尚值得商榷。考察欧美企业对 CEO、CFO、CCO 等的运用，"chief officer"应相当于我国《公司法》定义的高级管理人员，即"公司的经理、副经理、财务负责人，上市公司董事会秘书和公司章程规定的其他人员"。我们认为将"Chief Compliance Officer"（CCO）翻译为"合规总监""合规副总经理"或者"合规副总裁"更为恰当。

2. 关于合规负责人的地位

合规总监属于企业高级管理人员序列是欧美跨国公司的惯例。我国原银监会、原保监会、证监会等也都将商业银行、保险公司、证券公司和证券投资基金管理公司的合规负责人或合规总监作为企业的高级管理人员加以规定。我国《中央企业合规管理指引（试行）》第九条规定："中央企业相关负责人或总法律顾问担任合规管理负责人"，也应属于企业高级管理人员序列。

3. 关于合规负责人的任职条件

跨国公司合规总监一般由总法律顾问或者经验丰富、资历深厚的高级法律顾问担任，以确保合规总监的资质、能力和独立性。

我国证监会《证券公司和证券投资基金管理公司合规管理办法》对合规负责人的任职要求如下，且应当经中国证监会相关派出机构认可后方可任职：

（1）通晓相关法律法规和准则，诚实守信，熟悉证券、基金业务，具有胜任合规管理工作需要的专业知识和技能；

（2）从事证券、基金工作 10 年以上，通过中国证券业协会或中国证券投资基金业协会组织的合规管理人员胜任能力考试；或者从事证券、基金工作 5 年以上，并且通过法律职业资格考试；或者在证券监管机构、证券基金业自律组织任职 5 年以上。

（3）最近 3 年未被金融监管机构实施行政处罚或采取重大行政监管措施。

有关企业合规管理的其他国际标准、指南以及我国国家标准、办法、指引并未对合规负责人的任职要求作出规定。我们认为，合规负责人作为企业合规管理的总负责人，除了应当具备企业高级管理人员的任职要求外，还应当具备专职合规管理员的基本资质要求。具体详见下文。

（二）专职合规管理员

合规部的专职合规管理人员，跨国公司多称之为"compliance officers"。关于专职合规管理人员的岗位名称及设置，我国人力资源和社会保障部以及我国相关政府部门规章并无规定。有些学者提议将专职合规管理人员统称为"企业合规官"，同样值得商榷。我国也有诸多企业，如各大银行与保险公司等，在企业内设置"合规管理岗"，将合规管理人员称之为"合规管理员"。我国证券业协会《证券公司合规管理实施指引》以及中国中铁、中兴通讯等将其称为"合规专员"。因此，我们认为，企业合规部门岗位和职责层级可以设置为：

1. 合规总监；

2. 合规主管；

3. 合规经理；

4. 合规管理员或合规专员；

5. 合规助理；等。

（三）专职合规管理人员配备

关于企业专职合规管理人员的配备，并无定论。

大型跨国企业集团，如西门子的专职合规管理人员超过了600人，戴姆勒集团的专职合规管理人员也超过了160人。

我国《商业银行合规风险管理指引》《保险公司合规管理办法》《证券公司和证券投资基金管理公司合规管理办法》都规定，企业应当根据业务规模、人员数量、合规风险水平等因素配备足够的合规人员，坚持按需定岗定编，满足合规管理需要。

我国证券业协会《证券公司合规管理实施指引》第二十七条规定，证券公司总部合规部门中具备3年以上证券、金融、法律、会计、信息技术等有关领域工作经历的合规管理人员数量占公司总部工作人员比例应当不低于1.5%，且不得少于5人。

我国《中央企业合规管理指引（试行）》第二十五条要求中央企业建

立专业化、高素质的合规管理队伍，根据业务规模、合规风险水平等因素配备合规管理人员。

（四）合规管理人员资质要求

我国原保监会《保险公司合规管理办法》第十九条要求合规人员应当具有与其履行职责相适应的资质和经验，具有法律、保险、财会、金融等方面的专业知识，并熟练掌握法律法规、监管规定、行业自律规则和公司内部管理制度。

国际标准暨我国国家标准《合规管理体系　指南》要求合规管理员诚信和信守合规并具有有效的沟通和影响技能、推动其建议和指导被接受的能力和坚定立场以及其他相关能力。

综合有关企业合规管理的国际标准、指南以及我国国家标准、办法和指引，对合规管理员的要求总结梳理如下：

1. 诚信和信守合规；

2. 拥有与其履行职责相适应的资质和经验；

3. 具有与企业业务相关的专业知识；

4. 熟练掌握法律法规、监管规定、行业自律规则和公司内部规章制度；

5. 有效的沟通和影响技能、说服能力和坚定立场；

6. 与职责相匹配的专业技能和个人素质，尤其是在把握合规法律、规则和准则的最新发展方面的技能；

7. 通过胜任能力考试。

六、合规负责人与合规管理人员的独立性要求

企业合规管理的重要原则之一是独立性原则，要求合规负责人与合规管理人员独立开展合规管理工作，不受其他部门或者人员干涉。

由于企业合规管理与法务之间的相容性且不存在职责冲突，欧美跨国公司的合规总监大多由总法律顾问兼任。除此之外，欧美跨国公司以及我国有关部门规章都要求合规总监不得兼任与合规管理职责相冲突的职务，不得兼任业务部门负责人，不得兼管企业的业务、财务、资金运用和内部审计部门等可能与合规管理存在职责冲突的部门。

对于专职合规管理人员，跨国公司以及有关企业合规管理的国际标准、

指南以及我国国家标准、办法和指引也都要求维护其独立性。

现综合梳理如下：

（一）合规负责人的独立性

1. 合规负责人是企业高级管理人员；

2. 企业应采取保证合规负责人独立性的各项措施；

2. 在合规负责人的职位安排上，应避免其合规职责与其所承担的任何其他职责之间产生可能的利益冲突；

3. 合规负责人不得分管业务线条，不得兼管财务、资金运用和内部审计部门等可能与合规管理存在职责冲突的部门（总经理兼任合规管理人的除外）；

4. 保证合规负责人独立与董事会、合规委员会沟通，有权根据履职需要参加或者列席董事会会议、经营决策会议等重要会议；

5. 保障合规负责人履行职责所需充分的知情权和独立的调查权；

6. 各部门、各层级管理人员应支持配合合规负责人的工作，不得以任何理由限制、阻挠其履行职责；

7. 企业合规部由合规负责人领导，企业合规部的合规管理人员由合规负责人考核；

8. 任命合规负责人或者其离任，应向监管部门报告。

（二）合规部与合规管理人员的独立性

1. 合规部门在企业应当拥有独立的、正式的地位；

2. 企业应采取保证合规部与合规管理人员独立性的各项措施；

3. 确保合规部与合规管理人员具备独立采取措施的权限；

4. 合规部与内部审计部门相互独立；

5. 合规部与合规管理人员不得承担与合规管理相冲突的其他职责；

6. 向合规部门与合规管理人员提供履行合规管理职责所需充分适当的资源；

7. 保障合规部与合规管理人员履行职责所需充分的知情权和独立的调查权；

8. 各部门、各层级管理人员应支持配合合规部与合规管理人员的工作，不得以任何理由限制、阻挠其履行职责；

9.企业应采取措施切实保障合规部与合规管理人员不因履行职责遭受不公正的对待；

10.合规部及合规管理人员对合规部负责人负责，由合规负责人考核；

11.合规部向合规委员会、经理层随时、直接汇报的权利。

七、其他部门的合规管理人员探讨

（一）其他部门的合规管理职责

除合规负责人、合规部及其合规管理人员外，有关企业合规管理的国际标准、指南以及我国国家标准、办法和指引还对其他部门的合规管理作了以下规定。

1.业务部门。

业务部门履行合规管理的第一道防线职责，对本领域经营活动的合规性负首要、直接和第一位的责任。

业务部门负责本领域日常合规管理工作，主动开展本领域的合规管理，包括按照合规要求完善业务管理制度和流程、合规风险管理、组织合规审查、合规报告、合规培训、商业伙伴合规调查、违规管理、持续改进等。

2.监察、审计、法律、内控、风险管理、安全生产、质量环保等相关部门，在职权范围内履行合规管理职责。

（二）合规规范有关其他部门配备合规管理人员的规定

1.《证券公司和证券投资基金管理公司合规管理办法》

我国证监会《证券公司和证券投资基金管理公司合规管理办法》第二十三条规定，证券基金经营机构各业务部门、各分支机构应当配备合规管理人员。合规管理人员可以兼任与合规管理职责不相冲突的职务。合规风险管控难度较大的部门和分支机构应当配备专职合规管理人员。

2.《中央企业合规管理指引（试行）》

我国国资委《中央企业合规管理指引（试行）》第二十五条要求，建立专业化、高素质的合规管理队伍，根据业务规模、合规风险水平等因素配备合规管理人员，持续加强业务培训，提升队伍能力水平。海外经营重要地区、重点项目应当明确合规管理机构或配备专职人员，切实防范合规风险。

该指引第二十五条并未明确在哪一部门配备合规管理人员。因此，可以将该条规定理解为，企业合规部、业务部门、其他管理职能部门（规划、财务、人力资源、监察、审计、内控、风险管理、安全生产、质量环保等）都应根据业务规模、合规风险水平因素等配备合规管理人员。

3.《保险公司合规管理办法》

我国原保监会《保险公司合规管理办法》第十八条要求保险公司总公司和省级分公司还应当为合规部以外的其他各部门配备兼职合规管理人员。有条件的保险公司应当为省级分公司以外的其他分支机构配备兼职合规人员。

（三）总结梳理

基于我国证监会《证券公司和证券投资基金管理公司合规管理办法》、国资委《中央企业合规管理指引（试行）》以及原保监会《保险公司合规管理办法》，可以总结梳理如下：

1. 除合规部以外，其他业务部门和职能管理部门也应当根据业务规模、合规风险水平等因素配备合规管理人员，包括专职合规管理员与兼职合规管理员。

2. 合规风险管控难度较大的部门和分支机构应当配备专职合规管理员。

3. 合规管理人员不得兼任与合规管理职责相冲突的职务。

第二章　企业集团合规管理探讨
Chapter II　Compliance Management in A Group Company

要　点：

1. 企业集团合规管理体系建设要求。

2. 企业集团如何管控各子公司的合规管理探讨。

3. 企业集团合规管理部如何管控各子公司的合规管理探讨。

4. 如何推动非控股子公司的合规管理。

5. 如何启动企业集团的合规管理。

　　企业集团是指以资本为主要联结纽带的母子公司为主体，以集团章程为共同行为规范的母公司、子公司、参股公司及其他成员企业或机构共同组成的具有一定规模的企业法人联合体。企业集团内各成员公司在行业分布、股权架构、公司治理、发展历史、企业文化、管理模式等方面可能存在较大差异，合规管理也更加复杂。

　　有关企业合规管理的国际组织标准、指南以及我国国家标准、办法和指引，对企业集团合规管理的专门性规定（尤其是企业集团母公司如何对子公司的合规管理进行管控）并不多。

　　我国中央企业大多是大型甚至超大型企业集团，在不同时期已经开展全面风险管理和法律风险管理，建立了完善的内控体系制度、内部审计体系、纪检监察系统和企业信息管理系统等，培育了良好的企业文化，培养了大批经验丰富的财务、风控、内控、内审、法务、纪检监察和信息系统管理人才。所有这些，都为企业集团开展合规管理奠定了良好的基础。

一、企业集团

（一）何为企业集团

根据国家工商总局 1998 年《企业集团登记管理暂行规定》，企业集团是指以资本为主要联结纽带的母子公司为主体，以集团章程为共同行为规范的母公司、子公司、参股公司及其他成员企业或机构共同组成的具有一定规模的企业法人联合体。

企业集团由母公司、子公司、参股公司及其他成员单位组建而成。事业单位法人、社会团体法人也可以成为企业集团成员。母公司应当是依法登记注册，取得企业法人资格的控股企业。子公司应当是母公司对其拥有全部股权或者控股权的企业法人；企业集团的其他成员应当是母公司对其参股或者与母子公司形成生产经营、协作联系的其他企业法人、事业单位法人或者社会团体法人。

建立企业集团可以管控更多的资金、资产和更广泛的业务，通过集团化的经营管控和组织结构，聚集核心竞争力，强化扩张，实现不同行业的战略协同，最终实现类似于联合舰队的综合竞争能力。

（二）企业集团的特点

1. 企业集团是多个独立企业法人群体的合集。大型企业集团可能是由数十家独立企业法人组建起来的联合舰队。

2. 企业集团可能存在多层次的企业结构。除母公司外，下辖子集团（一级单位），子集团还有自己的子公司（二级单位）。

3. 企业集团的股东结构复杂。企业集团母公司可能存在多家股东，包括国有控股股东、民营企业股东、自然人股东以及外资股东等。我国国有企业（包括中央企业）一般由国资委作为控股股东履行出资人的职责。子集团、子公司的股东结构同样复杂。

4. 企业集团子公司的公司形式复杂，可能包括全资子公司、控股子公司、参股子公司以及国有独资的有限公司、合资（包括中外合资）的有限公司、股份有限公司（包括上市公司）、合伙企业等多种形式。

5. 企业集团各子公司普遍跨行业经营，可能包括军工、航空、汽车、石油、日化、纺织、物流、互联网等多个行业。

6.企业集团各子公司的经营范围广泛，可能包括金融、投资、制造、零售、物流、代理、国际贸易等多个领域。

7.企业集团普遍跨地域经营，各子公司除了遍布国内各省市外，可能还在境外多国从事投资、生产和经营。

8.企业集团有多种管控模式，可以区分为：（1）财务投资型模式、战略管理型模式和运营管理型模式等；（2）垂直管理模式、矩阵管理模式和事业部制等；（3）垂直一体化的金字塔式模式和横向并列的围绕型模式等。

9.很多企业集团总部成为财务投资管理中心，集中对集团及其各成员公司的公司治理、战略规划、投资、风控、内控、内审、财务、法律以及纪检监察等职能，具体业务多分散在各子集团和子公司。

二、建立企业集团合规管理体系

（一）我国一般企业集团

一般企业集团母公司和各子公司一般都是独立的企业法人，如开展合规管理，则应按照我国国家标准《合规管理体系　指南》建立合规管理体系，包括十三大构成要素，即：合规方针，合规组织，合规风险管理，合规制度与流程，合规审查，合规审计，合规管理评估，合规考核与评价，违规举报、调查与问责，合规宣传与培训，合规计划与合规报告，合规管理信息系统以及合规文化。

（二）我国中央企业集团

按照我国国资委《中央企业合规管理指引（试行）》第四条规定，中央企业应当加快建立覆盖各业务领域、各部门、各级子企业和分支机构、全体员工的健全的合规管理体系，贯穿决策、执行、监督全流程。因此，我国中央企业集团的母公司及其各成员子公司，都应按照指引的要求建立健全合规管理体系。

（三）我国地方国有企业集团

按照我国国资委《中央企业合规管理指引（试行）》第二十九条规定，地方国有资产监督管理机构可以参照本指引，积极推进所出资企业合规管理工作。因此，如果地方国有企业集团开展合规管理，其母公司及其各成员子公司也应按指引的要求建立健全合规管理体系。

（四）我国商业银行

我国原银监会2006年《商业银行合规风险管理指引》第八条规定，商业银行应建立与其经营范围、组织结构和业务规模相适应的合规风险管理体系。

（五）我国保险集团公司

根据我国原保监会《保险公司合规管理办法》第五条规定，保险集团（控股）公司应当建立集团整体的合规管理体系，加强对全集团合规管理的规划、领导和监督，提高集团整体合规管理水平。各成员公司应当贯彻落实集团整体合规管理要求，对自身合规管理负责。

（六）我国证券公司集团

按照我国证监会2017年《证券公司和证券投资基金管理公司合规管理办法》第三条规定，证券基金经营机构的合规管理应当覆盖所有业务，各部门、各分支机构、各层级子公司和全体工作人员，贯穿决策、执行、监督、反馈等各个环节。

（七）诚信合规与全面合规

国外企业合规管理的发展史呈现出两条清晰的脉络。一是以反腐败、反欺诈、反共谋等为主要内容的诚信合规，被众多欧美跨国企业集团所采纳。二是全面合规管理体系为主要内容的全面合规管理，被众多金融机构所采纳。

中国企业合规管理起步较晚，但从金融企业合规管理开始，到国家标准《合规管理体系　指南》《中央企业合规管理指引（试行）》，采纳的都是企业全面合规管理体系。

我国《企业境外经营合规管理指引》采纳了企业全面合规管理体系，但同时兼顾了诚信合规。其第十四条（合规管理办法）规定的主要是诚信合规的内容，即："企业应在合规行为准则的基础上，针对特定主题或特定风险领域制定具体的合规管理办法，包括但不限于礼品及招待、赞助及捐赠、利益冲突管理、举报管理和内部调查、人力资源管理、税务管理、商业伙伴合规管理等内容。企业还应针对特定行业或地区的合规要求，结合企业自身的特点和发展需要，制定相应的合规风险管理办法。例如金融业及有关行业的反洗钱及反恐怖融资政策，银行、通信、医疗等行业的数据和隐私保护政策等"。

我国国资委于 2016 年开始试点的五家中央企业中，中石油、中铁集团、招商局集团和东方电气集团就采纳了企业全面合规管理体系与诚信合规管理并行的模式，这也是这些企业集团同时在国内经营和境外经营合规管理的需要。

可见，诚信合规管理与全面合规管理并不相互排斥，而应当是相融和相互补充的，或者说，诚信合规管理是全面合规管理的重要组成部分，是专项合规管理的一种形式。

三、企业集团总部对子公司合规管理的管控——基于国家标准、指引和办法

检索我国现有国家标准、指引和办法，企业集团母公司（以下称为"集团总部"）对子公司合规管理的管控包括以下几个方面：

（一）我国一般企业集团

1. 我国国家标准《合规管理体系　指南》

该指南对企业集团总部如何对子公司进行合规管理并没有明确规定，但是从第 4 条（领导作用）规定可以推论出，企业集团总部可以通过作为合规组织的子公司治理机构和子公司的最高管理者，参与和推动子公司的合规管理，包括：（1）确立企业的核心价值观；（2）确立子公司的合规方针与合规目标，并使之与子公司的价值观、目标和战略方向保持一致；（3）批准子公司建立合规管理体系，支持和监督其运行及持续改进。

2. 我国发改委等七部委《企业境外经营合规管理指引》

（1）通过子公司的治理结构参与和推动境外子公司的合规管理

根据该指引第十条（合规治理结构），企业在决策、管理和执行三个层级上划分相应的合规管理责任。因此，企业集团对境外投资的子公司，可以通过作为合规组织的子公司治理结构（董事会、监事会和经理层）参与

和推动子公司的合规管理。

（2）可以选择将境外分支机构的合规考核标准融入总体绩效管理体系

根据该指引第十八条第二段的规定，境外经营相关部门和境外分支机构可以制定单独的合规绩效考核机制，也可将合规考核标准融入总体的绩效管理体系中。考核内容包括但不限于按时参加合规培训，严格执行合规管理制度，积极支持和配合合规管理机构工作，及时汇报合规风险等。

（3）向境外分支机构提供咨询和审核支持

根据该指引第十九条的规定，境外经营相关部门和境外分支机构及其员工在履职过程中遇到合规风险事项，应及时主动寻求合规咨询或审核支持。

（二）我国中央企业集团

根据我国国资委《中央企业合规管理指引（试行）》规定，我国中央企业集团总部对子公司合规管理的管控包括：

1. 参与履行子公司治理机构作为合规组织的合规管理职责

指引第五条：通过向子公司董事会委派的董事，参与行使子公司董事会作为合规组织的职责，包括：（1）批准企业合规管理战略规划、基本制度和年度报告；（2）推动完善合规管理体系；（3）决定合规管理负责人的任免；（4）决定合规管理牵头部门的设置和职能；（5）研究决定合规管理有关重大事项；（6）按照权限决定有关违规人员的处理事项。

指引第六条：通过向子公司委派的监事，参与行使子公司监事会作为合规组织的职责，包括：（1）监督子公司董事会的决策与流程是否合规；（2）监督子公司董事和高级管理人员合规管理职责履行情况；（3）对引发重大合规风险负有主要责任的子公司的董事、高级管理人员提出罢免建议；（4）向董事会提出撤换子公司合规管理负责人的建议。

指引第七条：如果企业集团总部按照子公司的股东协议和/或章程的规定向子公司派遣高级管理人员，企业集团总部还可以通过向子公司委派的高级管理人员，参与行使子公司经理层作为合规组织的职责，包括：（1）根据董事会决定，建立健全子公司合规管理组织架构；（2）批准子公司合规管理具体制度规定；（3）批准子公司合规管理计划，采取措施确保子公司合规制度得到有效执行；（4）明确子公司合规管理流程，确保子公司的合规要求融入业务领域；（5）及时制止并纠正子公司不合规的经营行为，按照权限对子公司的违规人员进行责任追究或提出处理建议；（6）经董事会授权的其他事项。

2. 合规管理牵头部门对子公司的合规管理工作提供指导

指引第十条：企业的法律事务机构或其他相关机构为合规管理牵头部门，组织、协调和监督合规管理工作，为其他部门提供合规支持，指导所属单位合规管理工作。从该条规定可以看出，我国中央企业集团的企业合规管理牵头部门应对各子公司（各所属单位）的合规管理工作提供指导。

3. 对子公司的合规管理进行考核评价

指引第二十三条：中央企业集团应对各子公司（各所属单位）合规职责履行情况进行评价，并将结果作为员工考核、干部任用、评先选优等工作的重要依据。

4. 强化对企业集团海外投资业务的合规风险管理

指引第十六条：企业集团总部应强化海外投资经营行为的合规管理，定期排查梳理海外投资经营业务的风险状况，重点关注重大决策、重大合同、大额资金管控和境外子企业公司治理等方面存在的合规风险，妥善处理、及时报告，防止扩大蔓延。

（三）我国地方国有企业集团

按照我国国资委《中央企业合规管理指引（试行）》第二十条，地方国有资产监督管理机构可以参照本指引，积极推进所出资企业合规管理工作。因此，如果地方国有企业集团开展合规管理，地方国企集团总部应按指引的要求对其各子公司的合规管理进行管控。

（四）我国保险集团公司

按照我国原保监会2007年颁布、2016年修订的《保险公司合规管理办法》，保险集团的控股母公司对子公司合规管理实施严密管控，包括：

1. 按照办法第八条、第九条和第十条，保险集团总部按子公司章程规定的公司治理机制（董事会、监事会、总经理），参与履行子公司治理机构作为合规组织的合规管理职责，推动子公司的合规管理。

2. 按照办法第三十一条规定，建立有效的合规考核和问责制度，将合规管理作为公司年度考核的重要指标，对各分支机构及其人员的合规职责履行情况进行考核和评价，并追究违法违规事件责任人员的责任。

3.按办法第三十四条规定，集团总部向下级机构提出合规管理要求。

4.通过保险公司集团总部的合规管理部门，对子公司进行合规管理：

（1）领导分支机构合规管理部门（办法第十四条第二段）；

（2）组织协调分支机构制订、修订公司合规管理规章制度（办法第十六条）。

（3）向分支机构的业务活动提供合规支持，组织、协调、监督分支机构开展合规管理各项工作（办法第二十二条）；

（备注：办法第四十条：本办法所称保险公司分支机构，是指经中国保监会及其派出机构批准，保险公司依法在境内设立的分公司、中心支公司、支公司、营业部、营销服务部以及各类专属机构。）

（五）我国证券公司集团

按照我国证监会2017年《证券公司和证券投资基金管理公司合规管理办法》规定，证券公司集团总部对子公司的合规管理实施严密管控，包括：

1.按照办法第七条、第八条和第九条规定，证券公司集团总部按子公司章程规定的公司治理机制（董事会、监事会、高级管理人员），参与履行子公司治理机构作为合规组织的合规管理职责，推动子公司的合规管理。

2.按照办法第十条规定，下属各单位及工作人员发现违法违规行为或者合规风险隐患时，应当主动及时向合规负责人报告。

3.按照办法第十二条规定，证券公司集团总部合规负责人组织拟定合规管理的基本制度和其他合规管理制度，督导下属各单位实施。

4.按照办法第十四条规定，证券公司集团总部合规负责人对下属各单位提供合规咨询、组织合规培训。

5.按照办法第二十四条规定，证券公司集团总部应当将各层级子公司的合规管理纳入统一体系，明确子公司向集团总部报告的合规管理事项，对子公司的合规管理制度进行审查，对子公司经营管理行为的合规性进行监督和检查，确保子公司合规管理工作符合集团总部的要求。从事另类投资、私募基金管理、基金销售等活动的子公司，应当由证券基金经营机构选派人员作为子公司高级管理人员负责合规管理工作，并由合规负责人考核和管理。

6.按照办法第三十条规定，各层级子公司应当将合规管理的基本情况向集团总部报告，由集团总部纳入年度合规报告。

（六）小结

1. 我国有关企业合规管理的国家标准、指引和办法，都要求金融企业集团（保险公司集团、银行集团和证券公司集团）制定和健全集团的整体的合规管理体系，并在合规管理方面对各层级子公司（又称下属各单位或各分支机构）采取集权式的管控，包括合规组织、合规制度、合规考核评价、合规报告等。

2. 我国国家标准《合规管理体系　指南》规定了一般企业集团总部可以从公司治理机制角度，通过子公司的治理机构作为合规组织参与和推动子公司的合规管理。

3. 按照我国国资委《中央企业合规管理指引（试行）》，国有企业集团（包括中央企业集团）对子公司的合规管理只包括：（1）通过子公司的治理机构作为合规组织参与和推动子公司的合规管理；（2）由合规管理牵头部门指导子公司的合规管理工作；（3）对子公司进行合规管理考核评价；（4）海外投资业务的合规风险管理。

对于我国一般企业集团和国有企业集团（包括中央企业集团）如何对其各子公司的合规管理进行管控，仍有较大的研究和发展空间。

四、企业集团总部对子公司合规管理的管控 —— 探讨之一

（一）管理模式选择

企业集团总部对子公司的合规管理，与整个集团的管理模式密切相关。例如，采用垂直型管理模式的，企业集团的合规管理也宜采取垂直组织模式；采取矩阵型管理模式的，合规管理也宜采取矩阵型管理模式；等等。

企业集团总部对子公司的合规管理模式，受企业集团总部其他职能部门对子公司的管理模式的影响。这些部门包括战略规划、风险管理、财务、内控、内审、法务、纪检监察等。

企业集团总部对子公司的合规管理模式，还受子公司股权结构的影响。全资子公司、合并报表控股子公司的合规管理，宜接受企业集团总部的垂直合规管理并完全导入集团总部的合规管理体系。非合并报表控股子公司、非控股参股公司的合规管理，集团总部宜通过子公司章程、治理机构等推

动子公司开展合规管理。

值得提请注意的是，各子公司都是独立企业法人。子公司内部合规规范的制定和生效，需要遵守法律以及子公司章程的规定，集团总部的规章制度不能直接在子公司生效实施，而需履行必要的审批程序。例如，基本管理制度须子公司董事会批准，与员工切身利益相关的规章制度须通过子公司民主程序生效等。

（二）企业集团母公司对子公司合规管理的管控探讨

企业集团对子公司的管控模式多种多样，但我们认为，无论企业集团采取何种管理模式，企业集团总部宜在以下方面，对各全资子公司、控股子公司（尤其是合并报表的控股子公司）合规管理进行管控：

1. 建立和健全统一的合规管理体系

企业集团宜按照企业合规管理体系的十三大构成要素，建立企业合规管理体系的框架，并导入集团的各子公司。这也是有关合规管理的国家标准、办法和指引的要求。

2. 统一的合规方针

作为企业合规管理基本制度的首要组成部分，企业合规方针是企业合规管理的基本方针和指导思想，是企业最高管理者真实发布的企业合规承诺、宗旨和方向。企业合规方针表明企业股东、董事会和企业领导对企业合规的决心、支持和期望，是企业核心价值观的重要内容，是鼓励企业人人合规、建立企业合规文化的纲领，是企业的合规宣言。

企业集团应制定集团统一的合规方针，作为企业的核心价值观和企业文化的重要组成部分。这是大多欧美跨国企业集团的普遍做法。也是我国国资委与2016年开始试点的五家中央企业采纳的做法，它们都以诚信公平、合规经营作为集团的合规方针。

3. 企业集团的领导承诺

国际标准化组织ISO19600《合规管理体系　指南》第5.1条（Leadership and commitment 领导作用）和我国国家标准《合规管理体系　指南》第4.1要求企业领导确立和坚持组织的核心价值观，确保建立组织的合规方针和合规目标，并与该组织的价值观、目标和战略方向保持一致。

世界银行集团《诚信合规指南》第2.1条（Leadership 领导作用）规定："公司高管、董事会或类似机构应全力、明确、公开、积极地支持并承诺推动诚信合规计划（以下简称"合规计划"）及其贯彻执行，无论从形式上还是从实质上。"

企业集团领导的合规承诺以及对合规管理的全力、明确、公开和积极的支持，是企业集团合规管理的基础和前提。

中国石油天然气集团公司董事长在《诚信合规手册》、中国东方电气集团有限公司董事长在集团《诚信合规准则》、西门子股份公司总裁兼首席执行官在西门子《商业行为准则》、美国李尔公司（Lear Corporation）总裁兼CEO等在《商业行为和道德规范》中的开篇致辞，都明确、公开、积极地支持并承诺合规。

4. 合规组织的设立与职责

企业合规组织是企业合规管理的组织保障。企业集团由集团总部和若干子公司组成，集团总部及各子公司应按照有关企业合规管理的国际组织标准、指南以及我国国家标准、办法和指引，建立各自的合规组织。此处不再赘述。

企业集团宜就集团总部和各子公司制定统一的合规组织制度，强制推行合规组织的建立，规范合规组织的职责。

5. 合规管理基本制度

合规管理基本制度是企业全员普遍遵守的合规行为规范，是企业最重要、最基本的合规制度，是其他合规制度的基础和依据，包括企业合规方针、合规管理原则、合规组织、重点合规领域以及合规管理运行、合规管理保障的框架等。

欧美跨国企业集团普遍采用企业行为准则这一合规制度形式，来统一规范企业全员普遍遵守的合规管理基本制度。我国《企业境外经营合规管理指引》第十三条对企业境外经营合规管理的行为准则作了专门规定。这一制度形式借鉴了欧美跨国企业集团的合规管理基本制度模式。

我国国内的企业更趋向于根据或者参照我国国资委《中央企业合规管理指引（试行）》制定企业的《总体合规管理指南》，作为企业合规管理的基本制度。

企业集团宜制定合规管理基本制度，适用于集团总部及其各子公司。

6. 合规管理评估

企业集团总部宜按照我国国资委《中央企业合规管理指引（试行）》第二十二条的规定，定期对子公司开展合规管理评估，以对合规管理体系的有效性进行分析，……强化过程管控，持续改进提升。

7. 合规管理考核评价

企业集团总部宜按照我国国资委《中央企业合规管理指引（试行）》第二十三条的要求，对所属单位和员工合规职责履行情况进行考核评价，并将结果作为员工考核、干部任用、评先选优等工作的重要依据。

8. 合规审计

合规审计是企业合规风险的第三道防线。企业集团总部审计部宜按照有关审计的法律、法规和集团内部规定，对子公司合规管理的适当性、完整性和有效性进行合规审计。

9. 合规宣传和培训

企业集团总部宜建立制度化、常态化培训机制，到处合规宣传和培训资料，推动合规宣传与培训在整个集团的开展。

10. 合规知识管理

企业集团总部宜通过其合规管理部门，建立整个集团共享的合规知识库，包括合规规范库、违规案例库、宣传培训资料库、合规管理文件格式库等。

11. 合规管理信息系统（平台）

企业集团总部可以建立整个集团都能使用的合规管理信息系统（平台），供集团总部及其各子公司合规管理共同使用。当然，如果企业集团总部及其各子公司目前各自运营自己的企业管理信息系统，宜促使子公司的合规管理信息系统融入企业集团总部的合规管理信息系统（平台），或者与集团总部的合规管理对接和兼容，实现合规管理信息的共享。

12. 企业合规文化

企业集团应通过统一上述合规管理系统的各构成要素，培育人人诚信合规守法理念，建立统一的企业合规文化。

五、合规管理部门如何对子公司合规管理进行管控 —— 探讨之二

我国国家标准《合规管理体系　指南》对企业集团总部的合规管理部门如何对子公司进行合规管理没有任何规定。

我国国资委《中央企业合规管理指引（试行）》第十条规定，法律事

务机构或其他相关机构为合规管理牵头部门，对各子公司的合规管理职责仅为指导所属单位的合规管理工作。

参照跨国企业集团对全资子公司及合并报表的子公司的合规管理，以及我国金融企业集团对各子公司的合规管理，我们认为，就对各全资子公司、控股子公司（尤其是合并报表子公司）合规管理的管控，应赋予企业集团总部的合规管理部门以下职责：

1. 企业集团总部通过作为合规组织的子公司治理机构（董事会、监事会、管理层）参与和推动子公司的合规管理时，合规管理部门应参与准备工作并提供专业支持；

2. 协助集团总部将企业集团的合规管理体系框架、合规方针、合规管理的基本制度导入各子公司；

3. 协助子公司设立合规组织、明确各合规组织的职责；

4. 指导、监督、支持子公司开展合规管理工作；

5. 对按照子公司章程需要子公司党组织、股东会或者董事会批准的规章制度、改革方案、重大事项决策、重要项目安排、重要合同等进行合规审查；

6. 对各子公司进行合规管理评估与合规管理考核评价；

7. 配合集团总部审计部门对子公司开展合规审计；

8. 组织子公司合规管理人员及其他相关人员参加集团总部的合规培训，协助子公司开展合规宣传和培训，协助子公司导入集团总部的合规宣传和培训资料；

9. 协助子公司的合规管理信息系统融入企业集团总部的合规管理信息系统（平台），或者与集团总部的合规管理对接和兼容，实现合规管理信息的共享；

10. 接受子公司的重大合规风险报告，协助制定应对整改方案，监督整改实施；

11. 指导、汇总子公司的合规管理计划与合规报告。

企业集团总部的合规管理部门只是集团总部的一个职能管理部门，依法无权直接对子公司的合规管理进行任何管控。因此，法律上，企业集团总部应当通过子公司的治理机构，授予集团总部合规管理部门对子公司的合规管理进行管控。

六、如何推动非控股参股子公司的合规管理——探讨之三

对于非控股的参股子公司，企业集团委派到子公司的董事、监事的投票数量有限，难于向子公司推动合规管理。一些欧美跨国公司在华设立非控股的合资企业时，大多通过以下方式推动合资企业的合规管理，值得研究和借鉴：

1. 在合同谈判阶段宣传企业合规及合规管理的必要性。

2. 在合资合同、章程写入合规条款，要求：（1）将守法合规确定为合资企业的核心价值观；（2）合资公司各股东采取措施，促使合资企业守法合规；（3）股东责成其委派到合资公司的董事、监事和高级管理人员在处理合资公司经营管理事务时守法合规；（4）合资公司应采取措施，鼓励违规举报，开展违规调查，对违规行为进行惩处，并对举报人员进行保护。

3. 通过董事会会议、监事会会议，宣传合规的必要性，提出并争取通过合规管理议案，推动合资企业合规并加强合规管理。

4. 通过委派高级管理人员，宣传合规的必要性，在经营管理中推动合资企业合规并加强合规管理。

5. 利用股东审计权，对合资企业进行内部审计，发现违规问题，开展合规宣传和培训。

6. 通过跨国公司的各种集中会议，如年度采购会议、销售会议、财务会议、运营会议、内审会议等，开展合规宣传与培训。

7. 举办集团集中管理提升培训，开展合规宣传与培训，等等。

七、企业集团如何启动合规管理——探讨之四

（一）合规管理工作筹备

我国《合规管理体系　指南》于 2018 年 7 月 1 日生效。国资委《中央企业合规管理指引》于 2018 年 11 月 2 日、国家发展改革委等七部委《企业境外经营合规管理指引》于 2018 年 12 月 26 日颁布实施。2018 年可谓中国企业合规元年。2019 年，企业如何布局合规管理已然提上日程。

上述各指南于 2018 年底方才发布，大多企业集团尚未就 2020 年合规管理项目提交并获得立项批准。这些企业集团可以充分利用 2019 年谋篇布

局，为 2020 年开展合规管理项目做好充分准备。

1. 获得领导支持与领导的合规承诺；

2. 任命合规负责人，研究确定企业合规管理的牵头部门，研究、提出成立企业合规管理项目小组建议，包括聘请外部律师、顾问参与项目小组；

3. 研究确定企业合规管理项目方案；

3. 取得企业领导对开展合规管理的支持，提出 2020 年合规计划，并将合规管理项目纳入 2020 年企业年度经营计划和预算；

4. 加强上述各指南的学习、研究、培训与宣传，学习其他企业合规管理项目的最佳实践案例；

5. 与内控、风控、审计、法务、纪检监察、人力资源等部门沟通，对企业现有管理制度、内控体系、信息管理系统以及相关管理部门的职责进行初步了解和梳理。

如果条件成熟、渠道畅通，还可以尝试争取将企业合规管理项目作为 2019 年下半年的特殊立项，推动项目尽早启动。

（二）企业合规管理项目方法论

启动企业集团的合规管理，一般有以下三种方法：

1. 从面到点

即在企业集团总部和各子公司同步全面建立合规管理体系，再开展总部各部门以及各子公司各职能部门和业务领域的专项合规管理。

该方法的优点在于高效率，但需要集中大量人力、物力，对企业正常经营管理会造成影响和干扰，更容易受到抵制。在松散型管理的企业集团更不适用。

该方法更适用于规模较小、产品业务线条较少、股东结构简单、集团总部对子公司紧密管控的企业集团。2016 年我国国资委开展合规管理的五家试点企业中，中移动采用的方法更接近于这一方法。

2. 从点到面

即从总部某一职能部门和 / 或某一子公司开始合规管理试点然后在总部各部门以及各子公司全面推广。

该方法的优点在于能够集中人力和物力，积累经验，培养队伍，形成典型案例。缺点在于在整个集团建立合规管理体系需要更长的时间，效率较低。

2016 年我国国资委开展合规管理的五家试点企业中，其他四家企业都采用了这一方法，取得了较好效果，也直接推动我国国资委《中央企业合规管理指引（试行）》的出台。

3. 从面到点到面

即先从总部全面推动合规管理体系建设，然后再在某子公司进行试点，最后在各子公司全面推广。

这一方法需要总部各部门统一认识，全力配合，否则难以实现。

企业集团的合规管理是一庞大、持久的系统性工程，涉及集团总部各职能部门以及集团各子公司。如何组织、计划、推动企业集团的合规管理，需要根据企业集团的规模大小、行业分布、股权架构、公司治理、发展历史、企业文化、管理模式等进行具体分析，选择最适合自己的方法。

第三章　合规尽职调查
Chapter IV　Compliance Due Diligence

要　点：

1. 并购项目合规尽职调查。

2. 境外投资项目合规尽职调查。

3. 对外承包工程项目合规尽职调查。

4. 外包项目合规尽职调查。

5. 业务伙伴合规尽职调查。

6. 员工聘用合规尽职调查。

251

尽职调查是英文"due diligence"的中文译文，意为"恪尽职守"或"谨慎处理"。尽职调查被广泛用于企业投资与并购项目。在传统的投资与并购项目尽职调查中，财务和法律尽职调查被称为左右臂；其次是人力资源、产品、技术和设备、采购、营销、环保、网络安全与数据保护等。

随着企业合规管理的发展，合规尽职调查日益得到重视。根据有关企业合规管理的国际组织标准、指南以及我国国家标准、办法和指引的规定，结合企业合规管理实践，合规尽职调查包括：（1）并购项目合规尽职调查；（2）海外投资项目合规尽职调查；（3）对外承包工程项目合规尽职调查；（4）外包项目合规尽职调查；（5）业务伙伴合规尽职调查；（6）员工聘用合规尽职调查。

一、并购项目尽职调查

并购项目分为股权并购与资产并购。

（一）股权并购项目

股权并购项目中，收购方购买目标公司的股东在目标公司的全部或者部分股权，收购方承继被收购方在目标公司的、相对于被收购股权的全部股东权利和义务。股权并购项目双方是收购方与被收购方（即目标公司的股东），目标公司本身的生产经营、资产、员工等维持不变。也正因为如此，在股权并购项目中，收购方需要对目标公司做谨慎的尽职调查，以全面掌握目标公司的详细背景情况，挖掘出目标公司的任何潜在风险，尤其是财务风险、法律风险和环境风险等。

股权并购项目尽职调查涉及对目标公司股东结构、治理机制以及经营管理的各个方面。

1. 广义上的合规尽职调查

广义上，法律尽职调查就是合规尽职调查，是股权收购方委派法务人员（包括外部律师与企业内部法务人员）对目标公司各个方面的合规性调查，包括：（1）成立、变更的合规性；（2）公司治理机制及合规性；（3）资产获得及运营合规性；（4）财务税收方面的合规性；（5）对外投资与担保及其合规性；（6）生产经营的合规性；（7）人力资源管理方面的合规性；（8）重大合同管理及合规性；（9）独立性与同业竞争方面的合规性；（10）关联交易及合规性；（11）环保、安全、卫生方面的合规性；（12）诚信合规管理情况；（13）争议解决方面的合规性；等等。从这个意义上讲，合规尽职调查更契合股权并购项目的需要，我们也倾向于并提倡在股权并购项目中，用"合规尽职调查"来替代"法律尽职调查"。

2. 狭义上的合规尽职调查

狭义上的合规尽职调查限于股权收购方对目标公司合规管理体系的建设及运行情况进行尽职调查，涉及目标公司合规管理体系构成要素各个方面的适当性、充分性和有效性。收购方需要运用合规管理评估或者合规审计的方法和程序，对目标公司进行合规尽职调查。

对于尚未建立合规管理体系的目标公司，合规尽职调查限于股权收购方对目标公司诚信合规方面的尽职调查，涉及目标公司诚信合规体系构成要素各个方面的适当性、充分性和有效性，包括：（1）合规组织及其职责；（2）禁止不当行为，如反腐败、反欺诈、反串谋、反洗钱等；（3）对业务伙伴的合规管理；（3）对员工聘用的合规尽职调查；（4）与前政府官员的关系管理；（5）内部控制体系；（6）合规培训；（7）奖惩机制；（8）违规管理；（9）利益冲突；（10）行业监管规则遵守情况；等等。

（二）资产并购项目

资产并购项目不包括纯资产购买项目。纯资产购买只是一般意义上的财产买卖，限于资产本身所有权的转移。

需要尽职调查的资产并购项目涉及收购方购买目标公司的全部或部分资产以及与资产相关的业务，并接转与资产、业务相关的、目标公司的全部或部分员工。资产并购项目的双方是收购方与目标公司本身。也正因为如此，在资产收购项目中，收购方只须对资产取得的合法性、完整性、处置权以及相关业务和人力资源等情况做审慎的尽职调查。

资产并购项目主要涉及三个方面：

1. 收购目标公司的资产，包括不动产（如土地使用权、建筑物等）、机器设备以及相关知识产权（商标、专利、技术秘密等）。其中不动产权属和知识产权的转移，是项目谈判和管理的难点。

2. 收购目标公司与收购资产相关的业务，如采购、营销、服务等。与之相关的供应商与采购关系、客户与销售关系等，都随之转移到收购方。其中涉及目标公司产品和原材料的存货、维持对客户供应产品的连续性、采购合同与销售合同的转移（转让）等，是项目谈判和管理的难点。

3. 目标公司与收购资产、业务相关的员工，也由收购方接转。这些员工须先与目标公司解除劳动合同，然后加入收购方并与收购方签署新的劳动合同。其中涉及员工与目标公司解除劳动合同时的经济补偿、收购方择优录取这些员工等问题，是项目谈判和管理的难点。

资产并购项目涉及资产价值的构成和资产权属的转移，收购方需要进行相应的财务尽职调查和法律尽职调查。

人们一般在资产并购项目中不做合规尽职调查，但这并不意味着不需要做合规尽职调查。在资产并购项目中，资产（尤其是不动产与知识产权）的获得及其运营管理、业务取得的合规性、目标公司与资产相关的员工管理等，仍然可能存在合规风险并对整个项目产生影响。因此，资产并购项目中的合规尽职调查必不可少。

二、境外投资项目尽职调查

近几年来，随着我国"一带一路"倡议的推进，我国企业境外投资项目日益增多。但由于忽视境外投资项目及生产经营的合规风险，忽视对境外投资、境外项目及公司的合规管理，尤其忽视项目合规尽职调查，将中国的投资与经营管理模式和习惯照生搬硬套地移植于境外投资经营管理，忽视诚信合规，导致投资失败或者不必要的损失的案例不少。

我国发改委等七部委于 2018 年 11 月 26 日发布《企业境外经营合规管理指引》，正是基于上述背景情况应然而生，以对我国企业境外经营的合规管理进行规范和指导。指引第七条（境外投资中的合规要求）规定，企业开展境外投资，应确保经营活动全流程、全方位合规，全面掌握关于市场准入、贸易管制、国家安全审查、行业监管、外汇管理、反垄断、反洗钱、反恐怖融资等方面的具体要求。

我国国资委 2018 年 11 月 2 日发布《中央企业合规管理指引（试行）》，其第十六条要求我国国有企业强化海外投资经营行为的合规管理，深入研究投资所在国法律法规及相关国际规则，全面掌握禁止性规定，明确海外投资经营行为的红线、底线；健全海外合规经营的制度、体系、流程，重视开展项目的合规论证和尽职调查，依法加强对境外机构的管控，规范经营管理行为。

上述指引尤其强调我国企业应加强对境外投资在以下方面的合规尽职调查：（1）市场准入；（2）贸易管制；（3）国家安全审查；（4）行业监管；（5）外汇管理；（6）反垄断；（7）诚信合规；（8）反恐怖融资；（9）环境保护和安全；（10）劳动人事管理与人权保护；等等。

我国企业境外投资经营，在境外合作伙伴的选择方面也频发合规风险。对境外合作伙伴的合规尽职调查至关重要。具体要求和程序，可以参见以下第五节（业务伙伴合规尽职调查）。

由于我国国内律师不熟悉境外国家或地区的法律法规，也无权对他国或地区的法律法规进行解释，因此，我国开展企业境外投资，应当聘请境外投资当地的律师事务所开展境外投资合规尽职调查并协助开展合规管理。在这一点上，我国企业需要在两个方面正视形势，科学决策：

1.由于对境外律师事务所知之甚少，也需要专业知识和能力对其进行管理，宜通过我国在境外当地的使领馆推荐境外律师事务所；或者委托我国境内律师事务所推荐和管理境外律师事务所，也是更加安全有效的选择，并越来越多地被国内企业所采用。

2.聘用境外咨询机构或律师事务所开展境外投资合规尽职调查，聘请境外律师事务所提供日常法律服务及合规管理服务，虽然相比国内法律与合规服务，费用显得十分昂贵，却是我国企业境外投资经营所必须花费的固定成本或固定费用，绝非可有可无。我国企业开展境外投资，必须将项目投资合规尽职调查费用以及日后的日常法律与合规管理服务费用，纳入企业在境外投资的项目预算以及日后的年度预算。

三、对外承包工程项目合规尽职调查

我国发改委等七部委《企业境外经营合规管理指引》第八条（对外承包工程中的合规要求）对我国企业境外承包工程的合规尽职调查与合规管理做出了明确规定，要求企业开展对外承包工程，应确保经营活动全流程、全方位合规，全面掌握关于投标管理、合同管理、项目履约、劳工权利保护、环境保护、连带风险管理、债务管理、捐赠与赞助、反腐败、反贿赂等方面的具体要求。

我国企业境外承包工程中，常忽视对工程项目的合规尽职调查及合规管理，合规风险时有发生，且集中表现于诚信合规、环境保护、劳动用工、风俗习惯等方面。加强企业境外承包工程的合规尽职调查以及合规管理刻不容缓，必须引起高度重视。

如同对境外投资项目开展合规尽职调查与合规管理一样，我国企业开展境外工程承包，须自己或者通过境内律师事务所聘请境外当地的律师事务所提供合规尽职调查，并在项目中标后的项目运营管理中提供法律与合规管理服务。企业应将合规尽职调查预算以及日后法律与合规管理服务预算，纳入企业对外承包工程的固定费用预算。

我国企业境外承包工程，须在以下方面开展审慎的合规尽职调查：

1. 有关工程建设的法律、法规和行业监管规则；
2. 招投标程序；
3. 诚信合规要求；
4. 劳动用工规定；
5. 环保、安全、卫生合规要求；
6. 道德规范与风俗习惯。

四、外包项目合规尽职调查

（一）外包项目

1.《合规管理体系 指南》指南第2.28条的规定，外包（outsource）是指组织安排其他组织承担企业部分职能或过程。需要注意的是，尽管外包的职能或过程在组织管理体系范围内，但是其他组织却在管理体系范围之外。

现代企业越来越多地将企业的某一部分职能外包给第三方。常见的企业外包项目包括产品研发外包、产品生产外包（委托加工）、广告宣传外包、产品销售外包、会计管理外包、人力资源管理外包、IT服务外包、信息系统管理外包、法律服务外包、合规管理外包等。

（二）关于外包的合规要求

按照《合规管理体系 指南》第7.3条（外包过程）的规定，组织外包应遵循以下合规要求：

1. 确保外包过程受到控制和监视；

2. 组织的运营外包通常不减轻组织的法律职责或合规义务；

3. 如果外包，组织需要执行有效的尽职调查，以确保不会降低组织标准和对合规的承诺；

4. 宜对承包商进行适当控制，以确保有效遵守合同（如：第三方绩效考核）；

5. 组织宜考虑与其他第三方相关的过程的合规风险，如产品和服务供应、产品分销，在必要的情况下的适当控制（例如：合同条款中的合规义务）。

（三）外包合规尽职调查

企业将任何职能外包，首先需要对承包商进行合规尽职调查，包括：

1. 对承包商的资质、许可、经营范围等进行调查，确保承包商资质合规，拥有承包和经营外包项目的资质；

2. 行业监管规则、监管机构要求以及承包商履行监管规则情况；

3. 承包商领导层对合规管理的承诺及重视程度；

4. 承包商员工的合规意识，以及承包商对员工的合规培训情况；

5. 对承包商是否建立合规管理体系或者诚信合规管理体系，及其适当性、充分性和有效性；

6. 对承包商的信誉情况进行调查，包括承包商与企业本身过去和现有业务过程中的信誉情况、承包商与其他企业业务过程中的信誉情况、承包商与企业本身及其他企业之间的纠纷情况、承包商被监管机构处罚情况等；

7. 承包商在反腐败、反欺诈、反洗钱、关联交易等诚信合规方面的情况，是否存在诚信合规方面的任何不正当行为；

8. 承包商与企业本身过去和现在以及承包商与其他企业之间的相互合规承诺情况，以及承包商与企业做出相互合规承诺的意愿（如是否愿意签署合规承诺书或者与企业签署相互合规承诺协议等）。

（四）关于合规管理工作外包

企业合规管理是企业内部的一项核心风险管理活动，一般情况下，合规管理工作不适宜外包。但是，规模较小的企业或者大型企业在建立合规部门、拥有充足的合规管理人员以前，可以根据实际情况将全部或者部分企业合规管理工作外包给有能力的外部咨询机构或者律师事务所。

企业合规管理外包应遵守下列规定：

1. 按照以上规定，对承包商做外包合规尽职调查

2. 受到企业合规负责人的适当监督

巴塞尔银行监管委员会《合规与银行内部合规部门》原则 10（外包）规定，合规应被视为银行内部的一项核心风险管理活动。合规部门的具体工作可能被外包，但外包仍必须受到合规负责人的适当监督。

我国原银监会《商业银行合规风险管理指引》第二十五条也规定，商业银行应确保任何合规管理部门工作的外包安排都受到合规负责人的适当监督。

3. 不应妨碍监管机构的有效监管

巴塞尔银行监管委员会《合规与银行内部合规部门》第 49 条规定，联合论坛（即巴塞尔银行监管委员会、国际证券委员会组织和国际保险监督官协会）最近提出了被监管机构业务外包的高级原则，委员会鼓励各银行参照实施。银行应该确保任何外包安排都不会妨碍监管机构的有效监管。

我国原银监会《商业银行合规风险管理指引》第二十五条也规定，商

业银行应确保任何合规管理部门工作的外包安排都受到合规负责人的适当监督。

4.合规管理外包后，董事会和高级管理层仍然要对银行遵循所有适用法律、规则和准则负责

巴塞尔银行监管委员会《合规与银行内部合规部门》第49条、我国原银监会《商业银行合规风险管理指引》第二十五条都规定，无论合规部门具体工作的外包程度如何，董事会和高级管理层仍然要对银行遵循所有适用法律、规则和准则负责。

（五）部分合规管理工作外包探索

企业合规管理工作涉及合规管理体系的各构成要素，包括：建立合规组织，制定合规方针、合规管理制度与流程，合规风险管理，合规审查，合规管理评估，合规审计，合规考核与评价，合规宣传与培训，违规管理，合规计划与合规报告，合规管理信息系统的管理和运行，等等。

企业合规管理是一专业性较强的工作，需要基本法律知识、管理知识以及相关合规管理技能和丰富的实践经验，需要外部咨询机构或者律师事务所提供专业的指导和服务。

设立了法律事务部与合规管理部门的企业，包括我国大型国有企业、上市公司和其他所有制性质的企业集团，外包的合规管理工作更适宜于以下两个方面：

1.需要第三方独立意见及合规管理专业知识的合规管理工作，如合规管理评估、合规审计、合规培训等；

2.在内容和时间上构成单独合规管理项目的合规管理工作，主要是专项的合规管理项目，如专项合规管理制度与流程的制定、专项（业务领域、业务部门或重大合规风险）合规风险管理、专项（重大投资、重大项目、重大合同、新业务、新产品等）合规审查、具体违规行为调查、专项合规管理项目的合规计划与合规报告等。而在建立合规管理体系框架、设立合规组织、制定合规方针与基本合规管理制度、合规考核与评价、合规宣传、合规管理信息系统的管理和运行方面，更适合于由外部咨询机构或律师事务所根据企业实际情况和需要提供合规管理服务。

我国较小企业或者尚未设立法律事务部和/或合规管理部门的大型企业，可以根据企业实际情况和需要，参照上述建议，将更多的或者全部的

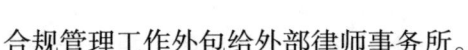

合规管理工作外包给外部律师事务所。

五、业务伙伴合规尽职调查

企业的业务伙伴包括供应商、代理商、分销商、合资合作伙伴等。

关于业务伙伴合规尽职调查，世界银行集团《诚信合规指南》第 5.1 条（业务伙伴尽职调查）规定，在与业务伙伴建立关系之前以及在后续过程中，应进行有适当记录的、基于风险的尽职调查（包括确认任何未记录在案的利益所有人或其他受益人）。应避免同从事不当行为或被怀疑从事不当行为的承包商、供应商和其他业务伙伴发生关联（除非是在特殊情况下并且需要采取适当的缓解措施）。

我国发改委等七部委《企业境外合规管理指引》第十二条第四款（企业与第三方沟通协调）也要求，企业与第三方合作时，应做好相关的国别风险研究和项目尽职调查，深入了解第三方合规管理情况。企业应当向重要的第三方传达自身的合规要求和对方的合规要求，并在商务合同中明确约定。

对业务伙伴的合规尽职调查，可以参照以上第四节（三）外包合规尽职调查。

六、员工聘用合规尽职调查

世界银行集团《诚信合规指南》第 4.1 条（雇员尽职调查）要求审查目前或将来拥有决策权的员工，或能够影响经营结果的员工，包括管理层和董事会成员，确定员工是否有不当行为，或有其他与诚信合规计划相抵触的行为。

员工聘用合规尽职调查的对象包括目前或将来拥有决策权的员工或者能影响经营结果的员工，主要是企业的董事会成员、监事会成员、中高层管理人员、研发人员和财务人员等。

员工聘用合规尽职调查应安排在聘用员工之前进行。

员工聘用合规尽职调查的内容主要是确定员工是否存在违反诚信合规的不当行为（如腐败、欺诈、串谋、利益冲突等行为），或者存在其他与诚信合规相抵触的行为。

员工聘用合规尽职调查的方法包括：（1）员工通过应聘申请、基本情况表等进行自我披露和陈述；（2）对员工进行面试；（3）对员工进行背景调查（Reference Check），包括对员工以前用人单位的同事进行电话或当面访谈等；（4）了解员工与以前用人单位劳动争议及其解决情况；（5）了解员工以前被行政或者刑事处罚情况。

对员工（尤其是关键管理岗位员工以及聘用外籍员工）的合规尽职调查需要运用专业技能并花费较长时间，应聘请专业的人力资源咨询服务机构提供支持和协助。

七、谁负责合规尽职调查

根据有关合规管理的国际标准、指南以及我国国家标准、办法和指南，结合合规管理实践，负责合规尽职调查的部门列示如下：

项目	负责合规尽职调查的部门	合规管理部门的职责
并购项目	合规管理部门及聘用的外部律师	聘用、监督、管控
海外投资项目	聘用的外部律师	聘用、监督、管控
对外承包工程项目	聘用的外部律师	监督、跟踪、管控
外包项目	项目部门	指导，支持、监督
业务伙伴合规	业务部门	指导，支持、监督
员工聘用合规	人力资源部	指导，支持、监督

第四章　五家央企合规管理试点情况暨《中央企业合规管理指引（试行）》解读

Best Practice of Five Enterprises under Chinese Central Government and Understanding of the Guidelines on Compliance Management in Enterprises under Chinese Central Government（for Trial Implementation）

2018 年 11 月 2 日，国务院国有资产监督管理委员会发文（国资发法规〔2018〕106 号），重磅发布《中央企业合规管理指引（试行）》（以下简称《指引》）。

早在 2006 年，我国原银监会颁布《商业银行合规风险管理指引》。2007 年，我国原保监会颁布了《保险公司合规管理指引》（后于 2016 年修改为《保险公司合规管理办法》）。中央企业的合规管理，率先在金融行业开展、发展和成熟，并积累了丰富的经验。

2015 年 12 月 8 日，国资委《关于全面推进法治央企建设的意见》（国资发法规〔2015〕166 号），明确要求中央企业加快提升合规管理能力，研究制定统一有效、全面覆盖、内容明确的合规制度准则，加强合规教育培训，形成全员合规的良性机制，建立法律、合规、风险、内控一体化管理平台。2016 年，国资委就组织中国石油、中国移动、东方电气集团、招商局集团、中国中铁五家中央企业开展试点工作，以期借鉴国内外合规管理的先进经验，为企业在参与国际市场竞争以及"一带一路"建设过程中加强合规管理提供良好示范。

2017 年 12 月 29 日，中国国家质量监督检验检疫总局、中国国家标准化管理委员会发布了《合规管理体系　指南》（GB/T 35770–2017），成为中国企业开展合规管理的重要指导性文件。

2020 年 5 月 28 日，国资委就《中央企业合规管理指引（试行）》征求意见稿向有关中央企业广泛征求意见。

《指引》的发布，水到渠成，势在必行。

一、央企试点

2016 年 4 月 18 日，国务院国资委印发《关于在部分中央企业开展合规管理体系建设试点工作的通知》（国资厅发法规〔2016〕23 号），将中国石油、中国移动、东方电气集团、招商局集团、中国中铁五家企业列为合规管理体系建设试点单位。

五家试点央企，积极开展本企业合规管理体系建设试点，有序推进合规管理体系建设试点，领导大力支持并做出合规承诺，确立合规方针、合规理念以及合规价值观，制定并颁布合规管理办法、诚信合规准则等合规管理制度，开展合规宣传与培训，积极培育企业合规文化，为《指引》的制定和颁布实施积累经验，奠定了基础。五家央企的具体试点情况总结，作为附件附后。

二、大合规概念

《指引》运用了企业大合规理念来指导和规范企业合规管理。

《指引》第四条第一款将全面性原则确立为企业合规管理的第一大原则，要求合规管理覆盖企业各业务领域、各部门、各级子企业和全体员工，贯穿决策、执行、监督等各个环节。

《指引》强调建立全面合规管理体系，对合规管理体系的各构成要素进行了全面规定，包括：合规组织，合规制度，合规风险管理，合规审查，合规管理评估，合规考核评价，合规培训，违规举报、调查和问责，合规报告，合规管理信息系统，企业合规文化，重点合规领域等。

三、合规文化

《指引》第二十七条对中央企业合规文化作了专门规定。梳理整个《指引》，中央企业合规文化包括：

1. 合规意识：全员安全、质量、诚信和廉洁；
2. 价值观：依法合规、守法诚信；
3. 合规理念（第四条）：全员合规、领导带头合规。

四、合规规范（第二条）

《指引》第二条规定的合规规范，包括法律法规、监管规定、行业准则和企业章程、规章制度以及国际条约、规则等。与《合规管理体系　指南》相比较，《指引》所述合规规范增加了国家条约、规则，但没有包括相关标准、合同或道德准则。《指引》合规规范定义所述章程，包含了但明显广于有效治理原则。

《合规管理体系　指南》将合规规范定义为法律法规及监管规定、相关标准、合同、有效治理原则或道德准则。

五、合规管理原则（第四条）

《指引》第四条规定了合规管理的四大原则，即全面性原则、责任性原则、协调性原则和客观独立行性原则，成为中央企业合规管理的重要指南。

1. 全面性原则，要求将合规要求覆盖各业务领域，各层级（包括各部门、各级子企业和分支机构）和全体员工，以及全流程（包括决策、执行和监督）。

2. 责任性原则，要求企业主要负责人将加强合规管理作为履行推进法治建设第一责任人；建立全员合规责任制，明确管理人员和各岗位员工的合规责任并督促有效落实。

3. 协同性原则，要求合规管理与法律风险防范、监察、审计、内控、风险管理等工作相统筹、相衔接，确保合规管理体系有效运行。

4. 客观独立性原则，要求严格依照法律法规等规定对企业和员工行为进行客观评价和处理，合规管理牵头部门独立履行职责，不受其他部门和人员的干涉。

六、合规组织及其合规管理职责（第二章）

在合规组织与管理职责方面，《指引》具有以下几个特点：

（一）构建八个层级的合规组织

《指引》构建了由八个层级构成的合规管理组织架构，即董事会、监事会、经理层、合规委员会、合规管理负责人（即合规总监）、合规管理牵头部门（即合规部）、业务部门以及监察、审计、法律、内控、风险管理、安全生产、质量环保等相关部门。

（二）合规委员会合署（第八条）

没有要求设立独立的合规委员会，而是要求中央企业设立合规委员会，与企业法治建设领导小组或风险控制委员会等合署，承担合规管理的组织领导和统筹协调工作，定期召开会议，研究决定合规管理重大事项或提出意见建议，指导、监督和评价合规管理工作。

（三）合规管理负责人（第九条）

没有要求单独设立合规管理负责人，而是由中央企业相关负责人或总法律顾问担任。

（四）合规管理牵头部门（第十条）

有关合规管理的国际组织标准、指南以及我国国家标准、办法和指引都使用"合规部""合规部门"或者"合规管理部门"的称谓，但《指引》使用"合规管理牵头部门"的称谓，强调其只是合规管理的牵头部门。

《指引》没有要求设立独立的合规管理牵头部门，而是由法律事务机构或其他相关机构兼任。

合规管理部门的职责主要是管理，包括组织、协调、指导、监督和为其他部门提供合规支持。具体包括：

1. 研究起草合规管理计划、基本制度和具体制度规定；

2. 持续关注法律法规等规则变化，组织开展合规风险识别和预警，参与企业重大事项合规审查和风险应对；

3. 组织开展合规检查与考核，对制度和流程进行合规性评价，督促违规整改和持续改进；

4. 指导所属单位合规管理工作；

5. 受理职责范围内的违规举报，组织或参与对违规事件的调查，并提出处理建议；

　　6. 组织或协助业务部门、人事部门开展合规培训。

（五）强调业务部门的合规主体责任（第十一条第一款）

　　《指引》强调业务部门作为合规的责任主体及合规风险防范第一道防线的地位和作用。本领域的日常合规管理工作由业务部门自己负责，包括：

　　1. 按照合规要求完善业务管理制度和流程；

　　2. 主动开展合规风险识别和隐患排查，发布合规预警；

　　3. 组织合规审查；

　　4. 及时向合规管理牵头部门通报风险事项，妥善应对合规风险事件；

　　5. 做好本领域合规培训和商业伙伴合规调查等工作；

　　6. 组织或配合进行违规问题调查并及时整改。

（六）其他监督部门履行各自的合规管理职责（第十一条第二款）

　　监察、审计、法律、内控、风险管理、安全生产、质量环保等相关部门，在各自职权范围内履行合规管理职责。

　　我国在不同时期颁布了《中央企业内部审计管理暂行办法》（国资委2004年）、《中央企业全面风险管理指引》（国资委2006年）、《企业内部控制指引》（财政部、审计署、原保监会、原银监会、证监会2010年）、《企业法律风险管理指南》（国家标准化管理委员会2012年）、《监察法》（2018年）等。

　　中央企业需要根据这些法律、法规的规定，按照合规管理协同性原则，协调好企业内部各部门与合规部门在合规管理方面的职责及其履行。

七、合规管理重点（第三章）

　　1. 加强重点领域的合规管理，包括市场交易、安全环保、产品质量、劳动用工、财务税收、知识产权、商业伙伴等。

　　2. 加强重点环节的合规管理，包括制度制定环节、经营决策环节和生产运营环节。

　　3. 加强重点人员的合规管理，包括管理人员、重要风险岗位人员以及海外人员等。

4.强调企业海外投资经营行为的合规管理，要求：（1）深入研究投资所在国的合规规范；（2）健全海外合规经营的制度、体系、流程，重视开展项目的合规论证和尽职调查，依法加强对境外机构的管控，规范经营管理行为；（3）定期排查梳理海外投资经营业务的风险状况，重点关注重大决策、重大合同、大额资金管控和境外子企业公司治理等方面存在的合规风险，妥善处理、及时报告，防止扩大蔓延。

八、合规管理运行（第四章）

（一）合规管理运行的内容

《指引》在第四章中，将合规管理制度、合规风险管理、合规审查、合规评审以及违规举报、调查和问责等合规管理体系构成要素归纳为合规管理运行，并作了原则性规定。

（二）关于合规管理制度（第十七条）

《指引》要求从三个方面健全合规管理制度，包括：

1. 全员普遍遵守的合规行为规范，即合规管理基本制度；

2. 重点领域的专项合规管理制度；

3. 根据法律法规变化和监管动态，及时将外部有关合规要求转化为内部规章制度。

（三）关于合规审查（第二十条）

《指引》规定必须进行合规审查的包括规章制度制定、重大事项决策、重要合同签订、重大项目运营等。

《指引》第十条规定合规管理牵头部门参与企业重大事项合规审查并对制度和流程进行合规性评价，而没有明确规定上述其他事项的合规审查部门。

（四）关于违规举报、违规调查与违规问责

《指引》第十条规定，合规管理牵头部门受理职责范围内的违规举报，组织或参与对违规事件的调查，并提出处理建议。对于此外的合规举报、

调查和问责，须根据我国党内法规以及《监察法》的规定，由纪检监察部门负责。

九、合规管理保障（第五章）

（一）合规管理保障的内容

《指引》第五章，将合规考核评价、合规管理信息系统、合规培训、合规报告、企业合规文化建设等合规管理体系构成要素归纳为合规管理的保障，并作了原则性规定。

（二）关于建立合规管理队伍

《指引》第二十五条要求中央企业建立专业化、高素质的合规管理队伍，根据业务规模、合规风险水平等因素配备合规管理人员，持续加强业务培训，提升队伍能力水平。海外经营重要地区、重点项目应当明确合规管理机构或配备专职人员，切实防范合规风险。

除海外经营要求地区外，《指引》并未明确合规管理队伍应当配备在企业的哪些部门。勿毋置疑，合规管理牵头部门应当配备专业化、高素质的合规管理队伍。但业务部门以及监察、审计、法律、内控、风险管理、安全生产、质量环保等履行相关合规管理职责的部门是否需要配备合规管理人员，尚值得探讨。

（三）关于合规管理计划与合规报告

1. 合规报告

《指引》第二十八条强调中央企业应当建立合规报告制度，主要由合规管理牵头部门负责。包括：

（1）专项合规报告

发生较大合规风险事件，合规管理牵头部门和相关部门应当及时向合规管理负责人、分管领导报告。重大合规风险事件应当向国资委和有关部门报告。

（2）年度合规报告

合规管理牵头部门于每年年底全面总结合规管理工作情况，起草年度报告，经董事会审议通过后及时报送国资委。

2.合规管理计划

其实，《指引》在第七条和第十条对合规管理计划作了规定，要求合规管理牵头部门研究起草合规管理计划，报经理层批准。

十、附则（第六章）

（一）合规管理实施细则

如以上分析，《指引》对合规管理作出了十分原则性的规定，有些地方并不明确、具体。中央企业需要结合实际，根据《指引》制定自己的合规管理实施细则。

（二）地方国有企业参照适用

地方国有资产监督管理机构可以参照本指引，积极推进所出资企业合规管理工作。

后　记：

1.《指引》对中央企业的合规管理提出了全面、系统、务实、严格的要求，将成为中央企业合规管理的重要指南。可以预示，《指引》颁布施行后，将首先在中国央企和国企全面铺开，并为其他所有制企业所广泛借鉴和采用。《指引》将成为我国依法治企的加速器，也将成为中国企业合规管理发展的重要里程碑。

2.《指引》仅对合规管理体系各构成要素做了原则性的规定。如何进行企业合规管理体系的搭建，如何开展合规风险管理（合规风险的识别、分析评价、应对和持续改进），如何在合规风险管理的基础上制定企业的合规管理总体指南以及具体的合规管理制度，如何建立法律、合规、风险、内控一体化的管理平台，如何将合规管理融入企业业务及经营、各相关部门如何分工合作、协调融合等，需要进一步分析、研究和实践。

附：五家央企建立合规管理体系试点情况

2016 年 4 月 18 日，国务院国资委印发《关于在部分中央企业开展合规管理体系建设试点工作的通知》(国资厅发法规〔2016〕23 号)，将中国石油、中国移动、东方电气集团、招商局集团、中国中铁五家企业列为合规管理体系建设试点单位。

五家央企都是国资委直接管理的大型跨国企业集团。中国石油、东方电气集团、招商局集团、中国中铁都跨行业经营，除了主营业务外，还从事国际贸易、金融、物流等业务。中国中铁还投资发展房地产开发业务。中国移动则更加集中于移动通讯业务，集团公司对子公司更趋于紧密型管理。

除我国金融系统公司（商业银行、保险公司、证券公司等）以外，五家央企率先开展合规管理体系建设。例如：中国石油实际上自 2014 年就开始安排部署合规管理。中国移动于 2016 年启动"合规护航计划"，集团公司董事长发布合规倡议。其他企业均于 2016 年开始合规管理体系建设。五家央企开展建设合规管理体系的共同特点包括：

1. 集团总部和优选下属公司先行试点

中国石油、东方电气集团、招商局集团、中国中铁探索在集团总部和/或优选下属企业开展合规管理试点，积累经验，培养队伍，培育合规意识，并逐步在集团和其他下属企业推广，取得了良好效果。

2. 积极培育合规文化

中国石油领导率先做出合规承诺，倡导守法合规、诚信做事的合规价值观以及"诚信合规是公司发展的基石""诚信合规优先于经济利益""管业务必须管合规"等合规理念，大力开展合规宣传培训并动员工签署遵守诚信合规手册的《承诺书》等。

东方电气集团弘扬爱国、自强、开拓诚信的企业精神，倡导"合规从高层做起""全员主动合规""合规创造价值"等合规理念，企业利用微信公众号、会议视频、平面媒体等多种方式进行合规宣传与培训。

3.同步开展诚信合规体系与全面合规管理体系建设

五家央企都是跨国企业集团，一方面开展诚信合规体系建设，制定和实施《诚信合规手册》《诚信合规准则》《市场竞争合规指南》等，与国际社会诚信合规管理接轨，另一方面积极探索和推动全面合规管理体系建设，制定《合规管理办法》等。

4.积极组建合规组织，大力培养合规管理队伍

中国中铁改组法律事务部，增加合规管理职能；确定多层级合规组织并规定其合规管理职责，包括董事会、监事会、经理层、合规管理部门（法律事务部）、各职能部门、各业务部门以及各分子公司等。尤其强调"管业务必须管合规"的合规理念，夯实业务部门的合规管理主体责任和主体地位。

东方电气集团的合规组织包括董事会，战略、投资及风险管理委员会，公司管理层，总法律顾问，以及合规归口管理部门（法务审计部）、专项部门（纪检监察部）和直接责任部门（公司各部门和所属企业）。

中国移动明确总法律顾问合规职责，明确法律部门是合规管理的牵头部门，财务、人力、内审、党群、纪检是合规管理的配合部门，建立工作流程和机制，设置合规管理专岗。

注重合规管理队伍建设，扩充合规管理人员，培训合规管理专业知识和管理能力。例如。中国中铁全系统增设合规管理岗位200多个。

5.探索制定与实施合规管理制度与流程

五家央企都积极探索制定与实施合规管理制度与流程。对集团现有规章制度和流程进行全面清理和修改，使之符合合规管理要求。同时加强合规管理基本制度和专项合规管理制度建设，制定并实施《诚信合规准则》《合规管理办法》等。

中国移动根据自身行业特点和公司架构特点，发布和实施了《市场竞争合规指南》《反商业贿赂合规指南》《行政执法配合合规指南》《信息安全合规指南》等。

6.关注重点领域合规管理，将合规管理融入业务

中国移动在反垄断、反不正当竞争、消费者权益保护、信息安全、招标采购、工程建设、商业合作伙伴管理等八个重点领域全面推行合规管理，形成全集团统一的合规要求；并通过尽职调查、资质审核、履约把控、后评估、合规承诺、负面清单管理等方式，将合规管理延伸到客户、供应商、

承包商、销售商和中介服务机构等合作伙伴，共建诚信合规商业环境。

7. 探索建立合规管理信息系统

中国石油搭建合规管理信息平台，实现合规事项申报、审查、评价、档案管理网上运行。中国移动集团探索建立和运行了信息安全合规管理工作平台。

五家试点央企有关建立合规管理体系的试点情况总结、梳理如下：

一、中国石油天然气集团有限公司

以下信息主要源自中国石油天然气集团有限公司官网：http：//www.cnpc.com.cn/ 以及国务院国资委政策法规局《国资委系统法治工作简报》。

（一）集团简介

中国石油天然气集团有限公司（以下简称"中国石油"）是 1998 年 7 月在原中国石油天然气总公司基础上组建的特大型石油石化企业集团，2017 年 12 月完成公司制改制。

中国石油是国有独资企业，是产炼运销储贸一体化的综合性国际能源公司。集团 2017 年营业收入二万余亿元人民币，营业利润 577 余亿元人民币，在世界 50 家大石油公司综合排名中位居第三，在《财富》杂志全球 500 强排名中位居第四。

中国石油发行的美国存托证券、H 股及 A 股于 2000 年 4 月 6 日、2000 年 4 月 7 日及 2007 年 11 月 5 日分别在纽约证券交易所、香港联合交易所及上海证券交易所挂牌上市。

中国石油是超大型的跨国企业集团，下设数家全资子公司、合营公司（拥有 50% 股权）以及参股的联营公司（拥有股权小于 50%）。

中国石油业务相对比较集中，主要业务包括国内外石油天然气勘探开发、炼油化工、油气销售、管道运输、国际贸易、工程技术服务、工程建设、装备制造、金融服务、新能源开发等。

（二）合规管理试点

中国石油实际上自 2014 年就开始安排部署合规管理。2016 年被国资委确定为央企合规管理试点单位后，中国石油通过几年的实施推进，确立了合规管理的战略定位和合规高于经济利益的价值导向，初步建立了分工负责齐抓共管的组织架构和预防为主惩防并举的制度机制，逐步强化了管业务必须管合规的合规管理责任，全员合规意识普遍增强，合规文化氛围更加浓厚。

中国石油强调，重点要做到坚持"管业务必须管合规"的原则，落实好业务部门的主体责任，发挥好法律部门组织推动大合规的综合管理职能，以及内控、审计、纪检监察部门的监督检查作用，建立起法律、业务、监督部门联系制度和协作机制，定期沟通情况、共享信息，形成管理合力。

中国石油根据建设合规管理体系试点总结的经验，参与了国资委《中央指引合规管理指引（试行）》的制定工作，为中央企业推进合规管理贡献了自身实践总结。

（三）领导的合规承诺

集团董事长在《诚信合规手册》中开篇致辞（摘录）：

"我们始终秉承'奉献能源、创造和谐'的企业宗旨，坚持诚实守信、依法合规的价值观，努力为社会创造财富、促进和谐。实践证明，诚信合规是公司发展的基石，是公司有质量有效益可持续发展的坚实保障。

继往开来，我们清晰地认识到，公司的卓越声誉和持续发展更加有赖于诚信合规。我们将坚持诚信合规优先于经济利益的理念，让诚信合规涵盖经营管理各领域、业务活动各环节、全体员工各岗位。"

（四）合规理念

1.诚信合规是公司发展的基石，是公司有质量、有效益、可持续发展的坚实保障。

2.公司的卓越声誉和持续发展更加有赖于诚信合规。

3.诚信合规优先于经济利益。

4.全面诚信合规：诚信合规涵盖经营管理各领域、业务活动各环节、全体员工各岗位；

5.管业务必须管合规。

（五）合规价值观

1.守法合规

"守法合规是我们行为的底线。我们在开展业务时，要遵守所有适用的法律法规和规章制度，恪守职业道德。即使为了公司利益，也不能违法违规行事。"

2.诚信做事

"诚信是我们行为的前提，没有诚信，一切将被否定。我们要始终坚持诚信至上、诚信为本，传承、弘扬中华民族诚实守信的传统美德和中国石油的优良作风，当老实人、说老实话、办老实事，言必行、行必果，不欺上瞒下、不弄虚作假。"

（六）合规组织

中国石油天然气集团公司的合规组织包括董事会、监事会、公司管理层、法律事务部、各职能部门、各分公司、各子公司等。

（七）合规管理制度与流程

1.《诚信合规手册》。

2.《合规管理办法》。

3.搭建合规管理信息平台，实现合规事项申报、审查、评价、档案管理网上运行。

（八）搭建合规管理信息平台

中国石油搭建合规管理信息平台，实现合规事项申报、审查、评价、档案管理网上运行。

（九）合规文化

1.签署遵守诚信合规手册《承诺书》。

2.建设综合素质较高的合规管理专业团队。

3.开展多种多样的合规宣传与培训。

4.参与我国国资委《中央企业合规管理指引（试行）》的制定工作。

二、中国移动通讯集团有限公司

以下信息主要源自中国移动通讯集团有限公司官网：http：//www/10086.cn/ 以及国务院国资委政策法规局《国资委系统法治工作简报》。

（一）集团简介

中国移动通信集团有限公司（以下简称"中国移动"），是于2000年组建成立的中央企业。2008年5月，中国铁通集团有限公司整体并入中国移动。2017年12月，中国移动通信集团公司进行公司制改制，企业类型由全民所有制企业变更为国有独资公司，并更名为中国移动通信集团有限公司。

中国移动目前是全球网络规模最大、客户数量最多、盈利能力和品牌价值领先、市值排名位居前列的电信运营企业，注册资本3000亿人民币，资产规模近1.7万亿人民币，员工总数近50万人。中国移动连续18年入选《财富》世界500强企业，2018年列第53位；连续14年在国资委经营业绩考核中获A级。

中国移动于2016年名列财富世界500强第45名，2017年第47名，2018年第53名。

中国移动全资拥有中国移动（香港）集团有限公司，由其控股的中国移动有限公司在国内31个省（自治区、直辖市）和香港设立全资子公司，并在香港和纽约上市。

中国移动的业务集中，主要经营移动语音、数据、宽带、IP电话和多媒体业务，并具有计算机互联网国际联网单位经营权和国际出入口经营权。

（二）合规管理试点

2016年，中国移动启动"合规护航计划"，集团公司董事长发布合规倡议，提出"严守法纪、尊崇规则、践行承诺、尚德修身"的合规精神和理念。基于"合规护航计划"，集团详细制定了具体的实施纲要，从组织、制度、流程、文化等四方面确定20项举措、42项关键任务，明确了职责，分解了任务。

首先是修改公司章程，明确董事会审计和风险管理委员会的合规职责，具体包括指导公司合规管理体系的建设和有效运行，对依法合规经营及其执行情况进行定期检查和评估等。

其次是明确总法律顾问合规职责，明确法律部门是合规管理的牵头部门，财务、人力、内审、党群、纪检是合规管理的配合部门，建立工作流程和机制，设置合规管理专岗。

此外，完善合规考核评价机制，建立合规管理督导报告机制。集团公司将通过定期检查、发布合规管理报告等方式，对各单位合规管理体系运行情况、合规管理的有效性进行督导评估。

（三）合规倡议

中国移动于 2016 年 11 月 29 日发出《合规倡议书》。内容如下：

"贯彻中央全面依法治国战略和关于深化国有企业改革的部署，落实国资委法治央企建设要求，全面推进'法治移动'建设、深入实施'合规护航计划'，提升依法治企能力和合规管理能力，有效保障公司依法治理、合规经营、规范管理。

弘扬法治文化，锻造法治思维，强化合规意识，凝聚担当精神和创业激情，以'成为数字化创新的全球领先运营商'战略愿景为己任，全力实施'大连接'战略，助力公司迈入可持续发展新阶段。

牢固树立'合规人人有责'的价值理念，内化于心，外化于行，做到严守法纪，尊崇规则，践行承诺，尚德修身。遵守宪法法律、国家政策，遵循商业规范、行业准则，恪守规章制度、契约承诺，推崇社会公德、商业道德，做依法合规的自觉尊崇者、模范践行者和坚定捍卫者！"

（四）合规管理重点领域

1. 八个合规管理重点领域

中国移动在反垄断、反不正当竞争、消费者权益保护、信息安全、招标采购、工程建设、商业合作伙伴管理等八个重点领域全面推行合规管理。

2. 商业合作伙伴合规管理

2016 年，中国移动开始对客户、供应商、承包商、销售商和中介服务机构等合作伙伴进行合规管理试点，并通过尽职调查、资质审核、履约把控、后评估、合规承诺、负面清单管理等方式，加强对商业伙伴诚信合规情况的监督审查，传导中国移动合规要求，共建诚信合规商业环境。

3.合规管理融入业务

合规管理还有一个重要特点是合规管理必须融入业务。中国移动通过建立、健全合规审查、合规事件处理、巡查、举报、问责流程，使得合规工作不仅与经营活动有机融合，还能动态更新、全程把控。

（五）合规管理制度

1.《中国移动合规管理办法》：建立合规审查、报告、培训、考核、激励、问责的闭环管理；各单位按照集团公司统一要求，纷纷制定合规管理办法、配套规定和专项指引，全集团"1+N"的合规管理制度体系逐步形成。

2.《市场竞争合规指南》。

3.《反商业贿赂合规指南》。

4.《行政执法配合合规指南》。

5.《信息安全合规指南》。

中国移动集团还建立了信息安全合规管理工作平台。

三、中国东方电气集团有限公司

以下信息主要源自中国东方电气集团有限公司官网：http：//www/dongfang.com/ 以及国务院国资委政策法规局《国资委系统法治工作简报》。

（一）集团简介

中国东方电气集团有限公司（简称"东方电气集团"）是国务院国资委监管企业，是全球最大的发电设备制造和电站工程总承包企业集团之一，发电设备产量累计超过 5 亿千瓦，已连续 14 年发电设备产量位居世界前列。

东方电气集团起步于上世纪 50 年代末期。集团在重视传统能源高效清洁利用的同时，践行"创新、协调、绿色、开放、共享"的发展理念，大力发展新能源和可再生能源产业，拥有"水电、火电、核电、气电、风电、太阳能"六电并举的研制能力，可批量研制 1000MW 等级水轮发电机组、1350MW 等级超超临界火电机组、1000MW–1750MW 等级核电机组、重型燃气轮机设备、直驱和双馈全系列风力发电机组、高效太阳能电站设备、氢能客车、大型环保及水处理设备、电力电子与控制系统、新能源电池及储能系统、智能装备等产品。

东方电气大力拓展海外市场，积极参与"一带一路"建设，大型装备产品和服务出口到近 80 个国家和地区，创造了中国发电设备出口历史上若干个第一，连续 24 年入选 ENR 全球 250 家最大国际工程承包商之列。

东方电气集团旗下的东方电气股份有限公司，分别在上海证券交易所（代码 600875）和香港联交所（代码 1072）上市。

东方电气集团是超大型的跨国企业集团，业务涉及发电、装备制造、工程与贸易、金融、物流等。

（二）合规管理试点

按照国务院国资委的部署安排，东方电气集团确定了两家试点企业（即东方轮机厂、集团财务公司），积极推进试点工作。

东方电气集团总法律顾问带领法律事务部、审计部等相关人员多方调研，结合实际，制定试点工作方案，建立统一标准，初步形成组织有力、流程规范、运行有效的合规管理体系框架。

（三）领导的合规承诺

公司董事长在《诚信合规准则》中开篇致辞（摘录）：

"加强合规管理，是贯彻落实全面依法治国重要战略部署的客观要求，是全面推进法治东方电气的重要举措，是国际化进程中提升国际竞争的必由之路。东方电气始终遵循以创新发展、客户增值、员工成长、环境友好为价值驱动力，坚持诚信公平、依法合规的价值观，将诚信合规理念融入各项经营管理和业务发展活动中，践行企业社会责任和使命。"

（四）合规理念

始终遵循以合规发展、客户增值、员工成长、环境友好为价值驱动力，坚持诚信公平、合规经营的价值观，将诚信合规理念融入各项经营管理和业务发展活动中，守法合规，践行中央企业社会责任和使命。

合规是公司经营发展重要组成部分，公司将不断完善合规管理体系，提高合规管理体系运行效率和有效性，切实防范风险。

（五）合规管理体系

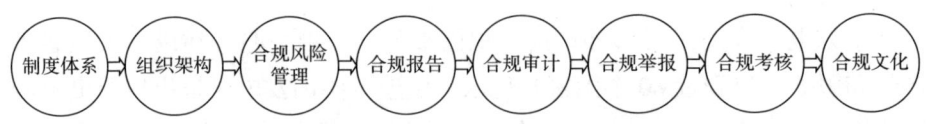

制度体系 → 组织架构 → 合规风险管理 → 合规报告 → 合规审计 → 合规举报 → 合规考核 → 合规文化

（六）合规组织

公司合规组织包括董事会，战略、投资及风险管理委员会，公司管理层，总法律顾问，以及合规归口管理部门（法务审计部）、专项部门（纪检监察部）和直接责任部门（公司各部门和所属企业）。

（七）合规管理制度

1.《诚信合规准则》

于2017年3月经集团董事长签批发布，作为公司管理制度体系的核心。涵盖了公司和员工处理内部事务与对外交易交往的基本行为规范和规则。是公司每一位员工必须遵守的合规基本准则，及对外展示公司诚信合规理念的重要载体。

2.《合规管理办法》

通过组织机构和流程设计，建立合规管理机制，开展合规风险监测、合规检查、合规考核以及合规培训与合规文化建设等，预防、识别、评估、报告和应对合规风险的行为。

3.具体合规要求和规范

对重要的合规问题进行补充规定，如商业伙伴合规管理、举报与内部调查等，与内部经营管理流程相契合。

（八）合规文化

东方电气集团将合规文化作为公司合规管理体系的一部分加以规定，要求倡导和培育良好的合规文化努力培育公司全员的合规意识，并将合规文化建设作为企业文化建设的重要组成部分。

全员宣贯合规文化，树立合规价值观，通过不定期组织全面培训与专业培训、自我学习与有效测试相结合方式，强调合规理念，引导全体员工从"要我合规"转变为"我要合规"，将合规风险防范于未然。

四、招商局集团有限公司

以下信息主要源自招商局集团有限公司官网 http：//www.cmhk.com/ 以及国务院国资委政策法规局《国资委系统法治工作简报》。

（一）集团简介

招商局集团有限公司（简称"招商局集团"）是国资委直接管理的国有企业，总部设于香港，亦被列为香港四大中资企业之一。2017 年，招商局集团实现营业收入 5844 亿元，利润总额 1271 亿元。招商局集团成为 8 家连续 14 年荣获国务院国资委经营业绩考核 A 级的央企之一和连续四个任期"业绩优秀企业"。2018 年发布的《财富》世界 500 强榜单中，招商局集团首次申请即入围，以 146 年的历史创造了世界 500 强中国企业的基业长青纪录。

招商局集团是一家业务多元的大型综合企业集团。目前，招商局业务主要集中于综合交通（包括交通基建产业、航运业、综合物流业务等）、特色金融（包括银行、证券、基金、保险、不良资产管理、融资租赁等领域）、城市与园区综合开发三大核心产业，并正实现由三大主业向实业经营、金融服务、投资与资本运营三大平台转变。

招商局是国家"一带一路"倡议的重要参与者和推动者。集团加快国际化发展步伐，在全球 20 个国家和地区拥有 53 个港口，已初步形成较为完善的海外港口、物流、金融和园区网络。

（二）试点

招商局集团于 2016 年 6 月启动合规管理试点。2016 年 6 月，集团审议通过《招商局集团有限公司合规管理体系建设试点工作方案》，确定了合规试点项目工作目标。集团总部和招商蛇口等四家下属公司（招商蛇口、招商港口、招商证券及招商海通），在合规体系方案设计、组织体系、制度体系、人才队伍建设，以及合规文化培育和宣传等方面，从合规管理组织体系、制度体系、合规风险管控机制和合规文化建设机制四大支柱着手，做了大量有益探索，积累了很多宝贵经验。

2016 年 9 月，集团对采购管理、投资管理、"三重一大"决策程序及重要商业合作伙伴四个领域开始专项合规检查，四家试点企业亦围绕各自重点业务领域及重要商业合作伙伴开展专项合规检查，防范重点领域的合规风险。

集团及四家下属合规试点企业均设立了合规工作领导机构，确定了合规工作机构，设置了合规专职岗位，逐步建立合规专业队伍。同时，集团努力探索建立合规风险识别机制，使有限的资源聚焦于重点合规领域和合规风险。内部巡查和合规检查相结合，加强合规、风控、审计、监察各相关部门联动与协同，探索建立长效协同机制。

集团还全面启动199项规章制度的清理修订工作。招商蛇口完成123项规章制度修订，招商港口完成38项规章制度修订，招商证券完成95项规章制度修订，交进公司完成7项规章制度修订。

2017年，增加招商工业、招商海通、招商资本、招商漳州四家试点企业。

2018年，新增招商轮船、招商公路、中外运股份、招商交科院、招商租赁、招商财务六家试点企业。

（三）合规管理制度

1.《招商局集团合规管理办法（试行）》于2016年9月1日发布施行。

2.招商蛇口《合规管理办法（试行）》2016年10月27日发布施行。

3.招商港口《合规管理办法（试行）》2016年12月2日发布施行。

4.招商证券于2016年10月7日对2009年的《合规管理制度》进行了修订。

5.交进公司《合规管理办法（试行）》于2016年8月24日发布施行。

（四）合规文化

1.企业精神：爱国 自强 开拓 诚信。

2.合规理念："合规从高层做起""全员主动合规""合规创造价值"。

3.合规宣传培训：集团及集团下属四家试点企业利用微信公众号、会议视频、平面媒体等多种方式进行合规宣传与培训。

五、中国中铁股份有限公司

以下信息主要源自中国中铁股份有限公司官网：http://www.crecg.com/ 以及国务院国资委政策法规局《国资委系统法治工作简报》。

（一）集团介绍

中国中铁股份有限公司（简称"中国中铁"）是集勘察设计、施工安装、工业制造、房地产开发、资源矿产、金融投资和其他业务于一体的特大型企业集团，总部设在中国北京。作为全球最大建筑工程承包商之一，中国中铁连续 13 年进入世界企业 500 强，2018 年在《财富》世界 500 强企业排名第 56 位，在中国企业 500 强排名第 13 位。

2007 年 9 月 12 日，中国铁路工程总公司独家发起设立中国中铁股份有限公司，并于 2007 年 12 月 3 日和 12 月 7 日，分别在上海证券交易所和香港联合交易所上市。2017 年 12 月由全民所有制企业改制为国有独资公司，更名为中国铁路工程集团有限公司。

（二）合规管理试点

2016 年 7 月，中国中铁印发《中国中铁股份有限公司合规管理体系建设实施方案》，明确了合规管理体系建设的近期、中期和远期目标；进一步完善组织架构：构建合规管理组织体系，明确规定二、三级公司在工作推介层面，建立总经理负责，总法律顾问牵头组织，合规综合管理部门、专项管理部门、参与管理部门组成的"三位一体"组织架构模式。

中国中铁总法律顾问带领法律合规部及相关业务骨干编写完成《中央企业合规管理研究及中国中铁合规管理探索》，制定试点工作实施方案，构建"大合规"管理体系，健全合规风险管控机制。

（三）合规组织

全系统法律事务部统一更名为法律合规部，更名后法律合规部统称为"法规部"，为合规综合管理部门；董事（监事）会办公室、战略规划、干部（人力资源）、安全生产、审计、监察等部门为合规专项管理部门；所有业务部门都是合规参与管理部门。

（四）合规管理制度

1.《诚信合规管理办法（试行）》。

2.《合规管理办法》。

3.《合规准则》。

（五）合规文化：把"诚信敬业 共建共享"作为集团核心价值观之一

坚持诚实守信、至诚至信的基本价值理念，保持爱岗敬业、尽职尽责的基本工作作风；以人为本、平等公正，团结协作、开放包容，追求企业与员工、与股东、与社会的共同发展、和谐共赢。

第五章　企业境外投资经营合规风险及《企业境外经营合规管理指引》解读

Chapter VI　Compliance Risks in Overseas Investment and Operation and Understanding of the Guidelines on Compliance Management in Overseas Operations

2018 年 12 月 26 日，国家发展改革委、外交部、商务部、人民银行、国资委、外汇局、全国工商联七部委，联合发布《企业境外经营合规管理指引》（发改外资〔2018〕1916 号）（以下简称《指引》）。这是国家发展改革委外资司等 2018 年 7 月 5 日发布《企业境外经营合规管理指引（征求意见稿）》，经过近五个半月的时间征求意见后，重磅发布。

2018 年可谓中国企业合规发展元年。除《企业境外经营合规管理指引》外，2017 年 12 月 29 日，中国国家质量监督检验检疫总局联合、中国标准化管理委员会联合发布了《合规管理体系　指南》（GB/T 35770–2017）并于 2018 年 7 月 1 日生效。2018 年 11 月 2 日，国资委颁布了《中央企业合规管理指引》。

境外投资经营是我国企业实现企业发展战略，参与"一带一路"建设，推进我国与世界各国互利共赢的重要方式。合规是企业境外经营行稳致远的前提，合规管理能力是企业国际竞争力的重要方面。

一、境外投资经营合规风险

我国企业境外投资经营主要包括境外投资与并购、对外货物贸易与服务贸易、对外承包工程、境外企业和项目经营等。

我国企业境外投资经营风险包括政治风险、环境风险、财务与外汇风险、劳工风险、市场风险、恐怖融资风险、合规风险等。其中，合规风险存在于国家安全审查、反垄断审查、贸易管制、知识产权、贸易管制、环境保护、行业监管、劳动用工、诚信合规、财务税收、网络安全与数据保护、合作伙伴合规、道德规范以及当地风俗习惯等领域。

我国企业境外投资经营屡屡遭遇合规风险，主要原因包括：

1. 包括合规尽职调查在内的尽职调查不充分，仓促投标；

2. 违反境外诚信合规规定，生搬硬套国内游戏规则；

3. 不遵守合同约定，违约严重；

4. 对合作伙伴的合规尽职调查不充分；

5. 境外经营管理忽视诚信合规合法，法律、合规得不到足够重视，法律、合规管理人员配备不足。

我国企业防范和管控境外投资经营风险，需要：（1）谨慎、科学地决策；（2）充分的、全面的尽职调查，包括合规尽职调查；（2）运营管理与国际接轨，包括诚信合规管理；（3）充分使用好第三方顾问与咨询机构，包括律师事务所；（4）重合同，守信用，完善的合同管理。

诚信合规管理在欧美企业日益得到加强，并被上升到国际商业行为准则的高度。合规管理已被纳入全球信用管理体系，成为企业参与国际市场竞争的基本条件与核心竞争力。我国企业疏于诚信合规管理常被欧美国家和跨国企业集团所诟病，并被用来为我国企业的国际竞争和经营设置障碍。我国企业要角逐国际市场竞争，参与"一带一路"建设，开展境外投资经营，建立健全的合规管理体系，开展适当、充分、有效的合规管理，已刻不容缓。

二、大合规概念

《指引》运用了企业大合规理念来指导和规范我国企业境外经营的合规管理。

1. 合规规范（第三条）

合规规范包括法律法规、国际条约、监管规定、行业准则、商业惯例、道德规范和企业依法制定的章程及规章制度等。

2. 全面性原则（第五条）

要求企业合规管理覆盖所有境外业务领域、部门和员工，贯穿决策、执行、监督、反馈等各个环节，体现于决策机制、内部控制、业务流程等各个方面，强调企业境外经营活动全流程、全方位合规。

3. 合规管理体系（第四条）

突出企业合规管理框架建设。强调企业应以倡导合规经营价值观为导向，明确合规管理工作内容，健全合规管理架构，制定合规管理制度，完善合规运行机制，加强合规风险识别、评估与处置，开展合规评审与改进，培育合规文化，形成重视合规经营的企业氛围。

除合规方针与承诺、企业合规管理信息系统外，《指引》强调全面合规管理体系的建设，对合规管理体系中的十大构成要素作了全面、具体的规定。

三、特殊的适用对象（第二条）

《指引》适用于开展对外贸易、境外投资、对外承包工程等"走出去"相关业务的中国境内企业及其境外子公司、分公司、代表机构等境外分支机构。

四、合规管理原则（第五条）

1. 独立性原则

企业合规管理应从制度设计、机构设置、岗位安排以及汇报路径等方面保证独立性。合规管理机构及人员承担的其他职责不应与合规职责产生利益冲突。

2. 适用性原则

企业合规管理应从经营范围、组织结构和业务规模等实际出发，兼顾成本与效率，强化合规管理制度的可操作性，提高合规管理的有效性。同时，企业应随着内外部环境的变化持续调整和改进合规管理体系。

3. 全面性原则

企业合规管理应覆盖所有境外业务领域、部门和员工，贯穿决策、执行、监督、反馈等各个环节，体现于决策机制、内部控制、业务流程等各个方面。

五、具体合规要求（第六条至第九条）

《指引》在第六条至第九条就对外贸易、境外投资、对外承包工程以及境外日常经营等制定了具体合规要求。

1.对外货物和服务贸易

应确保经营活动全流程、全方位合规，全面掌握关于贸易管制、质量安全与技术标准、知识产权保护等方面的具体要求，关注业务所涉国家（地区）开展的贸易救济调查，包括反倾销、反补贴、保障措施调查等。

2.境外投资

应确保经营活动全流程、全方位合规，全面掌握关于市场准入、贸易管制、国家安全审查、行业监管、外汇管理、反垄断、反洗钱、反恐怖融资等方面的具体要求。

3.对外承包工程

应确保经营活动全流程、全方位合规，全面掌握关于投标管理、合同管理、项目履约、劳工权利保护、环境保护、连带风险管理、债务管理、捐赠与赞助、反腐败、反贿赂等方面的具体要求。

4.境外日常经营

应确保经营活动全流程、全方位合规，全面掌握关于劳工权利保护、环境保护、数据和隐私保护、知识产权保护、反腐败、反贿赂、反垄断、反洗钱、反恐怖融资、贸易管制、财务税收等方面的具体要求。

六、合规组织

（一）合规组织（第十条、第十一条）

1.合规治理结构在决策、管理、执行三个层级上划分相应的合规管理责任，而合规管理机构一般由合规委员会、合规负责人（首席合规官）和合规管理部门组成。

2.尚不具备条件设立专门合规管理机构的企业，可由相关部门（如法律事务部门、风险防控部门等）履行合规管理职责，同时明确合规负责人。

（二）合规管理协调（第十二条）

1.合规管理部门和业务部门密切配合。

2.合规管理部门与其他具有合规管理职能的监督部门（如审计部门、监察部门等）应建立明确的合作和信息交流机制，加强协调配合，形成管理合力。

3.企业与外部监管机构加强沟通协调。

4.企业与第三方沟通协调，做好相关的国别风险研究和项目尽职调查，深入了解第三方合规管理情况，在商务合同中明确约定对对方的合规要求。

七、合规管理制度（第四章）

1.合规管理基本制度

强调合规行为准则是最重要、最基本的合规制度，是其他合规制度的基础和依据，包括但不限于企业核心价值观、合规目标、合规的内涵、行为准则的适用范围和地位、企业及员工适用的合规行事标准、违规的应对方式和后果等。

2.合规管理办法

要求针对特定主题或特定风险领域制定具体的合规管理办法，包括但不限于礼品及招待、赞助及捐赠、利益冲突管理、举报管理和内部调查、人力资源管理、税务管理、商业伙伴合规管理等内容，以及相应的合规风险管理办法。

3.合规操作流程

企业可结合境外经营实际，制定相应的合规操作流程，进一步细化标准和要求；也可将具体的标准和要求融入现有的业务流程当中。

八、合规管理运行机制（第五章）

合规管理运行机制包括：

1.合规培训

企业应将合规培训纳入员工培训计划。决策层和高级管理层应带头接受合规培训，高风险领域、关键岗位员工应接受有针对性的专题合规培训。

2.合规汇报

合规负责人和合规管理部门应享有通畅的合规汇报渠道，定期向决策层和高级管理层汇报合规管理情况。

3.合规考核

合规考核应全面覆盖企业的各项管理工作。合规考核结果应作为企业绩效考核的重要依据，与评优评先、职务任免、职务晋升以及薪酬待遇等挂钩。

4.合规咨询与审核

境外经营相关部门和境外分支机构及其员工在履职过程中遇到合规风险事项，应及时主动寻求合规咨询或审核支持。

企业应针对高合规风险领域规定强制合规咨询范围。在涉及重点领域或重要业务环节时，业务部门应主动咨询合规管理部门意见。合规管理部门应在合理时间内答复或启动合规审核流程。

对于复杂或专业性强且存在重大合规风险的事项，合规管理部门应按照制度规定听取法律顾问、公司律师意见或委托专业机构召开论证会后再形成审核意见。

5.合规信息举报调查

企业应根据自身特点和实际情况建立和完善合规信息举报体系。员工、客户和第三方均有权进行举报和投诉，企业应充分保护举报人。

合规管理部门或其他受理举报的监督部门应针对举报信息制定调查方案并开展调查。形成调查结论以后，企业应按照相关管理制度对违规行为进行处理。

值得注意的是，在违规举报与调查方面，《指引》的规定与我国国资委《中央企业合规管理指引（试行）》存在区别。《指引》直接明确合规管理部门可以受理违规举报并开展调查。而我国国资委《中央企业合规管理指引（试行）》第十条规定，合规管理牵头部门受理职责范围内的违规举报，组织或参与对违规事件的调查，并提出处理建议；此外的合规举报、调查和问责须根据我国党内法规以及《监察法》的规定，由纪检监察部门负责。

6.合规问责

企业应建立全面有效的合规问责制度，明晰合规责任范围，细化违规惩处标准，严格认定和追究违规行为责任。

九、合规风险管理（第六章）

《指引》强调我国企业境外经营的合规风险管理，对合规风险识别、评估与处置做了具体规定，要求企业建立必要的制度和流程，识别新的和变更的合规要求以及合规风险，通过分析违规或可能造成违规的原因、来源、发生的可能性、后果的严重性等进行合规风险评估，提出处置建议，采取恰当的控制和处置措施。

十、合规评审与改进（第七章）

1. 合规审计

企业合规管理职能应与内部审计职能分离。企业审计部门应对企业合规管理的执行情况、合规管理体系的适当性和有效性等进行独立审计。

2. 合规管理体系评价

企业应定期对合规管理体系进行系统全面的评价，发现和纠正合规管理贯彻执行中存在的问题，促进合规体系的不断完善。合规管理体系评价可由企业合规管理相关部门组织开展或委托外部专业机构开展。

3. 持续改进

企业应根据合规审计和体系评价情况，进入合规风险再识别和合规制度再制定的持续改进阶段，保障合规管理体系全环节的稳健运行。

企业应积极配合监管机构的监督检查，并根据监管要求及时改进合规管理体系，提高合规管理水平。

十一、合规文化建设（第八章）

（一）合规文化培育

1. 企业应将合规文化作为企业文化建设的重要内容。

2. 企业决策层和高级管理层应确立企业合规理念，注重身体力行。

3. 企业应践行依法合规、诚信经营的价值观，不断增强员工的合规意识和行为自觉，营造依规办事、按章操作的文化氛围。

（二）合规文化推广

企业应将合规作为企业经营理念和社会责任的重要内容，并将合规文化传递至利益相关方。企业应树立积极正面的合规形象，促进行业合规文化发展，营造和谐健康的境外经营环境。

第六章　企业合规管理有效落地运行及有效性评价
Chapter VI　Effective Operation of Corporate Compliance Management System and Effectiveness Assessment

要　点：

1. 企业合规管理体系有效落地运行。

2. 合规管理有效性评价：借鉴美国司法部《公司合规管理评价指引》。

3. 合规管理有效性评价：《企业合规管理体系验收、评估、评价、审计实务指引》介绍。

　　我国国务院国资委发布实施《中央企业合规管理指引（试行）》以后，上海市、重庆市、江苏省、山东省、广东省、陕西省、山西省等也相继颁布了本省、市属国有企业合规管理指引。根据这些合规管理指引，合规管理体系由四大部分构成，即合规管理组织体系、合规管理重点、合规管理运行机制与合规管理保障机制。

　　诸多中央企业、地方国有企业通过制定合规管理办法、合规管理大纲等合规管理基本制度，搭建了企业合规管理体系架构，包括建立合规管理组织体系，明确合规管理重点，并对企业合规管理运行机制和保障机制作出了原则性、指导性的规定。但这仅仅是合规管理体系建设的基础和第一步，如何建立健全并有效运行的合规管理体系还任重道远。

　　企业合规管理体系如何有效落地运行，是一亟待研究的课题。

一、企业合规管理体系有效落地

　　推动和确保企业合规管理体系有效落地运行，可以从以下几个方面进行考查：

（一）合规管理目的

实务界有一个认识误区，以为合规管理能够帮助企业彻底杜绝合规风险——只要建立了合规管理体系，企业就彻底消除合规风险了。

合规管理的目的是降低和有效防控合规风险，这在国务院国资委《中央企业合规管理指引（试行）》及有关省、市属国有企业合规管理指引都有明确规定。

国家标准《合规管理体系 指南》在前言中也开宗明义地提出："组织通过建立有效的合规管理体系来防范合规风险。…… 建立有效的合规管理体系并不能杜绝不合规的发生，但是能够降低不合规发生的风险。在很多国家或地区，当发生不合规时，组织和组织的管理者以组织已经建立并实施了有效的合规管理体系作为减轻、甚至豁免行政、刑事或者民事责任的抗辩，这种抗辩有可能被行政执法机关或司法机关所接受。这对于国企业无论是在国内还是在境外发展都尤为重要。"

合规管理并不能帮助企业彻底杜绝合规风险，但是能协助企业降低和有效防控合规风险。合规管理体系有效落地运行，必须首先明确这一点。

（二）合规管理体系是一个有机整体

实务界的另一个误区是认为有了合规管理办法、合规管理组织，合规管理体系建设就完成了。

但是，合规管理体系是一个完整的、有机的整体，只有其各个组成部分都落实到位和有效运行，整个体系才能有效运行和发挥作用。

合规管理体系的四大组成部分构成一个不可分割且相辅相成的完整整体。建立合规管理组织、制定合规管理的基本制度是合规管理体系建设的基础和第一步，但远非其全部，合规管理体系建设不能止步于此。

只有在制定合规管理办法、建立合规管理组织体系后，积极推动完成重点领域的专项合规管理，并将合规管理运行机制与合规管理保障机制的各个构成要素落实到位并有效运行，合规管理体系才能整体有效运行和发挥有效防控合规风险的作用。

（三）合规管理是全面管理

不少企业管理人员认为，合规管理主要是合规管理重点（重点领域、重点环节与重点人员）的合规管理。

但是，合规管理是全面管理。合规管理的全面性原则作为国务院国资委《中央企业合规管理指引（试行）》及有关省、市属国有企业合规管理指引确定的一项基本原则，要求企业合规管理全面覆盖，将合规要求覆盖各业务领域、各部门、各级子企业和分支机构、全体员工，贯穿决策、执行、监督全流程。同时要求企业根据外部环境变化，结合自身实际，在全面推进合规管理的基础上，突出重点领域、重点环节和重点人员，切实防范合规风险。

全面合规管理是基础，要求企业领导带头合规、管业务必须管合规、做业务必须要合规，做到人人、事事、时时、处处合规，建立全员合规责任制。重点领域、重点环节和重点人员是合规管理重点。合规管理要以点带面、点面结合，不能以点盖面、以偏概全。

很多中央企业、地方国有企业在合规管理实践中，突出合规管理重点领域、重点环节与重点人员的专项合规管理，以此为基础积累经验、建立模型、培养队伍，并逐步推广、扩展、普及到企业各部门领域、各管理环节与全体员工的合规管理，实现合规管理的全面覆盖。这些经验和方法值得推广学习。

（四）合规管理是底线管理

还有些企业管理人员认为合规管理能够防控企业所有风险。但合规管理的目的是有效防控合规风险，是底线管理。

国务院国资委《中央企业合规管理指引（试行）》及有关省、市属国有企业合规管理指引第二条都规定，合规风险是指企业及其员工因不合规行为，引发法律责任、受到相关处罚、造成经济或声誉损失以及其他负面影响的可能性。企业一旦发生合规风险，就会导致法律制裁（包括刑事处罚、行政处罚和民事赔偿）。

合规管理的目的就是要防控不合规行为的发生。不合规行为包括对外法规定的合规要求和内规规定的合规承诺的不遵守和违反。

如果说全面风险管理的对象主要是宏观的、前瞻性的、机会性的，包括战略风险、市场风险、财务投融资风险、信用风险等，合规风险就是具体的、微观的、现实的、纯粹的风险。

合规管理就是底线管理或红线管理，要求企业及其员工不触碰合规义务与合规要求的底线，不逾越合规义务与合规要求的红线。合规管理的核心，就是通过识别合规义务与合规要求，识别与评估合规风险，制定各部门领域、各业务岗位的合规底线清单（正负面清单），并通过日常合规管理与考核确保执行，做到人人、事事、时时、处处合规。

（五）合规管理是业务部门日常的基础性管理工作

许多企业管理人员认为合规管理是合规管理牵头部门与其他职能管理部门的事情，业务部门做好配合工作即可。

但实际上，合规管理是业务部门日常的基础性管理工作。合规风险主要是企业日常经营管理中的不合规行为所致不合规乃至违规风险。业务部门的合规风险防控，是企业合规管理的核心内容。

国务院国资委《中央企业合规管理指引（试行）》及有关省、市属国有企业合规管理指引都明确规定，业务部门负责本领域的日常合规管理工作，按照合规要求完善业务管理制度和流程，主动开展合规风险识别和隐患排查，发布合规预警，组织合规审查，及时向合规管理牵头部门通报风险事项，妥善应对合规风险事件，做好本领域合规培训和商业伙伴合规调查等工作，组织或配合进行违规问题调查并及时整改。

上述指引所规定的合规管理牵头部门的职责主要是企业合规的管理性工作，如合规管理制度制定、重大事项合规审查、合规管理评估与合规检查、合规考核、合规培训、合规咨询、合规计划与报告等。

业务部门是合规风险防控的第一道防线，对本部门业务经营的合规负首要的、直接的责任。企业合规管理的有效落地运行及其成败，在于业务部门的日常合规管理是否有效运行。合规管理的全面性原则要求，业务部门负责人管业务必须管合规，业务人员做业务必须要合规。建立全员合规责任制，做到人人、事事、时时、处处合规，要求业务部门将合规管理融入本部门日常管理工作，作为日常管理工作的组成部分，让合规成为日常工作中的行为自觉和习惯。

（六）合规管理是长效工程

很多企业管理人员希望在半年甚至更短的时间内建立并运行有效的合规管理体系。然而，合规管理是长效工程，不可能一蹴而就。

合规管理从体系搭建到运行机制、保障机制有效运转，需要两到三年时间。合规管理的核心是合规风险管理，需要持续改进，循环迭代，持之以恒。

根据五家中央企业建立合规管理体系试点的经验以及各中央企业集团、有关省市推进企业建设合规管理体系的实施方案，企业集团宜在三年内建立健全有效的合规管理体系：第一年在集团总部建立合规管理体系，第二年在集团各层级子公司、分公司全面推动合规管理体系建设，第三年检查评审、巩固提高。之后持续改进并持之以恒地进行合规管理。合规管理伴随企业从设立至消亡的全过程。

（七）法律、合规、风险、内控一体化管理平台

很多企业担心，合规管理需要另建一套单独的合规管理体系。但实际上，合规管理体系是补充、是融入，最终需要与法律、风险、内控建立一体化管理平台。

按照国务院国资委《中央企业合规管理指引（试行）》及有关省、市属国有企业合规管理指引合规管理，建设合规管理体系，在现有企业组织职责中增加合规管理职责、在现有制度流程中融入合规要求、将日常合规管理融入各业务部门日常管理工作、在员工岗位职责中增加合规职责并进行合规考核、在内部审计职责中增加合规审计、在企业现有信息管理系统中增补合规管理信息系统、将合规文化融入企业文化等，无不彰显合规管理体系是补充、是融入，要避免叠床架屋、另建一套单独管理体系。

国务院国有资产监督管理委员会 2015 年 12 月 8 日（国资发法规〔2015〕166 号）《关于全面推进法治央企建设的意见》要求探索建立法律、合规、风险、内控一体化管理平台。

企业建立法律、合规、风险、内控一体化管理，应根据企业自身内外部环境特点，甄别企业法律管理体系、合规管理体系、风险管理体系、内部控制体系在组织体系、制度体系、运行机制与保障机制等要素领域的趋同性和差异性，求同存异，整合存在趋同性的各个要素和方面，建立一体化管理平台。

企业通过合规管理体系建设和运行，推动法律、合规、风险、内控一体化管理平台的建设与有效运行，实现资源共享，优化管理环节，节约管理成本，发挥整体管理效能，促进企业管理整体提升。

（八）制度流程信息化变革

制度流程化、流程信息化是企业现代化管理的标志，也是合规管理体系有效落地的硬件保障。

企业通过合规管理体系信息化建设，推动企业管理的全面信息化变革，减少人为操作失误和干预，提高管理效率，节约管理成本，实现管理公平，促进企业管理的全面现代化提升。

国务院国资委办公厅于 2020 年 8 月 21 日发布《关于加快推进国有企业数字化转型工作的通知》，要求"促进国有企业数字化、网络化、智能化发展，……加快推进国有企业数字化转型工作，以增强竞争力、创新力、控制力、影响力和抗风险能力。要求加强对标跨国企业集团，建设基础数字技术平台，建立系统化管理体系，构建数字治理体系，提升安全防护水平"。要求将国有企业数字化转型工作纳入年度工作计划，做好资源保障。制度流程信息化变革，是国有企业数字化转型工作的重要内容和组成部分。

（九）合规管理体系有效落地，拒绝形式主义

合规管理有效落地的最终检验标准是，合规管理体系的建立和运行是否能够助力企业实现合规管理目标，有效防控合规风险。

合规管理体系要有效落地，必须拒绝形式主义。否则，不但无助于企业实现合规管理目标，反而将徒增管理环节、管理人员、管理负担与管理成本。

合规管理体系的四个方面是一不可分割、相辅相成的完整整体。合规管理体系建设不能止步于合规管理办法的制定与合规管理组织体系的建设。

合规管理体系的有效落地运行，主要体现在以下几个方面：

1.组织体系：合规管理组织体系健全，合规职责明晰。

2.全面合规：各层级、各部门、各岗位合规管理责任全面落实，合规管理成为各部门和员工日常工作的一部分，做到人人、事事、时时、处处合规。

3.制度体系：制度体系完善，业务流程规范，并充分融入合规要求。

4.合规风险管理：各部门领域识别合规风险，采取应对整改措施，建立日常监测预警和持续改进机制，合规风险发生概率明显降低，重大合规风险得到有效防控。

5. 违规管理：违规追责机制、激励约束机制、合规考核机制等有效运行并发挥作用。

6. 合规管理队伍：专职、兼职合规管理人员配备到位并具备专业合规管理能力，各部门业务人员的日常合规管理意识与能力得到有效提升。

7. 合规监督：合规管理评估、合规检查、合规审计等联合监督机制有效运行并切实发挥作用。

8. 一体化管理平台：法律、合规、风险、内控一体化管理平台建立并有效运行。

9. 合规管理信息化：实现信息化合规管理，并融入企业现有其他信息化系统。

10. 合规文化：企业合规文化气氛浓厚，合规成为全员共识及其日常工作中的自觉和习惯。

我国国务院国资委于 2019 年 10 月 19 日发布实施《关于加强中央企业内部控制体系建设与监督工作的实施意见》，要求健全监督评价体系，制定定性与定量相结合的内控缺陷认定标准、风险评估标准和合规评价标准，不断规范监督评价工作程序、标准和方式方法。

结合我国企业合规管理特点和实际情况，建立我国企业合规管理体系有效性评价体系，制定我国企业合规管理有效性评价标准，已提上日程。以下对美国司法部刑事处《公司合规管理评价指引》以及汇业律师事务所《企业合规管理体系验收、评估、评价、审计实务指引》作简要介绍，以作参考。

二、合规管理有效性评价：借鉴美国司法部《公司合规管理评价指引》

美国司法部刑事处于 2019 年 4 月 30 日发布了《公司合规管理评价指引》(Evaluation of Corporate Compliance Programs，有些学者业也将其译作《合规管理程序评价》) 更新版，对其 2017 年 2 月 8 日版本作了修改和补充。

美国司法部刑事处《公司合规管理评价指引》旨在指导检察官，当公司违法犯罪时，对公司合规管理程序的充分性和有效性以及公司在违法犯罪后按照其合规政策采取的补救措施进行评价，以确定公司的合规管理程序在其违法犯罪时是否有效、在何种程度上有效，进而确定：（1）是否起诉该公司以及起诉的适当形式；（2）是否处以罚金以及罚金的多少；（3）如果对该公司进行刑事处罚，其在刑事处罚中应当履行的合规义务（如监督、报告义务等）。

该指引虽是美国司法部刑事处用于向检察官提供对公司合规管理程序的充分性和有效性提供评价指引，其提出的合规管理评价主要内容、重点和方法等，对我国企业合规管理评估、合规管理评价及合规审计具有重要参考价值：

（1）美国司法部刑事处《公司合规管理评价指引》关注公司合规管理的有效性、全面性和适当性，合规管理程序和制度是否得到有效实施，以及在实践中是否充分有效等三个方面，并对公司合规管理评价的主要内容、重点、方法等提供了指南，值得我国企业在开展合规管理评估、合规管理评价与合规审计时学习和参考。

（2）我国企业实施"一带一路"倡议，在境外经营的子公司和分支机构，在建立、改进和完善合规管理时，可以对标适用美国司法部《公司合规管理评价指引》，将其用作合规管理工作的指导及验收指南。

（3）对于遭受美国司法部、证监会或者其他国际组织违规处罚的我国企业，在应对和处理行政执法以及建立、改进和完善合规管理时，可以对标适用美国司法部《公司合规管理评价指引》，将其用作合规管理工作的指导及验收指南。

（4）在我国设立的外商投资企业，可以参照适用美国司法部《公司合规管理评价指引》，对合规管理的有效性、全面性和适当性进行评价。

美国司法部刑事处《公司合规管理评价指引》主要包括下列内容：

1. 合规管理的设计是否完善

评价公司合规管理的设计是否完善，主要是对公司合规管理政策和制度的有效性、全面性和适当性进行评价，目的是考查公司的合规管理是否能够最大程度地预防和发现员工的不当行为，公司管理层是否真正实施合规管理。包括：

（1）风险评估

对公司合规管理进行评价，需要了解公司如何识别和评估风险，公司合规管理采取哪些审慎措施和资源来管控风险，合规风险评估的有效性，是否对高风险交易给予充分关注并分配适当资源进行管控等。

（2）合规政策与制度

公司是否制定了一套承诺全面守法合规、适用于公司全体员工的行为准则，是否将合规文化融入日常经营。

（3）培训与交流

公司是否建立了适当的培训和交流机制也是合规管理评估的重要方面。公司是否采取措施对所有董事、管理人员、员工以及代理人、商业伙伴进行定期培训，确保合规管理政策和制度融入组织。公司在培训中是否包括已经发生的违规案例分析，是否对培训的效果进行考评等。

（4）违规举报和调查

公司是否建立了有效且可以信赖的违规举报机制，是否对员工的违规举报提供了保密措施，是否制定了保护举报人员、反打击报复制度。

（5）第三方商业伙伴管理

公司合规管理应包括对第三方商业伙伴进行合规尽职调查。如发生使用第三方商业伙伴（包括代理人、顾问和经销商等）来隐瞒不当行为（如在跨国业务中向外国政府官员行贿等）的情况，公司是否了解其构成要件。公司是否了解第三商业伙伴的声誉及其与外国政府官员的关系，以及需要与该第三方商业伙伴从事交易的合理理由。公司是否通过重新尽职调查、培训、审计、年度合规认证等，对第三方伙伴进行持续监督。

（6）并购

设计良好的合规管理应包括对收购对象进行全面合规尽职调查。有瑕疵或者不完整的合规尽职调查，可能使得收购对象在被收购后继续从事不当行为，从而损害其盈利能力、声誉并导致民事和刑事责任。

2.合规政策和制度是否得到有效实施

美国司法部刑事处《公司合规管理评价指引》从合规承诺、合规管理部门人员的自主权、奖惩等三个方面，对如何调查、评价公司合规管理是否得到有效实施提供指南。

该指引尤其要求调查公司的合规政策和制度是否只是"纸上谈兵"的形式主义。

（1）合规承诺

有效的合规管理，要求公司最高领导做出合规承诺。高级管理人员是否清楚地阐述了公司的道德标准，是否以明确且毫不含糊的语言传达并通过实例表明公司严格遵守这些标准的决心。公司的中级管理人员是如何反过来强化这些标准并鼓励员工遵守。

（2）自主权和资源

合规管理的有效实施，要求给予合规管理人员足够的权威和地位。合规管理部门的人员和资源是否充足，尤其是他们：①在组织中应有够高的级别；②有充分的人力资源来有效开展必需的评审、记录和分析；③从管理层获取足够的自主权，如：与董事会或审计委员会直接接触的权利。无论如何，合规管理要真正有效，合规管理人员必须得到充分的公司内部授权。以及"内部审计是否由一个能够足以确保其独立性和准确性的部门来负责"。

（3）奖惩措施

合规管理有效实施的另一标志是，公司建立了合规奖励机制与惩戒机制。公司向员工传达的信息是否达到了下列程度：公司对不道德行为零容忍，违规人须承担相应的责任与后果。以及公司是否提供激励措施（如人员晋升、奖励和奖金），推动合规管理。

3.公司的合规管理在实践中是否充分有效

美国司法部刑事处《公司合规管理评价指引》从持续改进、违规调查两个方面，对评估公司合规管理在实践中的充分有效性提供指导。

评估合规政策和制度是否有效地发挥作用，须考查在发生不当行为时，公司是否能够发现不当行为、如何发现不当行为、在调查可疑不当行为时有哪些调查资源可以运用，以及公司补救措施的性质和彻底性。

公司是否对不当行为进行了充分和实际的根本原因分析，是什么导致了不当行为，以及为防止今后发生类似事件而需要采取的补救措施。

（1）持续改进、定期测试和评估

有效合规管理的一个标志是公司对合规政策和制度进行持续改进和提升。公司是否采取了合理措施，以确保遵守公司的合规和道德之合规政策（包括监控和审计），发现违规行为；是否定期评估合规政策与制度实施的有效性。

（2）调查不当行为

（3）对不当行为的分析和整改

值得注意的是，美国司法部刑事处《公司合规管理评价指引》规范的主要内容是不当行为的预防和管控，涉及不当行为（腐败、欺诈、串通、胁迫等）、礼品与招待、政治捐献和捐款、第三方商业伙伴、并购、合规风险管理、培训与沟通、违规举报与调查、奖惩、持续改进等方面的内容，仍属于诚信合规管理范畴。而我国国家标准《合规管理体系 指南》、国资委《中央企业合规管理指引（试行）》、发改委等七部委《企业境外经营合规管理指引》等，在关注企业诚信合规管理的同时，强调建立和运行全面合规管理体系，除合规风险管理、培训与沟通、违规管理与问责外，还包括合规管理组织建设、合规管理制度建设、合规审查、合规管理评估、合规审计、合规考核评价、合规计划与合规报告等。就我国企业全面合规管理体系的合规管理评估与合规审计而言，美国司法部刑事处《公司合规管理评价指引》的合规管理评价问题清单是远远不够的，我国企业需要取长补短，批判性地借鉴和运用。

三、汇业《合规管理项目验收、评价、审计指引》介绍

汇业律师事务所于 2019 年 10 月 12 日在重庆市举办的《2019 企业合规管理国际高峰论坛》上，正式发布了《企业合规管理体系验收、评估、评价、审计实务指引》（以下简称《实务指引》），仅推荐给企业参考使用。该指引由该所郭青红律师与杨洁律师编著，并已经向国家版权局申请版权保护。现简要介绍如下：

（一）目的

《实务指引》提议，企业合规管理体系验收、评估、评价、审计的目的是，评审合规管理体系的有效性、适当性和充分性，提出修改、补充、完善的意见和建议。

（二）依据

《实务指引》基于和参考以下文件：

1. 国家标准《合规管理体系 指南》（GB/T 35770–2017）；

2. 关于印发《中央企业合规管理体系指引（试行）》的通知（国资发法规〔2018〕106 号）；

3. 关于印发《企业境外经营合规管理指引》的通知（发改外资〔2018〕1916 号）；

4. 中国内部审计协会关于发布《中国内部审计准则》的公告（中国内

部审计协会公告 2013 年第 1 号）之《第 2201 号内部审计具体准则——内部控制审计》；

5. 中国证券业协会关于发布《证券公司合规管理有效性评估指引》的通知（中证协发〔2012〕027 号）。

指引的具体评审内容和权重，同时参考借鉴了美国司法部刑事处《公司合规管理评价指引》。

（三）原则

《实务指引》建议企业开展合规管理体系验收、评估、评价、审计，应遵循独立原则、客观原则和公正原则。

（四）适用

《实务指引》推荐给企业，在下列情况（统称"评审"）下参考适用：

1. 合规管理体系项目验收，系指合规管理体系或者其某一构成要素建设完成后，对合规管理体系的有效性、适当性和充分性进行评价验收；

2. 合规管理评估，系指合规委员会、合规管理部门对合规管理体系或者其某一构成要素的自我检查、修改、补充和完善；

3. 合规管理评价，系指第三方（包括公司的监事和/或外聘专家等）对合规管理体系或者其某一构成要素有效性、适当性和充分性进行评审；

4. 合规审计，系指企业内审部门对合规管理体系或者其某一构成要素有效性、适当性和充分性进行审计。

5. 合规管理项目阶段性或者部分的评审，可以对本指引相应的部分根据实际情况进行适当调整。

（五）评审内容和权重

《实务指引》将企业合规管理体系划分为十三个构成要素，以此作为评审的基本内容。根据各构成要素的重要性、复杂性的不同，确定各构成要素的评审权重。总分为 100 分，得分 70 分以上者合格，80 分以上为良好，90 分以上为优秀（如下图）。企业可以根据实际情况，调整（修改、增减）评审内容与权重。

序号	十三个构成要素暨评审内容	权重	
1	合规方针与承诺	5	
2	合规组织与组织的合规管理职责	15	
3	合规管理制度	10	
4	合规风险管理	15	
5	合规审查	10	
6	合规管理评估与评审	5	
7	合规审计	5	
8	违规管理与问责	7	
9	合规宣传与培训	8	
10	合规考核与评价	7	
11	合规管理计划与合规报告	5	
12	合规管理信息系统	5	
13	合规文化	3	

（总分：100分）

在设计评审内容和权重时，实务指引关注企业合规管理体系是否实际有效运行，杜绝形式主义的合规管理。

1. 合规方针与承诺

评审事项包括：明确的合规管理战略，并将诚信合规、依法经营作为企业核心价值观之一；清晰的领导合规承诺，领导坚定地支持合规，并分配充足资源支持合规；合规从领导做起，领导以身作则；等等。

2. 合规组织

评审事项包括：合规管理组织是否完善，合规管理职责是否明晰并有效运行；合规管理部门及合规管理员的独立性；业务部门日常合规管理完善且有效运行，合规管理人员配备到位且具备合规管理能力；员工合规意识提高，明确岗位合规义务和职责，合规绩效纳入年度绩效考核；等等。

3. 合规管理制度

评审事项包括：合规管理基本制度；合规管理具体制度，如合规风险管理程序、境外经营合规管理规定、合规要求融入现有制度流程；对规章制度的合规审查；等等。

4. 合规风险管理

评审事项包括：合规风险管理制度；合规风险管理是否与法律风险、运营风险的管理协同联动？是否以点带面，开展从重点领域到各部门领域的全覆盖专项合规管理；建立并不断更新企业合规风险库；有效开展合规风险日常监测和预警；持续开展合规风险管理与持续改进；等等。

5. 合规审查

评审事项包括：合规审查制度流程；财务、技术等专业合规审查前置；法律、合规、风控审查的协同联动；等等。

6. 合规管理评估与评审

评审事项包括：评审制度；评审频次；评审实施；后续整改与持续改进；等等。

7. 合规审计

评审事项包括：合规审计频次；合规审计范围和内容；沟通与报告；后续整改；等等。

8. 违规管理与问责

评审事项包括：违规管理程序；管理部门及其职责分工明晰；协同联动机制；鼓励违规举报及明晰的举报渠道；对举报人的保护；合规激励与违规追责。

9. 合规宣传与培训

评审事项包括：合规培训纳入企业培训计划和培训机制；有针对性的多种培训课程；形式多样的有效培训形式；培训考核。

10. 合规考核与评价

评审事项包括：合规考核评价程序；合规考核指标权重；合规考核评价频次；合规考核评价结果纳入年度绩效考核；合规考核与员工涨薪、晋升、提干挂钩。

11. 合规管理计划与报告

评审事项包括：年度合规管理计划的制定与实施、纳入企业年度经营计划、实施考核；年度合规报告的编制、纳入年度经营报告；重大合规风险报告的及时性、准确性和完整性，报告跟踪、整改；等等。

12. 合规管理信息系统

评审事项包括：系统建设；系统融入；系统运行；系统数据化。

13.合规文化

评审事项包括：明晰的合规理念；确立企业合规价值观；合规文化培育计划与实施；等等。

（六）组织

实务指引提议，企业按照以下方式确定企业合规管理体系验收、评估、评价、审计的组织：

1.项目验收：由企业合规委员会、外聘专家组成项目验收小组；

2.合规管理评估：由合规委员会、合规管理部门组成合规管理评估小组；

3.合规管理评价：由监事会和/或外部专家组成专家评价小组；

4.合规审计：由企业内部审计部门组成合规审计小组。

（七）程序

实务指引提议，企业按照以下程序开展企业合规管理体系验收、评估、评价、审计：

1.成立工作小组；

2.制定工作方案（包括目的、范围、内容、分工、进度要求、工作文件要求等）；

3.对象自评；

4.实施；

5.沟通与复核；

6.报告；

7.后续整改实施、监督，及其补充验收、评估、评价、审计。

（八）方法

实务指引提议，企业按照以下方法开展企业合规管理体系验收、评估、评价、审计：

1.文件审查；

2.问卷调查；

3.访谈；

4.会议讨论；

5. 抽样测试；

6. 穿行测试；

7. 现场查验；

8. 对标分析比较；

9. 系统与数据测试。

（九）报告

实务指引提议，企业开展企业合规管理体系验收、评估、评价、审计，应形成合规管理项目验收报告、合规管理评估报告、合规管理评价报告、合规审计报告。报告内容宜包括：目标、依据、对象和范围、程序和方法、发现的缺陷、整改意见和建议、结论。

第七章 协同联动
Chapter VII Collaboration and Interaction

要　点：

1. 企业法律、合规、风险、内控属于风险防范的第二道防线，相互之间存在较高的趋同性。在建立一体化管理平台之前，可以实现高度的协同联动。

2. 审计、监察属于风险防范的第三道防线。企业法律、合规、风险、内控可以与审计、监察开展相对的协同联动。

2018 年 11 月 2 日国务院国资委《中央企业合规管理指引（试行）》第四条确立了合规管理的协同联动原则，要求推动合规管理与法律风险防范、监察、审计、内控、风险管理等工作相统筹、相衔接，确保合规管理体系有效运行。

2015 年 12 月 8 日国务院国资委《关于全面推进法治央企建设的意见》也要求坚持权责明确，强化协同配合。切实加强对法治央企建设的组织领导，明确企业主要负责人、总法律顾问、法律事务机构、其他部门在推进法治建设中的责任，有效整合资源，增强工作合力，形成上下联动、部门协同的法治建设大格局。

值得探讨的是，《中央企业合规管理指引（试行）》第四条确立的合规管理协同联动原则，仅提及法律风险防范与合规管理、监察、审计、内控、风险管理之间的协同联动。其实，企业法务管理的内容，除法律风险防范外，法律审查、法律监督等与合规管理、监察、审计、内控、风险管理也存在交叉和关联。因此，更适宜强调法务管理与合规管理、监察、审计、内控、风险管理之间的协同联动。

一、协同联动

协同一词来自古希腊语，是指协和、同步、和谐、协调、协作、合作，即两个或两个以上的不同资源或者个体，协同一致地完成某一目标的过程。在企业管理中，协同主要是指部门协同。企业不同部门之间因其职责、管理目标、绩效考核等不同而存在不协调甚至矛盾和冲突，需要相互协助、相互配合、团结统一、协调一致，充分发挥相互之间的协同性，从而使每个部门获益，整体增强，共同发展，产生"1+1>2"的协同效应。

联动的原意是指若干个相关联的事物，一个运动或变化时，其他的也跟着运动或变化。在企业管理中，联动包括上下联动（也叫纵向联动）和左右联动（也叫横向联动），是指上下级管理机构、相关联的部门之间根据职责分工和管理流程，共同或者连续地履行职责、采取行动，以完成某一工作、项目或者达成某一目标的过程。《中央企业合规管理指引（试行）》所述合规管理、法律风险防范、监察、审计、内控、风险管理之间的联动，属于左右联动或横向联动。

二、监察与审计的独立性及其与法律、合规、内控、风险管理的关系

（一）监察

国有企业监察依据《监察法》，对国有企业管理人员的职务违法和职务犯罪行为进行监督检查、调查和处置。

法律上，国有企业监察不包括下列对象和客体：（1）党员干部和党员员工违犯党纪以外的违法、违规行为；（2）管理人员职务违法和职务犯罪行为以外的违法、违规行为；（3）非管理人员的普通员工的违法、违规行为。涉及这些对象和客体的违法违规行为，由其他相关部门（包括法律、合规、内控、人力资源等）按照其管理职责进行违规管理。

国有企业纪检监察部门合署办公，是负责国有企业纪律检查和监察的专门部门。纪检监察程序包括：统一负责接收违纪、违法、违规举报，处置线索并将属于合规管理部门和人力资源部门负责的线索移交合规管理部门和人力资源部门，谈话函询，初步核实，立案审查调查，案件审理，处

置执行。

（二）审计

按照《中国内部审计准则》（中国内部审计协会 2013 年 8 月 20 日）第二条规定，内部审计是一种独立、客观的确认和咨询活动。它通过运用系统、规范的方法，审查和评价组织的业务活动、内部控制和风险管理的适当性和有效性，以促进组织完善治理、增加价值和实现目标。

（三）审计与监察的独立性

独立性原则是企业内部审计与监察的重要原则之一。《中国内部审计准则》第六条要求内部审计机构和内部审计人员应当保持独立性和客观性，不得负责被审计单位的业务活动、内部控制和风险管理的决策与执行。我国《监察法》第四条也明确规定，监察委员会依照法律规定独立行使监察权，不受行政机关、社会团体和个人的干涉。

按照现代风险管理三道防线理论，业务部门、其他职能部门为第一道防线，法务、合规、内控、风控为第二道防线，审计、监察为第三道防线。审计、监察属于第三道防线，重在监督职责。审计、监察应当独立于法务管理、合规管理、内控、风险管理。

正因为如此，国务院国资委 2015 年 12 月 8 日发布的《关于全面推进法治央企建设的意见》要求中央企业探索建立法律、合规、风险、内控的一体化管理平台，而《中央企业合规管理指引（试行）》强调六大部门与管理功能（即合规管理、法律风险防范、内控、风险管理与审计、监察）之间建立协同联动机制。

也正因为如此，企业不能将法务管理、合规管理、内控、风控或者其中任何一个职能与监察、审计归集于同一个部门进行管理。

（四）审计、监察与法律、合规、内控、风险管理之间的关系

1.管理目标方面，审计、监察与法务管理、合规管理、内控、风险管理的管理目标存在部分趋同，都包括合规目标（见下表）。

	管理目标			
法务管理	–	–	–	合法目标
合规管理	–	–	–	合规目标 （含合法目标）
内部控制	–	经营目标	报告目标	合规目标 （含合法目标）
全面风险管理	战略目标	经营目标	报告目标	合规目标 （含合法目标）

2. 在组织体系方面，审计、监察与法务管理、合规管理、内控、风险管理共同接受党委会、公司治理机构、法治建设第一责任人的领导。审计与内控共用一个专门委员会，即审计委员会。

3. 在制度体系方面，内部控制部门统筹制定、梳理六大部门的管理制度和流程，使法务管理、合规管理、内控、风险管理与监察、审计制度流程之间相互衔接和协调。

4. 风险管理方面，审计和监察中发现的风险，是重要的风险信息来源之一。审计和监察提出的整改建议，也是风险应对措施的重要借鉴。同时，风险管理为审计和监察提供重要的审计、监察依据、信息。

5. 违规管理包括违规举报、违规调查、违规处置和追责、举报人保护机制。

法务管理、合规管理、内控以及审计、监察的职责都涉及违规管理：法务管理体系中包括对违法行为造成企业重大损失的考核与追责机制；《中央企业合规管理体系指南（试行）》要求合规管理牵头部门负责职责范围内的违规管理；《企业内部控制规范》强调企业应建立反舞弊与举报机制；《监察法》要求企业监察委负责对企业管理人员（包括法务、合规、内控、风险管理部门的管理人员）的违规管理；企业纪委负责党员员工违反党内法规的责任追究（纪委和监察委合署办公，成立企业纪检委）；人力资源部负责员工违反企业劳动纪律的责任追究。法务、合规管理人员向内控、纪检监察的违规管理提供法律、合规专业支持。

6. 监督检查包括两个方面。一是法务管理、合规管理、内控、风险管理开展自我管理评估，并为审计评价提供基础信息资料。二是法务管理、合规管理、内控、风险管理的有效性、适当性和充分性接受内部审计部门的审计评价。

三、协同联动的原则

法务管理、合规管理、监察、审计、内控、风险管理之间的协同联动，须遵循以下原则：

1. 效率和质量兼顾原则：提高管理效率，同时确保管理质量。

2. 共享与保密兼顾原则：实现人员、信息资料、系统等方面的共享，但以遵守保密制度为前提。

3. 协作与独立性兼顾原则：相互协作与支持，但不影响各部门独立行使职权。

4. 点面结合原则：可以六大部门之间大协同，也可以两个或多个部门之间协同联动，或者就某一项目、在某一领域协调联动。点面结合，共同推动部门协同联动与管理的效率和质量。

四、协同联动机制

法务管理、合规管理、监察、审计、内控、风险管理之间的协同联动，可以探索建立并实施以下协同联动机制：

1. 分工协作

建立法务管理、合规管理、监察、审计、内控、风险管理之间相互协调合作联动的业务流程，明确各部门在协同联动中的职责，保障分工明确、各司其职但又协同联动。

2. 资源共享

（1）系统共享

信息管理系统是协同联动强有力的工具和沟通平台。法律合规管理信息系统、内控风控管理信息系统对审计、监察管理人员开放，授予他们准入并调取信息的权利。审计、监察信息管理系统，应根据信息保密等级，对法律、合规、内控、风控管理人员有条件开放。

（2）信息分享

审计、监察中发现的风险，是风险管理重要的风险信息来源。审计和监察提出的整改建议，是风险应对措施的重要借鉴。风险管理为审计和监察提供重要的审计、监察依据、信息以及需关注的重点风险领域。

法务管理、合规管理、内控、风险管理之间自我管理评估收集和形成的资料、信息，是审计和监察的重要基础和信息资料来源。

法务管理、合规管理、监察、审计、内控、风险管理之间与审计、监察通过共同或就近办公、联席会议、管理信息系统共享等手段，加强日常沟通，实现信息的充分即时分享。

（3）人员共享与专业支持

法务管理、合规管理、监察、审计、内控、风险管理与审计、监察的职能各不相同，但涉及跨领域专业知识的运用。例如，各部门都会涉及法规、内部规章制度的适用，需要法律、合规、内控部门提供人员和专业支持。违规管理可能涉及专项审计，需要审计支持；也涉及违规调查，需要监察部门参与和支持等。

3. 联席会议

建立法律、合规、内控、风控四大部门周联席会议，以及法律、合规、内控、风控与审计、监察六大部门月联系会议。建立六大部门重大或专项事务临时联席会议制度。

4. 项目协同

专项风险管理项目、体系有效性评估项目、重大风险领域应对整改项目、考核评价项目、违规管理项目等，法务管理、合规管理、内控、风险管理之间与审计、监察可以组成联合项目小组，分工协作，共同推进。

5. 联合办公

在统一管理负责人领导下，法务管理、合规管理、内控、风险管理之间可以实现共同办公，审计、监察就近办公，方便沟通协调。

五、管理要素协同分解

协同联动的基础是事物构成元素之间的相干性或者相互关联性。企业不同部门之间的协同联动，主要表现在不同部门之间在人员、组织、信息等方面的相互关联性，是企业共享与节约资源、提高管理效率与经济效益、提高核心竞争力的基本要求和重要手段。

企业内部的协同联动包括经营协同、管理协同与财务协同。法务管理、合规管理、内控、风险管理与监察、审计六大管理职能之间的协同，属于企业内部管理协同的重要内容，需要通过各管理职能的基本管理要素（包括领导、计划、组织、控制、监督等）的协同联动来具体实施。

（一）法务管理、合规管理、内控、风险管理之协同

四大体系（即法务管理体系、合规管理体系、内部控制体系与全面风险管理体系）之间在体系架构及其构成要素等诸方面存在一定的趋同性，国务院国资委也鼓励企业探索建立法律、合规、风险、内控一体化管理平台。具体详见第四篇。

1.法律、合规、风险、内控高度一体化管理平台

建立了高度一体化管理平台的企业法律、合规、风险、内控，在管理目标、组织体系、制度体系、运行机制、保障机制等各管理要素方面进行了高度整合与"混同"，同时也实现了高度协同。

2.建立中级模型一体化管理平台的企业法律、合规、风险、内控，虽然管理要素整合度不高，但其趋同性给相互之间的协同创造了良好的基础条件。四大部门之间也以部门协同为主、联动为辅。

（1）组织协同

法务管理、合规管理、内控、风险管理四大部门共同接受党委会、公司治理机构、法治建设第一责任人的领导。在组织体系方面实现统一领导，统筹规划。

（2）制度协同

内部控制制度流程贯穿企业经营管理的各个领域，包括法务管理、合规管理与风险管理。内部控制部门统筹制定、梳理、协同四大部门的管理制度和流程，使之相互衔接、协调一致。风险管理是四大部门都包含的管理要素和内容，可以实现风险管理制度的一体化。

（3）风险管理协同

由风控部统一组织法务、合规、内控、风控人员联合开展全面风险管理，其中包括法律合规风险管理和企业内部控制风险管理。

（4）事项审查协同

法律、合规、风险管理三部门之间实现重大事项、重要规章制度与改革方案的联合一站式审查。

合规管理与内部控制之间实现规章制度的联合审查。

（5）违规管理协同

法务管理、合规管理、内控、风险管理与审计、监察之间实现违规管理协同。详见后文。

（6）监督检查协同

法务管理、合规管理、内控、风险管理在管理评估、自我检查、考核评价等方面，可以在标准、方法、流程等方面实现统一协调，并可以组成项目小组统一实施。

（7）计划报告协同

法务、合规、风险、内控四大部门在年度计划、年度报告、重大风险报告等方面，实现格式、内容要求、提交时间方面的协同，并在具体实施中相互沟通，分享信息和经验。

（8）宣传培训与文化建设协同

法务管理、合规管理、内控、风险管理四大部门的培训内容和要求趋同，可以在培训计划、对象、内容、时间等方面实现协同。

法治文化、合规文化、风险管理文化、内控文化存在趋同性，都属于企业文化范畴。四大部门可以在文化建设领域协同行动。

（9）管理信息系统

基于相互之间高度的趋同性，法务管理、合规管理、内控、风险管理四大部门可以共同建设一个管理信息系统，利用管理信息系统，实现信息共享以及协同机制的流程化。

（10）对部门的管理协同

法务管理、合规管理、内控、风险管理在对各业务部门和其他职能管理部门的日常法律、合规、风险、内控管理中，可以实现人员和信息共享、项目协同以及计划报告、考核评价、制度流程制定等方面的协同。

（11）对子企业的管控协同

法务管理、合规管理、内控、风险管理都要求在各自领域加强对子企业的管理（包括指导、支持、监督、考核等），并要求子企业建立相应的管理体系。法务管理、合规管理、内控、风险管理应当实施对子企业的管理协同。

（二）法务管理、合规管理、内控、风险管理与监察、审计之协同联动

如前文所述，法务管理、合规管理、内控、风险管理与审计、监察之间存在部分交叉、关联的领域。但相比法务管理、合规管理、内控、风险管理，监察、审计的独立性更强。因此，法务管理、合规管理、内控、风险管理与监察、审计之间，体现出协同联动但以联动为主的特点。

1. 组织协同：统一领导，统筹规划

在组织体系领域，审计、监察与法务管理、合规管理、内控、风险管理共同接受党委会、公司治理机构、法治建设第一责任人的领导。审计与内控共用一个专门委员会，即审计委员会。六大部门在上述方面实现统一领导，统筹规划。

2. 风险管理：信息分享与联动

风险管理中，审计和监察中发现的风险，是重要的风险信息来源之一。审计和监察提出的整改建议，也是风险应对措施的重要借鉴。同时，风险管理为审计和监察提供重要的审计、监察依据、信息。

一旦出现重大风险领域或者发生重大事件，审计和监察需要联动跟进，进行审计、监督和违规追责。

3. 违规管理：协同联动

法务管理、合规管理、内控以及审计、监察在违规管理存在衔接与合作的领域，应当充分利用协同联动机制，共同推动有关违规管理项目等。

4. 监督检查：与管理评估协同联动

法务管理、合规管理、内控、风险管理四大部分自我管理评估的对象、内容、程序、方法等，与审计部门对法务、合规、风险、内控的内部审计评价基本一致。四大部门的管理评估为审计评价提供基础信息资料。

对法务管理、合规管理、内控、风险管理的内部审计评价可以与其自我管理评估协同开展。也可以先开展管理评估，然后联动开展审计评价。

5. 对部门的管理协同

监察、审计在对各业务部门和其他职能管理部门的监督和审计中，可以共享使用法务管理、合规管理、内控、风险管理在部门的联络人员以及相关信息资料。

6. 对子企业的管控协同

监察、审计在对子企业的管理，实现与法务管理、合规管理、内控、风险管理的管理协同。

六、上下联动

国务院国资委 2015 年 12 月 8 日《关于全面推进法治央企建设的意见》也要求坚持权责明确，强化协同配合。切实加强对法治央企建设的组织领导，明确企业主要负责人、总法律顾问、法律事务机构、其他部门在推进法治建设中的责任，有效整合资源，增强工作合力，形成上下联动、部门协同的法治建设大格局。

按照高级模型建立高度一体化的法律、合规、内控、风险管理平台，实现集团总部法律、合规、内控、风险管理的一体化管理，以及集团总部与其各子集团、各子公司法律、合规、内控、风险管理的大协同。

在中级模型（相对一体化管理平台）中，集团总部法律合规部门、内控部门、风控部门需要关注通过下列途径实现集团总部与各子集团、子公司法律合规、内控与风控的上下联动：

（1）建立集团总部与各子集团、子公司法律合规、内控与风控部门的集中培训、宣传机制。

（2）推动各子集团、子公司法律合规、内控与风控部门向集团总部法律合规、内控与风控部门的双向汇报制度，通过对各子集团、子公司法律合规、内控与风控部门的指导、监督与考核，推动各子集团、子公司法律合规、内控与风控部门与集团总部法律合规、内控与风控部门的上下联动。

（3）通过各子公司的治理机构以及集团总部向各子集团、子公司委派的董事、监事、高级管理人员，推动各子集团、子公司法律合规、内控与风控部门与集团总部法律合规、内控与风控部门的上下联动。

第四篇
企业法律、合规、风险、内控
一体化管理平台

Part IV
Integrated System of Legal, Compliance,
Risk and Internal Control

前 言

企业不同管理功能在管理的各构成要素之间存在着交叉、相互包含甚至趋同的地方。传统的企业管理采取分散化管理模式，各部门体系之间相互独立，管理脱节，各自为政。在这种模式下，如果不协调好各部门之间的关系，可能会增加管理层级和环节，导致工作的重叠甚至矛盾，部门之间争抢或浪费资源，影响企业经营管理效率和质量。

将构成要素趋同的管理体系进行有机整合，建立企业一体化管理平台（Integrated Management System，即 IMS），有助于减少相关分体系之间管理上的不协调，精简管理机构与人员，优化管理流程，减少管理环节，实现优势互补，提供问题的整体解决方案，共享与节约资源，提高企业的整体管理能力、效率和质量。

国务院国有资产监督管理委员会 2015 年 12 月 8 日（国资发法规〔2015〕166 号）《关于全面推进法治央企建设的意见》要求探索建立法律、合规、风险、内控一体化管理平台。如何建立这四大领域的一体化管理平台是个大课题，也一直是企业在建立合规管理体系实务中普遍遇到和思索的问题。2019 年 12 月 26 日，国资委印发《2020 年中央企业内部控制体系建设与监督工作有关事项》的通知，直接要求各中央企业整合工作报告全面反映内控体系年度工作情况，而不再分别报送《中央企业内部控制评价报告》和《中央企业年度风险管理报告》，进一步彰显建立一体化管理平台的紧迫性。

建立法律、合规、风险、内控一体化管理平台，需要对企业法务管理体系、合规管理体系、全面风险管理体系与内部控制体系进行分析比较，发掘它们之间的趋同性以及可以整合的管理要素。但是，关于四大体系的架构、构成要素等，我国有关标准、指引的规定不尽一致。

我国尚无法律法规对企业法务管理体系作出明确规定。2015 年 12 月 8 日，国务院国资委发布《关于全面推进法治央企建设的意见》，要求中央企业全面推进法治央企建设，建立健全、完善的法治体系（又称法治工作体系），包括企业法治组织体系、制度体系、监督体系、考核评价体系等，其中蕴含了企业法务管理体系的基本架构和内容。

我国国家标准《合规管理体系 指南》规定的合规管理体系包括内外部环境、合规方针、合规风险评估、组织体系、合规风险应对、绩效评价及合规报告、改进等。国务院国资委《中央企业合规管理指引（试行）》将企业合规管理体系架构设置为组织体系、制度体系、合规管理运行（包括合规风险管理、合规审查、违规管理与合规管理评估）、合规管理保障（包括考核评价、合规管理队伍、合规培训、合规报告、合规管理信息系统、合规文化等）。发改委等七部委《企业境外经营合规管理指引》所述合规管理体系还包括合规方针与合规审计两个要素。

我国财政部等五部委《企业内部控制基本规范》从内部控制的五要素出发构建企业内部内控体系，即内部环境（包括组织体系、内部审计、人力资源政策、培训教育、企业文化、法务管理等）、风险评估和应对、控制活动（控制措施和控制制度）、信息与沟通（信息收集、内外部沟通、反舞弊机制、举报机制）及内部监督（内部控制评价）。

美国COSO《企业风险管理 整合框架》在企业内部控制五要素的基础上，将企业全面风险管理扩展到八要素，即内部环境、目标设定、事项识别、风险评估、风险对策、控制活动、沟通与记录、监督检查。我国国家标准《风险管理 原则与实施指南》（GB/T24353-2009）、《企业法律风险管理指南》（GB/T27914—2011）以及国务院国资委《中央企业全面风险管理指引》仍坚持风险管理五要素，即明确环境信息、风险评估、风险应对、沟通与记录、监督检查。按照前述我国标准、指引的规定，风险管理体系的架构主要包括风险管理方针、风险管理组织体系、风险管理制度体系、风险管理资源配置、风险管理运行、风险管理沟通和报告机制、风险管理文化等。

在我国，内部控制与全面风险管理呈现出明显的、日趋融合的趋势。例如，上交所、深交所《上市公司内部控制指引》就在传统的内部控制五要素基础之上增加了三个构成要素，即目标设定、事项识别和风险对策，将传统内部控制构成五要素扩展到八大要素，使之与全面风险管理的八大要素完全一致。又如，我国财政部等五部委《企业内部控制基本规范》就已经包含了风险偏好、风险承受度、机会风险等概念，并已经将风险应对策略确定为内部控制的构成要素之一。

上述标准、指引对四大体系架构和构成要素的表述存在差异。为方便比较，在本文中，我们探索按照下列方法来编排四大体系的架构和构成要素：

1. 企业合规管理体系的架构和构成要素，我们按照国务院国资委《中央企业合规管理指引（试行）》并参照国家标准《合规管理体系　指南》和发改委等七部委《企业境外经营合规管理指引》的规定进行编排，并将合规管理评估、合规考核评价、合规审计合并为监督检查。因此，企业合规管理体系构成如下：

企业合规管理体系架构		
序号		构成要素
1		合规方针与目标
2		组织体系
3		制度体系
运行机制	4	合规风险管理
	5	合规审查
	6	违规管理
保障机制	7	监督检查
	8	人力资源保障
	9	合规宣传培训
	10	计划报告
	11	合规管理信息系统
	12	合规文化

2. 由于企业法务管理与合规管理的趋同性较强，我们参照合规管理体系来编排企业法务管理体系的架构和构成要素。

3. 企业内部控制体系的架构和构成要素，按照财政部等五部委《企业内部控制基本规范》的规定编排。但为方便比较，我们按照合规管理体系的架构对内部控制体系构成要素的顺序进行适当调整，编制内部控制体系架构的比较列表。

4. 企业全面风险管理体系的架构和构成要素，结合我国国家标准《风险管理　原则与实施指南》《企业法律风险管理指南》以及国务院国资委《中央企业全面风险管理指引》编排。但为方便比较，我们按照合规管理体系的架构对全面风险管理构成要素的顺序进行适当调整，编制风险管理体系架构的比较列表。

我国国有企业法治体系的指导思想和基本原则，为建立企业法律、合规、风险、内控一体化管理平台提供了统一的思想基础。我国国有企业法务管理体系、合规管理体系、全面风险管理体系和内控体系同属于法治体系，构成法治体系的运行机制和重要内容，是我国国有企业实现依法治企的载体、手段和机制保障，共同为我国国有企业推动和实现依法治企发挥重要作用。我国国有企业法治体系中的组织体系、制度体系和保障机制，包含了法务管理体系、合规管理体系、全面风险管理体系、内控体系中的组织体系、制度体系和保障机制，为国有企业整合法务、合规、风险、内控管理体系中的组织体系、制度体系和保障机制提供了现实基础和条件。

我国国有企业法律、合规、风险、内控一体化管理平台的建立，应以我国国有企业依法治企的指导思想和基本原则为指针，并围绕我国国有企业法治体系建设的总体目标来展开。

我们从分析企业法务、合规管理、风险管理、内部控制体系架构及其各构成要素的趋同性和差异性角度，提出 LCR（企业法务、合规管理、风险管理与内部控制）整合框架，探索建立企业法律、合规、风险、内部控制一体化管理平台的途径和方法，以抛砖引玉，共同探讨。

核心观点

"我国国有企业法律、合规、风险、内控一体化管理平台的建立，应以我国国有企业依法治企的指导思想和基本原则为指针，并围绕我国国有企业法治体系建设的总体目标来展开。"

"建立法律、合规、风险、内控一体化管理平台的基础是，四大领域的体系架构和主要构成要素存在趋同性。"

"法律事务具有很强的专业性和实务性，在企业中具有独立的、不可替代的重要地位。"

"合规管理所适用的'规'包括外法内规。外法的合规管理可以由法务兼管，内规的合规管理可以由内部控制兼管，合规管理部门的独立性因此受到挑战。"

"全面风险管理是在内部控制的基础上发展起来的。内部控制风险管理可以适度扩展到全面风险管理的要素和内容，从而使全面风险管理部门的独立性受到挑战。全面风险管理可以由内部控制兼管。"

"建立法律、合规、风险、内控一体化管理平台，以风险为导向，内控为基础，法律合规为重点。"

"建立法律、合规、风险、内控一体化管理平台，首先要制定 LCR 整合框架"。

"建立法律、合规、风险、内控一体化管理平台，实现资源共享，减少管理环节，优化管理流程，提高企业整体管理能力、效率和质量。"

"法务管理、合规管理、内部控制、全面风险管理都是长效工程。不可能立竿见影，一蹴而就。需要立足长远，持之以恒。"

"法务管理、合规管理、内部控制、全面风险管理，是管理方法、手段和过程，只能提供合理保证，而不能提供绝对保证。"

第一章　企业法务管理、合规管理、内部控制、全面风险管理

Chapter I　Corporate Legal，Compliance，Internal Control，Risk Management

第一节　企业法务管理

企业法务管理是以有效防控法律风险和维护企业合法权益为目的，开展包括法务管理制度制定、法律风险管理、法律咨询、合同管理、知识产权管理、行政人事法律管理、法律纠纷管理、法律培训、法治文化建设等有组织、有计划的管理活动。

一、产生与发展

1.欧美企业法务管理

欧美国家企业法务管理于19世纪末随着现代企业制度的形成而产生。1882年，美国美孚石油公司首先设立公司法律部，开展法务管理。二战以后，随着市场交易、国际贸易、跨境投资和跨国并购的发展以及法律风险的不断增加，欧美企业纷纷设立法务部门，并与公司财务部、人力资源部等并驾齐驱，成为公司重要的、独立的横向职能管理部门，在公司经营管理中发挥重要作用。

欧美企业的总法律顾问（GC）作为企业的执行副总裁，与集团总裁（CEO）、财务总监（CFO）并驾齐驱，构成现代公司法人治理的三驾马车，参与公司决策并负责公司法务、风控与合规管理。

欧美企业集团总部、子集团一般设立独立的法务部门，并实行垂直管理。子公司法务部门在人、财、物等各方面，直接受集团总法律顾问及法务部的领导并向其汇报。很多欧美企业法务部处于和子公司相对独立的"第三方"监督地位，对法律事务拥有决定权，不受业务条线和其他部门

的干涉。

欧美企业法务部门管理的法律事务较广，除法律咨询、合同管理法律事务、知识产权管理法律事务、劳动人事法律事务、争议解决法律事务等日常法律事务外，总法律顾问作为企业执行副总裁，直接参与公司决策；法务部门在企业投资、并购项目中主管法律文件谈判，甚至主导整个投资并购项目；总法律顾问或法务人员还作为子公司的董事或监事，直接参与子公司的公司治理；总法律顾问同时兼任合规总监，除设立独立的合规部外，法务部门同时兼管合规管理；外部律师由法务部门通过公司采购流程自主聘请，不受其他部门干预。

2. 我国企业法务管理

我国现代企业法务管理最早产生于新中国成立初期。1955年4月，国务院法制办发布《中华人民共和国国务院批转"关于法律室任务职责和组织办法的报告"的通知》，是我国有关国有企业法务管理的最早文件。1987年以后，我国实行改革开放政策，由于企业发展的需要，以及在吸引外资的同时引进跨国企业法务管理的做法和经验，使得我国大型国营企业开始建立法律部门。

1990年，原国家体改委发布《关于加强企业法律顾问工作的意见》，标志着我国企业法律顾问制度的正式建立。1997年5月3日，原国家经济贸易委员会发布《企业法律顾问管理办法》。我国企业法律顾问制度得以产生和发展。

2004年5月11日，国务院国资委发布《国有企业法律顾问管理办法》，要求国有企业推行总法律顾问制度，设立法律事务机构，开展法务管理工作。之后，各省、直辖市、自治区国资委都颁布了省属国有企业法律顾问管理办法。

2015年12月8日，国务院国资委发布《关于全面推进法治央企建设的意见》。各省市国资委根据该意见也随后发布了本省市属国有企业推进法治国企建设的意见。中央企业和地方国企法务管理得到进一步加强，法务管理体系的框架和内容得以确立。

2016年6月，中共中央办公厅、国务院办公厅发布《关于推行法务顾问制度和公职律师公司律师制度的意见》。2018年12月13日，司法部发布《公司律师管理办法》。我国公司律师制度得以建立和发展。

二、企业法务管理的内容

企业法务管理包括专业性法律事务与行政性事务的管理。

1. 专业性法律事务

按照国务院国资委《国有企业法律顾问管理办法》以及司法部《公司律师管理办法》，企业法务管理的专业性法律事务主要包括：

（1）为企业改制重组、并购上市、产权转让、破产重整等重大经营决策提供法律意见；

（2）参与企业章程、董事会运行规则等企业重要规章制度的制定、修改；

（3）参与企业对外谈判、磋商，起草、审核企业对外签署的合同、协议、法律文书；

（4）组织开展合规管理、法律风险管理、知识产权管理、法治宣传教育培训、法律咨询等工作；

（5）办理各类诉讼和调解、仲裁等法律事务；

（6）所在单位委托或者指派的其他法律事务。

法律事务具有很强的专业性和实务性，需要专门部门（法务部）和专业人员（法务人员）来负责，因此，法务管理是企业其他部门所不能替代的职责。也正因为如此，法务管理在企业中具有独立的、不可替代的重要地位，大型企业往往需要成立专门的法务部门负责并聘请外部律师参与企业法务管理工作。

2. 行政管理性事务

企业法务管理的行政管理性事务主要包括法务部门的组织建设、人员管理和培养、计划与报告、预算管理、法律宣传和培训、会务管理、项目组织、对外部律师的管理、参加业务部门会议、法律管理信息系统建设、法务档案管理、法治文化建设等。有些企业法务部门还兼管本企业及子公司的董事会秘书事务，也属于行政管理性事务。

行政管理性事务是法务部门必要的、辅助性的工作内容，晓业务、懂管理是企业法律顾问的基本能力要求，但往往被很多企业法务部门所忽视。企业总法律顾问或者法务负责人至少应有40%以上的时间、企业法律顾问至少应有20%以上的时间处理行政管理性事务。这也是企业法务与外部律师的重要区别之一。

三、企业法律风险管理

我国国家标准《企业法律风险管理指南》（GB/T27914-2011）对法律风险的管理作出了规定，推荐给企业适用。

法律风险是指，基于法律规定或者合同约定，由于企业外部环境及其变化，或者企业及其利益相关者的作为或者不作为导致的不确定性，对企业实现目标的影响。企业法律风险包括法律环境风险、违法法律风险、违约法律风险、侵权法律风险、怠于行使权利法律风险、行为不当法律风险等。

企业法律风险管理是企业全面风险管理的有机组成部分，贯穿于企业决策和经营管理的各个环节。企业法律风险管理过程包括明确法律风险环境信息、法律风险评估、法律风险应对、监督和检查、沟通和记录。

法律风险管理通过法律风险管理体系来实施，包括企业法律风险管理的方针、组织机构及职能、制度流程、资源配置、沟通和报告机制、法律风险管理文化等。

国家标准《企业法律风险管理指南》（GB/T27914-2011）是推荐性标准。该标准发布生效以后，如中国烟草集团等都建立了法律风险管理体系、开展了法律风险管理。但是，大多数企业并未开展，法律风险管理也未能成为企业法务管理的核心或主要工作之一。

四、企业法务管理体系

我国法律、法规并无关于建立企业法务管理体系的明确规定。

2015年12月8日，国务院国资委发布《关于全面推进法治央企建设的意见》，要求中央企业全面推进法治央企建设，建立健全、完善的法治体系（又称法治工作体系），包括企业法治组织体系、制度体系、监督体系、考核评价体系等，其中蕴含了中央企业法务管理体系的基本架构和内容。

根据该意见以及国务院国资委《国有企业法律顾问管理办法》，司法部《公司律师管理办法》，中共中央办公厅、国务院办公厅《关于进一步推进国有企业贯彻落实"三重一大"决策制度的意见》，国务院国资委《中央企业主要负责人履行推进法治建设第一责任人职责规定》，以及各省市地方政府和地方国资委的相关规定，参照国务院国资委《中央企业合规管理指引

（试行）》规定的合规管理体系架构，将我国国有企业法务管理体系架构和内容梳理总结如下。

（一）企业法务管理体系架构

参照国务院国资委《中央企业合规管理指引（试行）》规定的合规管理体系架构，中央企业和各省市地方国企依法治企法务管理的体系架构梳理总结如下：

企业法务管理体系架构		
序号		构成要素
1		法务管理目标
2		组织体系
3		制度体系
运行机制	4	法律风险管理
	5	专业性法律事务（含法律审查）
	6	违规问责
保障机制	7	监督检查
	8	人力资源保障
	9	法律宣传培训
	10	报告
	11	法务管理信息系统
	12	法治文化

（二）企业法务管理体系架构的具体内容

1.法务管理目标

企业法务管理的目标是协助企业有效防范法律风险，维护企业合规权益，保障企业依法经营，即合法目标。

2.组织体系

组织	具体规定
第一责任人	企业主要负责人，即企业党委书记、董事长、总经理，是履行推进法治建设第一责任人
董事会	（1）带头依法依规决策，董事会审议事项涉及法律问题的，应当要求总法律顾问列席会议并听取法律意见； （2）推动建立健全企业法律顾问制度，落实总法律顾问可由董事会聘任的相关规定，设立与经营规模和业务需要相适应的法律事务机构，促进企业法律顾问队伍建设
监事会	加大监事会对依法治企情况和董事、高级管理人员依法履职情况的监督力度，将企业合规经营、依法管理作为当期监督的重要内容

组织	具体规定
经理层	（1）推动法律管理与企业经营管理深度融合，充分发挥总法律顾问和法律事务机构作用，不断健全法律风险防范机制和内部控制体系，严格落实规章制度、重大决策、经济合同法律审核制度，加强合规管理和法律监督； （2）完善法律顾问日常管理、业务培训、考评奖惩等工作机制，拓宽职业发展通道，并为其履职提供必要条件； （3）组织实施普法规划，强化法治宣传教育，大力提升全员法治意识，努力打造法治文化
总法律顾问	在企业集团及其重要子企业全面推行总法律顾问制度，并在公司章程中予以明确。总法律顾问应当具有法学专业背景或者法律相关职业资格。总法律顾问可以由董事会聘任。总法律顾问作为企业高级管理人员，全面领导企业法律管理工作，统一协调处理经营管理中的法律事务，全面参与重大经营决策，领导企业法律事务机构开展相关工作
法务部	设立独立的法律事务机构，包括专业性法律事务与行政管理性事务
其他部门	（1）其他部门在推进法治建设中应有效整合资源，增强工作合力，形成上下联动、部门协同的法治建设大格局； （2）建立各部门共同参与法治建设的工作机制； （3）业务部门及其他职能管理部门应对本部门内部一般性法律问题进行审查
子企业法务部	企业集团及其重要子企业设立独立的法律事务机构，配备与经营管理需求相适应的企业法律顾问
境外子企业法务部	完善境外法治工作组织体系，推动境外重要子企业或业务相对集中的区域设立法律事务机构或配备专职法律顾问

3. 制度体系

（1）法律审查制度。

（2）合同管理、知识产权管理、法律风险防范、纠纷案件处理等各专项法律管理制度。

4. 法律风险管理

（1）健全、完善法律风险防范制度。

（2）将风险评估纳入依法决策程序要求。

（3）切实防范重大改革的法律风险，在推进混合所有制、员工持股、股权激励等改革过程中严控法律风险。

（4）有效防范国际化经营中的法律风险，突出境外法律风险防范重点，确保法律风险防范全覆盖。

5. 专业性法律事务（含法律审查）

专业性法律事务在上文已作了阐述。

此外，2015 年 12 月 8 日国务院国资委《关于全面推进法治央企建设的意见》还要求：

（1）完善"三重一大"等决策制度，健全依法决策程序，严格落实职工参与、专家论证、风险评估、法律审核、集体决策等程序要求。完善重大决策合法性事项审查，未经合法性审查或者经审查不合法的，不得提交决策会议讨论。董事会审议事项涉及法律问题的，总法律顾问应列席会议并提出法律意见。总法律顾问应当全面参与经理层的经营管理活动，充分发挥法律审核把关作用。高度重视对重大改革事项的法律论证，切实防范法律风险，确保各项改革措施于法有据。

（2）依法参与市场竞争。严格执行有关反垄断、安全生产、环境保护、节能减排、产品质量、知识产权、劳动用工等国家法律法规和市场规则，坚决杜绝违法违规行为。明确法律事务机构的合同管理职责，严格落实合同法律审核制度，充分发挥法律审核在规范市场竞争、防止违法违规行为中的重要作用。提升依法维权能力，加大对侵权行为的追责力度，妥善解决法律纠纷案件，切实维护自身合法权益。

（3）依法开展国际化经营。严格按照国际规则、所在国法律和我国相关法律法规开展境外业务，有效防范法律风险。建立境外重大项目法律顾问提前介入工作机制，确保法律风险防范全覆盖。突出境外法律风险防范重点，高度重视国家安全审查、反垄断审查、反倾销反补贴调查和知识产权等领域的法律风险，深入做好尽职调查，组织拟定防范预案。建立健全涉外重大法律纠纷案件预警和应对机制。完善境外法治工作组织体系，推动境外重要子企业或业务相对集中的区域设立法律事务机构或配备专职法律顾问。

（4）完善企业规章制度体系，加强对规章制度的法律审核，确保各项制度依法合规。

（5）依法规范重点领域和关键环节管理，坚持依法规范操作，确保法律事务机构全程参与，严控法律风险。严格执行信息披露制度，依法加大信息公开力度，积极打造阳光央企。

（6）完善法律审核机制，加快促进法律管理与经营管理的深度融合，将法律审核嵌入管理流程，使法律审核成为经营管理的必经环节。

6.违规问责

落实问责制度，企业重大经营活动因未经法律审核，或者虽经审核但未采纳正确法律意见而造成重大损失的，追究企业相关领导人员责任。经过法律审核，但因重大失职未发现严重法律风险造成重大损失的，追究相关法律工作人员责任。

7. 内部监督

（1）充分发挥总法律顾问和法律事务机构在章程制定、执行和监督中的重要作用，确保章程依法制定、依法实施。

（2）完善企业内部监督体系，形成法律与审计、纪检监察、巡视、财务等部门的监督合力。

（3）强化规章制度落实监督机制，法律、审计、纪检和相关业务部门定期对制度落实情况进行监督检查，对违规行为严格督促整改、开展责任追究。

8. 人力资源保障

对标同行业世界一流企业，在法务部配备与经营管理需求相适应的企业法律顾问。建立健全企业法律顾问职业发展规划，将企业法律顾问纳入人才培养体系，提升企业法律顾问队伍专职化、专业化水平。建立健全企业法律顾问专业人员评价体系，完善职业岗位等级评审制度，实行与职级和专业技术等级相匹配的差异化薪酬分配办法。

9. 法律宣传培训

（1）全面开展普法宣传教育，加强法治宣传与各业务部门的协同联动，推进法治宣传教育制度化、常态化。完善学法用法制度，将法治学习作为企业党委（党组）中心组学习、管理培训、员工教育的必修课，形成全员遵法、学法、守法、用法的良好氛围。

（2）加强企业规章制度宣贯培训，促进各项制度有效落实。

10. 报告

将企业法治建设情况作为董事会年度工作报告的重要内容。

企业对可能引发重大法律纠纷案件、造成重大资产损失的法律风险事项，应当及时向董事会及国资委报告。

11. 法务管理信息化建设

大力推进法务管理信息化建设，探索创新法律管理方式方法，提高法务管理效能。

12. 法治文化

（1）大力推进法治文化建设，弘扬法治精神，增强法治理念，努力使全体员工成为法治的忠实崇尚者、自觉践行者、坚定捍卫者。

（2）全面开展普法宣传教育和法律专业知识培训。

（3）积极推进树立法治央企建设中涌现出的优秀企业、集体和个人典型，充分发挥引领带动作用。

五、有关企业法务管理的规范及其适用

我国有关企业法务管理的规范、适用对象和强制执行的效力如下：

	名称	发布部门	发布日期	适用对象	强制效力
1	《企业法律顾问管理办法》	原国际经济贸易委员会	1997－5－3	国有企业	无
2	《国有企业法律顾问管理办法》	国务院国资委	2004－5－11	国有企业	有
3	《关于进一步推进国有企业贯彻落实"三重一大"决策制度的意见》	中共中央办公厅、国务院办公厅	2010－6－5	国有企业	有
4	《中央企业主要负责人履行推进法治建设第一责任人职责规定》	国务院国资委	2017－7－20	中央企业	有
5	《企业法律风险管理指南》	国家标准化管理委员会	2012－2－1	所有企业	推荐适用
6	《关于全面推进法治央企建设的意见》	国务院国资委	2015－12－8	中央企业	有
7	《关于推进法治国企建设的意见》	各地方国资委	//	地方国企	有
8	《公司律师管理办法》	司法部	2018－12－13	国有企业（民营企业试点探索）	有

六、开展法务管理，企业如何选择

根据上述有关法务管理规范的规定，梳理、总结企业开展法务管理、建立法务管理体系的情况如下：

（一）中央企业、地方国企

按照上述规范的规定，中央企业、国有企业全面推进依法治企建设、建立法律管理体系、开展法务管理等，都有明确的、具有强制性的规定。中央企业必须按照上述规范的规定建立法务管理体系，开展法务管理。

（二）民营企业

就建立法务管理体系、开展法务管理而言，民营企业分三类情况。

1. 上市公司民营企业

作为上市公司的民营企业，应按照我国财政部等五部委《企业内部控制基本规范》的规定建立法务管理体系，开展法务管理。（第十九条规定：企业应当加强法制教育，增强董事、监事、经理及其他高级管理人员和员工的法制观念，严格依法决策、依法办事、依法监督，建立健全法律顾问制度和重大法律纠纷案件备案制度。）

2. 强监管行业民营企业

强监管行业（如金融、证券等）的民营企业（如民营的银行、保险公司、证券公司等），应按照有关法律、法规的规定建立法务管理体系，开展法务管理。

3. 其他民营企业

对于我国其他民营企业，并无强制要求建立法务管理体系、开展法务管理的强制性法律、法规规定。

但是，中共中央、国务院 2019 年 12 月 4 日《关于营造更好发展环境支持民营企业改革发展的意见》要求推动民营企业守法合规经营，民营企业应筑牢守法合规经营底线，依法经营、依法治企、依法维权，认真履行环境保护、安全生产、职工权益保障等责任。民营企业走出去要遵法守法、合规经营，塑造良好形象。强调引导民营企业深化改革，鼓励有条件的民营企业加快建立治理结构合理、股东行为规范、内部约束有效、运行高效灵活的现代企业制度，重视发挥公司律师和法律顾问作用。

其他民营企业参与国内外市场竞争，遵法守法、合规经营以及依法经营、依法治企、依法维权已成为必选项：大中型民营企业应建立法务管理体系，开展法务管理；小型民营企业应聘请法律顾问或者外部律师开展法务管理。

在建立法务管理体系、开展法务管理时，我国其他民营企业可以选择适用原国际经济贸易委员会《企业法律顾问管理办法》、国家标准《企业法律风险管理指南》，并可以申请探索民营企业公司律师试点。大中型民营企业可以参照国务院国资委《关于全面推进法治央企建设的意见》以及跨国企业集团的做法和经验建立法务管理体系，开展法务管理。

七、我国企业法务管理存在的突出问题

对标欧美跨国企业，我国企业法务管理在以下方面还存在进一步改进与完善的空间：

1.法务部的地位和重要性有待提高。个别央企以及诸多地方国企仍没有设立总法律顾问，或者仍由不具有法学专业背景或者法律相关职业资格的副总经理兼任总法律顾问，或者法务部仍停留在二级部门单位或者一个部门的科室。

2.法务部门的权威和独立性有待加强。在有些企业，法务管理参与决策和提出的法律意见流于形式，不被采纳；处理法律事务的独立性受到干预。

3.法务部门主管的法律事务范围有待扩展。很多企业法务部门的主要职责实际上限定为合同审查、争议解决和法制宣传培训，而少有参与决策、治理机构法律事务、知识产权管理法律事务、劳动人事法律事务等。

4.法务人员存在配备人数不足、人员流失、招聘困难的情况。如何按照2015年12月8日国务院国资委《关于全面推进法治央企建设的意见》加强法治工作队伍建设，建立健全企业法律顾问专业人员评价体系，完善职业岗位等级评审制度，实行与职级和专业技术等级相匹配的差异化薪酬分配办法，提高法务人员在企业的地位和待遇，与跨国企业、金融企业、上市公司开展法务人才竞争，是一亟待研究解决的课题。

5.大多数民营企业的法律意识比较薄弱，其建立法务管理体系和开展法务管理的工作任重道远。

第二节　企业合规管理

一、产生与发展

企业合规管理源于1977年美国《反海外腐败法案》，至今已经近50年的历史，并在21世纪初在欧美跨国企业集团迅速发展和成熟。

欧美国家及跨国企业在已经建立健全有效的企业内部控制体系的基础上，更加关注诚信合规管理（或者说重点法律领域的合规管理），包括"五反"（反腐败、反欺诈、反洗钱、反串谋、反胁迫）、反垄断、利益冲突、网络和数据安全、商业伙伴合规管理等。建立、实施有效、完善的内部控制体系，通过内部控制流程防范各个环节违规行为的发生，重点突出诚信合规管理，点面结合，系统性防范，又突出合规管理重点，是欧美跨国企业合规管理的突出特点。

20 世纪 80 年代初，三资企业的建立将欧美跨国企业集团的合规管理理念和实践引入中国。我国原银监会于 2006 年颁布《商业银行合规风险管理指引》，中国原保监会于 2007 年发布《保险公司合规管理指引》（后为 2016 年《保险公司合规管理办法》所替代），合规管理在我国金融企业率先开展起来。

2016 年，企业合规管理在中国移动等五家中央企业开始试点。2018 年 7 月 1 日，中国国家质量监督检验检疫总局和国家标准化管理委员会《合规管理体系　指南》（GB/T 35770–2017）生效。2018 年 11 月 2 日，中国国资委颁布实施《中央企业合规管理指引（试行）》。2018 年 12 月 26 日，中国国家发展改革委员会等七部委联合发布实施《企业境外经营合规管理指引》。2018 年成为名符其实的中国企业合规元年。此后，上海市、江苏省等省市的国资委陆续颁布本省市地方国企的合规管理指引。2019 年以来，合规管理与合规管理体系建设工作在中央企业、地方国企迅速开展起来。

2019 年 12 月 4 日，中共中央、国务院发布《关于营造更好发展环境支持民营企业改革发展的意见》，要求推动民营企业守法合规经营，民营企业应筑牢守法合规经营底线，依法经营、依法治企、依法维权，认真履行环境保护、安全生产、职工权益保障等责任；要求民营企业走出去要遵法守法、合规经营，塑造良好形象。一般民营企业的合规管理也已提上日程。

二、企业合规管理的定义

按照我国国资委《中央企业合规管理指引（试行）》，合规管理是指以有效防控合规风险为目的，以企业和员工经营管理行为为对象，开展包括制度制定、风险识别、合规审查、风险应对、责任追究、考核评价、合规培训等有组织、有计划的管理活动。

三、企业合规风险管理

按照我国国资委《中央企业合规管理指引（试行）》，合规风险是指中央企业及其员工因不合规行为，引发法律责任、受到相关处罚、造成经济或声誉损失以及其他负面影响的可能性。

按照我国国家标准《合规管理体系 指南》，合规风险管理流程包括理解组织及环境、识别合规义务、合规风险评估、合规风险应对、监督和检查、沟通和记录等。

合规管理的核心和主要工作是合规风险管理。合规管理的各项工作围绕合规风险管理而展开。合规管理有效落地实施的主要手段是通过风险管理明确合规风险点及采取风险管控措施，将风险管控要求和节点融入业务流程。

四、企业合规管理体系

（一）合规管理原则

按照国务院国资委《中央企业合规管理指引（试行）》，建立健全合规管理体系的基本原则包括：

1.全面覆盖。坚持将合规要求覆盖各业务领域、各部门、各级子企业和分支机构、全体员工，贯穿决策、执行、监督全流程。

2.强化责任。把加强合规管理作为企业主要负责人履行推进法治建设第一责任人职责的重要内容。建立全员合规责任制，明确管理人员和各岗位员工的合规责任并督促有效落实。

3.协同联动。推动合规管理与法律风险防范、监察、审计、内控、风险管理等工作相统筹、相衔接，确保合规管理体系有效运行。

4.客观独立。严格依照法律法规等规定对企业和员工行为进行客观评价和处理。合规管理牵头部门独立履行职责，不受其他部门和人员的干涉。

有些省市地方国企合规管理指引还将风险导向作为合规管理的基本原则之一。

5.风险导向。坚持以合规风险为导向，加强重点领域合规风险管理，着力于重大合规风险的防控与化解。

（二）企业合规管理体系架构

我国国家标准《合规管理体系 指南》将合规管理体系规定的流程包括内外部环境、合规方针、合规风险评估、组织体系、合规风险应对、绩效评价及合规报告、改进等。国务院国资委《中央企业合规管理指引（试行）》将企业合规管理体系架构设置为组织体系、制度体系、合规管理运行（包括合规风险管理、合规审查、违规管理与合规管理评估）、合规管理保障（包括考核评价、合规管理队伍、合规培训、合规报告、合规管理信息系统、合规文化等）。发改委等七部委《企业境外经营合规管理指引》规定的合规管理体系还包括合规方针与合规审计两个要素。

以国务院国资委《中央企业合规管理指引（试行）》规定的合规管理架构为主线，结合发改委等七部委《企业境外经营合规管理指引》、国家标准《合规管理体系 指南》的规定，合规管理体系架构梳理总结如下：

企业合规管理体系架构		
序号		构成要素
1		合规方针与目标
2		组织体系
3		制度体系
运行机制	4	合规风险管理
	5	合规审查
	6	违规管理
保障机制	7	监督检查
	8	人力资源保障
	9	合规宣传培训
	10	计划报告
	11	合规管理信息系统
	12	合规文化

（三）企业合规管理体系架构的具体内容

1. 合规方针与目标

企业合规方针是企业合规管理的基本方针和指导思想，表明企业股东和董事会对企业合规的决心、支持和期望，是企业核心价值观的重要内容，是鼓励企业人人合规、建立企业合规文化的纲领，是企业的合规宣言。我国国家标准《企业合规管理体系 指南》第 4.2.1 条规定，企业治理机构和最高管理者建立合规方针。企业建立合规方针宜与企业的价值观、目标和战略保持一致，且宜通过治理机构批准。

合规管理的目标是合规目标，即帮助企业防范和控制合规风险，保障企业依法合规经营。

2. 组织体系

组织	合规管理职责
董事会	（1）批准企业合规管理战略规划、基本制度和年度报告； （2）推动完善合规管理体系； （3）决定合规管理负责人的任免； （4）决定合规管理牵头部门的设置和职能； （5）研究决定合规管理有关重大事项； （6）按照权限决定有关违规人员的处理事项
监事会	（1）监督董事会的决策与流程是否合规； （2）监督董事和高级管理人员合规管理职责履行情况； （3）对引发重大合规风险负有主要责任的董事、高级管理人员提出罢免建议； （4）向董事会提出撤换公司合规管理负责人的建议
经理层	（1）根据董事会决定，建立健全合规管理组织架构； （2）批准合规管理具体制度规定； （3）批准合规管理计划，采取措施确保合规制度得到有效执行； （4）明确合规管理流程，确保合规要求融入业务领域； （5）及时制止并纠正不合规的经营行为，按照权限对违规人员进行责任追究或提出处理建议； （6）经董事会授权的其他事项
专门委员会	设立合规委员会，与企业法治建设领导小组或风险控制委员会等合署，负责： （1）合规管理组织领导和统筹协调工作； （2）定期召开会议，研究决定合规管理重大事项或提出意见建议； （3）指导、监督和评价合规管理工作
合规管理负责人	相关负责人或总法律顾问担任合规管理负责人，负责： （1）组织制订合规管理战略规划； （2）参与企业重大决策并提出合规意见； （3）领导合规管理牵头部门开展工作； （4）向董事会和总经理汇报合规管理重大事项； （5）组织起草合规管理年度报告

组织	合规管理职责
合规管理牵头部门	法律事务机构或其他相关机构为合规管理牵头部门，组织、协调和监督合规管理工作，为其他部门提供合规支持，主要职责包括： （1）研究起草合规管理计划、基本制度和具体制度规定； （2）持续关注法律法规等规则变化，组织开展合规风险识别和预警，参与企业重大事项合规审查和风险应对； （3）组织开展合规检查与考核，对制度和流程进行合规性评价，督促违规整改和持续改进； （4）指导所属单位合规管理工作； （5）受理职责范围内的违规举报，组织或参与对违规事件的调查，并提出处理建议； （6）组织或协助业务部门、人事部门开展合规培训
业务部门及其他职能管理部门	（1）负责本领域的日常合规管理工作； （2）按照合规要求完善业务管理制度和流程； （3）主动开展合规风险识别和隐患排查，发布合规预警； （4）组织合规审查； （5）及时向合规管理牵头部门通报风险事项，妥善应对合规风险事件； （6）做好本领域合规培训； （7）做好本领域商业伙伴合规调查等工作； （8）组织或配合进行违规问题调查并及时整改
子公司	合规要求覆盖各级子企业
境外子企业	健全海外合规经营的制度、体系、流程，依法加强对境外机构的管控。海外经营重要地区、重点项目应当明确合规管理机构或配备专职人员

3. 制度体系

合规制度与流程是企业合规的制度保障，包括：企业全员普遍遵守的合规管理基本制度、重点领域专项合规管理制度以及合规管理流程。

4. 合规风险管理

合规风险是企业合规义务的不合规发生的可能性和后果（我国国家标准《合规管理体系 指南》第 2.12 条），是企业违反法律、法规、规范可能导致的制裁、处罚、财产损失和声誉损失风险。

企业合规管理的核心是合规风险管理，包括：合规风险识别、合规风险评估、合规风险应对、监测和预警、监督和检查、沟通与协调以及持续改进。

5. 合规审查

合规管理牵头部门负责对重大事项、规章制度、改革方案等的合规审查。其他职能部门和业务部门负责本部门领域的日常合规审查。

6. 违规管理

中央企业与地方国企合规管理牵头部门负责本部门职责范围内的违规管理，主要是非管理人员员工违规行为以及管理人员非职务违法违规行为的违规管理。

7. 监督检查

（1）合规管理评估

企业合规管理评估是企业合规组织对企业合规管理体系以及本组织领域内合规管理的适当性、有效性和充分性，进行自我审查、评价、监督和持续改进。企业合规管理评估与合规审计的对象、内容、程序、方法等趋同。

（2）合规审计

企业合规审计是企业内部审计部门对企业合规管理体系运行的适当性和有效性进行的独立的内部审计，其目的在于保障企业依法合规、安全、稳健经营。

8. 人力资源保障

（1）考核评价

企业合规考核与评价是指对企业各部门及其管理人员和员工的合规管理绩效进行考核与评价，是企业合规管理体系的重要构成要素，也是合规管理保障的重要措施之一。

（2）合规管理队伍建设

建立专业化、高素质的合规管理队伍，根据业务规模、合规风险水平等因素配备合规管理人员，持续加强业务培训，提升队伍能力水平。海外经营重要地区、重点项目应当明确合规管理机构或配备专职人员，切实防范合规风险。

9. 合规培训与宣传

重视合规培训，结合法治宣传教育，建立制度化、常态化培训机制，确保员工理解、遵循企业合规目标和要求。

10. 合规管理计划与合规报告

（1）合规管理计划

合规管理计划包括年度合规计划与专项合规计划，由合规管理部门起草，呈报企业董事会（或者其授权的合规委员会）或者高级管理层批准。

（2）合规报告

合规报告包括年度合规报告与重大合规风险报告。

合规管理牵头部门于每年年底全面总结合规管理工作情况，起草年度报告，经董事会审议通过后及时报送国资委。

发生较大合规风险事件，合规管理牵头部门和相关部门应当及时向合规管理负责人、分管领导报告。重大合规风险事件应当向国资委和有关部门报告。

11. 合规管理信息系统

要求强化合规管理信息化建设，通过信息化手段优化管理流程，记录和保存相关信息。运用大数据等工具，加强对经营管理行为依法合规情况的实时在线监控和风险分析，实现信息集成与共享。

12. 合规文化

积极培育合规文化，强化全员安全、质量、诚信和廉洁等意识，树立依法合规、守法诚信的价值观，筑牢合规经营的思想基础。

五、我国企业合规管理规范及其适用

我国有关企业合规管理的规范、适用对象和强制执行的效力如下：

	名称	发布部门	发布日期	适用对象	强制效力
1	《商业银行合规风险管理指引》	原银监会	2006-10-20	商业银行（包括民营）	有
2	《保险公司合规管理办法》	原保监会	2016-12-30	保险公司（包括民营）	有
3	《证券公司和证券投资基金管理公司合规管理办法》	证监会	2020-3-20	证券公司和证券投资基金管理公司（包括民营）	有
4	《合规管理体系 指南》	国家质量监督检验检疫总局、国家标准化管理委员会	2017-12-29	所有企业	推荐适用
5	《中央企业合规管理指引（试行）》	国务院国资委	2018-11-2	中央企业	有
6	地方国企合规管理指引	各地方国资委	//	地方国企	有
7	《企业境外经营合规管理指引》	发改委等七部委	2018-12-26	所有企业	有

六、开展合规管理，企业如何选择

根据上述有关合规管理规范的规定，梳理、总结企业开展合规管理、建立合规管理体系的情况如下：

（一）中央企业

按照国务院国资委《中央企业合规管理指引（试行）》的规定，中央企业须按该指引的规定建立合规管理体系，开展合规管理。

属于商业银行、保险公司、证券公司和证券投资基金管理公司的中央企业开展合规管理，还应遵守所在行业有关部委关于合规管理的规定建立合规管理体系，开展合规管理。

中央企业境外投资经营的合规管理，还应遵守发改委等七部委发布实施的《企业境外投资经营合规管理指引》的规定。

（二）地方国有企业

有些省、自治区、直辖市国资委已经发布地方国企合规管理指引，或者发出通知要求地方国企开展合规管理，这些省、自治区、直辖市地方国有企业须按本地合规管理指引或者通知的规定建立合规管理体系，开展合规管理。

尚未发布类似指引或者通知的省、自治区、直辖市的企业，可以选择适用国家标准《合规管理体系 指南》和（或）参照国务院国资委《中央企业合规管理指引（试行）》的规定建立合规管理体系，开展合规管理。

属于商业银行、保险公司、证券公司和证券投资基金管理公司的地方国有企业，须遵守所在行业有关部委关于合规管理的规定建立合规管理体系，开展合规管理。

地方国有企业境外投资经营的合规管理，还应遵守发改委等七部委发布实施的《企业境外投资经营合规管理指引》的规定。

（三）民营企业

就建立合规管理体系、开展合规管理而言，民营企业分三类情况。

1.强监管行业民营企业

属于商业银行、保险公司、证券公司和证券投资基金管理公司的民营企业，须遵守所在行业有关部委关于合规管理的规定建立合规管理体系，开展合规管理。

2. 其他民营企业

对于我国其他民营企业，并无强制要求建立合规管理体系、开展合规管理的强制性法律、法规规定。

但是，中共中央、国务院 2019 年 12 月 4 日《关于营造更好发展环境支持民营企业改革发展的意见》要求推动民营企业守法合规经营，民营企业应筑牢守法合规经营底线，依法经营、依法治企、依法维权，认真履行环境保护、安全生产、职工权益保障等责任。民营企业走出去要遵法守法、合规经营，塑造良好形象。

其他民营企业参与国内外市场竞争，遵法守法、合规经营以及依法经营、依法治企、依法维权已成为必选项。大中型民营企业应建立合规管理体系，开展合规管理；小型民营企业应聘请法律顾问或者外部律师开展合规管理。

在建立法务管理体系、开展法务管理时，我国其他民营企业可以选择适用国家标准《合规管理体系 指南》并参考跨国企业集团的做法和经验建立合规管理体系，开展合规管理。

3. 民营企业境外投资经营的合规管理

地方国有企业境外投资经营的合规管理，还应遵守发改委等七部委发布实施的《企业境外投资经营合规管理指引》的规定。

七、我国企业合规管理体系建设中应注意的问题

根据我们协助企业建立合规管理体系的实践，以下几个方面是企业在建立合规管理体系中应注意的问题：

1. 合规管理体系建设及其运行是企业的"一把手工程"，离不开企业领导的带头合规与支持。合规管理重在全员参与，覆盖各部门领域、各分支机构、各子企业以及每个员工。合规管理职责及合规考核须落实到每个部门和每个关键岗位的员工。

2. 合规管理体系是一个由多个要素构成的完整体系，建立合规组织、制定合规管理基本制度只是体系中初始的一小部分。合规管理体系有效落地执行，还需要其他构成要素（如合规风险管理、计划与报告、管理评估

与审计、宣传培训、考核评价等）开始运行并共同发挥作用。

3. 合规管理体系是一长期持续改进的过程。制定合规管理基本制度（办法）、建立合规管理体系架构只是"万里长征"的第一步。合规管理体系各构成要素（如启动年度合规管理计划与报告、管理评估与审计、考核评价）全部开始启动运行，至少经过一个完整年度（短期计划）的时间。完成各部门领域合规风险管理、健全完善合规管理体系各构成要素并有效落地执行，则需要更长的时间（中期计划，三年时间）。建立合规管理体系并有效落地执行须立足长远，不可能立竿见影或者一蹴而就。

4. 合规管理的核心是合规风险管理。只有开展并完成企业各部门领域的合规风险管理（包括识别部门领域的合规风险、提出并采取应对整改措施、对现有制度流程进行修改并融入合规风险管控要求、确定部门及关键岗位员工合规管理职责及合规考核机制）并持续改进，合规管理才能真正有效落地。

5. 合规风险只是企业全面风险中若干风险的一种，即企业违反法律、法规、规范（包括外法、内规、道德规范等）可能导致的制裁、处罚、财产损失和声誉损失风险。企业全面风险除了合规风险外，还包括战略风险、市场风险、财务风险、经营风险等。做好合规管理，能够帮助企业各部门领域及员工预防和管控合规风险，但不能帮助企业预防和管控战略风险、市场风险、财务风险、经营风险等其他风险，这些其他风险的管控属于内部控制与全面风险管理范畴。

正因为如此，国务院国资委《中央企业合规管理指引（试行）》要求企业建立法务、合规、内控、风控、监察、审计的协同联动机制，形成管理合力，才能全面预防和管控企业的各类风险。

6. 建立合规管理体系不是新建一套，另立门户。合规管理体系需要与企业现有其他管理体系相衔接、相融合。正因为如此，2015年12月8日，国务院国资委发布《关于全面推进法治央企建设的意见》要求企业建立法务、合规、内控、风控一体化管理平台，精简管理机构，简化管理环节和流程，提高管理效率。这也正是我们探讨的目的和全部内容。

7. 有些企业管理人员认为，只要建立了合规管理体系，就能防控所有合规风险。这是错误的认识。与法务管理、内部控制、全面风险管理一样，合规管理只是提供防控合规风险的机制、程序和方法，强调企业建立合规管理机制与合规管理过程，其有效性受企业本身内外部环境（管理架构、领导支持、合规意识、员工参与、贯彻执行、监督检查等）各方面的影响。合规管理只能提供合规风险防控的合理保证，而不能提供绝对保证。

第三节　企业内部控制

一、产生和发展

1. 内部控制在欧美国家的产生和发展

内部控制的雏形产生与 1912 年蒙马利内部牵制，主要内容为职责分离与账户核对。

现代企业内部控制产生于 20 世纪初叶。1936 年，美国注册会计师协会在《注册会计师对财务报表的审查》文稿中，首次提出了内部控制这一专门术语。内部控制逐步扩展到控制系统，包括组织结构、职务分离、业务程序、处理手续等要素。

美国 1977 年《反海外腐败法案》除了反腐败条款外，另一重要内容就是要求企业建立充分的内部会计控制。

1988 年，美国 AICPA 发布的《审计准则公告第 55 号》，提出了内部控制三要素，即控制环境、会计系统和控制程序。

1992 年 9 月，美国 COSO（即美国反虚假财务报告委员会下属的发起人委员会）发布了《企业内部控制——整合框架》，将内部控制要素扩展到控制环境、风险评估、控制活动、信息与沟通、监督五个方面。

2002 年 7 月，美国国会通过了萨班斯法案（Sarbanes-Oxley 法案），要求所有在美国的上市公司必须建立和完善企业内部控制体系。

2006 年美国 COSO 发布了《中小企业财务报告内部控制指南》。

2013 年 5 月 14 日，美国 COSO 发布《2013 年内部控制整合框架》及其配套指南。

2. 内部控制在我国的发展

1996 年，我国财政部发布《独立审计具体准则第 9 号——内部控制与审计风险》，首次提出了企业内部控制。

1999 年修订的《会计法》第一次以法律形式对建立健全企业内部控制提出了原则要求。

2006 年 6 月 5 日，上海证券交易所制定并发布《上海证券交易所上市公司内部控制指引》。2006 年 9 月 28 日，深圳证券交易所制定并发布《深圳证券交易所上市公司内部控制指引》。

2008 年 5 月 22 日，我国财政部、证监会、审计署、原银监会、原保监会五部委参照美国 COSO 2006 年《中小企业财务报告内部控制指南》，联合发布了《企业内部控制基本规范》（财会〔2008〕7 号），于 2010 年 4 月 15 日发布《企业内部控制应用指引》《企业内部控制评价指引》和《企业内部控制审计指引》（财会〔2010〕11 号，合称"企业内部控制配套指引"），在上市公司范围内施行，并鼓励非上市的大中型企业执行。

2012 年 5 月 7 日，国务院国资委、财政部发布《关于加快构建中央企业内部控制体系有关事项的通知》要求中央企业以风险管理为导向加强内控体系建设。

国务院国资委于 2019 年 10 月 19 日发布《关于加强中央企业内部控制体系建设与监督工作的实施意见》，再次要求中央企业应充分发挥内部控制体系对企业强基固本作用，建立健全以风险管理为导向、合规管理监督为重点，严格、规范、全面、有效的内控体系，实现"强内控、防风险、促合规"的管控目标。

二、我国企业内部控制的定义

按照美国审计程序委员会（ASB）1972 年《审计准则公告》，内部控制是指在一定的环境下，企业为了提高经营效率、充分有效地获得和使用各种资源，达到既定管理目标，而在企业内部实施的各种制约和调节的组织、计划、程序和方法。

我国国资委《中央企业全面风险管理指引》第六条将内部控制定义为：围绕风险管理策略目标，针对企业战略、规划、产品研发、投融资、市场运营、财务、内部审计、法律事务、人力资源、采购、加工制造、销售、物流、质量、安全生产、环境保护等各项业务管理及其重要业务流程，通过执行风险管理基本流程，制定并执行的规章制度、程序和措施。

我国财政部、审计署、原保监会、原银监会和证监会于 2010 年 4 月

15 日颁布的《企业内部控制应用指引》，将企业内部控制分为组织框架、发展战略、人力资源、社会责任、企业文化、资金活动、采购业务、资产管理、销售业务、研究与开发、工程项目、担保业务、业务外包、财务报告、全面预算、合同管理、信息传递、信息系统十八个方面。

三、企业内部控制的构成要素

企业的内部控制应当贯穿于企业经营管理活动的决策、执行和监督的各个阶段、各个层级，涵盖了企业每一项经营活动的过程始终，体现了内部控制的全面、全员、全过程控制的特性。

我国《企业内部控制基本规范》基本采用了美国 COSO《企业内部控制整合框架》的观点。有效的企业内部控制包括五个要素：

（1）内部环境：企业实施内部控制的基础，一般包括治理结构、机构设置及权责分配、内部审计、人力资源政策、企业文化等。

（2）风险评估：企业及时识别、系统分析经营活动中与实现内部控制目标相关的风险，合理确定风险应对策略。

（3）控制活动：企业根据风险评估结果，采用相应的控制措施，制定并执行内部控制制度，将风险控制在可承受度之内。包括：不相容职务分离控制，授权审批控制，会计系统控制，财产保护控制，预算控制，运营分析控制，绩效考评控制，重大风险预警机制和突发事件应急处理机制等。

（4）信息与沟通：企业及时、准确地收集、传递与内部控制相关的信息，建立信息管理系统，确保信息在企业内部、企业与外部之间进行有效沟通；建立反舞弊机制，建立举报投诉制度和举报人保护制度。

（5）内部监督：企业对内部控制建立与实施情况进行监督检查，评价内部控制的有效性，发现内部控制缺陷，应当及时加以改进。

我国上交所、深交所上市公司内部控制指引增加了三个构成要素（目标设定、事项识别和风险对策），将上市公司内部控制分为八大要素，使之与全面风险管理的八大要素完全一致，即：

（1）内部环境；

（2）目标设定：公司董事会和管理层根据公司的风险偏好设定公司战略目标，并在公司内层层分解和落实；

（3）事项识别：公司董事会和管理层对影响公司目标实现的内外事件

进行识别，分清风险和机会；

（4）风险评估；

（5）风险对策：公司管理层按照公司的风险偏好和风险承受能力，采取规避、降低、分担或接受的风险应对方式，制定相应的风险控制措施；

（6）控制活动；

（7）信息与沟通；

（8）检查监督。

四、企业内部控制风险管理

企业内部控制以风险为导向，风险管理是内部控制的核心内容。

企业内部控制风险管理是企业通过对其经营活动中与实现内部控制目标相关的风险进行评估，合理确定风险应对策略，采取相应控制措施，有效控制和处置风险的过程。

（一）企业经营活动中与实现内部控制目标相关的风险

按照我国财政部等五部委《企业内部控制基本规范》第三条，内部控制的目标包括经营目标、报告目标与合规目标，即为合理保证企业经营管理合法合规、资产安全、财务报告及相关信息真实完整，提高经营效率和效果，促进企业实现发展战略。

企业经营活动中与实现内部控制目标相关的常见风险主要有政策风险、市场风险、财务风险、法律合规风险、团队风险等，并存在于企业经营管理的各个领域。

国务院国资委《中央企业全面风险管理指引》将企业风险分为：战略风险、财务风险、市场风险、运营风险与法律风险。

我国财政部等五部委《企业内部控制基本规范》第二十二条、第二十三条将企业经营活动中与实现内部控制目标相关的风险划分为内部风险和外部风险。其中，企业识别内部风险应当关注下列因素：

（1）董事、监事、经理及其他高级管理人员的职业操守、员工专业胜任能力等人力资源因素。

（2）组织机构、经营方式、资产管理、业务流程等管理因素。

（3）研究开发、技术投入、信息技术运用等自主创新因素。

（4）财务状况、经营成果、现金流量等财务因素。

（5）营运安全、员工健康、环境保护等安全环保因素。

（6）其他有关内部风险因素。

企业识别外部风险，应当关注下列因素：

（1）经济形势、产业政策、融资环境、市场竞争、资源供给等经济因素。

（2）法律法规、监管要求等法律因素。

（3）安全稳定、文化传统、社会信用、教育水平、消费者行为等社会因素。

（4）技术进步、工艺改进等科学技术因素。

（5）自然灾害、环境状况等自然环境因素。

（6）其他有关外部风险因素。

（二）企业内部控制风险管理构成要素

内部控制风险管理的构成要素包括：

（1）明确环境信息；

（2）风险评估；

（3）风险应对；

（4）监督和检查；

（5）沟通和记录。

五、企业内部控制体系

企业内部控制体系，是以内部环境建设为基础，以风险评估的结果为导向，以各种控制方法为手段，以信息与沟通为桥梁、以监督与评价为推动力的一个整体闭环管理体系。

（一）企业内部控制基本原则

（1）全面性原则：内部控制应当贯穿决策、执行和监督全过程，覆盖企业及其所属单位的各种业务和事项。按照内部控制要求把每个业务领域纳入内部控制中，把内部控制的触角深入到管理的最终端，切实有效地防范各类风险。

（2）重要性原则：内部控制应当在全面控制的基础上，关注重要业务事项和高风险领域。

（3）制衡性原则：内部控制应当在治理结构、机构设置及权责分配、业务流程等方面形成相互制约、相互监督，同时兼顾运营效率。

（4）适应性原则：内部控制应当与企业经营规模、业务范围、竞争状况和风险水平等相适应，并随着情况的变化及时加以调整。

（5）成本效益原则：内部控制应当权衡实施成本与预期效益，以适当的成本实现有效控制。内部控制工作要防止过度控制，降低管理效率。

（6）包容性原则：内部控制体系与企业原有管理制度不是两套制度标准，内部控制制度是按照科学的框架和要求，将企业原有制度加以梳理、整合、完善、补充后得来。内部控制制度应包容企业原有管理制度，并将所有业务制度加以流程化、信息化、规范化。

（7）实用性原则：建立健全内部控制体系的目的是提高企业经营效率并有效防范风险，内部控制不能为控制而控制，而应当注重实用性与可操作性。

（8）合规性原则：建设内部控制体系，需研究并遵守各项法律法规及行业规范，恪守商业道德，防范法律风险，进一步提升企业形象。

（二）企业内部控制体系的架构

根据我国财政部等五部委《企业内部控制基本规范》以及上交所、深交所上市公司内部控制指引，企业内部控制体系架构梳理总结如下：

企业内部控制体系架构		
序号		构成要素
内部环境	1	组织体系
	2	内部审计
	3	人力资源政策
	4	培训教育
	5	文化建设
风险管理	6	风险评估和应对
控制活动	7	控制措施
	8	控制制度
信息与沟通	9	信息与沟通
	10	反舞弊与举报机制
	11	报告
内部监督	12	内部控制评价

为了方便比较，按照合规管理体系的架构与构成要素，将内部控制体系构成要素的顺序进行适当调整，编制内部控制体系架构的比较列表（见下表）。

调整前

企业内部控制体系架构		
序号		构成要素
内部环境	1	组织体系
	2	内部审计
	3	人力资源政策
	4	培训教育
	5	文化建设
风险管理	6	风险评估和应对
控制活动	7	控制措施
	8	控制制度
信息与沟通	9	信息与沟通
	10	反舞弊与举报机制
	11	报告
内部监督	12	内部控制评价

调整后比较列表

企业内部控制体系架构		
序号		构成要素
	1	内部控制目标
	2	组织体系
	3	制度体系
运行机制	4	内部控制风险管理
	5	控制活动（含内部控制审查）
	6	反舞弊与举报机制
保障机制	7	监督检查（内部审计和内部控制评价）
	8	人力资源政策
	9	培训教育
	10	信息与沟通（内部控制信息系统）
	11	报告
	12	企业文化

（三）企业内部控制体系架构的具体内容（按照比较列表顺序）

1. 企业内部控制的目标

按照我国财政部等五部委《企业内部控制基本规范》第三条，内部控制的目标包括经营目标、报告目标与合规目标，即为合理保证企业经营管理合法合规、资产安全、财务报告及相关信息真实完整，提高经营效率和效果，促进企业实现发展战略。

2. 组织体系

内部控制的组织体系列表如下：

组织		内部控制职责
治理机构	第一责任人	中央企业主要领导人员是内控体系监管工作第一责任人，负责组织领导建立健全覆盖各业务领域、部门、岗位，涵盖各级子企业全面有效的内控体系（国务院国资委2019年10月19日《关于加强中央企业内部控制体系建设与监督工作的实施意见》）
	董事会	负责内部控制的建立健全和有效实施
	监事会	对董事会建立与实施内部控制进行监督
	经理层	负责组织领导企业内部控制的日常运行
专门委员会		在董事会下设审计委员会，负责审查企业内部控制，监督内部控制的有效实施和内部控制自我评价情况，协调内部控制审计及其他相关事宜等
内部控制 管理机构		具体负责组织协调内部控制的建立实施及日常工作，并向董事会下属的审计委员会或类似部门报告工作
业务部门及其他职能管理部门		内部控制应当贯穿决策、执行和监督全过程，覆盖企业及其所属单位的各种业务和事项
子公司		中央企业主要领导人员是内控体系监管工作第一责任人，负责组织领导建立健全覆盖各业务领域、部门、岗位，涵盖各级子企业全面有效的内控体系（国务院国资委2019年10月19日《关于加强中央企业内部控制体系建设与监督工作的实施意见》）

3. 制度体系

按照我国财政部等五部委《企业内部控制基本规范》第六条，企业应当根据有关法律法规、本规范及其配套办法，制定本企业的内部控制制度并组织实施。

4. 内部控制风险管理

识别内外部风险，开展风险评估，确定风险应对策略。综合运用风险规避、风险降低、风险分担和风险承受等风险应对策略，实现对风险的有效控制。

5. 控制活动

根据风险评估结果，通过手工控制与自动控制、预防性控制与发现性控制相结合的方法，运用相应的控制措施，将风险控制在可承受度之内。

控制措施一般包括不相容职务分离控制、授权审批控制、会计系统控制、财产保护控制、预算控制、运营分析控制和绩效考评控制等。

我国财政部等五部委颁布的《企业内部控制应用指引》，对将企业组织框架、发展战略、人力资源、社会责任、企业文化、资金活动、采购业务、资产管理、销售业务、研究与开发、工程项目、担保业务、业务外包、财务报告、全面预算、合同管理、信息传递、信息系统十八个方面提出了内部控制指引。

内部控制活动具有很强的专业性。

6. 反舞弊与举报机制

建立反舞弊机制，规范舞弊案件的举报、调查、处理、报告和补救程序。

建立举报投诉制度和举报人保护制度，设置举报专线，明确举报投诉处理程序、办理时限和办结要求，确保举报、投诉成为企业有效掌握信息的重要途径。

7. 监督检查

加强内部审计工作，对内部控制的有效性进行监督检查。保证内部审计机构设置、人员配备和工作的独立性。

建立健全内部监督评价机制，定期对内部控制的有效性进行自我评价。对于发现的内部控制缺陷及时加以改进。

8. 人力资源政策

制定和实施有利于企业可持续发展的人力资源政策。

建立有效的激励约束机制，将内部控制情况纳入绩效考评体系，并制定适当的奖惩办法，激励员工积极参与内部控制各项活动。

9. 培训教育

加强员工培训和继续教育，不断提升员工素质。

10. 报告

信息沟通过程中发现的问题，应当及时报告并加以解决。重要信息应当及时传递给董事会、监事会和经理层。

11. 信息与沟通

建立信息与沟通制度，明确内部控制相关信息的收集、处理和传递程序，确保信息及时沟通，促进内部控制有效运行。

建立与经营管理相适应的信息系统，促进内部控制流程与信息系统的有机结合，实现对业务和事项的自动控制，减少或消除人为操纵因素。

12. 文化建设

加强文化建设，培育积极向上的价值观和社会责任感，倡导诚实守信、爱岗敬业、开拓创新和团队协作精神，树立现代管理理念，强化风险意识。

六、企业内部控制规范及其适用

我国有关企业内部控制的规范、适用对象和强制执行的效力如下：

	名称	发布部门	发布日期	适用对象	强制效力
1	《中央企业全面风险管理指引》	国务院国资委	2006-6-6	中央企业	有
2	《上海证券交易所上市公司内部控制指引》	上海证券交易所	2006-6-5	上交所 上市公司	有
3	《深圳证券交易所上市公司内部控制指引》	深圳证券交易所	2006-9-28	深交所 上市公司	有
4	《企业内部控制基本规范》	财政部、证监会、审计署、原银监会、原保监会	2008-5-22	上市公司国有企业	有
5	《企业内部控制配套指引》		2010-4-15	其他大中型企业	鼓励
6	关于地方国企开展内控控制的规定	各地方财政部门、国资委	//	地方国企	有
7	《关于加快构建中央企业内部控制体系有关事项的通知》	国务院国有资产监督管理委员会、财政部	2012-5-7	中央企业	有
8	《关于建立国有企业违规经营投资责任追究制度的意见》	国务院办公厅	2016-8-2	国有企业	有
9	《小企业内部控制规范（试行）》	财政部	2017-6-29	小企业	无（指导性）
10	《中央企业违规经营投资责任追究实施办法（试行）》	国务院国资委	2018-7-13	中央企业	有
11	《关于加强中央企业内部控制体系建设与监督工作的实施意见》	国务院国资委	2019-10-19	中央企业	有

七、开展内部控制，企业如何选择

根据上述有关内部控制规范的规定，梳理、总结企业开展内部控制、建立内部控制体系的情况如下：

（一）中央企业

中央企业须按照《中央企业全面风险管理指引（试行）》《企业内部控制基本规范》等建立内部控制体系，开展内部控制。

作为上市公司的中央企业，还须按照深交所、上交所内部控制指引的规定开展内部控制。

（二）地方国有企业

1. 一般地方国有企业

有些省、自治区、直辖市国资委已经发布地方国有企业建立内部控制体系、开展内部控制的规定、通知。按照国务院办公厅《关于建立国有企业违规经营投资责任追究制度的意见》，国有企业内控及风险管理制度缺失，内控流程存在重大缺陷或内部控制执行不力，造成国有资产损失以及其他严重不良后果的，应当追究责任。

因此，地方国有企业须按照《企业内部控制规范》《企业内部控制配套指引》以及地方政府有关内部控制的规定建立内部控制体系、开展内部控制。

2. 上市公司地方国有企业

作为上市公司的地方国有企业，还须按照深交所、上交所内部控制指引的规定开展内部控制。

（三）民营企业

就建立内部控制体系、开展内部控制而言，民营企业分三类情况。

1. 上市公司民营企业

作为上市公司的民营企业，须按照深交所、上交所内部控制指引的规定开展内部控制。

2. 强监管行业民营企业

属于商业银行、保险公司、证券公司和证券投资基金管理公司的民营企业，须遵守所在行业有关部委关于合规管理的规定建立内部控制体系、开展内部控制。

3. 其他民营企业

对于我国其他民营企业，并无强制要求建立内部控制体系、开展内部控制的强制性法律、法规规定。

其他民营企业参与国内外市场竞争，遵法守法、合规经营以及加强内部控制和管理已成为必选项。建议大中型民营企业应按照《企业内部控制规范》与《企业内部控制配套指引》的规定建立内部控制体系、开展内部控制，小型民营企业可以按照财政部《小企业内部控制规范（试行）》开展内部控制。

八、我国企业内部控制存在的突出问题

根据我们协助企业建立合规管理体系的实践，以下几个方面是企业开展内部控制过程中存在的突出问题：

1. 重风控、轻内控，对内控的重要性认识不足。

有些企业对内部控制与全面风险管理的关系认识不足，只看结果，不管过程，重风控，轻内控。内部控制部门职能被削弱、边缘化或者被其他部门所替代，内部控制人员严重不足。

2. 内部控制流于形式。

有些企业聘请专业机构建立了完善的内控体系，内部控制制度流程可谓汗牛充栋。但过于标准化，与企业实际情况融合度不够。宣传培训不够，管理人员和员工理解甚少，知者不多。自我评价和内部审计流于形式。

3. 内部控制裹足不前，不能满足企业发展需要。

企业经营模式、业务领域、市场区域等在不断发展变化，但控制、制度和流程没有纳入内部控制体系，游离于内部控制之外。内部控制风险管理不到位，制度流程不作修改和增补，仍然保持在建立内部控制体系的初始状态，不能满足企业发展需要。

4. 内控制度流程体系化程度较低，人为干预因素多。

内部控制要求管理制度化，制度流程化，流程表单化，表单信息化。但有些企业拘泥于传统管理模式，内部控制信息化程度低，内部控制大多维持在手工操作状态，人为干预因素和操作风险甚多。

5. 审计监督缺乏独立性。

审计与内部控制、风险控制等部门合署，没有独立性。监督机制不健全，监督效果没有正常发挥。

6. 普通民营企业大多没有内部控制意识，尚未开展内部控制。

第四节　企业风险管理

一、产生和发展

1.1955 年，美国宾夕法尼亚大学施耐德教授第一次提出了企业风险管理的概念。1983 年在美国召开的风险和保险管理协会年会讨论并通过了"101 条风险管理准则"，标志着风险管理从理论走向实践。

20 世纪 80 年代末、90 年代初，随着国际金融和工商业的不断发展，企业面临的风险更加多样化和复杂化。墨西哥金融危机、亚洲金融危机、大林银行、爱尔兰联合银行等多个风险事件发生，昭示着企业面临的不再是单一的风险。信用风险、市场风险、操作风险等相互交织并导致企业巨大损失。企业集团面临的风险日益显现出宏观性、整体性、组合性和潜在性特点，企业战略风险、市场风险、财务投融资风险、国内外法律风险等受到越来越多的关注。2004 年 9 月，美国 COSO 发布《企业风险管理整合框架》(Enterprise Risk Management — Integrated Framework)，在内部控制的基础上，发展和拓展了内部控制的范围和内容，更加关注企业全面风险管理，进而将内部控制体系融入全面风险管理体系，作为全面风险管理体系的一个子体系。之后，美国 COSO 对《企业风险管理　整合框架》不断进行修订完善。形成了最新版本，即 2017 年 9 月 6 日的《企业风险管理框架》。

2. 我国国务院国资委于 2006 年 6 月 6 日发布《中央企业全面风险管理指引》，直接引入企业全面风险管理。有关部委、协会陆续发布了相关规范、标准，包括 2007 年 4 月 6 日原保监会《保险公司风险管理指引（试行）》、2009 年 5 月 5 日国家税务总局《大企业税务风险管理指引（试行）》、2009 年 5 月 6 日国家标准化管理委员会《风险管理　术语》(等同采用国际标准 ISO Guide73：2009)、2009 年 9 月 30 日《风险管理　原则与实施指南》(参考国际标准 ISO/DIS31000《风险管理　原则与实施指南》)、2011 年 1 月 4 日《公司治理风险管理指南》、2011 年 12 月 30 日《企业法律风险管理指南》《风险管理　风险评估技术》(参考国际标准 IEC–31010)以及 2016 年 9 月 27 日原银监会《银行业金融机构全面风险管理指引》等。

二、企业风险管理的分类

（一）根据我国有关规范、标准进行分类

根据我国有关内部控制、风险管理的规范、标准，风险管理包括内部控制风险管理、全面风险管理与专项风险管理。

1. 内部控制风险管理

企业内部控制风险管理是企业通过对其经营活动中与实现内部控制目标相关的风险进行评估，合理确定风险应对策略，采取相应控制措施，有效控制和处置风险的过程。

按照我国财政部等五部委《企业内部控制基本规范》第三条的规定，内部控制的目标包括经营目标、报告目标与合规目标，即为合理保证企业经营管理合法合规、资产安全、财务报告及相关信息真实完整，提高经营效率和效果，促进企业实现发展战略。

企业经营活动中与实现内部控制目标相关的常见风险主要有政策风险、市场风险、财务风险、法律合规风险、团队风险等，并存在与企业经营管理相关的各个领域。

我国财政部等五部委《企业内部控制基本规范》中第二十二条、第二十三条将企业经营活动中与实现内部控制目标相关的风险划分为内部风险和外部风险。

内部控制风险管理的构成要素包括：（1）明确环境信息；（2）风险评估；（3）风险应对；（4）监督和检查；（5）沟通和记录。

2. 全面风险管理

美国COSO在《企业风险管理整合框架》中将企业风险管理定义为：企业风险管理是一个过程，受企业董事会、管理层和其他员工的影响，包括内部控制及其在战略和整个企业的应用，旨在为实现经营的效率和效果、财务报告的可靠性以及法规的遵循提供合理保证。

我国国资委《中央企业全面风险管理指引》第四条规定，全面风险管理是指企业围绕总体经营目标，通过在企业管理的各个环节和经营过程中执行风险管理的基本流程，培育良好的风险管理文化，建立健全全面风险管理体系，包括风险管理策略、风险理财措施、风险管理的组织职能体系、风险管理信息系统和内部控制系统，从而为实现风险管理的总体目标提供

合理保证的过程和方法。

企业全面风险管理体系在企业内部控制的基础上增加了一个新观念、一个新目标、两个新概念和三个新要素：

（1）一个新观念：增加了风险组合观。认为企业各类风险贯穿于企业经营管理的各个层面和各个领域，要求以风险组合观看待和管理风险。

（2）一个新目标：在内部控制三大目标（经营目标、报告目标、合规目标）的基础上增加了战略目标，处于比其他三大目标更高的层次，并与企业愿景和使命紧密相关。

（3）两个新概念：在企业内外部环境方面，引入风险偏好和风险宽容度两个新概念。风险偏好即企业在追求愿景的过程中所愿意承受的风险数量，以及企业决策者对待风险的态度。风险宽容度即企业在实现目标过程中所能接受的偏离程度。企业在制定目标时，需要考虑风险偏好和风险宽容度，将风险控制在可以接受的最大范围内。

（4）三个新要素：增加了目标设定、事项识别和风险应对（风险解决方案）三个构成要素（但有些学者认为，企业内部控制的风险评估要素中已经包含风险应对，因此只增加了两个构成要素）。按照《企业风险管理整合框架》，建立和加强内部控制本身是风险应对的一部分。

此外，在组织职责描述中，《企业风险管理整合框架》强调企业董事会的风险管理意识，扩充了董事会在风险管理方面的职能，并要求企业设立专门负责风险管理的职能部门以及风险管理负责人。

全面风险管理除了关注防范与控制纯粹风险外，更加关注对机会风险的管理。我国国资委《中央企业全面风险管理指引》第八条就明确规定，企业开展全面风险管理工作，应注重防范和控制风险可能给企业造成损失和危害，也应把机会风险视为企业的特殊资源，通过对其管理，为企业创造价值，促进经营目标的实现。

按照我国国资委《中央企业全面风险管理指引》，企业全面风险包括战略风险、财务风险、市场风险、运营风险、法律风险等。按照我国原银监会《银行业金融机构全面风险管理指引》，金融机构的全面风险包括信用风险、市场风险、流动性风险、操作风险、国别风险、银行账户利率风险、声誉风险、战略风险、信息科技风险以及其他风险等。

3. 专项风险管理

专项风险管理是指对某一业务或专业领域开展的风险管理。按照国务院国资委《中央企业全面风险管理指引》第九条规定，具备条件的企业应全面推进，尽快建立全面风险管理体系；其他企业应制定开展全面风险管理的总体规划，分步实施，可先选择发展战略、投资收购、财务报告、内部审计、衍生产品交易、法律事务、安全生产、应收账款管理等一项或多项业务开展风险管理工作，建立单项或多项内部控制子系统。

按照我国有关部委发布的规范、标准，专项风险管理还包括法律风险管理、合规风险管理、公司治理风险管理、税务风险管理、银行信用风险管理、供应链风险管理等。

（二）内部风险与外部风险

按照风险源自企业内部或者外部，将企业风险划分为内部风险与外部风险。企业内部风险一般包括管理风险、财务风险、技术风险、团队风险等。企业外部风险一般包括自然风险、政治风险、经济风险、社会风险等。

我国财政部等五部委《企业内部控制基本规范》第二十二条规定，企业在识别内部风险时应当关注下列因素：

（1）董事、监事、经理及其他高级管理人员的职业操守、员工专业胜任能力等人力资源因素。

（2）组织机构、经营方式、资产管理、业务流程等管理因素。

（3）研究开发、技术投入、信息技术运用等自主创新因素。

（4）财务状况、经营成果、现金流量等财务因素。

（5）营运安全、员工健康、环境保护等安全环保因素。

（6）其他有关内部风险因素。

我国财政部等五部委《企业内部控制基本规范》第二十三条规定，企业在识别外部风险时应当关注下列因素：

（1）经济形势、产业政策、融资环境、市场竞争、资源供给等经济因素。

（2）法律法规、监管要求等法律因素。

（3）安全稳定、文化传统、社会信用、教育水平、消费者行为等社会因素。

（4）技术进步、工艺改进等科学技术因素。

（5）自然灾害、环境状况等自然环境因素。

（6）其他有关外部风险因素。

（三）纯粹风险与机会风险

根据风险所致结果的不同，可以将企业风险划分为纯粹风险与机会风险。

纯粹风险是指只有带来损失一种可能性的风险，如运输风险、财产风险、职工安全风险、违法风险、违规风险、自然灾害风险等。

机会风险是指可能导致损失、也可能带来盈利的风险，如投资风险、外汇交易风险等。

（四）固有风险与剩余风险

按风险发生和存在的时间，可以将风险分为固有风险与剩余风险。

固有风险是企业在采取风险管控措施之前就存在的潜在风险。

剩余风险是在开展风险管理、采取风险管控措施后未能被控制或消除的潜在风险。

（五）动态风险与静态风险

按照风险形成的环境，可以将风险划分为动态风险与静态风险。

动态风险是指因社会经济、政治、技术等企业外部环境变化带来风险的可能性，如通货膨胀、汇率风险、宏观调控、投资环境变化等。动态风险没有规律可言，有很大的不确定性。动态风险影响的范围广，大多属于机会风险。

静态风险是在企业环境正常且没有发生变化时发生损失的可能性，如自然灾害风险、交通事故等。静态风险影响的范围较小，多属于纯粹风险，一般可以预测、预防和有效控制。

三、企业风险管理目标

按照我国国家标准《风险管理 原则与实施指南》，风险管理旨在保证组织恰当地应对风险，提高风险应对的效率和效果，增强行动的合理性，有效地配置资源。

美国COSO在《企业风险管理整合框架》中规定了风险管理的四个目标，即战略目标、报告目标、经营目标与合规目标。

按照国资委《中央企业全面风险管理指引》，企业风险管理的总体目标是：

（1）确保将风险控制在与总体目标相适应并可承受的范围内（战略目标）；

（2）确保内外部，尤其是企业与股东之间实现真实、可靠的信息沟通，包括编制和提供真实、可靠的财务报告（报告目标）；

（3）确保遵守有关法律法规（合规目标）；

（4）确保企业有关规章制度和为实现经营目标而采取重大措施的贯彻执行，保障经营管理的有效性，提高经营活动的效率和效果，降低实现经营目标的不确定性（经营目标）；

（5）确保企业建立针对各项重大风险发生后的危机处理计划，保护企业不因灾害性风险或人为失误而遭受重大损失。

362

四、企业风险管理构成要素

1. 内部控制风险管理的构成要素

按照我国国家标准《风险管理 原则与实施指南》，风险管理过程包括：（1）明确环境信息；（2）风险评估（包括风险识别、风险分析和风险评价）；（3）风险应对；（4）监督和检查；（5）沟通和记录。

2. 全面风险管理的构成要素

按照美国COSO《企业风险管理整合框架》，企业全面风险管理过程包括：（1）目标设定；（2）内部环境；（3）事项识别；（4）风险评估；（5）风险应对；（6）控制活动；（7）监督；（8）信息与沟通。

企业全面风险管理在企业内部控制体系的基础上增加了三个要素，即目标设定、事项识别和风险应对。但是，在企业内部控制要素中，第二大要素（风险评估）中已经包含风险应对。因此，有些学者认为全面风险管理只增加了两个构成要素。

我国国家标准《风险管理 原则与实施指南》与国务院国资委《中央企业全面风险管理指引》仍然使用全面风险管理五要素架构，即：

（1）收集风险管理初始信息；

（2）进行风险评估；

（3）制定风险管理策略；

（4）提出和实施风险管理解决方案；

（5）风险管理的监督与改进。

五、企业风险管理体系

（一）企业风险管理原则

按照我国国家标准《风险管理 原则与实施指南》，企业实施风险管理的原则包括：

1. 控制损失，创造价值；

2. 融入企业管理过程，成为管理过程的重要组成部分；

3. 支持决策过程，企业的所有决策都应考虑风险和风险管理；

4. 以信息为基础；

5. 环境依赖，与企业内外部环境及风险状况相匹配；

6. 广泛参与、充分沟通；

7. 持续改进。

（二）企业全面风险管理体系架构

按照国家标准《风险管理 原则与实施指南》《企业法律风险管理体系指南》，风险管理体系包括风险管理方针、组织结构、制度流程、资源配置、信息沟通机制以及相关技术手段。风险管理体系由各子体系构成，如内部控制体系。

按照我国国资委《中央企业全面风险管理指引》，全面风险管理体系包括风险管理策略、风险理财措施、风险管理的组织职能体系、风险管理信息系统和内部控制系统。

结合国家标准《风险管理 原则与实施指南》《企业法律风险管理体系指南》、国资委《中央企业全面风险管理指引》，全面风险管理体系架构列表如下：

全面风险管理体系架构			
序号	构成要素		
1	方针和目标		
2	组织体系		
3	制度流程		
4	资源配置		
5	风险评估		
6	风险应对	风险管理策略	
		外包方案	
		内控措施	
7	沟通与报告		
8	监督与改进	自我评估和检查	
		风险管理评价	
		风险管理审计	
9	风险管理信息系统		
10	风险管理文化	风险管理文化培育	
		风险管理教育和培训	

为了方便比较，按照合规管理体系的架构，将风险管理体系构成要素的顺序进行适当调整，编制以下风险管理体系的比较列表。此外，在风险管理实践中，重大事项、改革方案以及公司重要规章制度往往需要做风险管理审查。因此，在比较列表中增加了风险管理审查要素（见下表）。

调整前　　　　　　　　　　　　　　调整后

全面风险管理体系架构		
序号	构成要素	
1	方针和目标	
2	组织体系	
3	制度流程	
4	资源配置	
5	风险评估	
6	风险应对	风险管理策略
		外包方案
		内控措施
7	沟通与报告	
8	监督与改进	自我评估和检查
		风险管理评价
		风险管理审计
9	风险管理信息系统	
10	风险管理文化	风险管理文化培育
		风险管理教育和培训

企业风险管理体系架构		
序号		构成要素
	1	方针和目标
	2	组织体系
	3	制度流程
运行机制	4	风险评估
	5	风险应对
	6	风险管理审查
保障机制	7	监督改进
	8	资源配置
	9	培训教育
	10	信息与沟通（风险管理信息系统）
	11	报告
	12	风险管理文化

（三）企业全面风险管理体系架构的具体内容（按照比较列表顺序）

1. 方针和目标

（1）全面风险管理方针

企业全面风险管理方针须明确企业的风险管理理念，领导的风险管理承诺，风险管理的目标，企业的风险偏好等。

（2）全面风险管理的目标

全面风险管理的目标包括战略目标、报告目标、经营目标与合规目标。

2. 组织体系

全面风险管理的组织体系主要包括公司法人治理结构、风险管理职能部门、内部审计部门、法律事务部门及其他有关职能部门、业务单位等（见下表）。

	组织	职责
法人治理机构	董事会	领导企业全面风险管理工作，就其有效性向股东（大）会负责： （1）审议并向股东（大）会提交企业全面风险管理年度工作报告； （2）确定企业全面风险管理总体目标、风险偏好、风险承受度，批准风险管理策略和重大风险管理解决方案； （3）了解和掌握企业面临的各项重大风险及其风险管理现状，作出有效控制风险的决策； （4）批准重大决策、重大风险、重大事件和重要业务流程的判断标准或判断机制； （5）批准重大决策的风险评估报告； （6）批准内部审计部门提交的风险管理监督评价审计报告； （7）批准全面风险管理组织机构设置及其职责方案； （8）批准全面风险管理措施，纠正和处理任何组织或个人超越风险管理制度做出的风险性决定的行为； （9）督导企业风险管理文化的培育； （10）全面风险管理的其他重大事项
	风险管理委员会	对董事会负责，履行下列职责： （1）提交全面风险管理年度报告； （2）审议风险管理策略和重大风险管理解决方案； （3）审议重大决策、重大风险、重大事件和重要业务流程的判断标准或判断机制，以及重大决策的风险评估报告； （4）审议内部审计部门提交的风险管理监督评价审计综合报告； （5）审议风险管理组织机构设置及其职责方案； （6）办理董事会授权的有关全面风险管理的其他事项
	审计委员会	领导企业内部审计部门，负责研究提出全面风险管理监督评价体系，制定监督评价相关制度，开展监督与评价，出具监督评价审计报告

（续表）

组织		职责
	总经理	负责主持全面风险管理的日常工作，负责组织拟订企业风险管理组织机构设置及其职责方案；对董事会负责
	风险管理部门	负责企业日常风险管理，对总经理负责。主要履行下列职责： （1）研究提出全面风险管理工作报告； （2）研究提出跨职能部门的重大决策、重大风险、重大事件和重要业务流程的判断标准或判断机制； （3）研究提出跨职能部门的重大决策风险评估报告； （4）研究提出风险管理策略和跨职能部门的重大风险管理解决方案，并负责该方案的组织实施和对该风险的日常监控； （5）负责对全面风险管理有效性评估，研究提出全面风险管理的改进方案； （6）负责组织建立风险管理信息系统； （7）负责组织协调全面风险管理日常工作； （8）负责指导、监督有关职能部门、各业务单位以及全资、控股子企业开展全面风险管理工作； （9）办理风险管理其他有关工作
	其他职能部门及各业务单位	接受风险管理职能部门和内部审计部门的组织、协调、指导和监督，主要履行以下职责： （1）执行全面风险管理基本流程； （2）研究提出本职能部门或业务单位重大决策、重大风险、重大事件和重要业务流程的判断标准或判断机制； （3）研究提出本职能部门或业务单位的重大决策风险评估报告； （4）做好本职能部门或业务单位建立风险管理信息系统的工作； （5）做好培育风险管理文化的有关工作； （6）建立健全本职能部门或业务单位的风险管理内部控制子系统； （7）办理风险管理其他有关工作
	子企业	全资、控股子企业建立与企业相适应或符合全资、控股子企业自身特点、能有效发挥作用的全面风险管理组织体系

建立全面风险管理三道防线，即各有关职能部门和业务单位为第一道防线；风险管理职能部门和董事会下设的风险管理委员会为第二道防线；内部审计部门和董事会下设的审计委员会为第三道防线。

3.制度流程

（1）建立全面风险管理基本制度流程，并与其他管理工作紧密结合，把风险管理的各项要求融入企业管理和业务流程中。

（2）制定内部控制措施及制度。

4.风险评估

包括风险识别、风险分析和风险评价。

5. 风险应对

制定风险管理策略和风险管理解决方案（包括风险解决的外包方案、内控措施等）。

6. 风险管理审查

对企业重大事项、改革方案及重要规章制度进行风险管理审查。

7. 信息与沟通

建立贯穿于整个风险管理的基本流程，连接各上下级、各部门和业务单位的风险管理信息沟通渠道，确保信息沟通的及时、准确、完整，为风险管理监督与改进奠定基础。

风险管理信息系统为全面风险管理的子系统之一，由风险管理部门负责组织建立和维护。其他职能部门和各业务单位负责做好本部门、单位建立风险管理信息系统的工作。

8. 资源配置

根据风险管理计划，为风险管理配置适当的资源，包括风险管理人力资源、财力资源及其他资源。

9. 培训教育

建立重要管理及业务流程、风险控制点的管理人员和业务操作人员岗前风险管理培训制度。采取多种途径和形式，加强对风险管理理念、知识、流程、管控核心内容的培训，培养风险管理人才，培育风险管理文化。

10. 报告

全面风险管理报告包括：

（1）全面风险管理年度报告：由风险管理部门研究提出，风险管理委员会审议并在批准后向董事会提交，董事会审议批准后向股东（大）会提交。

（2）重大决策风险评估报告：由风险管理部门研究提出，风险管理委员会审议并在批准后提交董事会审议批准。

（3）风险管理监督评价审计报告：由内审部门提出，风险管理委员会审议并在批准后提交董事会审议批准。

（4）风险管理部门定期对各部门和业务单位风险管理工作实施情况和有效性进行检查和检验，出具评价和建议报告，及时报送企业总经理或其委托分管风险管理工作的高级管理人员。

（5）企业各有关部门和业务单位自查和检验报告，及时报送风险管理部门。

11. 监督检查

（1）全面风险管理有效性检验；

（2）各有关部门和业务单位自查和检验；

（3）风险管理审计（内部审计监督与外部中介机构审计评价）。

12. 风险管理文化

企业应注重建立具有风险意识的企业文化，促进企业风险管理水平、员工风险管理素质的提升，保障企业风险管理目标的实现。

风险管理文化建设应融入企业文化建设全过程。大力培育和塑造良好的风险管理文化，树立正确的风险管理理念，增强员工风险管理意识，将风险管理意识转化为员工的共同认识和自觉行动，促进企业建立系统、规范、高效的风险管理机制。

六、我国企业风险管理规范及其适用

我国有关企业风险管理的规范、适用对象和强制执行的效力如下：

	名称	发布部门	发布日期	适用对象	强制效力
1	《中央企业全面风险管理指引》	国务院国资委	2006-6-6	中央企业	有
2	地方国企全面风险管理规定	各地方国资委	//	各地方国有企业	有
3	《保险公司风险管理指引（试行)》	原保监会	2007-4-6	保险公司	有
4	《证券公司全面风险管理规范》	中国证券业协会	2016-12-30	证券公司	无
5	《银行业金融机构全面风险管理指引》	原银监会	2016-9-27	银行	有

	名称	发布部门	发布日期	适用对象	强制效力
6	《风险管理 原则与实施指南》（参考国际标准 ISO/DIS 31000《风险管理 原则与实施指南》）	国家标准化管理委员会	2009－9－30	所有企业	推荐适用
7	《风险管理 术语》（等同采用国际标准 ISO Guide73：2009）	国家标准化管理委员会	2009－5－6发布/2013－12－31修改		
8	《公司治理风险管理指南》	国家标准化管理委员会	2011－1－14		
9	《企业法律风险管理指南》	国家标准化管理委员会	2011－12－30		
10	《风险管理 风险评估技术》（参考国际标准 IEC－31010）	国家标准化管理委员会	2011－12－30		
11	《关于建立国有企业违规经营投资责任追究制度的意见》	国务院办公厅	2016－8－2	国有企业	有
12	《中央企业违规经营投资责任追究实施办法（试行）》	国务院国资委	2018－7－13	中央企业	有

七、开展风险管理，企业如何选择

根据上述有关风险管理规范的规定，梳理、总结企业开展风险管理、建立风险管理体系的情况如下：

（一）中央企业

1. 中央企业须按照《中央企业全面风险管理指引（试行）》建立全面风险管理体系，开展全面风险管理。

2. 属于中央企业的商业银行、保险公司、证券公司开展风险管理，须遵守相关部委有关全面风险管理指引的规定。

（二）地方国有企业

1. 一般地方国有企业

有些地方政府已经发布地方国有企业建立全面风险管理体系、开展全面风险管理的规定、通知。按照《国务院办公厅关于建立国有企业违规经营投资责任追究制度的意见》，国有企业内控及风险管理制度缺失，内控流程存在重大缺陷或内部控制执行不力，造成国有资产损失以及其他严重不良后果的，应当追究责任。

因此，地方国有企业须按照地方政府有关全面风险管理的规定建立全面风险管理体系、开展全面风险管理。

当然，建立全面风险管理体系、开展全面风险管理在组织、人员、制度等方面涉及较高的管理成本，中央企业集团的子企业、地方国有企业集团的子企业，如果是规模小、产品单一、市场竞争欠激烈、风险较少、缺乏战略决策权的单一结构企业，是否需要建立全面风险管理体系，是一值得探讨的课题。笔者认为，这些企业建立内部控制体系并开展内部控制风险管理就已足够。

2.强监管行业国有企业

属于地方国有企业的商业银行、保险公司、证券公司开展风险管理，须遵守相关部委有关全面风险管理指引的规定。

（三）民营企业

就建立风险管理体系、开展风险管理而言，民营企业分三类情况。

1.上市公司民营企业

作为上市公司的民营企业，还须按照深交所、上交所风险管理指引的规定开展内部控制风险管理。

2.强监管行业民营企业

属于商业银行、保险公司、证券公司的民营企业，须遵守相关部委有关风险管理指引的规定。

3.其他民营企业

对于我国其他民营企业，并无强制要求建立风险管理体系、开展风险管理的强制性法律、法规规定。

其他民营企业参与国内外市场竞争，遵法守法、合规经营以及加强风险管控已成为必选项：

（1）建议大中型民营企业选择适用国家《风险管理 原则与实施指南》建立风险管理体系，开展风险管理；

（2）建议小型民营企业在建立内部控制体系、开展内部控制时开展内部控制风险管理即可。

八、我国企业风险管理存在的突出问题

根据我们协助企业建立合规管理体系的实践，以下几个方面是企业开展风险管理过程中存在的突出问题：

1. 重风控、轻内控，对内控的重要性认识不足。

2. 全面风险管理日渐流于形式。

虽然聘请专业机构建立了完善的全面风险管理体系，但过于标准化，与企业实际情况融合度不够。宣传培训不够，管理人员和员工理解甚少，知之者不足。全面风险管理日渐流于形式。

3. 风险管理审查被忽视。

重大事项、改革方案等的风险评估和审查是必需环节。但风险评估和审查环节经常被忽视或者跨越。

4. 中央企业的一些子公司、大多地方国企、大多民企尚未开展风险管理。

第二章　企业法务管理、合规管理、内部控制与风险管理之间的关系

Chapter II　Relationship among Corporate Legal, Compliance, Internal Control and Risk Management

企业法务管理、合规管理、内部控制与全面风险管理同属并共同构成我国国有企业法治体系的运行机制，相互之间存在较大的趋同性，也存在一定的差异性。本章对企业法务管理与合规管理，法务管理、合规管理与内部控制，内部控制与全面风险管理等，进行详细比较分析。

第一节　企业法务管理与合规管理的关系

本节根据国务院国资委《关于全面推进法治央企建设的意见》《中央企业合规管理指引（试行）》、国家标准《企业法律风险管理指南》以及国家有关部委发布实施的其他合规管理指引等，对法务管理与合规管理进行比较分析，甄别其异同，厘清其关系。

一、企业法务管理与合规管理存在较强的趋同性

法务管理与合规管理在管理体系的架构及其各个构成要素上都存在趋同性。正因为如此，《中央企业合规管理指引（试行）》规定，在组织建设上，合规委员会可以与法治建设领导小组或风险管理委员会合署，合规管理负责人可以由总法律顾问兼任，法律事务机构可以同时作为合规管理牵头部门。

在法务管理与合规管理实践中，欧美跨国企业集团以及我国大型央企、国企的合规管理负责人多由总法律顾问兼任。政府强监管行业（如医药、证券、金融等）的企业一般分别设立法务部与合规部，而其他企业，法务部则往往与合规部合署为法务合规部，兼管法律与合规事务。

由于法务管理与合规管理的趋同性，国务院国资委《关于全面推进法治央企建设的意见》以及各省、自治区、直辖市政府全面推进地方国企法治建设的规定，要求我国中央企业、地方国有企业将依法合规经营作为法治建设的重要目标、主要内容和重要手段：（1）依法合规经营，是法治建设的总体目标。国务院国资委《关于全面推进法治央企建设的意见》第三款规定中央企业法治建设的总体目标为：中央企业依法治理能力进一步增强，依法合规经营水平显著提升，依法规范管理能力不断强化，全员法治素质明显提高，企业法治文化更加浓厚，依法治企能力达到国际同行业先进水平，努力成为治理完善、经营合规、管理规范、守法诚信的法治央企。（2）依法治理、依法合规经营、依法规范管理是法治建设的主要指导思想、主要内容和重点领域。（3）大力提升法律管理水平和加快提升合规管理能力，是法治建设的两个主要抓手。

（一）企业法务管理体系与合规管理体系的架构趋同

　　企业法务管理体系的架构基于合规管理体系架构模式进行编排，体系架构是一致的，详见下表。

企业法务管理体系架构		
序号	构成要素	
	1	总体目标
	2	组织体系
	3	制度体系
运行机制	4	法律风险管理
	5	专业性法律事务（含法律审查）
	6	违规问责
保障机制	7	监督检查
	8	人力资源保障
	9	法制宣传培训
	10	计划报告
	11	法务管理信息系统
	12	法治文化

企业合规管理体系架构		
序号	构成要素	
	1	合规方针目标
	2	组织体系
	3	制度体系
运行机制	4	合规风险管理
	5	合规审查
	6	违规管理
保障机制	7	监督检查
	8	人力资源保障
	9	合规宣传培训
	10	计划报告
	11	合规管理信息系统
	12	合规文化

（二）两个体系的主要构成要素存在趋同性

　　1.管理目标方面，合规管理目标（保障企业依法合规）包括法务管理目标（保障企业依法经营）。

　　2.组织体系方面，我国中央企业和地方国有企业的法务管理与合规管理，都包括公司治理机构职责、专门委员会，总法律顾问与合规管理负责人、法律事务机构与合规管理牵头部门、业务部门与其他职责部门日常管理职责、全员参与等。

3.制度体系方面，法务管理与合规管理在组织体系制度，法律、合规风险管理流程，重大事项法律、合规审查制度，内部监督制度，考核评价制度，法律、合规培训机制，嵌入业务制度流程的要求等，都存在趋同性。

4.风险管理方面，法律风险管理与合规风险管理存在交叉重叠的领域（如法律环境风险管理、违法违规风险管理等）。

5.事项审查方面，重大事项、重要内部规章制度、改革方案等都是法律审查与合规审查的重点领域。

6.保障机制方面，两者在宣传培训、计划报告、信息系统建设、文化建设等方面，都存在趋同性。

二、企业法务管理与合规管理的差异

企业法务管理与合规管理存在诸多差异，包括：

（一）所适用的"规"存在差异

两者都负责"规"在企业的适用，但法务管理仅负责外法（国际条约、法律、法规、司法解释等）在企业的适用，而合规管理还包括内"规"（企业章程和规章制度等）以及道德规范在企业的适用。合规管理所负责适用的"规"的范围大于法务管理，法律法规是所有"规"中最核心、最重要的组成部分。

（二）管理目标存在差异

法务管理的目标是保障企业依法经营，防范法律风险，维护企业合法权益。合规管理的目标是保障企业依法合规经营，防范合规风险。合规管理的目标包括法务管理的目标。

（三）制度体系存在差异

法务管理有自己专属的专业性规章制度，如合同管理办法，争议解决管理制度、知识产权管理制度等。合规管理也有自己专属的规章制度，如合规管理办法、专项合规管理制度（如反贿赂手册等）、合规管理流程等。

（四）运行机制方面存在差异

1. 运行机制的主要内容和重点存在差异

企业法务管理与合规管理最大的差别在于运行机制的内容和重点存在差异。

法务管理虽然也有行政管理性事务，但其主要工作内容和重点是专业性的、实务性的法律事务，如公司治理、重大项目（公司设立、投资、并购、解散等）、合同、知识产权、劳动人事、争议解决等领域的法律事务，都具有很强的专业性、实务性和独立性。法务管理需要具备专业法律知识的人员来负责，为企业其他部门（包括合规管理部门）所无法替代。

合规管理运行机制的主要内容为合规风险管理、合规审查与违规管理，且更关注管理性、程序性的事务。合规管理制度制定，合规管理的组织、指导、监督、评估、考核、评价，合规管理计划与合规报告，合规管理队伍建设，合规管理信息系统建设，合规文化建设等，都属于管理性工作，需要具备法律知识、管理知识和工作经验的人员来负责。合规管理的专业性和实务性不强而更加关注管理性、程序性事务的特点，导致合规管理的独立性受到挑战并具有可替代性，合规管理也因此可以由其他相关部门（法律部门、内部控制部门、风控部门等）兼管。

2. 风险管理存在差异

合规风险管理是合规管理的核心与主要工作。但法律风险管理只是诸多专业性法律事务之一，而且非法务管理的核心与主要工作。

法律风险与合规风险的范畴存在差异。法律风险包括法律环境风险、违法法律风险、违约法律风险、侵权法律风险、怠于行使权利法律风险、不当行为法律风险等。而合规风险主要是违法法律风险和违规法律风险（即违反内部规章制度风险），还包括法律环境风险、违反道德规范风险等，但不包括违约法律风险、侵权法律风险、怠于行使权利法律风险、不当行为法律风险等。

3. 事项审查存在差异

法务部门的法律审查包括对重大事项、重要内部规章制度、改革方案的法律审查，还包括合同及其他法律事务审查。合规管理部门的合规审查则主要包括重大事项、内部规章制度和改革方案的合规审查，不包括一般合同及其他法律事务审查。

4. 违规管理方面存在差异

在欧美跨国企业，合规管理部门直接负责违规管理。在我国中央企业与地方国有企业，合规管理牵头部门负责职责范围内的违规管理。但法务管理部门主要是对违规管理提供法律专业支持。

（五）人员要求存在差异

法务人员需要具有专业的法律知识和法务处理能力。而合规管理人员则需要基本的法律知识以及管理能力和工作经验。

法务管理与合规管理的趋同性及差异性详见下表：

	相同点	不同点	
		法务管理	合规管理
适用规范	外法（国际条约、规则、法律、法规、司法解释）	外法	外法 + 内规（企业章程、规章制度）+ 道德规范
管理目标	保障企业依法经营	保障企业依法经营，维护企业合法权益	保障企业依法合规经营
管理原则	普遍原则、强化责任原则、协同联动原则、客观独立原则	/	
组织体系	公司治理机构职责，专门委员会，总法律顾问与合规管理负责人，法律事务机构与合规管理牵头部门，业务部门与其他职责部门日常管理职责，全员参与	/	
制度体系	组织体系制度，法律、合规风险管理流程，重大事项法律、合规审查制度，内部监督制度，考核评价制度，法律、合规培训机制，嵌入业务制度流程	合同管理办法，争议解决管理制度、知识产权管理制度	合规管理办法、专项合规管理制度（如反贿赂手册等）、合规管理流程
运行机制	风险管理	违法风险管理	法律环境风险、违约法律风险、侵权法律风险、怠于行使权利法律风险、不当行为法律风险等	违反内部规章制度风险、违反道德规范风险等
	事项审查与其他专业性事务	重大事项、内部规章制度、改革方案法律、合规审查，业务部门与其他职能部门日常法律、合规审查	专业性法律事务（含法律审查：一般合同与法律文件审查、争议解决文件审查等）	政府监管合规审查、商业伙伴合规审查
	违规管理	提供专业支持	提供专业支持	职责范围内的违规管理

		相同点	不同点	
			法务管理	合规管理
保障机制	监督检查	审计、管理评估	/	
	人力资源保障	考核机制、法律合规队伍建设	/	
	宣传培训	法治宣传培训	/	
	计划报告	年度计划、年度报告，重大法律风险、合规风险报告	（中央企业、国有企业年度合规报告与重大合规风险报国资委备案）	
	信息系统	法律、合规管理信息系统	/	
	文化建设	法治文化、合规文化，同属企业文化	/	

第二节　企业法务管理、合规管理与内部控制的关系

本节根据国务院国资委《关于全面推进法治央企建设的意见》《中央企业合规管理指引（试行）》、国家标准《企业法律风险管理指南》、财政部等五部委《企业内部控制规范》和《企业内部控制配套指引》以及国家有关部委发布实施的其他合规管理指引等，对法务管理、合规管理与内部控制进行比较分析，甄别其异同，厘清其关系。

一、企业法务管理、合规管理与内部控制存在趋同性

企业法务管理、合规管理与内部控制在管理体系的架构及各个构成要素和管理环节方面存在趋同性。

（一）体系架构

企业法务管理体系的架构基于合规管理体系架构模式进行编排，体系架构是一致的。企业内部控制体系的架构与构成要素，根据合规管理体系的架构和构成要素进行适当调整后，形成内部控制体系比较列表。仔细比较，法务管理、合规管理、内部控制的主要构成要素趋同，包括管理目标、组织体系、风险管理、宣传培训、内部监督、管理信息系统、文化建设等。

从管理目标和内容看，内部控制包括法务管理与合规管理。

（调整后比较列表）

企业法务管理体系架构			企业合规管理体系架构			企业内部控制体系架构		
序号		构成要素	序号		构成要素	序号		构成要素
	1	总体目标		1	合规方针目标		1	内部控制目标
	2	组织体系		2	组织体系		2	组织体系
	3	制度体系		3	制度体系		3	制度体系
运行机制	4	法律风险管理	运行机制	4	合规风险管理	运行机制	4	内部控制风险管理
	5	专业性法律事务（含法律审查）		5	合规审查		5	控制活动（含内部控制审查）
	6	违规问责		6	违规管理		6	反舞弊与举报机制
保障机制	7	监督检查	保障机制	7	监督检查	保障机制	7	监督检查（内部审计和内部控制评价）
	8	人力资源保障		8	人力资源保障		8	人力资源政策
	9	法制宣传培训		9	合规宣传培训		9	培训教育
	10	计划报告		10	计划报告		10	信息与沟通（内部控制信息系统）
	11	法务管理信息系统		11	合规管理信息系统		11	报告
	12	法治文化		12	合规文化		12	企业文化

（二）具体构成要素趋同性分析

1. 管理目标

内部控制的目标包括经营目标、报告目标与合规目标，即为合理保证企业经营管理合法合规、资产安全、财务报告及相关信息真实完整，提高经营效率和效果，促进企业实现发展战略。

保障企业依法合规经营，是内部控制的三大目标之一。法务管理、合规管理助力企业实现依法合规经营的目标，是内部控制实现依法合规经营的保障。

2. 组织体系

法务管理、合规管理，与内部控制的最高层组织是共同的，包括企业依法治企与内部控制第一责任人、公司治理机构及专门委员会等。

3. 制度体系

内部控制需要将外法内化为企业内部规章制度，法务管理、合规管理为内部控制收集和提供外法依据（法律、法规、监管规定、标准等）和专业支持。内部控制的所有规章制度的制定和修改，需要经过合规审查。内部控制的重要制度和流程的制定和修改，需要经过法律审查。

法律事务管理制度、合规管理制度属于内部控制制度的一部分。内部控制参与、支持法律事务管理制度、合规管理制度的制定，进行内控审查和评价，协助修改和持续改进。内部控制向合规管理提供内规（内部规章制度和流程）依据。

4. 风险管理

法律风险管理、合规风险管理是内部控制的一项重要基础性工作，也是内部控制风险管理的重要组成部分。法律风险管理、合规风险管理贯穿于内部控制的每一领域。内部控制对每一业务和运营领域开展风险评估，其中法律风险评估、合规风险评估是重要的、基本的内容。

在法律风险管理、合规风险管理中，内部控制措施和手段是法律风险应对、合规风险应对的重要措施和手段。对法律风险点、合规风险点的管控，需要融入内部控制制度和流程才能有效落地执行。

5. 事项审查

内控部门对所有规章制度（包括对法务管理制度与合规管理制度）进行内控审查。法务部门对内部控制重大规章制度进行法律审查。合规管理对所有内部控制规章制度进行合规审查。

6. 审计监督

法务管理、合规管理与内部控制都接受企业内部审计监督。

7. 违规管理

合规管理负责职责范围内的违规管理，包括违规举报、调查和处置。内部控制也关注建立反舞弊机制和违规举报机制。

8. 计划报告

法务管理、合规管理与内部控制都需要制定和提交年度计划、年度报告及重大风险报告。

9. 管理信息系统

法务管理需要建立法务管理信息系统，合规管理需要建立合规管理信息系统，内部控制需要建立内部控制信息系统。

10. 文化建设

法务管理关注法治文化建设，合规管理关注合规文化建设，内部控制关注企业文化建设（其中包括法治文化与合规文化建设）。

（三）企业合规管理与内部控制的趋同性更高

相对于法务管理，合规管理与内部控制的趋同性更强。

（1）合规管理与内部控制同属关注管理性职能的部门，而法务管理的主要工作是专业性、实务性法务事务，行政管理性事务处于辅助性地位。

（2）合规管理的目标是保障企业依法合规经营。相比法务管理的"依法"目标而言，合规管理与内部控制的趋同性要强一些。

（3）合规风险管理是合规管理的核心要素和主要工作之一，是内部控制风险管理的一部分。虽然法律风险管理在法务管理中也十分重要，但不是法务管理的主要工作。

（4）相比法务管理而言，合规管理更加强调对合规管理体系的管理评估、合规考核与评价、合规审计、违规管理等运行和保障机制，与内部控制更趋一致。

正因为合规管理与内部控制之间更强的趋同性，国务院国资委2019年10月19日《关于加强中央企业内部控制体系建设与监督工作的实施意见》强调，各中央企业应充分发挥内部控制体系对企业强基固本作用，建立健全以风险管理为导向、合规管理监督为重点，严格、规范、全面、有效的内控体系。要进一步树立和强化管理制度化、制度流程化、流程信息化的内控理念，将风险管理和合规管理要求嵌入业务流程，促使企业依法合规开展各项经营活动，实现"强内控、防风险、促合规"的管控目标。

此外，按照国务院国资委《中央企业合规管理指引（试行）第九条规定：中央企业相关负责人或总法律顾问担任合规管理负责人。此处的相关负责人应该包括企业的内部控制负责人。第十条规定：法律事务机构或其他相关机构为合规管理牵头部门。此处的其他相关机构应该包括内部控制部门。

二、企业法务管理、合规管理，与内部控制的差异

（一）管理目标存在差异

法务管理的目标是保障企业依法经营，防范法律风险，维护企业合法权益。

合规管理的目标是保障企业依法合规经营，防范合规风险。

内部控制的目标除合规目标外，还包括经营目标与报告目标。

（二）制度体系存在差异

法务管理有自己专属的规章制度，如合同管理办法，争议解决管理制度、知识产权管理制度等。

合规管理也有自己专属的规章制度，如合规管理办法、专项合规管理制度（如反贿赂手册等）、合规管理流程等。

内部控制制度贯穿企业经营管理的各个层级，覆盖企业经营管理和业务的各个领域（包括法务领域与合规领域）。

（三）运行机制方面存在差异

1. 运行机制的主要内容和重点存在差异

如以上第一节所述，法务管理虽然也有行政管理性事务，但其更关注于专业性的、实务性的法务事务，具有很强的专业性、实务性和独立性。

合规管理运行侧重于合规风险管理、合规审查与违规管理。

内部控制的主要内容是内部控制风险管理和控制活动，是企业管理的主要和基础内容，贯穿于企业经营管理活动的决策、执行和监督的各个阶段、各个层级。内部控制活动具有很强的专业性。

2. 风险管理存在差异

合规风险管理是合规管理的核心与主要工作。内部控制应以风险为导向，风险管理是内部控制的基础性工作和主要工作之一。但法律风险管理只是诸多专业性法律事务之一，而非法务管理的核心与主要工作。

法律风险、合规风险、内部控制风险的范畴存在差异。法律风险包括法律环境风险、违法风险、违约风险、侵权风险、怠于行使权利风险、行为不当风险等。而合规风险主要是违法风险和违规风险（即违反内部规章制度风险），还包括法律环境风险、违反道德规范风险等，但不包括违约法律风险、侵权法律风险、怠于行使权利法律风险、不当行为法律风险等。内部控制风险包括政策风险、市场风险、财务风险、法律合规风险、团队风险等，并存在于企业经营管理的各个领域（包括法务领域与合规领域）。

3. 事项审查存在差异

法律审查包括对重大事项、重要内部规章制度、改革方案的法律审查，还包括合同、知识产权及其他法律事务审查。

合规审查则主要包括重大事项、内部规章制度和改革方案的合规审查。内部控制审查是对企业内部规章制度和流程的内控审查。

4.违规管理方面存在差异

在欧美跨国企业，合规管理部门直接负责违规管理。在我国中央企业与地方国有企业，合规管理牵头部门负责职责范围内的违规管理。

法务管理部门主要是对违规管理提供法律专业支持。

内部控制关注建立反舞弊机制和违规举报机制（包括举报投诉制度和举报人保护制度）。

（四）人员要求存在差异

法务人员需要具有专业的法律知识和法务处理能力。

合规管理人员需要基本的法律知识以及管理能力和工作经验。

内部控制人员需要更丰富的企业管理知识和经验，并熟谙企业业务。

三、企业法务管理、合规管理、内部控制比较

	法务管理	合规管理	内部控制
管理目标	合法目标	合规目标	经营目标、报告目标、合规目标
管理原则	全面性原则、强化责任、权责分明原则、协同联动原则、客观独立原则		普遍性原则、重要性原则、制衡原则、适应性原则、成本效益原则
组织体系	第一责任人、公司治理机构、法治专门机构、总法律顾问、法务部、业务部门日常法律审查、子公司法务管理	公司治理机构、合规委员会、合规管理负责人、合规管理牵头部门、业务部门日常合规管理、子公司合规管理	第一责任人、公司治理机构、审计委员会、内部控制部门、业务部门日常内部控制、子公司内部控制
制度体系	法律事务管理制度	合规管理制度	内控制度、流程
风险管理	法律风险管理	合规风险管理	内部控制风险管理
事项审查与其他专业性事务	专业性法律事务（含法律审查）	合规审查	控制活动（含内部控制审查）
违规管理	法律专业支持	职责范围内的违规管理	反舞弊机制、举报机制
内部监督	审计、考核	审计、考核、管理评估	审计、考核、内部控制评价
计划报告	年度计划、年度报告、重大风险报告		

	法务管理	合规管理	内部控制
宣传培训	法制教育培训	合规宣传培训	内控培训
信息系统	法务管理信息系统	合规管理信息系统	内控信息系统
文化建设	法治文化	合规文化	企业文化

第三节 企业法务管理、合规管理与全面风险管理的关系

本节根据国务院国资委《关于全面推进法治央企建设的意见》《中央企业合规管理指引（试行）》、国家标准《企业法律风险管理指南》、国务院国资委《中央企业全面风险管理指引》以及国家有关部委发布实施的其他规定、标准等，对法务管理、合规管理与全面风险管理进行比较分析，甄别其异同，厘清其关系。

一、企业法务管理、合规管理，与全面风险管理存在趋同性

法务管理、合规管理的与全面风险管理在管理体系的架构及各个构成要素和管理环节方面存在趋同性。

（一）体系架构

企业全面风险管理体系的架构与构成要素，根据合规管理体系的架构和构成要素进行适当调整后，形成全面风险管理体系比较列表（见下表）。仔细比较，其主要构成要素趋同，包括管理目标、组织体系、风险管理、计划报告、宣传培训、监督检查、管理信息系统、文化建设等。从风险管理角度来看，全面风险管理包括法律风险管理与合规风险管理。

（调整后比较列表）

企业法务管理体系架构		企业合规管理体系架构		企业全面风险管理体系架构	
序号	构成要素	序号	构成要素	序号	构成要素
1	总体目标	1	合规方针目标	1	方针和目标
2	组织体系	2	组织体系	2	组织体系
3	制度体系	3	制度体系	3	制度流程
运行机制 4	法律风险管理	运行机制 4	合规风险管理	运行机制 4	风险评估
5	专业性法律实务（含法律审查）	5	合规审查	5	风险应对
6	违规问责	6	违规管理	6	风险管理审查
保障机制 7	监督检查	7	监督检查	7	监督改进
8	人力资源保障	8	人力资源保障	8	资源配置
9	法制宣传培训	9	合规宣传培训	9	培训教育
10	计划报告	保障机制 10	计划报告	保障机制 10	信息与沟通（风险管理信息系统）
11	法务管理信息系统	11	合规管理信息系统	11	报告
12	法治文化	12	合规文化	12	风险管理文化

（二）具体构成要素趋同性分析

1. 管理目标

保障企业依法合规经营，是全面风险管理的四大目标（战略目标、合规目标、经营目标、报告目标）之一。

法务管理、合规管理助力企业实现依法合规经营的目标，是全面风险管理实现依法合规经营的保障。法务管理、合规管理为全面风险管理收集和提供外法、内规依据并提供法律、合规领域的专业支持。

2. 组织体系

法务管理、合规管理与全面风险管理的最高层组织是共同的，包括公司治理机构及专门委员会等。

3. 制度流程

法律事务管理制度、合规管理制度、全面风险管理制度都属于内部控制制度的一部分。法务管理、合规管理对全面风险管理制度进行法律、合规审查。

4. 风险管理

法律风险管理、合规风险管理是全面风险管理的一部分，属于专项风险管理。

5. 事项审查

法务部门对重大事项、改革方案、合同及其他法律事务进行法律审查。

合规管理对重大事项、改革方案及所有规章制度进行合规审查。全面风险管理对重大事项、改革方案、重大规章制度进行风险管理审查。

6. 审计监督

法务管理、合规管理与全面风险管理都接受企业内部审计监督。

7. 计划报告

法务管理、合规管理与全面风险管理都需要制定和提交年度计划、年度报告及重大风险报告。

8. 信息与沟通

法务管理需要建立法务管理信息系统，合规管理需要建立合规管理信息系统，全面风险管理需要建立全面风险管理信息系统。

9. 文化建设

法务管理关注法治文化建设，合规管理关注合规文化建设，全面风险管理关注风险管理文化建设，都属于企业文化范畴。

（三）企业合规管理与全面风险管理的趋同性更高

相对于法务管理，合规管理与全面风险管理的趋同性更强。

1. 合规管理与全面风险管理同属关注管理性职能的部门，两者也有实务性业务，即重大事项的审查（合规审查、风险管理审查）。而法务管理的主要工作是专业性、实务性法律事务，行政管理性事务处于辅助性地位。

2. 合规管理的目标是保障企业依法合规经营。相比法务管理的"依法"目标而言，合规管理与全面风险管理的趋同性要强一些。

3. 合规风险管理是合规管理的主要工作与核心要素。全面风险管理的全部工作和内容就是风险管理。虽然法律风险管理在法务管理中也十分重要，但不是法务管理的主要工作。

4. 相比法务管理而言，合规管理强调对合规管理体系的管理评估、合规考核与评价、合规审计等保障机制，与全面风险管理更趋一致。

正因为合规管理与全面风险管理之间更强的趋同性，国务院国资委2019年10月19日《关于加强中央企业内部控制体系建设与监督工作的实施意见》强调，各中央企业应充分发挥内部控制体系对企业强基固本作用，建立健全以风险管理为导向、合规管理监督为重点，严格、规范、全面、有效的内控体系。要进一步树立和强化管理制度化、制度流程化、流程信息化的内控理念，将风险管理和合规管理要求嵌入业务流程，促使企业依法合规开展各项经营活动，实现"强内控、防风险、促合规"的管控目标。

此外，按照国务院国资委《中央企业合规管理指引（试行）第九条规定：中央企业相关负责人或总法律顾问担任合规管理负责人。此处的相关负责人应该包括企业的风险管理负责人。第十条规定：法律事务机构或其他相关机构为合规管理牵头部门。此处的其他相关机构应该包括风险管理部门。

二、企业法务管理、合规管理与全面风险管理的差异

（一）管理目标存在差异

法务管理的目标是保障企业依法经营，防范法律风险，维护企业合法权益。合规管理的目标是保障企业依法合规经营，防范合规风险。全面风险管理的目标除合规目标外，还包括战略目标、经营目标与报告目标。

（二）制度体系存在差异

法务管理有自己专属的规章制度，如合同管理办法，争议解决管理制度、知识产权管理制度等。合规管理有自己专属的规章制度，如合规管理办法、专项合规管理制度（如反贿赂手册等）、合规管理流程等。全面风险管理也有自己专属的风险管理制度，即风险管理制度和流程。

（三）运行机制方面存在差异

1.运行机制的主要内容和重点存在差异

如以上第一节所述，法务管理虽然也有行政管理性事务，但其更关注于专业性的、实务性的法律事务，具有很强的专业性、实务性和独立性。合规管理运行侧重于合规风险管理、合规审查与违规管理。全面风险管理运行的主要内容则是风险评估、风险应对与风险管理审查。全面风险管理，尤其是全面风险管理涉及风险偏好、风险承受度、风险评估技术和模型等专业领域，也具有很强的专业性。

2. 风险管理存在差异

合规风险管理是合规管理的核心与主要工作。法律风险管理只是诸多专业性法律事务之一，而非法务管理的核心与主要工作。而全面风险管理的全部内容就是风险管理。

法律风险包括法律环境风险、违法风险、违约风险、侵权风险和怠于行使权利风险、行为不当风险等。而合规风险主要是违法风险和违规风险（即违反内部规章制度风险），还包括法律环境风险、违反道德规范风险等，但不包括违约法律风险、侵权法律风险、怠于行使权利法律风险、不当行为法律风险等。全面风险管理覆盖企业各方面、各领域的风险，包括战略风险、市场风险、财务风险、运营风险、法律风险、合规风险等。

3. 事项审查存在差异

法律审查包括对重大事项、重要内部规章制度、改革方案的法律审查，还包括合同及其他法律事务审查。合规审查则主要包括重大事项、内部规章制度和改革方案的合规审查。全面风险管理审查侧重于对重大事项、重要内部规章制度、改革方案的风险审查。

4. 违规管理方面存在差异

在欧美跨国企业，合规管理部门直接负责违规管理。在我国中央企业与地方国有企业，合规管理牵头部门负责职责范围内的违规管理。法务管理部门主要是对违规管理提供法律专业支持。全面风险管理不包括违规管理要素。

（四）人员要求存在差异

法务人员需要具有专业的法律知识和法务处理能力。合规管理人员需要基本的法律知识以及管理能力和工作经验。全面风险管理需要专业的风险管理技术知识、管理知识和管理经验，熟谙企业业务。

三、企业法务管理、合规管理、全面风险管理比较

	法务管理	合规管理	全面风险管理
管理目标	合法目标	合规目标	战略目标、经营目标、报告目标、合规目标
管理原则	全面性原则、强化责任、权责分明原则、协同联动原则、客观独立原则		控制损失，创造价值；融入企业管理过程，成为管理过程的重要组成部分；支持决策过程，企业的所有决策都应考虑风险和风险管理；以信息为基础；环境依赖，与企业内外部环境及风险状况相匹配；广泛参与、充分沟通；持续改进
组织体系	公司治理机构、法治专门机构、总法律顾问、法务部、业务部门日常法律审查、子公司法务管理	公司治理机构、合规委员会、合规管理负责人、合规管理牵头部门、业务部门日常合规管理、子公司合规管理	公司治理机构、风险管理委员会、风险管理部门、业务部门日常风险管理、子公司风险管理
制度体系	法律事务管理制度	合规管理制度	全面风险管理制度
风险管理	法律风险管理	合规风险管理	全面风险管理
事项审查与其他专业性事务	专业性法律事务（含法律审查）	合规审查	风险管理审查
违规管理	法律专业支持	职责范围内的违规管理	无
内部监督	审计、考核	审计、考核、管理评估	审计、考核、风险管理评价
计划报告	年度计划、年度报告、重大风险报告		
宣传培训	法制教育培训	合规宣传培训	风险管理培训
信息系统	法务管理信息系统	合规管理信息系统	风险管理信息系统
文化建设	法治文化	合规文化	风险管理文化

第四节　企业内部控制与全面风险管理的关系

　　关于内部控制与全面风险管理的关系，理论界存在三种主要观点。

　　第一种观点认为全面风险管理包括内部控制，内部控制是全面风险管理中的风险应对措施和手段，内部控制体系是全面风险管理的一个子体系。

第二种观点认为内部控制包括全面风险管理，全面风险管理只是内部控制风险管理的适度扩展，包括风险管理的概念、管理目标和管理要素的扩展。

第三种观点认为内部控制与全面风险管理相互独立，互不隶属。

一、美国 COSO 的观点

我国全面风险管理的理论、立法和实践源于美国 COSO 的《企业风险管理整合框架》。

（一）美国 COSO《企业风险管理整合框架》

美国 COSO 的《企业风险管理整合框架》是在内部控制的基础上，发展和拓展了内部控制的范围和内容，更加关注企业全面风险管理，进而将内部控制体系融入全面风险管理体系，作为全面风险管理体系的一个子体系。

按照美国 COSO《企业内部控制整合框架》，内部控制包括五大构成要素，即内部环境、风险评估、控制活动、信息与沟通、监督检查。而按照美国 COSO 的《企业风险管理整合框架》，企业全面风险管理体系在企业内部控制的基础上增加了一个新观念（即风险组合观）、一个新目标（即战略目标）、两个新概念（即风险偏好与风险宽容度）和三个新要素（即事项识别、目标设定和风险应对）。按照《企业风险管理整合框架》，建立和加强内部控制本身是风险应对的一部分。

对于内部控制与全面风险管理的关系，美国 COSO 过去几版《企业风险管理整合框架》都含糊其辞，避而远之。

（二）美国 COSO 2017 年版《企业风险管理框架》

美国 COSO 关于风险管理的理论和实践也在不断发展。

最新版本，即 COSO 2017 年 9 月 6 日的《企业风险管理框架》对《企业风险管理整合框架》作了较大修改。

值得特别关注的是，COSO 2017 版《企业风险管理框架》对风险管理与内部控制的关系作了如下明确的阐述：

1.内部控制主要聚焦在主体的运营和对于相关法律法规的遵从性上，

而全面风险管理的相关概念并没有包含在内部控制中，例如：风险偏好、风险承受度、战略和目标设定等概念，但他们都是内部控制体系实施的前提条件。

2. 两个体系侧重点各不相同，相互补充，而不能相互代替。

3. 内部控制作为一种经历时间考验的企业控制体系，是企业风险管理工作的一个基础和组成部分。

二、我国有关文件的规定

1. 国务院国资委《中央企业全面风险管理指引》将内部控制作为风险管理解决方案之一，将内部控制体系作为全面风险管理体系的子体系之一，并在第五章（风险管理解决方案）第三十三条、第三十四条对风险解决的内控措施作了详细规定。

2. 国务院国资委、财政部2012年5月7日《关于加快构建中央企业内部控制体系有关事项的通知》规定，完善的企业内部控制体系，是企业提升资源配置效率和防范经营风险的重要保障。内部控制是风险管理的有效措施，各企业要以风险管理为导向加强内控体系建设，做好内部控制与风险管理工作的有机结合，加强工作协同，形成工作合力，共同推动企业管理的持续改进。

3. 国务院国资委2019年10月19日《关于加强中央企业内部控制体系建设与监督工作的实施意见》规定，各中央企业应充分发挥内部控制体系对企业强基固本作用，建立健全以风险管理为导向、合规管理监督为重点，严格、规范、全面、有效的内控体系。要进一步树立和强化管理制度化、制度流程化、流程信息化的内控理念，将风险管理和合规管理要求嵌入业务流程，促使企业依法合规开展各项经营活动，实现"强内控、防风险、促合规"的管控目标，形成全面、全员、全过程、全体系的风险防控机制，切实全面提升内控体系有效性，加快实现高质量发展。

4. 国家标准《风险管理　原则与实施指南》在引言中提及，"许多组织在现有的管理实践和过程中已经实施了风险管理，或者已经对某些特定风险或具体领域采用了正式的风险管理过程，如内部控制。管理层可对照本标准对现有的风险管理实践和过程进行检查。"该标准在第6.1条（风险管理的实施—概述）规定，组织的风险管理体系可能由在各层次和特定环境内实施风险管理过程的子体系构成，如内部控制体系等。

很显然，我国上述规范、意见和标准采纳了美国COSO 2017年之前《企业风险管理整合框架》的观点，即：

（1）内部控制也包括风险管理，但聚焦于特定风险或具体领域的风险管理；

（2）内部控制是全面风险管理的基础和有效措施；

（3）内部控制应当以风险管理为导向；

（4）内部控制体系是企业全面风险管理体系的子体系之一。

按照国务院国资委《中央企业全面风险管理指引》以及国家标准《风险管理 原则与实施指南》《企业法律风险管理指南》以及我国财政部等五部委《企业内部控制基本规范》，经调整后的我国企业内部控制体系架构、企业全面风险管理体系架构的比较列表如下：

（调整后比较列表）

企业内部控制体系架构		
序号		构成要素
	1	内部控制目标
	2	组织体系
	3	制度体系
运行机制	4	内部控制风险管理
	5	控制活动（含内部控制审查）
	6	反舞弊与举报机制
保障机制	7	监督检查（内部审计和内部控制评价）
	8	人力资源政策
	9	培训教育
	10	信息与沟通（内部控制信息系统）
	11	报告
	12	企业文化

（调整后比较列表）

企业全面风险管理体系架构		
序号		构成要素
	1	方针和目标
	2	组织体系
	3	制度流程
运行机制	4	风险评估
	5	风险应对
	6	风险管理审查
保障机制	7	监督改进
	8	资源配置
	9	培训教育
	10	信息与沟通（风险管理信息系统）
	11	报告
	12	风险管理文化

三、关注上交所、深交所《上市公司内部控制指引》

2006年6月5日，上海证券交易所制定并实施《上海证券交易所上市公司内部控制指引》。2006年9月28日，深圳证券交易所制定并实施《深圳证券交易所上市公司内部控制指引》。这两部内部控制指引在传统的内部控制五要素基础上增加了三个构成要素，即目标设定、事项识别和风险对策，将上市公司内部控制扩展到八大要素，使之与全面风险管理的八大要素完全一致。具体如下：

（1）内部环境；

（2）目标设定：公司董事会和管理层根据公司的风险偏好设定公司战略目标，并在公司内层层分解和落实；

（3）事项识别：公司董事会和管理层对影响公司目标实现的内外事件进行识别，分清风险和机会；

（4）风险评估；

（5）风险对策：公司管理层按照公司的风险偏好和风险承受能力，采取规避、降低、分担或接受的风险应对方式，制定相应的风险控制措施；

（6）控制活动；

（7）信息与沟通；

（8）检查监督。

四、总结梳理

根据美国 COSO 2017 年 9 月 6 日的《企业风险管理框架》以及我国国资委《中央企业全面风险管理指引》、国家标准《风险管理 原则与实施指南》，就内控与全面风险管理的关系而言，可以总结梳理出以下几点：

1. 内部控制体系是一个独立的管理系统。在全面风险管理产生之前，内部控制就已经独立地存在。

2. 内部控制贯穿于企业经营管理的各个领域和环节，内部控制体系构成企业经营管理的基本框架、制度和流程。

风险管理是内部控制的实质与核心，也是内部控制的目标。内部控制以风险为导向。传统的内部控制主要聚焦在运营和对于相关法律法规的遵从性上（即经营目标、合规目标与报告目标），聚焦于企业各职能部门和业务领域的内部控制风险管理以及应对风险的具体制度流程上。

3. 全面风险管理是在内部控制的基础上发展起来的。全面风险管理是在内部控制基础上的扩展。

一是理论扩展。全面风险管理引入了一些全新的风险管理概念，如组合风险、风险偏好、风险承受度、战略和目标设定等概念。

二是目标扩展。内部控制三大管理目标是经营目标、报告目标与合规目标。全面风险管理在此基础上增加了战略目标，扩展为四大管理目标。

三是要素扩展。内部控制的五大要素包括环境识别、风险评估和应对、控制活动、信息沟通、监督检查。全面风险管理在此基础上增加了目标设定、事项识别和风险管理解决方案三个要素，扩展为八大要素。

全面风险管理基于企业的愿景和使命，关注企业的战略和目标设定，更侧重于企业战略性、组合性、全局性、宏观性、前瞻性、机会性、动态性风险管理，为企业战略决策提供依据。

按照传统的内部控制与全面风险管理理论，如果一家企业开展全面风险管理、建立全面风险管理体系，内部控制体系即成为全面风险管理体系的组成部分，构成全面风险管理体系的子体系之一。也就是说，内部控制是全面风险管理的基础和组成部分、有效措施和保障，全面风险管理不能离开内部控制而独立存在。企业要开展全面风险管理、建立全面风险管理体系，应首先夯实内部控制，建立健全有效的内部控制体系。

也因为如此，内部控制与全面风险管理趋同性更强。两者管理目标趋同、基本要素趋同。内部控制是全面风险管理中风险应对的措施和手段。

4. 在我国，内部控制与全面风险管理呈现出明显的、日趋融合的趋势。例如：

（1）《上海证券交易所上市公司内部控制指引》和《深圳证券交易所上市公司内部控制指引》就在传统的内部控制五要素基础之上增加了三个构成要素，即目标设定、事项识别和风险对策，将传统内部控制构成五要素扩展到八大要素，使之与全面风险管理的八大要素完全一致。

（2）我国财政部等五部委 2008 年 5 月 22 日《企业内部控制基本规范》就已经包含了风险偏好、风险承受度、机会风险等概念，并已经将风险应对策略确定为内部控制的构成要素之一。其第二十五条规定："企业应当根据风险分析的结果，结合风险承受度，权衡风险与收益，确定风险应对策略。企业应当合理分析、准确掌握董事、经理及其他高级管理人员、关键岗位员工的风险偏好，采取适当的控制措施，避免因个人风险偏好给企业经营带来重大损失。"

（3）我国财政部等五部委 2010 年 4 月 15 日《企业内部控制应用指引》第 2 号（发展战略），要求企业在制定和实施发展战略时，关注战略风险的防控。

（4）《企业内部控制应用指引》第 6 号（资金活动）第十二条，要求企业对外投资应重点关注投资项目的收益和风险。

五、强基固本，正本清源

从历史发展轨迹来看，欧美企业内部控制的产生和发展先于全面风险管理。在开展全面风险管理以前，欧美企业已经建立健全有效的内部控制体系。欧美企业全面风险管理是对内部控制的扩展，是在内部控制的基础上发展起来的。因此，欧美企业开展全面风险管理已经有了良好的内部控制基础。

我国中央企业较早地于 2006 年就按照国务院国资委《中央企业全面风险管理指引》引进了全面风险管理的理念和体系。财政部等五部委于 2008 年 5 月 22 日发布《企业内部控制基本规范》、于 2010 年 4 月 15 日发布《企业内部控制配套指引》以后，国务院国资委和财政部才于 2012 年 5 月 7 日联合发布《关于加快构建中央企业内部控制体系有关事项的通知》要求中央企业扎实开展管理提升活动，确保 2013 年全面完成集团内部控制体系的建设与实施工作，夯实基础管理工作。

因此，我国企业先引入全面风险管理体系建设，五年以后才引入内部控制体系建设。产生的现象和导致的后果是：重风控，轻内控，对内控作为风险管理基础的重要性认识不足，只看结果，不管过程；风控部门与内控部门责权不清；内部控制部门职能被忽视、被削弱、被边缘化，或者仅在财务部门或者风控部门设置一、两个内控人员，内控人员不足。

2019 年 10 月 19 日，国务院国资委发布实施《关于加强中央企业内部控制体系建设与监督工作的实施意见》（以下简称："国资委 101 号意见"），要求各中央企业应充分发挥内部控制体系对企业强基固本作用，建立健全以风险管理为导向、合规管理监督为重点，严格、规范、全面、有效的内控体系。要进一步树立和强化管理制度化、制度流程化、流程信息化的内控理念，将风险管理和合规管理要求嵌入业务流程，促使企业依法合规开展各项经营活动，实现"强内控、防风险、促合规"的管控目标，形成全面、全员、全过程、全体系的风险防控机制，切实全面提升内控体系有效性，加快实现高质量发展。

"国资委 101 号意见"强调内部控制体系对中央企业的强基固本作用，

实则是强调内部控制要强基固本，正本清源。

2019年12月26日，国资委印发《2020年中央企业内部控制体系建设与监督工作有关事项》的通知，直接要求各中央企业整合工作报告全面反映内控体系年度工作情况，而不再分别报送《中央企业内部控制评价报告》和《中央企业年度风险管理报告》，进一步彰显内部控制的强基固本作用。

六、如何选择：内部控制还是全面风险管理

企业考量开展内部控制还是全面风险管理，需要基于务实的态度，避开理论上的争论，更多地关注适用于企业的有关法律、法规的规定以及企业经营管理的实际需要。

探其究竟，全面风险管理是在内部控制的基础上发展起来的，是内部控制的适度扩展。在理论上，两个体系侧重点各不相同，相互补充，但不能相互代替。在企业经营管理的实务上，可以将内部控制风险管理的五要素适度扩展到全面风险管理的八要素，将内部控制部门的职责范围适度扩展到包括全面风险管理。因此，企业已经开展内部控制、建立内部控制体系尚未开展全面风险管理的，可以将内部控制部门的职责范围扩展到包括全面风险管理。企业已经开展全面风险管理、建立了全面风险管理体系尚未开展内部控制的，则须尽快建立内部控制体系，开展内部控制，夯实内部控制基础。

考察欧美企业，建立并执行有效的内部控制体系、夯实内部控制基础，是每个企业的必选项。但只有一些超大型的跨国企业集团建立了全面风险管理体系并开展全面风险管理。

对于中央企业和地方国有企业而言，开展全面风险管理与内部控制，是国务院国资委和有些地方国资委的刚性要求。如果中央企业、地方国有企业内控及风险管理制度缺失，内控流程存在重大缺陷或内部控制执行不力，造成国有资产损失以及其他严重不良后果的，将被追究违规投资经营的责任。但是，是否每个企业需要建立全面风险管理体系，需要对企业的具体情况进行分析研究。

笔者认为，下列中央企业、地方国有企业需要建立全面风险管理体系、开展全面风险管理：（1）企业集团总部及其子集团；（2）强监管行业的企业，包括商业银行、保险公司、证券公司等；（3）上市公司；（4）跨行业

经营、从事境外投资经营、市场竞争激烈、战略发展重要性凸显或者中大型的子公司。

而业务单一、产品单一、不涉及境外投资经营、规模较小的企业，可以考虑不开展全面风险管理，而只建立内部控制体系，并在开展内部控制时以风险管理为导向强化企业运营各领域、各环节的风险管理。

民营企业可以参照上述方法进行选择。

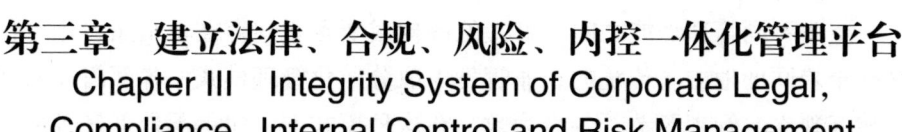

第三章 建立法律、合规、风险、内控一体化管理平台
Chapter III Integrity System of Corporate Legal, Compliance, Internal Control and Risk Management

国务院国资委 2015 年 12 月 8 日《关于全面推进法治央企建设的意见》（国资发法规〔2015〕166 号）要求探索建立法律、合规、风险、内控一体化管理平台。如何建立这四大领域的一体化管理平台是个大课题，也一直是企业在建立合规管理体系实务中普遍遇到和思索的问题。

本章对这一课题作初步探讨。

第一节 一体化管理平台

一、企业管理体系

管理是通过计划、组织、领导、控制等手段，结合人力、物力、财力、信息、环境、时间等要素，以达到组织目标的过程。管理的基本要素包括计划、组织、领导和控制。

企业管理体系是企业建立方针和目标并实现这些目标的体系，是企业组织制度与管理制度的总称。企业管理的核心要素包括目标设定、组织机构、制度流程、监督检查、绩效考核与激励、培训、文化建设等。

企业不同管理功能与业务领域之间存在各自不同的目标、计划、领导、组织和控制机制，并因此建立企业管理的若干分体系，包括财务管理体系、生产管理体系、QHSE（质量、健康、安全、环境）管理体系、采购管理体系、销售管理体系、人力资源管理体系、内部控制体系、全面风险管理体系、法务管理体系、合规管理体系等。

二、一体化管理平台

企业不同管理功能之间在管理的各构成要素之间存在着交叉、相互包含甚至趋同的地方。传统的企业管理采取分散化管理模式，各部门体系之间相互独立，管理脱节，各自为政。在这种模式下，如果不处理好各部门之间的协调关系，可能会增加管理层级和环节，导致工作的重叠甚至矛盾，部门之间争抢或浪费资源，政令不一，信息闭塞，影响企业经营管理效率。因此，将构成要素趋同的管理体系进行有机整合，建立企业一体化管理平台，成为现代企业集团和大型企业必须研究和实施的课题。

一体化管理平台又称一体化管理体系（Integrated Management System，即 IMS），是企业将两个或两个以上的管理体系，经过有机协调整合成为一个管理体系运行，成为相互协调、相互兼容、相互补充的有机整体。

将两个或多个管理体系整合为一个管理体系或者一体化管理平台的基本前提是，被整合的管理体系的各构成要素或者主要构成要素（即目标设定、组织机构、控制机制、监督机制等）存在趋同性。

建立一体化管理平台，有助于减少相关分体系之间管理上的不协调，精简管理机构，优化管理流程，减少管理环节，实现优势互补，提供问题的整体解决方案，共享与节约资源，提高管理效率。

三、建立一体化管理平台的实践案例

建立一体化管理平台的最佳实践案例是 QHSE（质量、健康、卫生、环境）管理体系。

国际标准化委员会于不同时间发布了质量管理体系 ISO9000、环境管理体系 ISO14001、职业健康和安全管理体系 OHS AS18001 三个独立的体系。但是，这三个体系的结构、形式完全相同，内容极为相似，拥有相同的管理原则、实施方法和步骤，工作重点相近，在操作层面上存在许多相同、相似之处，监控机制也完全相同。因此，将三个相互独立的系统进行有机整合具备基本的条件和基础。通过整合，建立一体化的管理平台和系统，即 QHSE 系统，使三个体系的各构成要素相互兼容、相互协调、相互补充，能够精简管理机构和人员，实现资源管理合理化、运行过程协调化、测量分析同步化、持续改进综合化、管理机制一体化以及内部监督一体化，并实现一体化的体系认证审核，节省成本、资源和时间。

QHSE 一体化管理平台（体系）的建立，为建立法务管理、合规管理、内部控制与全面风险管理提供了最佳实践案例的成功经验和信心。

第二节　我国企业建立四大体系的基本情况

从我们开展合规管理体系建设的实践来看，可以基于所有制性质，将企业分为中央企业、地方国有企业、外资企业和民营企业等四个类别，分别总结。

一、中央企业

我国中央企业一直是四大体系的率先践行者，并且从集团总部到各子公司都建立了法务管理体系、内部控制体系和全面风险管理体系，并正在积极推动合规管理体系建设。

从 2004 年 5 月 11 日国务院国资委发布《国有企业法律顾问管理办法》伊始，我国中央企业就开始推行总法律顾问制度，设立法律事务机构，开展法务管理工作。之后，各省、直辖市、自治区国资委都颁布了省属国有企业法律顾问管理办法。2015 年 12 月 8 日国务院国资委发布《关于全面推进法治央企建设的意见》，2016 年 6 月中共中央办公厅、国务院办公厅发布《关于推行法务顾问制度和公职律师公司律师制度的意见》，2018 年 12 月 13 日司法部发布《公司律师管理办法》以后，中央企业积极推动公司律师制度的试点和发展。

从 2006 年起，中央企业中的商业银行、保险公司就启动了合规管理体系的建设。2016 年 5 月，国务院国资委启动合规管理体系建设并在中石油、中国移动、中国中铁、招商局集团、东方电气集团等五家央企开展建设合规管理体系试点。2018 年 11 月 2 日，国务院国资委发布《中央企业合规管理指引（试行）》，合规管理体系建设已经在各大央企集团全面推动。

2008 年 5 月 22 日，我国财政部、证监会、审计署、原银监会、原保监会五部委联合发布了《企业内部控制基本规范》（财会〔2008〕7号），于2010年4月15日发布《企业内部控制配套指引》（财会〔2010〕11号），在上市公司范围内施行，并鼓励非上市的大中型企业执行。2012年5月7日，国务院国资委、财政部发布《关于加快构建中央企业内部控制体系有关事项的通知》，中央企业全面启动内部控制体系建设。

2006年6月6日，我国国务院国资委于2006年6月6日发布《中央企业全面风险管理指引》，直接引入企业全面风险管理。从2007年开始，中央企业全面启动全面风险管理体系建设。

二、地方国有企业

作为商业银行、保险公司、证券公司、基金管理公司、上市公司的地方国企以及一些走在改革前沿的地方国企已经开展了法务管理、合规管理和内部控制。

北京、上海、江浙、广东一带发达地区的地方国企已经开展法务管理，建立法务管理体系，但覆盖到子公司的并不多。

上海、江苏等省市已经发布实施地方国企合规管理指引，在地方国企启动合规管理试点。

不少地方国企开展了内部控制，但执行情况不容乐观。建立健全有效内控体系的地方国企不多，更多的是将内部控制聚焦会计控制，并成为财务部下属的一个科室；或者置于风控部下，成为风控管理的一个小组；虽然制定了无数个内部控制制度流程，但有效落地执行的不多，大多流于形式。

开展全面风险管理的地方国企很少。

三、民营企业

民营企业建立四大体系的情况与地方国企的情况类似，且情况更差一些。

作为商业银行、保险公司、证券公司、基金管理公司、上市公司的民营企业以及一些走在改革前沿的大型民企，已经开展了法务管理、合规管理和内部控制。

江浙一带的个别民营企业还开展了重点领域（如反腐败、出口管制等）的专项合规管理或者法律风险管理。

开展全面风险管理的民营企业很少。

四、外商投资企业

我国外商投资企业（包括外资企业以及外资控股的合资企业、合作企业）遵从作为外国投资方的跨国企业集团的体系和经营，都开展了法务管理、合规管理和内部控制。合规管理条款曾经是跨国企业坚持写入合资合同的必备条款之一。同时，"党组织进章程"也成为我国国有企业坚持写入合资企业、合作企业的必备条款。

法务部在外商投资企业具有独立性和很高的权威，往往向跨国企业集团总部的法务部垂直汇报。

外商投资企业的合规管理更聚焦于重点领域的专项合规管理，包括反贿赂、反垄断、反洗钱、反舞弊、利益冲突、网络与数据安全等领域。政府强监管行业的大型外商投资企业大多设立独立的合规部，而一般的外商投资企业的合规管理多由法务部监管。

外商投资企业的内部控制体系构成企业强大的管理基础，内部控制制度和流程贯穿到企业经营管理的各个领域和各个层面。美国《反海外腐败法案》的两大基本内容就是反贿赂和内部控制。风险管理一般由内部控制负责，因此开展全面风险管理的外商投资企业并不太多。

第三节　建立一体化管理平台的基础条件
——国有企业法治体系

2015 年 12 月 8 日，国务院国资委发布《关于全面推进法治央企建设的意见》（国资发法规〔2015〕166 号），在指导思想中要求各中央企业"坚持法治体系、法治能力、法治文化一体建设"，以文件形式正式提出了中央企业法治体系（又称依法治企体系或者法治工作体系），并要求地方国有资产监督管理机构参照该意见积极推进所出资企业法治建设。各省市国资委根据该意见随后发布了本省市属国有企业推进法治国企建设的意见，提出了各省市地方国有企业法治体系建设要求。

国务院国资委《关于全面推进法治央企建设的意见》在前言中明确指出，在新形势下，全面建设法治央企，是贯彻落实全面依法治国战略的重要内容，是进一步深化国企改革的必然要求，也是提升企业核心竞争力，做强、做优、做大中央企业的迫切需要。因此，建设法治国企是贯彻落实我国全面依法治国战略的重要内容，国有企业法治体系是我国依法治国战略以及国家法治体系的重要内容和组成部分。

一、法治体系指导思想

我国国有企业建立企业法治体系的指导思想是，认真贯彻落实党的十八届三中、四中、五中全会以及十九大精神和习近平新时代中国特色社会主义思想，按照全面依法治国战略部署，围绕企业改革发展总体目标，适应市场化、现代化、国际化发展需要，坚持依法治理、依法经营、依法管理、共同推进，坚持法治体系、法治能力、法治文化一体化建设，加强制度创新，以健全公司法人治理结构为基础，以促进依法经营管理为重点，以提升企业法律管理能力为手段，切实加强对企业法治建设的组织领导，大力推动企业治理体系和治理能力现代化，促进企业健康可持续发展。

二、法治体系基本原则

我国国有企业法治体系的基本原则包括：

1. 围绕中心，服务大局：紧紧围绕企业改革发展中心任务，为企业改革发展提供坚实的法治保障。

2. 全面覆盖，突出重点：把依法治企要求全面融入企业决策运营各个环节，贯穿各业务领域、各管理层级、各工作岗位，努力实现法治工作全流程、全覆盖，同时突出依法治理、依法合规经营、依法规范管理等重点领域法治建设。

3. 权责明确，协同配合：切实加强对法治央企建设的组织领导，明确企业主要负责人、总法律顾问、法律事务机构、其他部门在推进法治建设中的责任，有效整合资源，增强工作合力，形成上下联动、部门协同的法治建设大格局。

4.领导带头，全员参与：牢牢抓住领导干部这个"关键少数"，大力提升领导干部的法治思维和依法办事能力，充分发挥领导干部遵法学法守法用法的示范作用，进一步强化普法宣传教育，提高全员法治素养，充分调动职工的积极性和主动性，努力形成全员守法的良好氛围。

三、法治体系建设总体目标

我国国有企业推进依法治企的总体目标为，依法治理能力进一步增强，依法合规经营水平显著提升，依法规范管理能力不断强化，全员法治素质明显提高，企业法治文化更加浓厚，依法治企能力达到国际同行业先进水平，努力成为治理完善、经营合规、管理规范、守法诚信的法治企业。

四、法治体系基本框架

2014年10月党的十八届中央委员会第四次全体会议就依法治国问题进行了专题讨论。会议通过了《中共中央关于全面推进依法治国若干重大问题的决定》，对加强社会主义民主政治制度建设和推进法治中国建设提出明确要求，即全面推进依法治国，就要在中国共产党领导下，坚持中国特色社会主义制度，贯彻中国特色社会主义法治理论，形成完备的法律规范体系、高效的法治实施体系、严密的法治监督体系、有力的法治保障体系以及完善的党内法规体系，坚持依法治国、依法执政、依法行政共同推进，坚持法治国家、法治政府、法治社会一体建设，实现科学立法、严格执法、公正司法、全民守法，促进国家治理体系和治理能力现代化。

国务院国资委2015年12月8日《关于全面推进法治央企建设的意见》确立了我国国有企业法治体系的指导思想、基本原则和总体目标，并首次提出了我国国有企业法治体系的基本框架和内容，包括：

1.完善公司治理结构，提升治理主体依法履职能力

充分发挥章程在公司治理中的统领作用，完善各治理主体依法履职保障机制。

把加强党的领导和完善公司治理统一起来，明确党组织在公司治理结构中的法定地位，将党建工作总体要求纳入公司章程。健全党组织参与重

大决策机制，强化党组织对企业领导人员依法行权履职的监督，确保企业决策部署及其执行过程符合党和国家方针政策、法律法规。

进一步完善公司法人治理结构，提升治理主体依法履职能力。

明确负责推进企业法治建设的专门委员会，对经理层依法治企情况进行监督，并将企业法治建设情况作为董事会年度工作报告的重要内容。

2. 依法合规经营

健全依法决策机制。进一步完善"三重一大"等决策制度，细化各层级决策范围、事项和权限。

依法参与市场竞争，坚决杜绝违法违规行为。

依法开展国际化经营。严格按照国际规则、所在国法律和我国相关法律法规开展境外业务，有效防范法律风险。完善境外法治工作组织体系，推动境外重要子企业或业务相对集中的区域设立法律事务机构或配备专职法律顾问。

3. 依法规范管理

完善企业规章制度体系，包括规章制度制定工作机制、实施机制、评估机制与监督机制。

依法规范重点领域和关键环节管理。

大力提升法律管理水平，加快提升合规管理能力。探索建立法律、合规、风险、内控一体化管理平台。

4. 加强组织领导

强化领导责任。企业主要负责人充分发挥"关键少数"作用，认真履行推进本企业法治建设第一责任人职责，把法治建设作为谋划部署全局工作的重要内容，对工作中的重点难点问题，亲自研究、亲自部署、亲自协调、亲自督办。

明确法治建设领导机构，加快形成企业主要负责人负总责、总法律顾问牵头推进、法律事务机构具体实施、各部门共同参与的工作机制。

5. 完善激励约束机制

将合规经营等依法治企情况纳入对中央企业领导人员的考核体系。对于在法治建设中作出突出贡献，有效防范重大法律风险、避免或挽回重大损失的集体或个人，予以表彰和奖励。

6. 落实问责制度

企业重大经营活动因未经法律审核，或者虽经审核但未采纳正确法律意见而造成重大损失的，追究企业相关领导人员责任；经过法律审核，但因重大失职未发现严重法律风险造成重大损失的，追究相关法律工作人员责任。

对因违法违规发生重大法律纠纷案件造成企业重大损失的，或者违反规定、未履行或未正确履行职责造成企业资产损失的，在业绩考核中扣减分值，并按照有关规定追究相关人员责任。

7. 报告制度

将企业法治建设情况作为董事会年度工作报告的重要内容。

对可能引发重大法律纠纷案件、造成重大资产损失的法律风险事项，及时向国资委报告。

8. 加强法治工作队伍建设

在中央企业及其重要子企业全面推行总法律顾问制度，并在公司章程中予以明确。总法律顾问作为企业高级管理人员，全面领导企业法律管理工作，统一协调处理经营管理中的法律事务，全面参与重大经营决策，领导企业法律事务机构开展相关工作。

对标同行业世界一流企业，加快健全企业法治工作体系，中央企业及其重要子企业设立独立的法律事务机构，配备与经营管理需求相适应的企业法律顾问。

建立健全企业法律顾问职业发展规划，将企业法律顾问纳入人才培养体系，提升企业法律顾问队伍专职化、专业化水平。建立健全企业法律顾问专业人员评价体系，完善职业岗位等级评审制度，实行与职级和专业技术等级相匹配的差异化薪酬分配办法。

9. 打造企业法治文化

大力推进法治文化建设，弘扬法治精神，增强法治理念，努力使全体员工成为法治的忠实崇尚者、自觉践行者、坚定捍卫者。

全面开展普法宣传教育，加强法律、宣传与各业务部门的协同联动，推进法治宣传教育制度化、常态化。

完善学法用法制度，将法治学习作为企业党委（党组）中心组学习、管理培训、员工教育的必修课，形成全员尊法学法守法用法的良好氛围。

积极树立推进法治央企建设中涌现出的优秀企业、集体和个人典型，充分发挥引领带动作用。

在国务院国资委 2015 年 12 月 8 日发布实施《关于全面推进法治央企建设的意见》以后，国务院办公厅、国务院国资委陆续发布实施了与国有企业法治体系建设相关的文件，包括：

	名称	发布部门	发布日期
1	《关于建立国有企业违规经营投资责任追究制度的意见》	国务院办公厅	2016-8-2
2	《中央企业主要负责人履行推进法治建设第一责任人职责规定》	国务院国资委	2017-7-20
3	《中央企业违规经营投资责任追究实施办法（试行）》	国务院国资委	2018-7-13
4	《中央企业合规管理指引（试行）》	国务院国资委	2018-11-2
5	《企业境外经营合规管理指引》	发改委等七部委	2018-12-26
6	《关于加强中央企业内部控制体系建设与监督工作的实施意见》	国务院国资委	2019-10-19

上述文件，连同国务院国资委 2006 年 6 月 6 日《中央企业全面风险管理指引》、财政部等五部委 2008 年 5 月 22 日《企业内部控制基本规范》、2010 年 4 月 15 日《企业内部控制配套指引》、中共中央办公厅、国务院办公厅 2010 年 6 月 5 日《关于进一步推进国有企业贯彻落实"三重一大"决策制度的意见》以及各省市发布的相关文件，构成我国有关国有企业法治体系建设所依据的基本法规体系，我国国有企业法治体系的框架和内容逐步丰富和完善。

根据上述基本法规体系，参照党的十八届中央委员会第四次全体会议《中共中央关于全面推进依法治国若干重大问题的决定》，笔者认为，我国国有企业法治体系应当包括五大子体系、四大运行机制及十三个构成要素。现总结梳理如下，供探讨和参考。

1. 五大子体系

参照党的十八届中央委员会第四次全体会议《中共中央关于全面推进依法治国若干重大问题的决定》，我国国有企业法治体系亦应当包括五大子体系，即：

（1）完备的依法治企法律规范体系，是企业经营所必须依据和遵守的法律法规的总称；

（2）高效的依法治企实施体系，是企业为适用和执行法律法规体系提供的充分、有效的资源配置保障；

（3）严密的依法治企监督体系，形成出资人监督、监事会监督以及企业法律、合规、审计、纪检监察、巡视等监督合力；

（4）有力的依法治企保障体系，要求国有企业强化领导责任，建立激励约束与考核机制，落实问责制度，强化法治工作队伍建设，培育企业法治文化；

（5）完善的党内法规体系，要求国有企业坚持党的领导，严格遵守党内法规。

2. 四大运行机制

国务院国资委 2006 年 6 月 6 日《中央企业全面风险管理指引》就已经要求中央企业建立全面风险管理体系。

国务院国资委 2015 年 12 月 8 日《关于全面推进法治央企建设的意见》除了强调法务管理体系建设外，还在第（十一）款中要求加快提升合规管理能力，建立合规管理体系。国务院国资委 2018 年 11 月 2 日《中央企业合规管理指引（试行）》第一条开宗明义地提出，指引的目的是为推动中央企业全面加强合规管理，加快提升依法合规经营管理水平，着力打造法治央企。

国务院国资委 2015 年 12 月 8 日《关于全面推进法治央企建设的意见》第（九）款要求完善企业规章制度体系，实际上涵盖了企业内部控制的主要内容和输出成果。国务院国资委 2019 年 10 月 19 日《关于加强中央企业内部控制体系建设与监督工作的实施意见》要求充分发挥内部控制体系对中央企业强基固本作用，建立健全以风险管理为导向、合规管理监督为重点，严格、规范、全面、有效的内控体系。

因此，我们认为，我国国有企业法治体系应当包括四大运行机制，即法务管理、合规管理、内部控制与全面风险管理，他们之间虽然存在差异、各有侧重，但相互补充、相互支持、相互协同，共同构成我国国有企业法治体系有机整体的组成部分。

3. 十三个构成要素

根据上述有关国有企业法治体系建设所依据的基本法规体系，笔者认为，我国国有企业法治体系架构应当包括十三个基本构成要素（见下表）。

法治体系架构		
序号	构成要素	
1	组织体系	
2	制度体系	
依法治企运行机制	3	法务管理
	4	合规管理
	5	内部控制
	6	全面风险管理
依法治企保障机制	7	监督机制
	8	激励约束、考核与问责
	9	法治工作队伍
	10	法治宣传培训
	11	报告机制
	12	信息化
	13	法治文化

五、法治体系构成要素分解

1. 组织体系

组织	具体规定
党委会	明确党组织在公司的领导地位和在治理结构中的法定地位，把加强党的领导和完善公司治理统一起来。 健全党组织参与重大决策机制，强化党组织对企业领导人员依法行权履职的监督，确保企业决策部署及其执行过程符合党和国家方针政策、法律法规
治理机构	充分发挥章程在公司治理中的统领作用，完善各治理主体依法履职保障机制，完善公司法人治理结构，提升治理主体依法履职能力
第一责任人	企业主要负责人充分发挥"关键少数"作用，认真履行推进本企业法治建设第一责任人（企业党委书记、董事长、总经理）职责
专门委员会	法治建设专门委员会（法治建设领导小组）、审计委员会、风险管理委员会、合规委员会
运行机制负责人	总法律顾问、合规管理负责人、内控部门负责人、风控负责人、审计部门负责人
运行机制部门	法务、合规、风险管理、内控部门
监督部门	出资人监管、监事会监督、审计、纪检监察、巡视
其他部门	其他部门在推进法治建设中应有效整合资源，增强工作合力，形成上下联动、部门协同的法治建设大格局。建立各部门共同参与法治建设的工作机制

2. 制度体系

完善企业规章制度体系，包括：（1）完善规章制度制定工作机制，确保各项制度依法合规。（2）健全规章制度实施机制，提高制度执行力，确保各项制度得到有效落实。（3）建立规章制度评估机制，定期开展规章制度梳理工作，对规章制度执行情况进行评价，及时堵塞制度漏洞，形成制度体系完整闭环。（4）强化规章制度落实监督机制，推进依法治企制度建设和执行，强化依法合规经营。

国有企业要全面梳理内控、风险、法律、合规管理相关制度，及时将法律法规等外部监管要求转化为企业内部规章制度，持续完善企业内部管理制度体系。

3. 运行机制

依法治企运行机制包括法务管理、合规管理、全面风险管理与内部控制四个方面，详见前文关于四大运行机制的分别介绍。

国有企业应建立健全以风险管理为导向，合规管理监督为重点，严格、规范、全面、有效的内控体系，促使企业依法合规开展各项经营活动，实现"强内控、防风险、促合规"的管控目标，形成全面、全员、全过程、全体系的风险防控机制。

4. 保障机制

（1）形成出资人监督、监事会监督以及企业法律、合规、审计、纪检监察、巡视等监督合力。

（2）激励约束、考核与问责。

将合规经营等依法治企情况纳入对中央企业领导人员的考核体系。

建立法治工作激励机制，对于在法治建设中作出突出贡献，有效防范重大法律风险、避免或挽回重大损失的集体或个人，予以表彰和奖励。

落实问责制度。

（3）加强法治工作队伍建设，提供人力资源保障。

（4）法治宣传培训。

全面开展普法宣传教育，加强法治宣传与各业务部门的协同联动，推进法治宣传教育制度化、常态化。

完善学法用法制度，将法治学习作为企业党委（党组）中心组学习、管理培训、员工教育的必修课，形成全员尊法学法守法用法的良好氛围。

（5）报告。

将企业法治建设情况作为董事会年度工作报告的重要内容。

实行重大风险事项报告制度，对可能引发重大法律纠纷案件、造成重大资产损失的法律风险事项，应当及时向国资委报告。

（6）信息化。

大力推进法务管理、合规管理、内部控制、风险管理信息化建设。

（7）法治文化。

大力推进法治文化建设，弘扬法治精神，增强法治理念，努力使全体员工成为法治的忠实崇尚者、自觉践行者、坚定捍卫者。

积极推进树立法治央企建设中涌现出的优秀企业、集体和个人典型，充分发挥引领带动作用。

六、法治体系与一体化管理平台

我国国有企业法治体系与法务管理体系、合规管理体系、全面风险管理体系、内控体系有着密切联系，为国有企业建立法律、合规、风险、内控一体化管理平台提供了理论和法律依据以及体系的构成框架和基础。

1.我国国有企业建立企业法治体系的指导思想、基本原则和总体目标，为建立企业法律、合规、风险、内控一体化管理平台提供了统一的思想基础和总体目标。

我国国有企业法律、合规、风险、内控一体化管理平台的建立，应以我国国有企业依法治企的指导思想和基本原则为指针，并围绕我国国有企业法治体系建设的总体目标来展开。

2.我国国有企业法务管理体系、合规管理体系、全面风险管理体系和内控体系同属于法治体系，构成法治体系的运行机制和重要内容，是我国国有企业实现依法治企的载体、手段和机制保障，共同为我国国有企业推动和实现依法治企发挥重要作用。

3.我国国有企业法治体系中的组织体系包含了法务管理体系、合规管理体系、全面风险管理体系、内控体系中的组织体系，为国有企业整合法务、合规、风险、内控管理体系中的组织体系提供了现实基础和条件。

4.我国国有企业法治体系中的制度体系包含了法务管理体系、合规管理体系、全面风险管理体系、内控体系中的制度体系，为国有企业整合法务、合规、风险、内控管理体系中的制度体系提供了现实基础和条件。

5. 我国国有企业法治体系中的保障机制包含了法务管理体系、合规管理体系、全面风险管理体系、内控体系中的保障机制，为国有企业整合法务、合规、风险、内控管理体系中的制度体系提供了现实基础和条件。

第四节　建立一体化管理平台的基础条件
——四大体系之间的趋同性

中央企业建立法务管理体系、合规管理体系、内部控制体系和全面风险管理体系，是国务院国资委的强制性规定。有些省市国资委也对地方国有企业建立法务管理体系、合规管理体系、内部控制体系和全面风险管理体系提出了要求。中央企业和部分地方国有企业建立了较为完善的法务管理体系、合规管理体系、内部控制体系和全面风险管理体系。因此，就中央企业和部分地方国有企业而言，可以就这四大体系的框架结构和流程进行全面比较。

一、四大体系的趋同性

法务管理、合规管理、内部控制、全面风险管理四大领域都是我国国有企业法治体系的重要内容和组成部分，其中风险管理为导向，法务管理、合规管理是重点，内部控制是重要基础和有效保障。四大领域又相互补充，相辅相成，在职能和管理体系方面存在不同程度的趋同性。其中，法务管理与合规管理的趋同性较强，与内部控制、全面风险管理的趋同性要弱一些；合规管理、内部控制、全面风险管理之间的趋同性较强。

（一）四大领域之间存在一些共同的趋同性

1. 四大领域都是我国国有企业法治体系的重要内容和组成部分，其中风险管理为导向，法务管理、合规管理是重点，内部控制是重要基础和有效保障。四大领域各有侧重、相互补充、相辅相成，共同推进和保障企业依法治企建设。

从现代风险管理的三道防线来看，法务管理、合规管理、内部控制、全面风险管理都属于第二道防线，业务部门与其他职能部门属于第一道防线，审计、监察属于第三道防线。

2.它们都属于企业的职能管理部门，对企业业务部门与业务活动提供支持，进行监督，都要求将管理要求和节点融入业务制度流程。

3.依法合规目标是四大领域共同的、最基本的目标。相比较而言，在管理目标方面，内部控制与全面风险管理趋同性更高。

4.风险管理是四大领域共同的内容，法律风险管理、合规风险管理、内部控制风险管理是全面风险管理的组成部分，内部控制还为全面风险管理应对提供内部控制措施。

5.四大领域管理体系构成要素存在一些趋同性，具体表现在：

（1）管理体系的构成要素都包括管理目标、组织体系、制度体系、风险管理、重大事项审查、审计和监督、考核与评价、宣传和培训、管理计划与报告、管理信息系统、文化建设等。

（2）在组织体系上，四大领域在治理机构、专门委员会、审计监督、其他职能部门与业务单位日常管理职责、全员参与等方面都具有趋同的要求和规定。

（3）在制度体系上，四大领域的制度体系都基于各自职责而存在差异，但在风险管理、审计和监督、宣传和培训、计划与报告、管理信息系统、文化建设等方面的制度流程方面都存在趋同性。

（4）在管理体系的其他构成要素方面（包括风险管理、审计和监督、宣传和培训、计划与报告、管理信息系统、文化建设等），四大领域都存在趋同性。

（二）四大领域趋同性程度不一

如前文所述，在四大领域的每两个领域之间，趋同性程度存在差异。具体如下：

1.法务管理与其他三大领域

相比较而言，法务管理的独立性较强。法务管理与合规管理的趋同性较强，与内部控制、全面风险管理的趋同性相对要弱一些。

2.合规管理与其他三大领域

合规管理与内部控制、全面风险管理都属于管理性职能部门，虽然侧重点不一样且相互独立，但趋同性较强。因此，合规管理与其他三大领域的趋同性都较强。

3. 内部控制与全面风险管理

内部控制与全面风险管理的趋同性较强。内部控制是全面风险管理的重要基础、有效措施和保障。内部控制本身也包括企业经营管理各部门领域的风险管理。如果企业开展全面风险管理、建立全面风险管理体系，内部控制体系则构成全面风险管理体系的子体系，为风险应对提供内部控制措施。

二、框架结构比较

从第一章关于四大体系的详细介绍可以看出，四大体系具有基本相同的框架结构，包括管理目标、组织体系、制度体系、运行机制（其中的风险管理、事项审查和违规管理）与保障机制（包括监督检查、人力资源管理、宣传培训、计划报告、信息系统与文化建设）。经调整后，四大体系的框架结构趋于一致。

（调整后比较列表）　　　　（调整后比较列表）

企业法务管理体系架构		企业合规管理体系架构		企业内部控制体系架构		企业全面风险管理体系架构	
序号	构成要素	序号	构成要素	序号	构成要素	序号	构成要素
1	总体目标	1	合规方针目标	1	内部控制目标	1	方针和目标
2	组织体系	2	组织体系	2	组织体系	2	组织体系
3	制度体系	3	制度体系	3	制度体系	3	制度流程
4	法律风险管理	4	合规风险管理	4	内部控制风险管理	4	风险评估
5	专业性法律实（含法律审查）	5	合规审查	5	控制活动（含内部控制审查）	5	风险应对
6	违规问责	6	违规管理	6	反舞弊与举报机制	6	风险管理审查
7	监督检查	7	监督检查	7	监督检查（内部审计和内部控制评价）	7	监督改进
8	人力资源保障	8	人力资源保障	8	人力资源政策	8	资源配置
9	法制宣传培训	9	合规宣传培训	9	培训教育	9	培训教育
10	计划报告	10	计划报告	10	信息与沟通（内部控制信息系统）	10	信息与沟通（风险管理信息系统）
11	法务管理信息系统	11	合规管理信息系统	11	报告	11	报告
12	法治文化	12	合规文化	12	企业文化	12	风险管理文化

运行机制（对应序号4、5、6）；保障机制（对应序号7、8、9、10、11、12）

三、具体构成要素趋同性分析

以下对企业法务管理体系、合规管理体系、内部控制体系、全面风险管理体系构成要素的趋同性进行比较分析。从以下各列表可以看出，四大体系的构成要素基本一致，虽然具体内容存在差别，各有侧重。

1. 管理目标

四大体系的管理目标都包括合法目标，其次是合规目标。

	管理目标			
法务管理	–	–	–	合法目标
合规管理	–	–	–	合规目标（含合法目标）
内部控制	–	经营目标	报告目标	合规目标（含合法目标）
全面风险管理	战略目标	经营目标	报告目标	合规目标（含合法目标）

2. 组织体系

四大体系关于组织体系的规定，都包括公司治理机构、专门委员会、专门管理机构、其他职能部门和业务单位、子公司组织体系等。

国务院国资委 2015 年 12 月 8 日（国资发法规〔2015〕166 号）《关于全面推进法治央企建设的意见》明确要求加强党的领导和完善公司治理统一起来，明确党组织在公司治理结构中的法定地位，将党建工作总体要求纳入公司章程。因此，中央企业党委在四大体系建设中应处于领导地位。

按照国务院国资委《中央企业合规管理体系指引（试行）》的规定，在四大体系的组织体系中，合规委员会可以与其他相关专门委员会合署，包括法治建设领导小组、审计委员会或者风险管理委员会等；合规管理负责人可以由其他负责人兼任，包括总法律顾问、内部控制负责人和风险管理负责人；合规管理牵头部门可以与法律事务机构或者其他相关部门合署，包括内控部与风控部。

四大体系在组织体系方面也存在一些差别：（1）法务管理体系、合规管理体系、内部控制体系，都有关于第一责任方面的规定，但全面风险管理无此规定；（2）法务管理与合规管理都有明确的管理负责人规定，但内部控制与全面风险管理无此规定。具体详见以下列表：

	法务管理	合规管理	内部控制	全面风险管理
组织机构	公司治理机构	公司治理机构	公司治理机构	公司治理机构
	法治建设第一责任人	//	内控体系监管工作第一责任人	//
	法治建设领导小组	合规委员会	审计委员会	风险管理委员会
	总法律顾问	合规管理负责人	//	//
	法律事务机构(法务部)	合规管理牵头部门(合规部)	内部控制管理部门(内控部)	风险管理部门(风控部)
	其他职能部门、业务单位日常法律审查	其他职能部门、业务单位日常合规管理	覆盖各职能部门、业务单位	其他职能部门、业务单位开展本单位风险管理
	子公司法务部/法律顾问	子公司合规管理部门/人员	覆盖所属单位	子公司开展风险管理、建立风险管理体系

3. 制度体系

关于管理制度流程,法务管理体系、合规管理体系、全面风险管理体系都有各自领域内专门的、互不相同的管理制度流程,但内部控制体系包括企业经营管理各个领域的管理制度流程,也包括其他三大领域的管理制度流程(见下表)。

	法务管理	合规管理	内部控制	全面风险管理
制度体系	法律事务(合同、知识产权、争议解决等)管理制度与企业管理和业务紧密结合	合规管理制度(合规管理基本制度、专项合规管理制度、合规管理流程)融入企业管理和业务流程	企业经营管理各职能部门、业务单位的内部控制制度,包括其他三大领域的制度流程	风险管理制度流程融入企业管理和业务流程

4. 运行机制

四大体系的运行机制都包括风险管理、事项审查。法务管理、合规管理与内部控制还包括违规管理。

(1)风险管理方面,法律风险管理与合规风险管理存在交叉重叠,法律风险管理、合规风险管理同属于内控风险管理,而内控风险管理是全面风险管理的主要内容。法律风险管理、合规风险管理与内控风险管理包括企业环境、风险评估、风险应对、信息与沟通以及监督等五大要素和流程,全面风险管理除包括前述五大流程外,还包括战略目标与事项识别。

(2)事项审查方面,法务管理、合规管理、全面风险管理的审查对象和内容更加接近,内部控制的审查主要是对企业内部规章制度的审查。

（3）违规管理方面，违规管理是合规管理中的一项独特的、专业的内容，包括违规举报管理、违规调查、违规处置和追责、举报人保护机制等。但法务管理体系、内部控制体系中都涉及违规管理的一些内容。法务管理体系中包括对违法行为造成企业重大损失的考核与追责机制，《企业内部控制配套指引》强调企业应建立反舞弊的举报机制，并对合规管理中出现的违法违规行为追究责任。而全面风险管理则不包括违规管理要素（见下表）。

		法务管理	合规管理	内部控制	全面风险管理
运行机制	风险管理	法律风险管理(部分与合规风险管理重叠交叉，隶属于内控风险管理)	合规风险管理(隶属于内控风险管理)	内控风险管理(隶属于全面风险管理)	全面风险管理
	事项审查	1.法务部法律审查：重大事项、改革方案、重要内部规章制度、合同、其他法律文件；2.其他职能部门、业务单位日常法律审查	1.合规管理牵头部门合规审查：重大事项、改革方案、所有内部规章制度；2.其他职能部门、业务单位日常合规审查	1.内控部门审查：所有内部规章制度流程；2.其他职能部门、业务单位日常内控审查	1.风控部重大事项、改革方案风险审查；2.其他职能部门、业务单位日常风险审查
	违规管理	向违规管理工作提供专业法律支持	违规管理	向违规管理工作提供内控专业支持	无

5. 保障机制

四大体系的保障机制包括监督检查、人力资源保障、宣传培训、计划报告、信息系统和文化建设，虽构成要素完全一致，但每个体系的具体内容有别，各有侧重（见下表）。

		法务管理	合规管理	内部控制	全面风险管理
保障机制	监督检查	法律与审计、纪检监察、巡视、财务等部门形成监督合力	自我管理评估、合规审计监督	自我评价、审计监督	自我评价、审计监督
	人力资源	考核机制、法务队伍建设	考核机制、法务队伍建设	考核机制、内控队伍建设	考核机制、风控队伍建设
	宣传培训	法治宣传培训	合规宣传培训	内控宣传培训	风险管理培训
	计划报告	年度法治建设与报告、重大法律风险报告	年度合规管理计划与报告、重大合规风险报告	年度内部控制计划与报告、重大风险报告	年度风险管理计划与报告、重大风险报告
	信息系统	法务管理信息系统	合规管理信息系统	内部控制信息系统	风险管理信息系统
	文化建设	法治文化	合规文化	内控文化	风险管理文化

四、四大体系之间的差异

　　法务管理、合规管理、内部控制、全面风险管理四大体系各有侧重。法务管理因其法律事务的专业性与实务性而具有更强的独立性，与其他三大领域的差异性也更大。合规管理、内部控制、全面风险管理都属于管理性部门，在职能和管理体系方面存在更多的交叉和重叠，相互之间的差异性相对要小一些。

　　四大体系之间的差异性主要表现在以下几个方面：

（一）管理目标存在差异

	管理目标			
法务管理	–	–	–	合法目标
合规管理	–	–	–	合规目标（含合法目标）
内部控制	–	经营目标	报告目标	合规目标（含合法目标）
全面风险管理	战略目标	经营目标	报告目标	合规目标（含合法目标）

（二）管理制度存在差异

	管理制度
法务管理	法律事务管理制度
合规管理	合规管理基本制度、专项合规管理制度、合规管理流程
内部控制	覆盖企业经营管理的内部控制管理制度
全面风险管理	全面风险管理制度

（三）运行机制存在差异

	运行机制
法务管理	法律风险管理、法律专业事务（含法律审查）、违规管理专业支持
合规管理	合规风险管理、合规审查、违规管理
内部控制	内部控制风险管理、控制活动
全面风险管理	全面风险管理、风险管理审查

第五节　LCR 整合框架

一体化管理平台是对四大管理领域，即法务管理（Legal Matters）、合规管理（Compliance）、内部控制（Control）和风险管理（Risk Management），和相应的四大体系（即法务管理体系、合规管理体系、内部控制体系和风险管理体系）的框架和构成要素等进行整合。经过整合后的一体化管理平台，可以称之为 LCR 整合框架或者 LCR 一体化管理平台。

建立 LCR 一体化管理平台，首先要对四大体系的框架及其构成要素进行考查，对四大体系的框架进行整合，建立 LCR 整合框架，然后根据四大体系各构成要素之间的趋同性，梳理、研究各要素之间的整合与一体化。

一、四大体系现有框架

法务管理、合规管理、内部控制、全面风险管理四大体系的现有框架列表如下：

企业法务管理体系架构			企业合规管理体系架构			（调整后比较列表）企业内部控制体系架构			（调整后比较列表）企业全面风险管理体系架构		
	序号	构成要素		序号	构成要素		序号	构成要素		序号	构成要素
	1	总体目标		1	合规方针目标		1	内部控制目标		1	方针和目标
	2	组织体系		2	组织体系		2	组织体系		2	组织体系
	3	制度体系		3	制度体系		3	制度体系		3	制度流程
运行机制	4	法律风险管理	运行机制	4	合规风险管理	运行机制	4	内部控制风险管理	运行机制	4	风险评估
	5	专业性法律实务（含法律审查）		5	合规审查		5	控制活动（含内部控制审查）		5	风险应对
	6	违规问责		6	违规管理		6	反舞弊与举报机制		6	风险管理审查
	7	监督检查		7	监督检查		7	监督检查（内部审计和内部控制评价）		7	监督改进
保障机制	8	人力资源保障	保障机制	8	人力资源保障	保障机制	8	人力资源政策	保障机制	8	资源配置
	9	法制宣传培训		9	合规宣传培训		9	培训教育		9	培训教育
	10	计划报告		10	计划报告		10	信息与沟通（内部控制信息系统）		10	信息与沟通（风险管理信息系统）
	11	法务管理信息系统		11	合规管理信息系统		11	报告		11	报告
	12	法治文化		12	合规文化		12	企业文化		12	风险管理文化

　　法务管理体系的架构基于合规管理体系架构模式进行编排，体系架构是一致的。内部控制体系基于内部控制的基本要素（内部环境、风险识别与应对、控制活动、信息与沟通、内部监督），全面风险管理体系基于国家标准《风险管理　原则与实施指南》，按照合规管理体系的架构进行顺序调整后，形成上述企业内部控制体系与风险管理体系的比较列表。仔细进行比对，四大体系的主要构成要素趋同，包括管理目标、组织体系、制度体系、风险管理、计划报告、宣传培训、监督检查、管理信息系统、文化建设等。

二、LCR 整合框架

　　建立 LCR 整合框架，将四大体系中趋同的构成要素予以整合，同时兼顾每一领域的侧重点和特殊性（例如，法务事务的专业性和实务性，内部控制的控制活动等），并在统一的管理体系中继续保留作为运行机制的主要内容。

　　兼顾四大体系构成要素相互之间的趋同性以及差异性，考虑到整合后体系构成要素的完整性，将 LCR 整合框架扩大到 15 个构成要素，即管理目标、组织体系、制度体系、运行机制（包括专业性法律事务、风险管理、控制活动、事项审查与违规管理）和保障机制（包括监督检查、人力资源保障、宣传培训、计划报告、管理信息系统与文化建设）。

　　LCR 整合框架列表如下：

序号			构成要素
1			管理目标
2			组织体系
3			制度体系
运行机制		4	法律专业事务
		5	风险管理
		7	控制活动
		8	事项审查
		9	违规管理
保障机制	监督检查	10	管理评估
			自行检查
			审计监督
	人力资源保障	11	激励机制
			考核评价
			队伍建设
		12	宣传培训
		13	计划报告
		14	管理信息系统
		15	文化建设

第六节　一体化管理平台模型

以已开展法务管理、合规管理、内部控制和全面风险管理四大领域的管理以及已建立企业法务管理体系、合规管理体系、内部控制体系、全面风险管理体系四大体系的企业（主要是中央企业和大型地方国企集团）为例，可以根据一体化整合的强弱程度，探索两种一体化管理平台的模型。

一、高级模型：高度一体化管理平台

四大领域和四大体系的高级一体化管理平台，是终极的、真正的一体化管理平台。建立高度一体化管理平台，实现 LCR 整合框架各构成要素之间整合的最大化，只保留原来各体系各自专业性的、独立的管理事务。

（一）基本理念

建立高度一体化管理平台基于以下基本理念：

1. 我国国有企业法律、合规、风险、内控一体化管理平台的建立，应以我国国有企业依法治企的指导思想和基本原则为指针，并围绕我国国有企业法治体系建设的总体目标来展开。

2. 建立一体化管理平台，以实现一体化管理平台的实用性、有效性、融合性以及精简机构和人员、提高经营管理效率的目的。

3. 合规管理与法务管理、内部控制的趋同性都比较强，因为外法（外部法律、法规）的合规管理与法务管理重叠，内规（企业章程和内部规章制度）的合规管理与内部控制重叠，两者都接受内审部门的审计监督。因此，建立高度一体化管理平台，合规管理的独立性将受到挑战。外法的合规管理可由法务管理兼管，内规的合规管理则可以由内部控制兼管。

4. 内部控制与全面风险管理的趋同性很强，因为全面风险管理是在内部控制的基础上发展起来的，是对企业内部控制基本要素的扩展。深交所和上交所《上市公司内部控制指引》已经在传统的内部控制五大基本要素（内部环境、风险评估、控制活动、信息与沟通、内部监督）基础上增加了三个要素（目标设定、事项识别和风险对策），将内部控制的五大要素扩展为八大要素，使内部控制的基本要素与全面风险管理的基本要素完全一致。因此，建立高度一体化管理平台，全面风险管理的独立性将受到挑战，可以将内部控制的风险管理扩展为全面风险管理并由内部控制兼管。

5. 建立一体化管理平台，不是简单的相加或者去留，而需要兼顾每一领域的侧重点和特殊性（例如，法务事务的专业性和实务性，内部控制的控制活动与控制措施等），并在统一的管理体系中继续保留作为运行机制的主要内容。

（二）要素之间的高度整合

在高度一体化管理平台中，四大体系的以下构成要素实现高度整合：

（1）组织体系方面，实现第一责任人、治理机构、专门委员会、管理负责人一体化，并设立统一管理四大领域的法务内控部。

其他职能部门、业务单位日常法律、合规、内控、风控管理职责一体化，并向本部门、单位负责人与法务内控部双线汇报。

各子公司法律、合规、内控、风控一体化管理平台，接受集团法务内控部垂直管理，或者向本公司负责人与集团法务内控部双线汇报。

（2）实现风险管理、事项审查、审计监督、激励机制、考核评价、计划报告、管理信息系统、文化建设一体化。

（三）高级模型：高度一体化管理平台框架

管理目标	1.合理保证企业经营管理合法合规（合规目标）； 2.合理保证企业财务报告及相关信息真实完整（报告目标）； 3.提高经营效率和效果（经营目标）； 4.促进企业实现发展战略（战略目标）	
组织体系	公司治理机构	
	法治建设第一责任人	
	法治建设与审计委员会	
	总法律顾问	
	法务内控部	法务分部
		内控分部
	其他职能部门、业务单位日常法律、合规、内控、风控管理职责一体化，并向本部门、单位负责人与法务合规部双线汇报	
	各子公司法律、合规、内控、风控一体化管理平台，接受集团法务内控部垂直管理，或者向本公司负责人与集团法务内控部双线汇报	
制度体系	归集到内部控制制度流程，包括法律事务管理制度、合规管理制度以及统一风险管理流程（内容包括法律风险管理、合规风险管理、内部控制风险管理以及全面风险管理）	
运行机制	专业性法律事务	（保留其专业性、独立性）
	风险管理	归集到内部控制风险管理（法律合规风险管理、内部控制风险管理和全面风险管理）
	控制活动与控制措施	（保留其专业性、独立性）
	事项审查	审查部门 / 审查事项
		法务分部、内部控制分部统一的、一站式法律、合规、内控、风控审查 / 重大事项、改革方案、重要内部规章制度
		业务部门统一的、一站式的审查 / 日常法律、合规、内控、风控事项
		法务分部独立审查 / 合同、其他法律文件
		内控分部独立审查 / 所有规章制度流程

（续表）

		违规管理 （模式1）	纪检委	法务部门	内控部门
运行机制			所有违法、违规、违纪行为管理	提供法律专业支持	提供内控专业支持
		违规管理 （模式2）	纪检委	法务部门	内控部门
			党员违纪与管理人员职务违法行为	其他员工的违规管理	提供内控专业支持
保障机制	监督检查	管理评估	纳入内控体系监督评价		
		自行检查	法务合规自行检查	内控风控自行检查	
		审计监督	审计监督		
	人力资源保障	激励机制	一体化激励机制		
		考核评价	一体化考核机制		
		队伍建设	法律合规队伍建设	内控风控团队建设	
	宣传培训		法治合规宣传培训	内控风控培训	
	计划报告		一体化年度计划、年度报告、重大风险报告		
	信息系统		一体化管理信息系统		
	文化建设		一体化文化建设		

二、中级模型：相对一体化管理平台

中级模型是一体化管理平台的过渡模型，强调尽可能多地整合四大体系的构成要素，辅之以协同联动机制。建立高度一体化管理平台尚存在困难的企业，可以先按照中级模型建立相对一体化的管理平台。

（一）基本理念

1. 我国国有企业法律、合规、风险、内控一体化管理平台的建立，应以我国国有企业依法治企的指导思想和基本原则为指针，并围绕我国国有企业法治体系建设的总体目标来展开。

2. 法务管理体系与合规管理体系趋同性很强，两者整合为法律合规部，但仍保留法务管理与合规管理职能。

3. 内部控制与全面风险管理的趋同性很强，两者整合为内控风控部，但仍保留内部控制与全面风险管理职能。

（二）要素整合

中级模型中，四大体系的下列要素能够整合：

1.组织体系

（1）实现领导机构（治理机构、第一责任人、专门委员会、管理负责人）一体化。

（2）整合法务与合规管理，设立法律合规部，下设法务分部与合规分部。整合内控与风控，设立内控风控部，下设内控分部与风控分部。

（3）业务部门、其他职能管理部门设置一名或两名人员，统一与法务、合规、内控、风控对口衔接。

（4）子集团、子公司按照相同原则设立组织体系。子集团、子公司法律合规部、内控风控部分别向本公司负责人与集团法律合规部、内控风控部双线汇报。

2.制度体系

制定四大领域统一的风险管理制度、事项审查制度和违规管理制度（与纪检监察协调衔接）。

3.风险管理

实现风险管理一体化。

（1）制定一体化的合规风险管理制度；

（2）由风控部统一组织法务、合规、内控人员，联合开展全面风险管理，其中包括法律合规风险管理和企业内部控制风险管理；

（3）实现重大风险一体化的报告及应对整改监督。

4.事项审查

实现对重大事项（三重一大事项、重要规章制度、改革方案等）的法务、合规、内控、风控的联合一站式审查。

5.违规管理

违规管理由法律合规部统管，并与纪检监察协调衔接。

6.对四大领域的审计监督一体化

7.法律、合规两大体系的其他要素进行整合；内控风控两大体系的其他要素进行整合

（三）建立协同联动机制

中级模型在上述要素整合的基础上，辅之以四大体系之间的协同联动机制，包括联合办公、联席会议、项目开展协同、事项审查协同、管理评估协同、信息共享、专业支持等。

（四）中级模型列表

		法务管理	合规管理	内部控制	全面风险管理
管理目标		合规目标		战略目标、经营目标、合规目标、报告目标	
组织体系		第一责任人、治理机构以及一体化的专门委员会、管理负责人			
		法律合规部		内控风控部	
		法务分部	合规分部	内控分部	风控分部
		其他职能部门、业务单位设立专人负责本部门单位四大领域日常管理，以及与法律合规部、内控风控部对接			
		子公司四大领域相应的组织机构，子集团、子公司法律合规部、内控风控部分别向本公司负责人与集团法律合规部、内控风控部双线汇报			
制度体系		风险管理制度、事项审查制度、违规管理制度			
		专项法律事务管理制度	专项合规管理制度	内部控制制度、流程	专项风险管理制度
运行机制	专业性法律事务	●			
	合规事务		●		
	风险管理				统一风险管理
	控制活动			●	
	事项审查	一站式联合审查			
	违规管理		●		
保障机制	监督检查 管理评估	●		●	
	监督检查 自行检查	●		●	
	监督检查 审计监督	审计监督			
	人力资源保障 激励机制	●		●	
	人力资源保障 考核评价	●		●	
	人力资源保障 队伍建设	●		●	
	宣传培训	法律合规宣传培训		内控风控培训	
	计划报告	●		●	
	信息系统	●		●	
	文化建设	●		●	

三、模型选择

上述两个模型构成一个递进的、逐渐提高的过程。中级系初始阶段。

最终阶段是要按照高级模型建立法务管理、合规管理、内部控制、全面风险管理一体化管理平台，统一管理，精简机构和管理环节，提高管理效率。

建立高度一体化管理平台，需要企业最高领导层的决策果断、坚定支持，需要各相关部门统一认识、大局为重、团结合作。因此，企业具体采取哪一模型建立一体化管理平台，取决于企业四大领域管理的基本情况和相关部门之间的理念认同及协调合作，更取决于最高领导层的决心和支持。

中央企业、地方国有企业以及属于民营企业的商业银行、保险公司、证券公司、上市公司等，法务管理、合规管理、内部控制、全面风险管理四大体系中任何体系尚未建立或者四大领域内任何领域工作尚未开展的企业，可以参照上述模型逐步建立法律、合规、内控、风控一体化管理平台。

一般民营企业以及产品单一、业务单一的中央企业集团子公司和地方国有企业，可以考虑在一开始就按照高级模型建立法务管理、合规管理、内部控制、全面风险管理的一体化管理平台。

第七节　高度一体化管理平台分解

法务管理、合规管理、内部控制和全面风险管理四大领域以及建立企业法务管理体系、合规管理体系、内部控制体系、全面风险管理体系四大体系的高级一体化管理平台，是终极的、真正的一体化管理平台。建立高度一体化管理平台，实现LCR整合框架各构成要素之间整合的最大化，只保留原来各体系各自专业性的、独立的管理事务。

一、整合管理目标

四大体系中，全面风险管理体系有四大管理目标，即战略目标、经营目标、报告目标与合规目标，包含了其他三大体系的管理目标。具体列表如下：

	管理目标			
法务管理	–	–	–	合法目标
合规管理	–	–	–	合规目标（含合法目标）
内部控制	–	经营目标	报告目标	合规目标（含合法目标）
全面风险管理	战略目标	经营目标	报告目标	合规目标（含合法目标）

四大体系高度一体化管理平台的管理目标，应包括四大体系原有的所有管理目标，即全面风险管理体系的管理目标，但是宜采用《企业内部控制基本规范》第三条更为简略的表述方式，即：

管理目标	1.合理保证企业经营管理合法合规（合规目标）； 2.合理保证企业财务报告及相关信息真实完整（报告目标）； 3.提高经营效率和效果（经营目标）； 4.促进企业实现发展战略（战略目标）

二、整合组织体系

四大体系原处于相互独立的地位，企业也都成立了相应的专业委员会和职能部门。四大体系原来各自的组织体系列表如下：

	法务管理	合规管理	内部控制	全面风险管理
组织体系	公司治理机构	公司治理机构	公司治理机构	公司治理机构
	法治建设第一责任人	//	内控体系监管工作第一责任人	//
	法治建设领导小组	合规委员会	审计委员会	风险管理委员会
	总法律顾问	合规管理负责人	//	//
	法律事务机构（法务部）	合规管理牵头部门（合规部）	内部控制管理部门（内控部）	风险管理部门（风控部）
	其他职能部门、业务单位日常法律审查	其他职能部门、业务单位日常合规管理	覆盖各职能部门、业务单位	其他职能部门、业务单位开展本单位风险管理
	子公司法务部/法律顾问	子公司合规管理部门/人员	覆盖所属单位	子公司开展风险管理、建立风险管理体系

对四大体系的组织体系进行整合，宜采取以下措施：

1. 整合领导机构

四大体系的领导机构中都有公司治理机构，完全可以整合。

四大体系中，合规管理、全面风险管理体系中没有提及第一责任人。整合以后，可以将"企业法治建设第一责任人"覆盖原四大体系。

四大体系要求在公司治理机构中设立专门委员会，分别为法治建设领导小组，合规委员会、审计委员会和风险管理委员会。整合以后可以合称为"法治建设与审计委员会"。

四大体系中只有法务管理体系与合规管理体系要建立副总级别的管理负责人，即总法律顾问与合规管理负责人，且可以由总法律顾问兼任合规管理负责人。四大体系整合以后，可以由总法律顾问兼管法务管理、合规管理、内部控制与全面风险管理。

2. 整合专门管理部门

四大体系设置了各自的专门管理部门，即法务部、合规管理牵头部门、内控部与风控部。如前所述，我国中央企业和地方国企存在"强风控、弱内控"的情况。有些中央企业和地方国企成立大风控部或者审计风控部，下辖全面风险管理、内控、合规管理、法务管理，有些甚至还包括审计和纪检监察。按照风险管理三道防线理论以及我国有关法律法规的规定，审计和纪检监察应当独立于其他部门，将它们与全面风险管理、内控、合规管理、法务管理归于同一部门，违反了风险管理理论，也违反了内部控制对权利制衡的基本要求，不足为取。

建立一体化管理平台的目标之一是精简机构和人员。由于法律事务具有很强的独立性，且合规管理与法务管理的趋同性很高，因此，可以将法务部与合规部合署，有些企业称之为"法律合规部"；或者不增加部门，由法务部兼管合规管理工作。内部控制与全面风险管理具有很高的趋同性，可以考虑扩展内部控制风险管理的范围、内容、方法等，使之包含全面风险管理，从而替代风控部门。基于此，四大体系整合后的专门管理部门可以称之为"法务内控部"，组织结构如下：

法务内控部	法务分部
	内控分部

3. 整合其他职能部门、业务单位的相关日常管理职责

其他职能部门、业务单位是风险的第一道防线。四大体系都强调其他职能部门、业务单位应当负责本部门领域四大体系所涉工作的日常管理。因此，四大体系整合为一体化管理平台后，其他职能部门、业务单位的职责应包括本部门领域的日常法务管理、合规管理、内部控制与全面风险管理，其他每个职能部门和业务单位，应各自制定一名或多名人员负责，并向本部门、单位负责人与法务内控部双线汇报，同时接受本部门负责人与法务内控部的指导、监督与考核。

4. 整合子公司的四大体系

集团总部四大体系整合为一体化管理平台后，应推动子公司的一体化管理平台建设。各子公司法律、合规、内控、风控一体化管理平台，接受集团总部法务内控部的指导、监督与考核，接受集团法务内控部垂直管理，或者向本公司负责人与集团法务内控部双线汇报。

整合后的组织体系列表如下：

组织体系	公司治理机构	
	法治建设第一责任人	
	法治建设与审计委员会	
	总法律顾问	
	法务内控部	法务分部
		内控分部
	其他职能部门、业务单位日常法律、合规、风险、风控管理职责一体化	
	子公司法律、合规、风险、内控一体化管理平台	

三、整合制度体系

1. 四大体系都包括各自的制度体系，具体列表如下：

	法务管理	合规管理	内部控制	全面风险管理
制度体系	法律事务(合同、知识产权、争议解决等)管理制度与企业管理和业务紧密结合	合规管理制度(合规管理基本制度、专项合规管理制度、合规管理流程)融入企业管理和业务流程	企业经营管理各职能部门、业务单位的内部控制制度，包括其他三大领域的制度流程	风险管理制度流程融入企业管理和业务流程

2.内部控制制度是企业所有制度流程的集大成者，包括了其他三大体系的管理制度：（1）三大体系的管理制度流程属于内部控制制度流程的一部分；（2）内部控制部门在梳理、制定企业内部控制制度时，包括对其他三大体系管理制度的梳理与制定；（3）其他三大体系梳理、制定本体系制度流程时，需要报内控部门统筹、参与和审查；（4）其他三大体系的制度流程需要融入内部控制制度流程。

整合后的制度体系如下：

制度体系	归集到内部控制制度流程，包括法律事务管理制度、合规管理制度以及统一风险管理流程（内容包括法律风险管理、合规风险管理、内部控制风险管理以及全面风险管理）

四、整合运行机制

整合运行机制中的风险管理、事项审查和违规管理。保留法律专业事务、控制活动的专业性和独立性。

1.风险管理

四大体系各自都有风险管理，具体列表如下：

	法务管理	合规管理	内部控制	风险管理
风险管理	法律风险管理（部分与合规风险管理重叠交叉，隶属于内控风险管理）	合规风险管理（隶属于内控风险管理）	内控风险管理（隶属于全面风险管理）	全面风险管理

四大体系整合的整体策略是保留法务管理与内部控制职能，并扩展涵盖全面风险管理。因此，可以将内部控制的风险管理扩展到全面风险管理。整合后的风险管理框架如下：

内部控制风险管理			
法律风险管理	合规风险管理	运营风险管理	全面风险管理

在整合后的风险管理中，内部控制的风险管理应兼顾上述四大领域的

风险管理。有必要组成风险管理项目小组，其中包括法务分部的参与和提供法律专业支持。

2. 事项审查

四大体系各自都有事项审查，具体列表如下：

	法务管理	合规管理	内部控制	风险管理
事项审查	1. 法务部法律审查：重大事项、改革方案、重要内部规章制度、合同、其他法律文件； 2. 其他职能部门、业务单位日常法律审查	1. 合规管理牵头部门合规审查：重大事项、改革方案、所有内部规章制度； 2. 其他职能部门、业务单位日常合规审查	1. 内控部门审查：所有内部规章制度流程； 2. 其他职能部门、业务单位日常内控审查	1. 风控部重大事项、改革方案风险审查； 2. 其他职能部门、业务单位日常风险审查

四大体系整合后的事项审查如下：

审查部门	审查事项
法务分部、内部控制分部统一的、一站式法律、合规、风控审查	重大事项、改革方案、重要内部规章制度。
业务部门统一的、一站式的审查	法律、合规、内控、风控
法务分部独立审查	合同、其他法律文件
内控分部独立审查	所有规章制度流程

3. 违规管理

四大体系中，合规管理体系与内部控制体系包含了明确的违规管理程序。

按照我国《企业内部控制规范》，内部控制体系的违规管理包括：（1）举报制度和举报人保护制度；（2）举报渠道（设置举报专线）；（3）举报调查；（4）处理与整改。该规范特别规定了反舞弊的违规管理程序。

合规管理体系中的违规管理与内部控制的违规管理程序相同。

国务院国资委 2015 年 12 月 8 日《关于全面推进法治央企建设的意见》，要求对因违法违规发生重大法律纠纷案件造成企业重大损失的，或者违反规定、未履行或未正确履行职责造成企业资产损失的，在业绩考核中扣减分值，并按照有关规定追究相关人员责任。

全面风险管理中没有违规管理要素。

四大体系现有违规管理机制，具体列表如下：

	法务管理	合规管理	内部控制	风险管理
违规管理	向违规管理工作提供法律专业支持	违规管理(举报、调查、处置)	违规管理(举报、调查、处置)	/

中央企业的违规管理与跨国企业、民营企业的违规管理不同。在中央企业，党员员工违反党纪的违规行为由纪委负责，管理人员的职务违法行为由监察委负责。纪委与监察委合署办公。在有些中央企业，所有违法、违规、违纪行为都由纪监委负责，法务、合规、内控、风险管理提供专业支持（模式1）。也有些企业，党员违纪与管理人员职务违法行为由纪监委负责，其他员工的违规行为由合规部门负责（模式2）。

因此，中央企业四大体系整合后，违规管理就存在两种模式：

模式1：

	纪检委	法务部门	内控部门
违规管理	所有违法、违规、违纪行为管理	提供法律专业支持	提供内控专业支持

模式2：

	纪检委	法务部门	内控部门
违规管理	党员违纪与管理人员职务违法行为	其他员工的违规管理	提供内控专业支持

五、整合保障机制

四大体系的保障机制包括监督检查、人力资源保障、宣传培训、计划报告、信息系统和文化建设。具体列表如下：

		法务管理	合规管理	内部控制	全面风险管理
保障机制	监督检查	审计监督	合规管理评估、合规审计监督	内部控制有效性自我评价、审计监督	风险管理评估、审计监督
	人力资源保障	考核机制、法务队伍建设	考核机制、合规管理队伍建设	激励约束与绩效考评、员工培训和教育	考核机制、风控队伍建设
	宣传培训	法治宣传培训	合规宣传培训	内控宣传培训	风险管理培训
	计划报告	年度法治建设计划与报告、重大法律风险报告	年度合规管理计划与报告、重大合规风险报告	年度内部控制计划与报告、重大风险报告	年度风险管理计划与报告、重大风险报告
	信息系统	法务管理信息系统	合规管理信息系统	内部控制信息系统	风险管理信息系统
	文化建设	法治文化	合规文化	内控文化	风险管理文化

四大体系的保障机制基本一致，除管理评估、自行检查、队伍建设、宣传培训外，更容易整合。整合后的保障机制列表如下：

保障机制	监督检查	管理评估	纳入内控体系监督评价	
		自行检查	法务合规自行检查	内控风控自行检查
		审计监督	审计监督	
	人力资源保障	激励机制	一体化激励机制	
		考核评价	一体化考核机制	
		队伍建设	法律合规队伍建设	内控风控团队建设
	宣传培训		法治合规宣传培训	内控风控培训
	计划报告		一体化年度计划、年度报告、重大风险报告	
	信息系统		一体化管理信息系统	
	文化建设		一体化文化建设	

六、总结

四大体系整合后高度一体化管理平台的架构、环节和流程综合列表如下：

名　称		LCR一体化管理平台	
体系架构			
序号		构成要素（环节与流程）	
1		管理目标	
2		组织体系	
3		制度体系	
运行机制	4	专业性法律事务	
	5	风险管理	
	7	控制活动	
	8	事项审查	
	9	违规管理	
保障机制	监督检查	10	管理评估
			自行检查
			审计监督
	人力资源保障	11	激励机制
			考核评价
			队伍建设
	12		宣传培训
	13		计划报告
	14		管理信息系统
	15		文化建设
管理目标		1.合理保证企业经营管理合法合规（合规目标）； 2.合理保证企业财务报告及相关信息真实完整（报告目标）； 3.提高经营效率和效果（经营目标）； 4.促进企业实现发展战略（战略目标）	
组织体系		公司治理机构	
		法治建设内控、风控管理第一责任人	
		法治建设与审计委员会	
		总法律顾问	
		法务内控部	法务分部
			内控分部
		其他职能部门、业务单位日常法律、合规、风险、风控管理职责一体化	
		子公司法律、合规、风险、内控一体化管理平台	
制度体系		归集到内部控制制度流程，包括法律事务管理制度、合规管理制度以及统一风险管理流程（内容包括法律风险管理、合规风险管理、内部控制风险管理以及全面风险管理）	

435

名　称		LCR 一体化管理平台		
运行机制	专业性法律事务	（保留其专业性、独立性）		
	风险管理	归集到内部控制风险管理，统一开展法律合规风险管理、内部控制风险管理和全面风险管理		
	控制活动	（保留其专业性、独立性）		
	事项审查	审查部门	审查事项	
		法务分部、内部控制分部统一的、一站式法律、合规、内控、风控审查	重大事项、改革方案、重要内部规章制度	
		业务部门统一的、一站式的审查	日常法律、合规、内控、风控事项	
		法务分部独立审查	合同、其他法律文件	
		内控分部独立审查	所有规章制度流程	
	违规管理（模式1）	纪检委	法务部门	内控部门
		所有违法、违规、违纪行为管理	提供法律专业支持	提供内控专业支持
	违规管理（模式2）	纪检委	法务部门	内控部门
		党员违纪与管理人员职务违法行为	其他员工的违规管理	提供内控专业支持
保障机制	监督检查	管理评估	法务合规管理评估	内控风控管理评估
		自行检查	法务合规自行检查	内控风控自行检查
		审计监督	审计监督	
	人力资源保障	激励机制	一体化激励机制	
		考核评价	一体化考核机制	
		队伍建设	法律合规队伍建设	内控风控团队建设
	宣传培训		法治合规宣传培训	内控风控培训
	计划报告		一体化年度计划、年度报告、重大风险报告	
	信息系统		一体化管理信息系统	
	文化建设		一体化文化建设	

第七节　建立一体化管理平台的步骤

四大体系一体化管理平台的建设包括以下步骤：

一、基础培训

对企业领导、管理人员以及参与一体化管理平台建设的人员进行培训，统一思想，并使之懂得、理解并支持一体化管理平台建设目的、意义、具体步骤和工作内容，取得企业领导的支持，确保相关人员积极参与。

二、立项及项目启动

1.编写项目计划书。

项目计划书内容包括：

（1）项目目标和内容。

法务管理体系、合规管理体系、内部控制体系、全面风险管理体系一体化管理平台建设。

（2）项目进度计划。

	事项	进度计划
1	环境评审（尽职调查）	项目启动后3个月内
2	体系策划与报批	+3个月
3	体系文件汇总、梳理、编写	+5个月
4	体系评审、验收	+1个月
5	宣传、培训	+1个月
6	组织机构与职责调整	+2个月
		共计15个月

（3）项目小组。

项目小组包括领导小组和工作小组。

领导小组应当由企业董事长、总经理、总法律顾问以及主管内控、风控的负责人组成，负责项目事项决策与总体协调。

成立由法务部、内控部、风控部委派人员组成的跨体系工作小组，并邀请审计部、人力资源部、财务部、纪检监察部门委派人员参与。可以由总法律顾问担任小组组长。

必要时，聘请第三方咨询机构提供咨询和支持。

（4）编制项目预算。

（5）项目成果输出。

项目输出成果应当包括环境评审报告、体系策划报告、一体化管理平台的体系文件、一体化管理平台验收报告等。

（6）项目验收。

2. 报企业总办会、董事会批准。

3. 召开项目启动大会。

三、环境评审（尽职调查）

1. 项目工作小组对公司四大体系的现有架构（组织体系、制度体系、运行机制、保障机制）、有效落地执行情况、存在的问题等进行详细的调查，提出一体化管理平台建设的意见和建议；

2. 形成环境评审报告；

3. 向领导小组呈报环境评审报告。

四、体系策划

体系策划是确定四大体系一体化管理平台建设的原则、方法、架构、步骤等。体系策划应当形成体系策划报告，报领导小组批准后实施。

五、体系文件编制

按照内部控制体系文件编写要求，以内部控制体系文件为基础，对四大体系的制度流程进行汇总、梳理、修改、补充、整合，形成一体化管理平台体系文件。

六、体系评审

体系策划与体系文件完成后，项目领导小组应组织对一体化管理平台进行评审。评审小组应由审计部门与外聘专家组成。

七、宣传培训

体系评审通过以后，项目小组应组织一体化管理平台的宣传培训，确保企业领导、管理人员及相关员工的理解、支持。

八、调整组织机构与职责

根据体系策划与体系文件，对四大体系的组织机构及职责进行调整、整合，形成一体化的组织体系。

九、监督与持续改进

1.管理评估。

一体化管理平台开始运营后，一体化管理平台的管理部门应定期（第一年每季度、以后每年）对平台运行的有效性进行管理评估，发掘不足与缺陷，进行整改与完善，实现持续改进。

2.激励约束与考核评价。

建立平台运行的激励约束机制和考核评价机制。

3.平台运营的有效性纳入企业内部审计监督。

附　录
相关合规管理法规

Appendix
A collection of Related Compliance Norms

一

合规与银行内部合规部门

巴塞尔银行监管委员会

2005 年 4 月 29 日

引 言

　　1. 巴塞尔银行监管委员会（以下简称"委员会"）一直关注银行监管问题和促进银行业机构的稳健经营的做法。作为其持续努力的一部分，委员会就合规风险与银行内部合规部门发布本文件。为满足监管机构的监管要求，银行必须遵循有效的合规政策和程序，在发现违规情况时，银行管理层能够采取适当措施予以纠正。

　　2. 合规应从高层做起。当企业文化强调诚信与正直的准则并由董事会和高级管理层作出表率时，合规才最为有效。合规与银行内部的每一位员工都相关，应被视为银行经营活动的组成部分。银行在开展业务时应坚持高标准，并始终力求遵循法律的规定与精神。如果银行疏于考虑经营行为对股东、客户、雇员和市场的影响，即使没有违反任何法律，也可能会导致严重的负面影响和声誉损失。

　　3. 本文件所称"合规风险"是指，银行因未能遵循法律、监管规定、规则、自律性组织制定的有关准则，以及适用于银行自身业务活动的行为准则（以下统称"合规法律、规则和准则"）而可能遭受法律制裁或监管处罚、重大财务损失或声誉损失的风险。

　　4. 合规法律、规则和准则通常涉及如下内容：遵守适当的市场行为准则，管理利益冲突，公平对待消费者，确保客户咨询的适宜性等。同时，还特别包括一些特定领域，如反洗钱和反恐怖融资，也可能扩展至与银行产品结构或客户咨询相关的税收方面的法律。如果一家银行故意参与客户用以规避监管或财务报告要求、逃避纳税义务等的交易或为其违法行为提供便利，该银行将面临严重的合规风险。

　　5. 合规法律、规则和准则有多种渊源，包括立法机构和监管机构发布的基本的法律、规则和准则；市场惯例；行业协会制定的行业规则以及适用于银行职员的内部行为准则等。基于上述理由，合规法律、规则和准则不仅包括那些具有法律约束力的文件，还包括更广义的诚实守信和道德行为的准则。

　　6. 合规应成为银行文化的一部分。合规并不只是专业合规人员的责任。

尽管如此，如果一家银行设有符合下述"合规部门原则"的合规部门，该银行将能更有效地管理合规风险。本文件所称"合规部门"是指履行合规职责的职员，并不特指某一特定的组织架构。

7. 关于银行合规部门的组织方式，各银行之间存在着重大差异。在规模较大的银行，合规人员可能位于各营运业务线，有些国际活跃银行可能还设有集团合规官和当地合规官。在规模较小的银行，合规部门的职员可能被放在一个部门。有些银行还为数据保护、反洗钱及反恐怖融资等专业领域设立了单独的部门。

8. 一家银行应该以与自身风险管理战略和组织结构相吻合的方式组织合规部门，并为合规风险管理设定优先考虑的事项。例如，考虑到合规风险与操作风险的某些方面有着密切的关系，一些银行希望在操作风险部门内组建合规部门，其他银行则更愿意分设合规部门和操作风险部门，但银行要建立两个部门之间在合规事务方面密切合作的机制。

9. 不论一家银行如何组织其合规部门，该合规部门都应该是独立的，并有足够的资源支持。合规部门的职责应予以明确规定，合规部门的工作应受到内部审计部门定期和独立的复查。以下的原则 5 至原则 8 进一步阐明了这些高级原则，并在各原则之下阐释了与这些原则有关的稳健做法。各家银行可自行决定实施这些原则的最佳方式，但这些原则应适用于所有银行。银行也可采用有别于本文件的做法，只要这些做法是稳健的，并能从总体上表明该银行的合规部门的有效性。以何种方式实施这些原则将取决于多种因素，如银行的规模、业务的性质、经营的复杂程度和业务的区域分布，以及银行营业所在地的法律框架和监管框架。例如，一些规模较小的银行要完全实施本文件所建议的一些特定措施，也许并不可行，但该银行可能会采取能达到同样效果的其他措施。

10. 在提出有关原则时，本文件假定公司治理结构是由董事会和高级管理层组成。至于董事会和高级管理层的职能，不同的国家、不同类型的经济实体有不同的法律框架与监管框架。因此，银行在适用本文件所阐述的原则时，应依据其所在的国家和具体经济实体的公司治理结构。

11. 本文件所称"银行"通常是指银行、银行集团和附属机构主要是银行的控股公司等。

12. 在理解本文件时，应参阅委员会制订的其他相关文件。这些文件包括：

——《银行机构的内部控制体系框架》（1998 年 9 月）；

——《健全银行的公司治理》（1999 年 9 月）；

——《银行内部审计和监管当局与审计人员的关系》（2001 年 8 月）；

——《银行客户尽职调查》（2001 年 10 月）；

——《操作风险管理与监管的稳健做法》（2003 年 2 月）；

——《统一资本计量与资本标准的国际协议—修订框架》（2004 年 6 月）；

——《KYC 风险统一管理》（2004 年 10 月）。

13. 本文件在阐述支撑银行合规部门的原则之前，首先阐明了银行董事会和高级管理层在合规方面的特定职责。

董事会在合规方面的职责

原则 1：银行董事会负责监督银行的合规风险管理。董事会应该审批银行的合规政策，包括一份组建常设的、有效的合规部门的正式文件。董事会或董事会下设的委员会应该每年至少一次评估银行有效管理合规风险的程度。

14. 如引言所述，银行董事会应在全行推行诚信与正直的价值观念，只有这样，银行的合规政策才能得以有效实施。遵循适用法律、规则和准则应视为实现上述目标的一条基本途径。与其他类别的风险一样，董事会有责任确保银行制定适当政策以有效管理银行的合规风险。董事会还应监督合规政策的实施，包括确保合规问题都由高级管理层在合规部门的协助下得到迅速有效的解决。当然，董事会也可能将这些任务委托给适当的董事会下设的委员会（如审计委员会）。

高级管理层在合规方面的职责

原则 2：银行高级管理层负责银行合规风险的有效管理。

15. 以下两项原则阐明了该一般性原则里最为重要的各项因素。

原则 3：银行高级管理层负责制定和传达合规政策，确保该合规政策得以遵守，并就银行合规风险管理向董事会报告。

16. 银行高级管理层负责制定一份书面的合规政策。该合规政策应包含管理层和员工应遵守的基本原则，并要说明全行上下用以识别和管理合规风险的主要程序。区分全体员工都要遵守的一般性准则与只适用于特定员工群体的规则，将有助于增加政策的清晰度和透明度。

17. 高级管理层有职责确保合规政策得以遵守，包括发现违规问题时采取适当的补救方法或惩戒措施。

18. 在合规部门的协助下，高级管理层应该：

——每年至少一次识别和评估银行所面临的主要合规风险问题以及管理这些合规风险问题的计划。这些计划应对涉及以下方面的任何缺陷（政策上的、程序上的、实施或执行中的）进行处理，包括现存合规风险管理的有效程度，以及针对年度合规风险评估新发现的合规风险，对政策或程序进行补充的必要性。

——每年至少一次就银行的合规风险管理向董事会或董事会下设的委员会报告，此报告应能够有助于董事会成员就银行是否有效管理合规风险问题作出有充分依据的判断。

——及时向董事会或董事会下设的委员会报告重大违规情况（例如，可能会导致法律制裁或监管处罚、重大财务损失或声誉损失等重大风险的违规情况）。

原则4：作为银行合规政策的组成部分，高级管理层负责组建一个常设和有效的银行内部合规部门。

19. 高级管理层应采取必要的措施，确保银行可以依赖一个常设的、有效的并符合以下原则的合规部门。

合规部门原则

原则5：独立性

银行的合规部门应该是独立的。

20. 独立性的概念包含四个相关要素。第一，合规部门应在银行内部享有正式地位。第二，应由一名集团合规官或合规负责人全面负责协调银行的合规风险管理。第三，在合规部门职员特别是合规负责人的职位安排上，应避免他们的合规职责与其所承担的任何其他职责之间产生可能的利益冲突。第四，合规部门职员为履行职责，应能够获取必需的信息并能接触到相关人员。

21. 独立性并不意味着合规部门不能与其他事业部（businessunits）的管理层和职员共同工作。实际上，合规部门与其他事业部之间相互合作的工作关系将有助于早期识别和管理合规风险。然而，不论合规部门与其他事业部之间的工作关系如何紧密，下述各要素都应被视为有助于确保合规部门有效性的保障措施。实施这些保障措施的方式在一定程度上取决于各个合规部门职员的具体职责。

地位

22. 合规部门应该在银行内部享有正式的地位，以使其具有适当的定位、授权及独立性。这可能在银行的合规政策或其他正式文件中予以规定。该文件应该传达给银行所有职员。

23. 以下与合规部门有关的事项应在该文件中予以规定：

—合规部门的功能和职责；

—确保合规部门独立性的各项措施；

—合规部门与银行其他风险管理部门和内部审计部门的关系；

—在合规职责由不同部门职员履行的情况下，这些职责如何在部门间进行分配；

—合规部门为履行其职责而获取必要信息的权利，以及在提供这些信息方面银行职员有给予合作的相应责任；

—合规部门对可能违反合规政策的事件进行调查，以及在适当情况下委托外部专家进行调查的权利；

—合规部门向高级管理层，必要时，向董事会或董事会下设的委员会自由陈述和披露其调查结果的权利；

—合规部门向高级管理层正式报告的义务；

—合规部门直接与董事会或董事会下设的委员会沟通的权利。

合规负责人

24. 每家银行应该有一位执行官或高级职员全面负责协调银行合规风险的识别和管理，以及监督其他合规部门职员的工作。本文件使用"合规负责人"这一称谓来描述该职位。

25. 履行合规职责的职员与合规负责人之间报告路线的性质或其他职能关系，将取决于该银行合规部门的组织方式。各营运事业部或各地附属机构的合规部门职员可能有一条向营运事业部管理层或当地管理层报告的路线，只要该职员还有一条就其合规职责向合规负责人报告的路线，这种做法就不应被排斥。如果合规部门职员位于各个独立的支持部门（如法律部、财务控制部和风险管理部等），则没有必要为其另设一条向合规负责人报告的路线。但是，这些部门应该与合规负责人密切合作，以确保合规负责人能够有效地履行其职责。

26. 合规负责人可由高级管理层成员担任，也可由其他人员担任。如果合规负责人为高级管理层成员，他不应直接负责银行业务线。如果合规负责人不是高级管理层成员，他应有一条向不直接负责业务线的高级管理层成员直接报告的路线。

27. 合规负责人就职或离任，以及离任理由，应告知银行监管机构和董事会。对于设有当地合规官的国际性活跃银行，该合规负责人在到任或离任时，同样应告知东道国的监管机构。

利益冲突

28. 如果合规负责人和承担合规职责的其他职员的职位安排会使他们的合规职责与其他职责之间产生现实或是潜在的冲突，他们的独立性就有可能被削弱。委员会倾向于合规部门职员仅履行合规职责。但是，委员会认识到，在规模较小的银行、规模较小的事业部或当地附属机构中，这也许并不可行。因此，在此情况下，合规部门职员可能从事合规以外的工作，前提是能够避免潜在的利益冲突。

29. 如果合规部门职员的薪酬与其履行合规职责的业务条线（businessline）的盈亏状况相挂钩，他们的独立性也有可能被削弱。但是，将合规部门职员的薪酬与整个银行的盈亏状况相挂钩通常是可以接受的。

信息获取和人员接触

30. 合规部门应该享有与银行任何员工进行沟通，并获取便于其履行职责所需的任何记录或档案材料的自主权。

31. 合规部门应该能够自主地对银行内部所有可能存在合规风险的部门履行风险管理的职责。合规部门应该有权对可能违反合规政策的事件进行调查，并在适当情况下请求银行内部专业人员（如法律或内部审计人员）的协助，或外聘专业人士履行该职责。

32. 对于调查所发现的任何异常情况或可能的违规行为，合规部门应随时向高级管理层报告，而不用担心来自管理层或其他员工的报复或冷遇。虽然合规部门通常的报告路线应该是向高级管理层报告，但在必要情况下，还应有权绕开通常的报告路线，直接向董事会或董事会下设的委员会报告。此外，董事会或董事会下设的委员会每年至少一次与合规负责人进行面谈也是有益的，这将有助于董事会或董事会下设的委员会评估银行有效管理合规风险的程度。

原则6：资源

银行合规部门应该配备能有效履行职责的资源。

33. 为合规部门提供的资源应该是充分和适当的，以确保银行内部合规风险的有效管理。特别是，合规部门职员应该具备必要的资质、经验、专业水准和个人素质，以使他们能够履行特定职责。合规部门职员应该能正确理解合规法律、规则和准则及其对银行经营的实际影响。合规部门职员的专业技能，尤其是在把握合规法律、规则和准则的最新发展方面的技能，应通过定期和系统的教育和培训得到维持。

原则7：合规部门职责

银行合规部门的职责应该是协助高级管理层有效管理银行面临的合规风险。银行合规部门的具体职责如下所述。如果其中的某些职责是由不同部门的职员履行，那么每个部门的职责应该界定清楚。

34. 合规职责未必都由"合规部门"（compliance department）或"合规部"（compliance unit）承担。合规职责可能由不同部门的职员履行。例如，有些银行分设法律部门和合规部门。法律部门负责就合规法律、规则和准则向管理层提出建议，并为员工制订指引；而合规部门则负责监测合规政策和程序的遵守情况，并向管理层报告。有些银行，合规部门的部分职责可能由操作风险小组承担，或是由更为综合的风险管理小组承担。如果这些部门之间存在职责分工，那么每个部门的职责都应该界定清楚。在各部门之间以及各部门与合规负责人之间应存在一种适当的合作机制（例如，相关意见和信息的提供和交流等）。这些机制应该是充分的，以确保合规负责人能够有效地履行职责。

建议

35. 合规部门应该就合规法律、规则和准则向高级管理层提出建议，包括随时向高级管理层报告该领域的发展情况。

指导与教育

36. 合规部门应该协助高级管理层：

——就合规问题对员工进行教育，并成为银行员工咨询有关合规问题的内部联络部门；

——就合规法律、规则和准则的恰当执行，通过政策、程序以及诸如合规手册、内部行为准则和各项操作指引等其他文件，为员工制定书面指引。

合规风险的识别、量化和评估

37. 合规部门应该积极主动地识别、书面说明和评估与银行经营活动相关的合规风险，包括新产品和新业务的开发，新业务方式的拓展，新客户关系的建立，或者这种客户关系的性质发生重大变化所产生的合规风险等。如果该银行设有新产品委员会，该委员会内应有合规部门职员代表。

38. 合规部门还应考虑各种量化合规风险的方法〔例如，应用运行指标

（performance indicators）等]，并运用这些计量方法加强合规风险的评估。运行指标可借助技术工具，通过收集或筛选可能预示潜在合规问题的数据（例如，消费者投诉的增长数、异常的交易或支付活动等）的方式来设计。

39. 合规部门应该评估银行各项合规程序和指引的适当性，立即深入调查任何已识别的缺陷，如有必要，系统地提出修改建议。

监测、测试和报告

40. 合规部门应该通过实施充分和有代表性的合规测试对合规进行监测和测试。合规测试的结果应依照银行内部风险管理程序，通过合规部门报告路线向上级报告。

41. 合规负责人应定期就合规事项向高级管理层报告。这些报告应涉及：报告期内所进行的合规风险评估，包括基于运用诸如运行指标的相关计量方法所反映的合规风险状况的任何变化；概述所有已识别的违规问题和（或）缺陷，以及所建议的纠正措施；已经采取的各项纠正措施。该报告的格式应与银行的合规风险状况和各项合规活动相匹配。

法定责任和联络

42. 合规部门可能承担特定的法定职责（例如，承担反洗钱人员的职责等）。合规部门也可能与银行外部相关人员保持联络，包括监管者、准则制定者以及外部专家等。

合规方案

43. 合规部门应根据合规方案履行其职责，该方案确定了合规部门的行动计划，如具体政策和程序的实施与评审，合规风险评估，合规测试，以及就合规事项对银行职员进行教育等。合规方案应以风险为本，并受到合规负责人的监督，以确保对不同事业部的适当覆盖以及各风险管理部门之间的协调。

原则 8：与内部审计的关系

合规部门的工作范围和广度应受到内部审计部门的定期复查。

44. 内部审计部门的风险评估方法应包括对合规风险的评估，并应制定一份包含合规部门适当性和有效性的审计方案，包括与认定的风险水平相匹配的控制测试。

45. 本原则表明，合规部门应与审计部门分离，以确保合规部门的各项工作受到独立的复查。因此，重要的是，在银行内部对于两个部门之间如何划分风险评估和测试活动应有清晰的认识，并用文件形式（如银行的合规政策或诸如备忘录等相关文件）予以规定。当然，审计部门应该将与合规有关的任何审计调查结果随时告知合规负责人。

其他事项：

原则9：跨境问题

银行应该遵守所有开展业务所在国家或地区的适用法律和监管规定，合规部门的组织方式和结构以及合规部门的职责应符合当地的法律和监管要求。

46. 银行可能通过当地的附属机构、分行或在银行没有实体机构的国家或地区开展国际业务。法律和监管要求在不同国家或地区可能有所不同，也可能因银行开展的业务种类或所在地实体机构的形式不同而有所差异。

47. 选择在特定国家和地区开展业务的银行应该遵守当地的法律和监管规定。例如，以附属机构形式营业的银行必须符合东道国的法律和监管要求。有些国家或地区可能对外国银行的分行有特定要求。当地事业部有责任确保每一国家或地区所要求的特定合规职责，由具有适当的当地知识和专门技能的人员来履行，并由合规负责人与银行的其他风险管理部门共同监督。

48. 委员会认识到，一家银行可能出于各种合理的理由在不同的国家或地区开展业务。尽管如此，如果该银行在特定国家或地区提供的产品或从事的活动，在该银行的母国没有得到许可，那么识别和评估该银行可能增加的声誉风险的程序就应该到位。

原则10：外包

合规应被视为银行内部的一项核心风险管理活动。合规部门的具体工作可能被外包，但外包仍必须受到合规负责人的适当监督。

49. 联合论坛（即巴塞尔银行监管委员会、国际证券委员会组织和国际保险监督官协会）最近提出了被监管机构业务外包的高级原则，委员会鼓励各银行参照实施。

银行应该确保任何外包安排都不会妨碍监管机构的有效监管。无论合规部门具体工作的外包程度如何，董事会和高级管理层仍然要对银行遵循所有适用法律、规则和准则负责。

Ⅰ. 关于董事会和高级管理层的职能，委员会认识到不同国家的法律框架和监管框架间存在着重大差别。在某些国家，董事会主要（如果不是全部）具有监督执行机构（高级管理层、一般管理层）的职能，以确保后者完成任务。鉴此，在某些情况下，它被理解为监事会，这意味着董事会没有执行职能。在其他国家，董事会权限较大，负责为银行管理层制定总体框架。由于这些差异，本文中使用的术语"董事会"和"高级管理层"，并不是去界定它们的法律上的概念，而是把它们当作一家银行的两个决策职能机构。

Ⅱ．在有些银行，合规负责人被称为"合规员"，而其他一些银行所称的"合规员"则是指履行具体合规职责的合规工作人员。

——联合论坛"金融服务的外包"2005年2月（参见 www.bis.org）。

二
内控、道德与合规，最佳实践指南

经济合作与发展组织（OECD）
2010 年 2 月 18 日

Good Practice Guidance on Internal Controls, Ethics, and Compliance

Adopted 18 February 2010

This Good Practice Guidance was adopted by the OECD Council as an integral part of the *Recommendation of the Council for Further Combating Bribery of Foreign Public Officials in International Business Transactions* of 26 November 2009.

This Good Practice Guidance acknowledges the relevant findings and recommendations of the Working Group on Bribery in International Business Transactions in its programme of systematic follow- up to monitor and promote the full implementation of the OECD Convention on Combating Bribery of Foreign Public Officials in International Business Transactions (hereinafter "OECD Anti-Bribery Convention"); contributions from the private sector and civil society through the Working Group on Bribery' s consultations on its review of the OECD anti-bribery instruments; and previous work on preventing and detecting bribery in business by the OECD as well as international private sector and civil society bodies.

Introduction

This Good Practice Guidance (hereinafter "Guidance") is addressed to companies for establishing and ensuring the effectiveness of internal controls, ethics, and compliance programmes or measures for preventing and detecting the bribery of foreign public officials in their international business transactions (hereinafter "foreign bribery"), and to business organisations and professional associations, which play an essential role in assisting companies in these efforts. It recognises that to be effective, such programmes or measures should be interconnected with a company's overall compliance framework. It is intended to serve as non-legally binding guidance to companies in establishing effective internal controls, ethics, and compliance programmes or measures for preventing and detecting foreign bribery.

This Guidance is flexible, and intended to be adapted by companies, in particular small and medium sized enterprises (hereinafter "SMEs"), according to their individual circumstances, including their size, type, legal structure and geographical and industrial sector of operation, as well as the jurisdictional and other basic legal principles under which they operate.

A) Good Practice Guidance for Companies

Effective internal controls, ethics, and compliance programmes or measures for preventing and detecting foreign bribery should be developed on the basis of a risk assessment addressing the individual circumstances of a company, in particular the foreign bribery risks facing the company (such as its geographical and industrial sector of operation). Such circumstances and risks should be regularly monitored, re-assessed, and adapted as necessary to ensure the continued effectiveness of the company's internal controls, ethics, and compliance programme or measures.

Companies should consider, *inter alia*, the following good practices for ensuring effective internal controls, ethics, and compliance programmes or measures for the purpose of preventing and detecting foreign bribery:

1. strong, explicit and visible support and commitment from senior management to the company's internal controls, ethics and compliance programmes or measures for preventing and detecting foreign bribery;

2. a clearly articulated and visible corporate policy prohibiting foreign bribery;

3. compliance with this prohibition and the related internal controls, ethics, and compliance programmes or measures is the duty of individuals at all levels of the company;

4. oversight of ethics and compliance programmes or measures regarding foreign bribery, including the authority to report matters directly to independent

monitoring bodies such as internal audit committees of boards of directors or of supervisory boards, is the duty of one or more senior corporate officers, with an adequate level of autonomy from management, resources, and authority;

5. ethics and compliance programmes or measures designed to prevent and detect foreign bribery, applicable to all directors, officers, and employees, and applicable to all entities over which a company has effective control, including subsidiaries, on, *inter alia*, the following areas:

ⅰ） gifts;

ⅱ） hospitality, entertainment and expenses;

ⅲ） customer travel;

ⅳ） political contributions;

ⅴ） charitable donations and sponsorships;

ⅵ） facilitation payments; and

ⅶ） solicitation and extortion;

6. ethics and compliance programmes or measures designed to prevent and detect foreign bribery applicable, where appropriate and subject to contractual arrangements, to third parties such as agents and other intermediaries, consultants, representatives, distributors, contractors and suppliers, consortia, and joint venture partners (hereinafter "business partners"), including, *inter alia*, the following essential elements:

ⅰ） properly documented risk-based due diligence pertaining to the hiring, as well as the appropriate and regular oversight of business partners;

ⅱ） informing business partners of the company's commitment to abiding by laws on the prohibitions against foreign bribery, and of the company's ethics and compliance programme or measures for preventing and detecting such bribery; and

ⅲ） seeking a reciprocal commitment from business partners.

7. a system of financial and accounting procedures, including a system of internal controls, reasonably designed to ensure the maintenance of fair and accurate books, records, and accounts, to ensure that they cannot be used for the purpose of foreign bribery or hiding such bribery;

8. measures designed to ensure periodic communication, and documented training for all levels of the company, on the company's ethics and compliance

programme or measures regarding foreign bribery, as well as, where appropriate, for subsidiaries;

9. appropriate measures to encourage and provide positive support for the observance of ethics and compliance programmes or measures against foreign bribery, at all levels of the company;

10. appropriate disciplinary procedures to address, among other things, violations, at all levels of the company, of laws against foreign bribery, and the company's ethics and compliance programme or measures regarding foreign bribery;

11. effective measures for:

ⅰ) providing guidance and advice to directors, officers, employees, and, where appropriate, business partners, on complying with the company's ethics and compliance programme or measures, including when they need urgent advice on difficult situations in foreign jurisdictions;

ⅱ) internal and where possible confidential reporting by, and protection of, directors, officers, employees, and, where appropriate, business partners, not willing to violate professional standards or ethics under instructions or pressure from hierarchical superiors, as well as for directors, officers, employees, and, where appropriate, business partners, willing to report breaches of the law or professional standards or ethics occurring within the company, in good faith and on reasonable grounds; and

ⅲ) undertaking appropriate action in response to such reports;

12. periodic reviews of the ethics and compliance programmes or measures, designed to evaluate and improve their effectiveness in preventing and detecting foreign bribery, taking into account relevant developments in the field, and evolving international and industry standards.

B) Actions by Business Organisations and Professional Associations

Business organisations and professional associations may play an essential role in assisting companies, in particular SMEs, in the development of effective internal control, ethics, and compliance programmes or measures for the purpose of preventing and detecting foreign bribery. Such support may include, *inter alia*:

1. dissemination of information on foreign bribery issues, including regarding relevant developments in international and regional forums, and access to relevant databases;

2. making training, prevention, due diligence, and other compliance tools available;

3. general advice on carrying out due diligence; and

4. general advice and support on resisting extortion and solicitation.

三
《诚信合规指南》摘要

世界银行集团
2010 年 9 月

Summary of World Bank Group Integrity Compliance Guidelines
世界银行集团《诚信合规指南》摘要

As part of the World Bank Group's（WBG）continuing effort to improve its sanctions regime, the existing sanction of debarment with conditional release has become the default or "baseline" WBG sanction for cases initiated under the WBG's revised Sanctions Procedures effective September 2010.

世界银行集团（以下简称世行）一直致力于完善其制裁体系。作为这项工作的一部分，现行附带解除条件的取消资格制裁已成为世行最新修订版制裁程序下的默认或"基本"制裁，该制裁程序于 2010 年 9 月生效。

Going forward the establishment（or improvement）and implementation of an integrity compliance program satisfactory to the WBG will be a principal condition to ending a debarment（or conditional non-debarment）; or in the case of some existing debarments, early termination of the debarment.

建立（或完善）和执行世行认为满意的诚信合规计划未来将成为世行解除取消资格制裁（或有条件解除取消资格制裁）的主要条件；或是对部分现行制裁而言，将成为提前解除取消资格制裁的主要条件。

In September 2010, the World Bank Integrity Vice Presidency appointed an Integrity Compliance Officer（ICO）. In addition to monitoring integrity compliance by sanctioned companies（or codes of conduct for individuals）, the ICO also will decide whether the compliance condition, and/or others established by the Sanctions Board or a WBG Evaluation and Suspension Officer as part of a debarment, have been satisfied.

2010 年 9 月，世行廉政副行长直辖部门任命诚信合规监察官。除了负责监督被制裁公司的诚信合规情况（或个人行为守则），监察官还将负责判断作为取消资格制裁的一部分，由制裁委员会或世行评估与暂停资格专员

设立的合规条件和 / 或其它条件是否已经满足。

For more on Sanctions Procedures，visit www.worldbank.org/sanctions and for more on World Bank Group anti-corruption efforts，visit www.worldbank.org/integrity.

相关制裁程序详见世行网站：www.worldbank.org/sanctions。如需深入了解世行的反腐败行动，请登录：www.worldbank.org/integrity。

1. PROHIBITION OF MISCONDUCT：A clearly articulated and visible prohibition of Misconduct（fraud，corruption collusion and coercive practices），to be articulated in a code of conduct or similar document or communication.

1. 禁止不当行为：在行为守则或类似文件、信息沟通中明文规定和明确禁止不当行为（如欺诈、腐败、串通和强迫行为）。

2. RESPONSIBILITY：Create and maintain a trust-based，inclusive organizational culture that encourages ethical conduct，a commitment to compliance with the law and a culture in which Misconduct is not tolerated.

2. 职责：创建和维护一种基于信任的包容性组织文化，鼓励道德行为和守法承诺，对不当行为绝不姑息。

2.1 Leadership：Strong，explicit，visible，and active support and commitment from senior management，and the party's Board of Directors or similar bodies，for the party's Integrity Compliance Program（Program）and its implementation，in letter and spirit.

领导作用：公司高管、董事会或类似机构应全力、明确、公开、积极地支持并承诺推动诚信合规计划（以下简称"合规计划"）及其贯彻执行，无论从形式上还是从实质上。

2.2 Individual Responsibility：Compliance with the Program is mandatory and is the duty of all individuals at all levels of the party.

个人责任：遵守合规计划是公司各级员工的强制性个人义务。

2.3 Compliance Function：Oversight and management of the Program is the duty of one or more senior corporate officers，with an adequate level of autonomy and with sufficient resources and the authority to effectively implement.

合规职责：合规计划的监督和管理应由一个或多个公司高级官员负责，该官员应享有充分的自主权、足够的资源和有效的执行权。

3. PROGRAM INITIATION, RISK ASSESSMENT AND REVIEWS：

When establishing a suitable Program, carry out an initial (or updated) comprehensive risk assessment relating to the potential for the occurrence of fraud, corruption or other Misconduct in the party's business and operations, taking into account its size, business sector, location (s) of operations and other circumstances particular to the party; and review and update this risk assessment periodically and whenever necessary to meet changed circumstances. Senior management should implement a systemic approach to monitoring the Program, periodically reviewing the Program's suitability, adequacy and effectiveness in preventing, detecting, investigating and responding to all types of Misconduct. It also should take into account relevant developments in the field of compliance and evolving international and industry standards. When shortcomings are identified, the party should take reasonable steps to prevent further similar shortcomings, including making any necessary modifications to the Program.

3. 合规计划启动、风险评估及检查：

要制订一个合适的计划，应在综合考虑公司规模、业务领域、经营地点及其它特殊因素的基础上，首先对公司业务和经营过程中出现欺诈、腐败或其它不当行为的潜在可能进行初步的（或更新的）综合风险评估，然后定期并在必要之时对风险评估进行检查和更新，以适应现实情况的发展变化。高管人员应采用系统的方法监督合规计划，定期检查合规计划在预防、发现、调查和应对各种不当行为方面的适用性、充分性和有效性；同时也应考虑合规领域的相关变化，以及国际和行业标准的演变。如发现合规计划存在缺陷，公司应采取合理措施避免此类缺陷进一步发生，这些措施包括对合规计划做出必要的修改。

4. INTERNAL POLICIES：

Develop a practical and effective Program that clearly articulates values, policies and procedures to be used to prevent, detect, investigate and remediate all forms of Misconduct in all activities under a party's/person's effective control.

4．内部政策：制订实用有效的合规计划，明确阐述相关价值、政策和程序，用以预防、发现、调查和补救在公司／个人有效控制之下的任何形式的不当行为。

4.1 Due Diligence of Employees：Vet current and future employees with any decision － making authority or in a position to influence business results，including management and Board members，to determine if they have engaged in Misconduct or other conduct inconsistent with an effective Integrity Compliance Program.

雇员尽职调查：审查目前或将来拥有决策权的员工，或能够影响经营结果的员工，包括管理层和董事会成员，确定员工是否有不当行为，或有其它与诚信合规计划相抵触的行为。

4.2 Restricting Arrangements with former Public Officials：Impose restrictions on the employment of，or other remunerative arrangement with，public officials，and with entities and persons associated or related to them，after their resignation or retirement，where such activities or employment relate directly to the functions held or supervised by those public officials during their tenure or those functions over which they were or continue to be able to exercise material influence.

限制与前政府官员的关系安排：前政府官员辞职或退休后，应限制同这些官员或与其有关联的实体和个人签订雇佣合同或其它有报酬的协议，如果此类活动或雇佣行为与这些官员在职期间的职能或监督的职能直接相关，或者这些官员曾经或仍然对该职能产生实质性影响。

4.3 Gifts，Hospitality，Entertainment，Travel and Expenses：Establish controls and procedures covering gifts，hospitality，entertainment，travel or other expenses to ensure that they are reasonable，do not improperly affect the outcome of a business transaction，or otherwise result in an improper advantage.

馈赠、接待、娱乐、旅行和开支：针对馈赠、接待、娱乐、旅行或其它费用支出，应建立控制手段和程序，确保开支合理，而且不会对商业交易的结果造成不正当的影响或由之产生不正当的利益优势。

4.4 Political Contributions：Only make contributions to political parties，party officials and candidates in accordance with applicable laws，and take appreciate steps to publicly disclose all political contributions（unless secrecy or confidentiality is legally required）.

政治捐款：仅可根据适用法律向政党、政党官员和候选人提供捐款，而且应公开披露所有的政治捐款（除非出于合法保密的需要）。

4.5 Charitable Donations & Sponsorships：Take measures within the party's power to ensure that their charitable contributions are not used as a subterfuge for Misconduct. Unless secrecy or confidentiality is legally required, all charitable contributions and sponsorships should be publicly disclosed.

慈善捐款和赞助：在公司的权力范围内，采取措施以确保公司的慈善捐助未被用作不当行为的遮掩手段。除非出于合法保密的需要，否则所有的慈善捐款和赞助均应公开披露。

4.6 Facilitation Payments：The party should not make facilitation payments.[①]

好处费：公司不应支付任何好处费。

4.7 Recordkeeping：Appropriate records must be maintained regarding all aspects covered by the Program, including when any payment is made for the matters or items listed in 4.3 through 4.6 above.

记录保存：应对合规计划的各个方面进行适当地记录，包括根据上述第4.3条至第4.6条所列事项或项目进行支付的任何款项。

4.8 Fraudulent, Collusive and Coercive Practices：Particular safeguards, practices and procedures should be adopted to detect and prevent not only corruption, but also fraudulent, collusive and coercive practices.

欺诈、串通和强迫行为：应采取特定的保障措施、方法和程序，发现和预防腐败以及欺诈、串通和强迫行为。

----

① 1 In the event that facilitation payments are not eliminated entirely, in each instance the debarred party should report to the ICO the circumstances surrounding its payment, including whether it was limited to a small payment to a low-level official（s）for a routine action（s）to which the party is entitled and the payment has been appropriately accounted for. 在好处费尚未完全取消的情况下，被制裁公司应向监察官汇报支付每笔好处费的具体情形，包括是否仅限于公司有权根据常规做法向低级别官员支付的小数额好处费，以及是否已就该笔费用做出适当说明等。

5．POLICIES RE：BUSINESS PARTNERS：

Use party's best efforts to encourage all business partners with which the party has a significant business relationship or over which it has influence to adopt an equivalent commitment to prevent, detect, investigate and remediate Misconduct (and, in the case of business partners which are controlled affiliates, joint ventures, unincorporated associations or similar entities, to the extent possible obligate them to so adopt). This includes agents, advisers, consultants, representatives, distributors, contractors, subcontractors suppliers, joint venture partners, and other third parties.

5．针对业务伙伴的政策：对于那些与公司存在重要业务联系，或公司能够施以影响的业务伙伴，应尽最大努力鼓励其做出对等承诺，以预防、发现、调查和补救不当行为（如果业务伙伴是受控的分支机构、合资企业、非公司社团或类似实体，应尽可能要求其做出对等承诺）。业务伙伴包括代理人、顾问、咨询专家、代表、经销商、承包商、分包商、供应商、合资方以及其他第三方。

5.1 Due Diligence on Business Partners：Conduct properly documented, risk-based due diligence (including to identify any beneficial owners or other beneficiaries not on record) before entering into a relationship with a business partner, and on an ongoing basis. Avoid dealing with contractors, suppliers and other business partners known or (except in extraordinary circumstances and where appropriate mitigating actions are put in place) reasonably suspected to be engaging in Misconduct.

业务伙伴尽职调查：在与业务伙伴建立关系之前以及在后续过程中，应进行有适当记录的、基于风险的尽职调查（包括确认任何未记录在案的利益所有人或其他受益人）。应避免同从事不当行为或被怀疑从事不当行为的承包商、供应商和其他业务伙伴发生关联（除非是在特殊情况下并且需要采取适当的缓解措施）。

5.2 Inform Partner of Integrity Compliance Program：Make party's Program known to all business partners and make it clear that the party expects all activities carried out on its behalf to be compliant with its Program.

向业务伙伴告知诚信合规计划：将公司的合规计划告知所有的业务伙伴，同时明确声明，所有代表公司进行的业务活动都应遵守该计划。

5.3　**Reciprocal Commitment**：Seek reciprocal commitment to compliance from party's business partners. If business partners do not have an integrity compliance program, the party should encourage them to adopt a robust and effective grogram by reference to the activities and circumstances of those partners.

对等承诺：要求公司业务伙伴对等承诺遵守诚信合规计划。如果业务伙伴尚无诚信合规计划，则应鼓励其根据自身业务活动和具体情况制订健全有效的计划。

5.4　**Proper document**：Document fully the relationship with the party's business partners.

适当文件：完整记录公司同业务伙伴之间的关系。

5.5　**Appropriate Remuneration**：Ensure that any payment made to any business partner represents an appropriate and justifiable remuneration for legitimate services performed or goods provided by such business partner and that it is paid through bona fide channels.

适当报酬：确保对任何业务伙伴所支付的任何款项都是对该伙伴合法提供的货物或服务的适当和正当的报酬，而且款项支付渠道是合法的。

5.6　**Monitoring/Oversight**：Monitor the execution of all contracts to which the party is a party in order to ensure, as far as is reasonable, that there is no Misconduct in their execution. The party should also monitor the programs and performance of business partners as part of its regular review of its relationships with them.

监测 / 监督：所有公司作为其中一方的合同，其履行过程均应受到监督，以尽可能地杜绝履行过程中的不当行为。作为对业务伙伴关系定期检查的一部分，公司同时应对业务伙伴的合规计划和履约情况进行监督。

6.　INTERNAL CONTROLS：
6.　内部控制

6.1　**Financial**：Establish and maintain an effective system of internal controls comprising financial and organizational checks and balances over the party's financial, accounting and recordkeeping practices, and other business processes. The party should subject the internal controls systems, in particular the accounting and recordkeeping practices, to regular, independent, internal and external audits to provide an objective assurance on their design, implementation and effectiveness and to bring to light any transactions which contravene the Program.

财务制度： 建立并维护有效的内控体系，通过财务和组织结构制衡机制，对公司的财务、会计、记账以及其它业务活动进行制约。公司的内控体系，尤其是会计和记账，应定期接受独立的内部和外部审计，为内控体系的设计、执行和效果提供客观保证，并揭露任何与合规计划相抵触的行为。

6.2 Contractual Obligations： Employment and business partner contracts should include express contractual obligations, remedies and/or penalties in relation to Misconduct (including in the case of business partners, a plan to exit from the arrangement, such as a contractual right of termination, in the event that the business partner engages in Misconduct).

合同义务： 雇佣合同和业务伙伴协议中应明确约定关于不当行为的合同义务、补救和／或惩罚措施（在业务伙伴协议中，应针对业务伙伴的不当行为制订退出计划，例如终止协议的契约权利）。

6.3 Decision-Making Process： Establish a decision-making process whereby the decision process and seniority of the decision-maker is appropriate for the value of the transaction and the perceived risk of each type of Misconduct.

决策程序： 建立决策程序，使决策过程和决策人的资历与业务的重要性和各种不当行为的认知风险相对称。

7. TRAINING & COMMUNICATION： Take reasonable, practical steps to periodically communicate its Program, and provide and document effective training in the Program tailored to relevant needs, circumstances, roles and responsibilities, to all levels of the party (especially those involved in "high risk" activities) and, where appropriate, to business partners. Party management also should make statements in its annual reports or otherwise publicly disclose or disseminate knowledge about its Program.

7. 培训与交流： 采取切实合理的步骤，定期宣传合规计划，同时根据不同的需求、情况、职位和职责，为公司各级职员（尤其是从事高风险活动的职员）提供有效培训并予以记录，适当时也可为业务伙伴提供培训。

公司管理层须在年度报告中对合规计划进行说明，或公开披露／宣传合规计划的相关知识。

8. INCENTIVES：
8. 激励机制

8.1 Positive： Promote the Program throughout the party by adopting appropriate incentives to encourage and provide positive support for the observance of the program at all levels of the party.

奖励措施： 对于公司各级遵守合规计划的行为，应通过适当的激励机制予以鼓励和积极扶持，使合规计划在公司内得以全面推广。

8.2 Disciplinary Measures： Take appropriate disciplinary measures（including termination）with all persons involved in Misconduct or other Program violations，at all levels of the party including officers and directors.

惩戒措施： 对于有不当行为或有其它违反合规计划行为的个人，包括高级官员和董事等各级人员，应给予适当惩戒（包括终止劳务合同）。

9. REPORTING：
报告制度

9.1 Duty to report： Communicate to all personnel that they have a duty to report   promptly any concerns they may have concerning the Program，whether relating to their own actions or the acts others.

上报义务： 应告知全体职员，如遇任何与合规计划相关的问题，无论是本人行为还是他人行为，均有义务立即上报。

9.2 Advice： Adopt effective measures and mechanisms for providing guidance and advice to management ，staff and（where appropriate）business partners on complying with the party's Program，including when they need urgent advice on difficult situations in foreign jurisdictions.

指导建议： 采取有效的措施和机制，为管理层、职员以及（在适当情况下包括）业务伙伴提供关于遵守公司合规计划的指导建议，包括当其在外国管辖区遇到困难时，为其提供紧急建议。

9.3 Whistleblowing/Hotlines： Provide channels for communication（including confidential channels）by，and protection of，persons not willing to violate the Program under instruction or pressure from hierarchical superiors, as well as for persons willing to report breaches of the Program occurring within the party. The party should take appropriate remedial action based on such reporting.

检举 / 热线：对于受到上级指示或压力却不愿违反合规计划的个人，或有意检举公司内部违规行为的个人，应为其提供沟通渠道（包括秘密渠道）及保护。公司须根据检举内容采取适当的补救措施。

9.4　Periodic Certification：All relevant personnel with decision-making authority or in a position to influence business results should periodically（at least annually）certify, in writing，that they have reviewed the party's code of conduct, have complied with the program, and have communicated to the designated corporate officer responsible for integrity compliance matters any information they may have relating to a possible violation of the Program by other corporate personnel or business partner.

定期验证：对于拥有决策权或能够影响业务结果的所有相关人员，应要求其定期（至少每年一次）提供书面证明，说明其已经参阅公司行为准则并严格遵守合规计划，而且已就公司其他职员或业务伙伴可能的违规行为，向公司内部负责诚信事宜的专职官员报告。

10.　REMEDIATE MISCONDUCT：

10.　不当行为的补救措施

10.1　Investigating Procedures：Implement procedures for investigating Misconduct and other violations of its Program which are encouraged, reported or discovered by the party.

调查程序：公司应执行相关程序，对所报告或发现的不当行为和其它违反合规计划的行为进行调查。

10.2　Respond：When Misconduct is identified, the party should take reasonable steps to respond with appropriate corrective action and to prevent further or similar Misconduct and other violations of its Program.

应对措施：一旦不当行为得以确定，公司应按照合理步骤，采取适当的纠正措施，防止出现类似甚至更为严重的不当行为或者其它违反合规计划的行为。

11. **COLLECTIVE ACTION**：Where appropriate ——-especially for SMEs and other entities without well-established Programs, and for those larger corporate entities with established programs, trade associations and similar organizations acting on a voluntary basis——-endeavor to engage with business organizations, industry groups, professional associations and civil society organizations to encourage and assist other entities to develop programs aimed at preventing Misconduct.

11. **集体行动**：在适当情况下，积极与商业组织、工业团体、专业协会及民间社会组织合作，鼓励并协助其他实体制订预防不当行为的相关计划，特别是那些尚未制订完善合规计划的中小企业和其他实体，已经制订合规计划的大型企业，以及自愿合作的贸易协会和类似机构。

The Summary of World Bank Group integrity Compliance Guidelines Incorporates Standards, principles and components commonly recognized by many institutions and entities as good governance and anti-fraud and corruption practice. They are directed principally at sanctioned "parties," although others are encouraged to consider their appropriateness for adoption. They are not intended to be all-inclusive, exclusive or prescriptive; rather a party's adoption of these Guidelines, or variants thereof, should be determined based on that party's own circumstances.

《世界银行集团诚信合规指南摘要》中规定的标准、原则和内容是众多机构、实体普遍认可的良好治理和反欺诈、反腐败实践措施。指南的适用对象主要为受制裁方，但也欢迎其他各方参考采纳。该指南并非包罗万象的唯一规范性文件，各方应根据自身情况决定是否予以采纳或做出相应调整。

四
高效率公司合规项目基本要素

亚太经合组织（APEC）
2014 年 11 月

APEC General Elements of Effective Voluntary Corporate Compliance Programs

APEC Member Economies have contributed positively to the fight against corruption through leadership in adopting the APEC Anti-corruption Code of Conduct for Business, Business Integrity and Transparency Principles for the Private Sector.

APEC Foreign, Trade and SME Ministers have endorsed three sets of APEC principles for voluntary codes of ethics in sectors where SMEs are the major stakeholders with a view towards their adoption across APEC economies. Corruption imposes a significant market access barrier and high costs for SMEs, which can be disproportionately impacted by bribery and solicitation, resulting in a net drain on economic growth for APEC Member Economies.

Recognizing their crucial role as strong partners in fighting corruption, including bribery in international business, APEC Member Economies encourage enterprises to adopt and enforce effective and comprehensive corporate compliance programs (hereafter, compliance programs) . With a view to providing more guidance on such programs in addition to the resources mentioned above, APEC Member Economies recommend that enterprises consider the following general elements of effective voluntary compliance programs in developing or complementing their own compliance programs.

The measures listed in this document are suggested general elements for developing or enhancing an effective compliance program. Emphasis on specific elements will vary from one enterprise to another depending on the particular risks engendered by the enterprise's business. An enterprise should consider seeking the advice of legal counsel or other qualified compliance professionals to learn more about what kind of corporate compliance program is most appropriate for its business.

Introduction. An effective compliance program is one that is developed and implemented in good faith and that ultimately yields intended results: detection, deterrence, and education. A program that is well-designed and implemented effectively will likely ensure that an enterprise maintains its value, assets, integrity and good reputation. However, it is important to note that there is no one program that will work for every enterprise. The extent of an enterprise's compliance program will depend on it size, legal structure, geographical and industrial sector of operation, and most importantly the nature of the risks that it faces. The program should be consistent with all laws relevant to countering corruption, including bribery, in the jurisdictions in which the enterprise operates. As the enterprise's liability extends to the acts of foreign and domestic subsidiaries it controls, so should the compliance program. Finally, no matter how well-designed a program is on paper, if it is not applied in practice on a consistent basis with the strong support of all levels of management, it will not be effective.The following elements reflect the APEC Anti-corruption Code of Conduct for Business, Business Integrity and Transparency Principles for the Private Sector, referenced above, and expand upon them with a practical discussion of elements of a compliance program that supports those principles.

Conduct a risk assessment. An effective compliance program for detecting and deterring corruption should be crafted upon the basis of a risk assessment taking into account the enterprise's individual circumstances, including bribery and other corruption risks.

● An enterprise should conduct ongoing monitoring of its risks to assess whether changes are needed to adapt the compliance program so that it remains effective and efficient. Examples of risk factors to consider include:

○ the place of operation,

○ the industry sector,

○ the business opportunity,

○ potential business partners,

○ the extent of government regulation and oversight, including the exposure to customs and immigration in conducting international business, and other points of interaction with government officials.

● Enterprises need to allocate their resources to adequately address their highest risk area

○ Ultimately, more resources should be allocated to the riskiest aspects of the business.

For example, experience has shown that when analyzing risks, it is prudent for enterprises to focus on large government bids and suspicious payments or discounts to third party agents.

○ However, not all third parties pose the same risks, so doing the same amount of due diligence on them all does not make sense.

○ Similarly, while still important to undertake due diligence, relatively routine and low level expenses on entertainment and gift giving may pose less risk and require the allocation of fewer resources.

Full support and participation of management. It is crucial that all of the elements of the compliance program receive the full support and participation of senior management and all layers of management throughout a company. Full management adherence and support of the program illustrates a commitment to a culture of compliance throughout the enterprise.

● The corporate compliance program must apply and be enforced at all levels within the company, with continual efforts to ensure awareness among all employees.

● Senior management must take efforts to combat corruption seriously, setting the tone at the top for employees to follow. If an enterprise's senior management does not comply with the program, neither will its employees.

Establish and adhere to a written corporate code of conduct. Corporate directors, officers, employees, and agents put themselves and the enterprise at risk of incurring criminal, civil, oradministrative liability when they do not adhere to domestic and foreign anticorruption and bribery laws.

● A corporate code of conduct generally consists of a clearly written set of legal and ethical guidelines accessible to and understandable by all employees and those conducting business on the enterprise's behalf.

● A comprehensive and clearly articulated code of conduct and a clearly articulated policy against corruption —— as well as clear policies and procedures relative to seeking guidance and making disclosures —— may reduce the likelihood of actionable misconduct by employees and third parties.

● Among the areas of concern that a code of conduct should address are the nature and extent of transactions with foreign governments, including payments and facilitating payments to foreign officials and related third parties; use of third party agents; gifts, travel, and entertainment expenses; and charitable and political donations.

● Bearing in mind that an enterprise can be held responsible for the acts of its employees, it is important that it distribute its code of conduct to everyone in the enterprise and, if appropriate, translate it into local languages where it operates abroad.

● An enterprise should also consider whether it should distribute its code of conduct to its business partners and agents, including intermediaries, consultants, representatives, distributors, contractors and suppliers, consortia, and joint venture partners. An enterprise may also wish to include in its code of conduct specific compliance measures and expectations for such business partners and agents.

● Finally, developing a code of conduct should be just an initial step in the compliance process, and not the final act. The code must be effectively and continuously implemented and enforced at all times. The enterprise should make clear that compliance is mandatory and that no employee will suffer demotion, penalty, or other adverse consequences for refusing to pay bribes even if it may result in the enterprise losing business.

Establish an organizational compliance structure. A compliance program may be run by one person or a team of compliance or ethics officers, depending on the size of the enterprise.

● Implementation of and responsibility for a corporate compliance program by senior management in the enterprise can be vital for ensuring accountability. One or more senior corporate officers (depending on the size of the company), with an adequate level of autonomy from management, resources, and authority, should oversee the compliance program.

● Oversight of compliance programs must include the authority to report matters directly to independent monitoring bodies, such as internal Audit Committees of Boards of Directors or supervisory boards (or their equivalent, depending on the size of the company) .

● It is important that an enterprise devote adequate staffing and resources to the compliance program given the size, structure, and risks that the enterprise may be facing.

● Corporate compliance officers and committees can play key roles in drafting codes of conduct and educating and training employees, and, where appropriate, other business partners, on compliance procedures. Compliance committee members may include senior vice presidents for marketing and sales, auditing, operations, human resources, and other key offices.

● Past experience has shown that empowering compliance officers with access to senior members of management and with the capacity to influence overall company policy on integrity issues can be of utmost importance.

Provide anticorruption training, education seminars, and continued guidance. The overall success of a compliance program depends on promoting legal and ethics training and certification at every level of the company and, where appropriate, to business partners.

● Regular ethics and compliance training programs should be held for all employees, including Board members, senior management officials, and agents. More specific legal and ethical training may be necessary for employees in high-risk areas. Where appropriate, an enterprise should also consider providing such training to its contractors and suppliers.

● Compliance programs should educate employees at all levels of the enterprise about applicable anticorruption and bribery laws, both domestic and foreign.

● Training and related materials need to be tailored to the recipient audience, including in the local language. Enterprises should consider focusing training programs so that they reflect the types of risks faced by the business and incorporate situations that employees may come across depending on their jobs.

● Training materials which are interactive, easily accessible, and cost effective can help build employee support for a compliance program. This can include web-based as well as in-person training.

● Training activities must be assessed periodically for effectiveness and revised to address evolving risks employees may encounter.

● Most importantly, the discussion of and concern for compliance issues should not be limited to training classes and the compliance team: compliance should be stressed as an integral part of the enterprise's culture and way of doing business.

Undertake documented, risk-based, due diligence. Conducting prompt and thorough due diligence reviews that are documented and risk-based is vital for ensuring that a compliance program is efficient and effective. Due diligence reviews are also important for preventing potential harm to the enterprise's reputation.

● Self-monitoring, periodic internal audits, and reports to the Board of Directors (or equivalent, depending on the size of the enterprise) are all good tools for ensuring adherence to the compliance program.

● A compliance program's due diligence should also extend to third parties, such as agents and other business partners including intermediaries, consultants, representatives, distributors, contractors and suppliers, consortia, and joint venture partners, depending on their risk factors. As noted above, not all agents and business partners will pose the same risks and merit the same levels of scrutiny. From vetting new hires, agents, or business partners to assessing risks in international business dealings (e.g., mergers and acquisitions, including both pre- and post-acquisition due diligence, or joint ventures), and providing regular monitoring and oversight, due diligence reviews can uncover questionable conduct and limit liability.

● Enterprises should take into account the qualifications of and relationships with third parties, particularly in their business and personal relationships with government officials.

○ An enterprise should consider the need and the role of the third party and set forth contractually the services the third party will perform. Assessments of this nature not only reduce compliance risks, but also help to ensure that there truly is a business need to engage a third party.

○ Enterprises should ensure that the work the third party is doing is well documented and that the third party's compensation is commensurate with the services provided, taking into account what is typical compensation for third parties in the industry and the place where services are rendered.

○ In addition, enterprises should consistently monitor their relationships with third parties, including by updating due diligence, exercising audit rights, and providing training and requiring certifications by the third party.

○ An enterprise should ensure that its third party business partners receive information about its compliance program, and also seek reciprocal commitments from third parties through certifications or other means.

Auditing and internal accounting controls. Auditing and monitoring of systems of internal accounting controls contribute toward building an effective compliance program by the early detection of inaccuracies and misconduct (e.g., bribery, fraud, or other corporate malfeasance).

● Enterprises should have a system of financial and accounting procedures, including a system of internal controls, designed to ensure the maintenance of fair and accurate books, records, and accounts, to make certain that they cannot be used for the purpose of bribery or hiding such bribery or other corruption.

● Enterprises should have a clear and concise accounting policy that prohibits off-the- books accounts or inadequately identified transactions.

● Enterprises should monitor their accounts for inaccuracies and for ambiguous or deceptive bookkeeping entries that may disguise illegal bribery or other corrupt payments made by, or on behalf of, an enterprise.

Compliance mechanisms and Reporting. Enforcement of an enterprise's code of conduct is critical. Compliance officers should be accessible so that employees will feel comfortable discussing any of their compliance questions or concerns.

● Creating secure and accessible reporting mechanisms with adequate policies on confidentiality and non-retaliation as well as other safeguards related to reporting is extremely important. Whistleblowing protections, including independent management of reporting programs and ensuring the possibility of anonymous reporting, suggestion boxes, or "Helplines" facilitate detection and reporting of questionable conduct.

● Enterprises should take whistleblower reporting seriously and take action, including where appropriate reporting to competent authorities, in response to reports from internal or external whistleblowers.

● An enterprise should also ensure that it has open channels of communication for suggestions to improve its compliance program and conduct appropriate follow up. The enterprise should consider publishing its program so that all stakeholders are aware of it.

● Enterprises should also ensure that they provide mechanisms for timely and appropriate guidance and feedback to employees and agents on how to cope with and resolve difficult and sometimes urgent situations. Such counseling not only protects the employee or agent, it also protects the enterprise.

Incentives. An enterprise should ensure that it provides incentives for compliance to encourage and provide positive support for employees who adhere to and uphold the program against corruption, including bribery, at all levels of the company.

● Incentives can be provided at many levels and in varying ways: recruitment of employees who share the values of the enterprise, promotions and pay increases for employees who uphold the program, recognition for fulfilling training requirements and certifications, including in performance evaluations, and other forms of positive recognition and awards for those who are dedicated to compliance

Discipline. An enterprise should ensure that all employees at every level understand that failure to comply with its compliance policy and procedures and anticorruption laws will result in disciplinary action, ranging from minor sanctions to more severe punishment, for example, where consistent with applicable law, publicizing disciplinary actions internally, to termination of employment where appropriate.

● An enterprise must have appropriate and clear disciplinary procedures; it must apply them fairly, consistently and promptly across the enterprise; and discipline must be proportionate with the violation.

● In instances of non-compliance, an enterprise should take the necessary preventive steps to ensure that the questionable conduct does not recur in the future.

Periodic Review and Testing. As the enterprise's business develops and changes, so must the compliance program. An enterprise's compliance program must be consistently reviewed, updated and improved, to ensure that it is effective and continuously addresses the evolving risks the enterprise may encounter.

● Senior management of the enterprise should monitor the program and periodically review the program's suitability, adequacy, and effectiveness and implement improvements as appropriate. An enterprise should review and test its controls and identify best practices and new risk areas. The results of the review should be periodically reported to the Audit Committee or the Board (or equivalent, depending on the size of the enterprise).

● The Audit Committee or the Board (or equivalent, depending on the size of the enterprise) should make an independent assessment of the continued adequacy of the program and disclose its findings in the Annual Report to shareholders.

五
合规管理体系　指南

GB/T35770—2017

国家质量监督检验检疫总局
国家标准化管理委员会
2017 年 12 月 29 日

前　言

　　本标准按照 GB/T11—2009 给出的规则起草。

　　本标准使用翻译法等同采用 ISO19600：2014《合规管理体系　指南》。

　　请注意本文件的某些内容可能涉及专利。本文件的发布机构不承担识别这些专利的责任。本标准由中国标准化研究院提出并归口。

　　本标准起草单位：中国标准化研究院、中国石油天然气集团公司、中兴通讯股份有限公司。

　　本标准主要起草人：王益谊、陈立彤、巫小波、吴学静、胡国辉、李近宇、谢国辉、王超、蒋汉才、赵文慧、吴俊、浦军华、樊光中、廉建设、刘红霞、刘瑾、杜晓燕、李佳。

引　言

　　合规是组织可持续发展的基石。近年来，国际社会和各国政府都致力于建立和维护开放、透明、公平的社会秩序，与此同时我国全面推进依法治国，在这样的背景下，组织越来越多地关注其面临的合规风险以及如何实现合规。合规意味着组织遵守了适用的法律法规及监管规定，也遵守了相关标准、合同、有效治理原则或道德准则。若不合规，组织可能遭受法律制裁、监管处罚、重大财产损失和声誉损失，由此造成的风险，即为合规风险。

　　组织通过建立有效的合规管理体系，来防范合规风险。组织在对其所面临的合规风险进行识别、分析和评价的基础之上，建立并改进合规管理流程，从而达到对风险进行有效的应对和管控。建立有效的合规管理体系并不能杜绝不合规的发生，但是能够降低不合规发生的风险。在很多国家或地区，当发生不合规时，组织和组织的管理者以组织已经建立并实施了有效的合规管理体系作为减轻、甚至豁免行政、刑事或者民事责任的抗辩，这种抗辩有可能被行政执法机关或司法机关所接受。这对于国企业无论是在国内还是在境外发展都尤为重要。

　　本标准以良好治理、比例原则、透明和可持续性原则为基础，可指导未进行合规管理的组织建立、实施、评价和改进合规管理体系，也可对已建立合规管理体系的组织改进合规管理提供指导。本标准的合规管理体系流程图与其他管理体系一致，以持续改进原则为基础制定，见图 1。

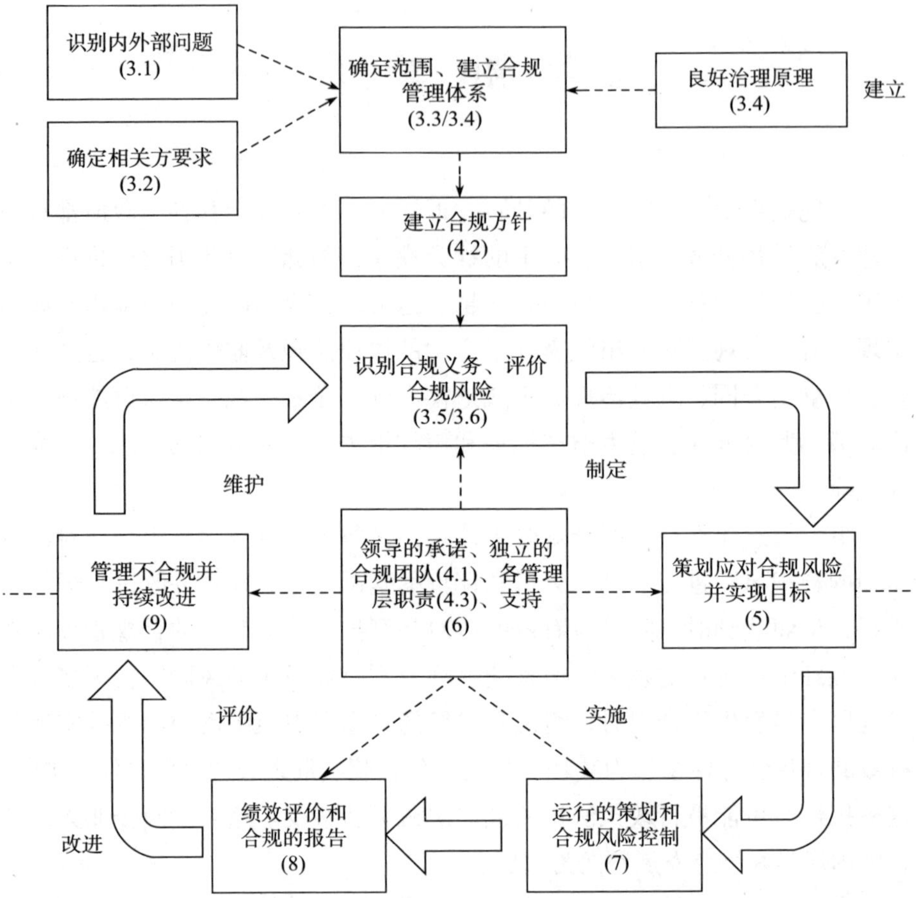

```
┌─────────────────┐              ┌─────────────────┐              ┌─────────────────┐
│ 识别内外部问题   │ ┄┄┄┄┄┄┄┄┄┄> │ 确定范围、建立合规│ <┄┄┄┄┄┄┄┄┄┄ │  良好治理原理    │   建立
│    (3.1)        │              │  管理体系        │              │    (3.4)        │
└─────────────────┘              │  (3.3/3.4)      │              └─────────────────┘
                                 └─────────────────┘
┌─────────────────┐        ┄┄┄>          │
│ 确定相关方要求   │ ┄┄┄┄┄┄┄           ↓
│    (3.2)        │               ┌─────────────────┐
└─────────────────┘               │  建立合规方针    │
                                  │    (4.2)        │
                                  └─────────────────┘
                                         │
                                         ↓
                                  ┌─────────────────┐
                                  │ 识别合规义务、评价 │
                                  │  合规风险        │
                                  │  (3.5/3.6)      │
                                  └─────────────────┘
```

维护   制定

管理不合规并持续改进 (9)

领导的承诺、独立的合规团队(4.1)、各管理层职责(4.3)、支持 (6)

策划应对合规风险并实现目标 (5)

评价   实施

改进

绩效评价和合规的报告 (8)

运行的策划和合规风险控制 (7)

　　本标准对组织合规管理不提出具体要求，只提供建立合规管理体系的指南和建议做法。本标准除了为合规管理体系提供通用指南外，也为其他管理体系有关合规的要求的具体实施提供框架，并帮助组织改进合规义务的整体管理。本标准能与现行管理体系通用标准（如：GB/T19001、GB/T24001、GB/T22000）以及通用指南（如：GB/T24353和GB/T36000）结合使用。

合规管理体系 指南

1 范围

本标准提供了组织内建立一套有效和及时响应的合规管理体系，并予以制定、实施、评价、维护和改进的指导。

本标准适用于所有类型的组织。本标准的应用程度取决于组织的规模、结构、性质和复杂性。

2 术语和定义

下列术语和定义适用于本文件。

2.1

组织 organization

为实现目标（2.9），由职责、权限和相互关系构成自身功能的一个人或一组人。

注：组织的概念包括，但不限于个体经营者、公司、集团、商行、企事业单位、权力机构、合伙企业、慈善机构或研究机构，或上述组织的部分或组合，无论是否为法人组织，公有的或私有的。

2.2

相关方 interested party

利益相关方 stakeholder

能影响、被影响或认为自己受到某个决定或活动影响的个人或组织（2.1）。

2.3

最高管理者 top management

在最高层指挥和控制组织（2.1）的一个人或一组人。

注1：最高管理者在组织中拥有授权和提供资源的权力。

注2：若管理体系（2.7）的范围仅覆盖组织的一部分，则最高管理者是指那些指挥和控制组织该部分的人员。

2.4

治理机构 governing body

对组织（2.1）进行治理、设定方向并对最高管理者（2.3）问责的一个人或一组人。

2.5

员工 employee

国家法律或实践认可的雇佣关系中受雇的个人。

2.6

合规团队 compliance function

负责合规（2.17）管理的一个人（或多个人）。

注：最好指定一个人全面负责合规（2.17）管理。

2.7

管理体系 management system

组织（2.1）建立方针（2.8）和目标（2.9）以及实现这些目标（2.9）的过程（2.10）的相互关联或相互作用的一组要素。

注1：一个管理体系能涉及一个方面或多个方面。

注2：体系要素包括组织的结构、角色和职责、策划、运行等。

注3：管理体系的范围可包括整个组织、该组织具体和确定的职能、该组织具体和确定的部门，或跨组织的一个或多个职能。

2.8

方针 policy

由最高管理者（2.3）正式发布的组织（2.1）的宗旨和方向。

2.9

目标 objective

要实现的结果。

注1：目标可以是战略的、战术的和/或操作层面的。

注2：目标能与不同方面（如财务、健康与安全及环境的目标）相关，且能应用于不同层面［如：战略层、整个组织、项目、产品和过程（2.10）］。

注3：目标能用其他方式表达，如：预期成果、目的、操作准则，作为合规目标或使用具有相似含义的其他词汇（如：目的、终点或标的）。

注4：在合规管理体系中，合规目标由组织确定，与合规方针保持一致，以实现特定的结果。

2.10

过程 process

将输入转化为输出的相互关联或相互作用的一组活动。

2.11

风险 risk

不确定性对目标（2.9）的影响。

注1：影响是指偏离预期，可以是正面的或负面的。

注2：不确定性指对某事件及其后果或可能性的信息缺失或了解片面的状态。

注3：风险通常以潜在"事件"（GB/T23694–2013 的 4513）和"后果"（GB/T23694–2013 的 4613）或二者组合的特征来分析。

注4：风险通常以事件的后果（包括情形的变化）和事件发生的"可能性"（GB/T23694–2013 的 4611）的组合来表示。

2.12

合规风险 compliance risk

不确定性对于合规目标（2.9）的影响。

注：合规风险以组织合规义务（2.16）的不合规（2.18）发生的可能性和后果表述。

2.13

要求 requirement

明示的、通常隐含的或有义务履行的需求或期望。

注1："通常隐含"是指组织（2.1）和相关方（2.2）的惯例或一般做法，所考虑的需求或期望是不言而喻的。

注2：规定的要求是指在诸如文件化信息中明示的要求。

2.14

合规要求 compliance requirement

组织（2.1）有义务遵守的要求（2.13）。

2.15

合规承诺 compliance commitment

组织（2.1）选择遵守的要求（2.13）

2.16

合规义务 compliance obligation

合规要求（2.14）或合规承诺（2.15）。

2.17

合规 compliance

履行组织的全部合规义务（2.16）

注：通过将合规融入组织（21）文化及其工作人员的行为和态度中，使合规具有可持续性。

2.18

不合规 noncompliance

不履行某项合规义务（2.16）。

注：不合规能为单一或多项事件，且可为或可不为不合格（2.33）的结果。

2.19

合规文化 compliance culture

贯穿整个组织（2.1）的价值观、道德规范和信念，与组织的结构和控制系统相互作用，产生有利于合规（2.17）成果的行为准则。

2.20

准则 code

组织（2.1）内部制定或由国际、国家、行业机构或其他组织制定的表述惯例的文件。

注：准则可以是强制性或自愿性。

2.21

组织的和产业的标准 organizational and industry standards

组织（2.1）认为相关的成文的准则（2.20）、良好惯例、章程、技术的和产业的标准。

2.22

监管机构 regulatory authority

负责管制或强制执行法制合规（2.17）和其他要求（2.13）的组织（2.1）。

2.23

能力 competence

应用知识和技能实现预期结果的本领。

2.24

文件化信息 documented information

组织（2.1）需要控制和维护的信息及其载体。

注1：文件化信息能以任何格式和载体存在，且来源不限。

注2：文件化信息指：

——管理体系（2.7），包括的相关过程（2.10）；

——组织运行产生的信息（文件）；

——已实现结果的证据（记录）。

2.25

程序 procedure

为进行某项活动或过程（2.10）所规定的途径。

2.26

绩效 performance

可测量的结果。

注1：绩效可能与定量的结果相关或与定性的结果相关。

注2：绩效可能与活动、过程（2.10）、产品（包括服务）、体系或组织（2.1）的管理相关。

2.27

持续改进 continual improvement

提高绩效（2.26）的循环活动或过程（2.10）。

2.28

外包 outsource

安排外部组织（2.1）承担组织部分职能或过程（2.10）。

注：尽管外包的职能或过程在管理体系范围内，但外部组织在管理体系（2.7）范围之外。

2.29

监视 monitoring

确定体系、过程（2.10）或活动的状态。

注1：确定状态可能需要检查、监督或密切观察。

注2：监视并非一次性活动，而是对某种情况定期或连续地观察的过程。

2.30

测量 measurement

确定数值的过程（2.10）。

2.31

审核 audit

为获取"审核证据"并对其进行客观的评价，以确定满足"审核准则"的程度所进行的系统的、独立的并形成文件的过程（2.10）。

注1：审核能为内部审核（第一方）或外部审核（第二方或第三方），还能为多体系审核（合并两个或多个领域）。

注2："审核证据"和"审核准则"的定义见GB/T19011。

注3：独立性指与正在被审核的活动无责任关系、对其无偏见和利益冲突。

2.32

合格 conformity

满足管理体系要求（2.13）。

2.33

不合格 nonconformity

不满足管理体系要求（2.13）。

注：不合格不一定是不合规（218）。

2.34

纠正 correction

为消除已发现的不合格（2.33）或不合规（2.18）所采取的措施。

2.35

纠正措施 corrective action

为消除不合格（233）或不合规（218）的原因并防止其再发生所采取的措施。

3 组织环境

3.1 理解组织及其环境

组织宜确定内部和外部问题，如那些与合规风险相关、与组织目标相关和影响组织实现合规管理体系预期成果能力的问题。这种情况下，组织宜考虑更大范围的内部和外部因素，如监管、社会和文化环境、经济形势、内部方针、程序、过程和资源。

3.2 理解相关方的需求和期望

组织宜确定：

——合规管理体系的相关方；

——这些相关方的要求。

3.3 确定合规管理体系的范围

组织宜确定合规管理体系的边界和适用性，以确立其范围。

注：合规管理体系的范围旨在阐明应用合规管理体系的地域和/或组织边界，尤其该组织是某大规模组织在给定地点的分支机构时。

确定该范围时，组织宜考虑：

——3.1 提及的内部和外部问题；

——3.2 和 3.5.1 提及的要求。

范围宜作为文件化信息随时可用。

3.4 合规管理体系和良好治理原则

组织宜根据本标准建立、制定、实施、评价、维护和持续改进合规管理体系，包括必需的过程和过程的相互作用，并考虑如下治理原则：

——合规团队与治理机构建立直接联系；

——合规团队的独立性；

——分配给合规团队适当的权限和充足的资源。

合规管理体系宜反映组织的价值观、目标、战略和合规风险。

3.5 合规义务

3.5.1 合规义务的识别

组织宜系统识别其合规义务及这些合规义务对组织活动、产品和服务的影响。组织在建立、制定、实施、评价、维护和改进合规管理体系时，宜考虑这些合规义务。

组织宜以适合其规模、复杂性、结构和运行的方式记录其合规义务。

合规义务的来源宜包括合规要求，并能包含合规承诺。

示例 1：合规要求的例子包括：

——法律和法规；

——许可、执照或其他形式的授权；

——监管机构发布的命令、条例或指南；

——法院判决或行政决定；

——条约、惯例和协议。

示例 2：合规承诺的例子包括：

——与社会团体或非政府组织签订的协议；

——与公共权力机构和客户签订的协议；

——组织要求，如方针和程序；

——自愿原则或规程；

——自愿性标志或环境承诺；

——与组织签署合同产生的义务；

——相关组织的和产业的标准。

3.5.2 合规义务的维护

组织宜有适当的过程识别新的和变更的法律、法规、准则和其他合规义务，以确保持续合规。组织宜有过程评价已识别的变更和任何变更的实施对合规义务管理的影响。

示例：获取关于法律和其他合规义务变更信息的过程包括：

——列入相关监管部门收件人名单；

——成为专业团体的会员；

——订阅相关信息服务；

——参加行业论坛和研讨会；

——监视监管部门网站；

——与监管部门会晤；

——与法律顾问洽商；

——监视合规义务来源（如：监管声明和法院判决）。

3.6 合规风险的识别、分析和评价

组织宜识别并评价其合规风险。该评价能建立在合规风险评估或其他替换方法的基础之上。合规风险评估构成了合规管理体系实施的基础，是有计划地分配适当和充足的资源对已识别合规风险进行管理的基础。

组织识别合规风险，宜把合规义务和它的活动、产品、服务和运行的相关方面联系起来，以识别可能发生不合规的场景。组织宜识别不合规的原因及后果。

组织宜通过考虑不合规的原因、来源、后果的严重程度、不合规及其后果能发生的可能性进行合规风险分析。后果能包括，例如：个人和环境伤害、经济损失、声誉损失和行政责任。风险评价涉及组织合规风险分析过程中发现的合规风险等级与组织能够并愿意接受的合规风险水平的比较。基于这个比较，能设定优先级，作为确定需要实施的控制及其程度的基础（见 5.1）。

发生以下情形，宜对合规风险进行周期性再评估：

——新的或改变的活动、产品或服务；

——组织结构或战略改变；

——重大的外部变化，例如金融经济环境、市场条件、债务和客户关系；

——合规义务改变（见 3.5）；

——不合规。

注 1：合规风险评估细节的程度和水平取决于组织的风险情况、环境、规模和目标，并能随着具体细分领域（如：环境、财务和社会）变化。

注 2：基于风险的合规管理方法并不意味着在低合规风险情况下组织接受不合规。它有助于组织集中主要注意力和资源优先处理更高级别风险，最终涵盖所有合规风险。所有已识别的合规风险/情况受制于监视、纠正和纠正措施。

注 3：GB/T24353 提供了风险评估的详细指导。

4 领导作用

4.1 领导作用和承诺

治理机构和最高管理者宜通过下列方式证明其对合规管理体系的领导作用和承诺：

a）确立和坚持组织的核心价值观；

b）确保建立组织的合规方针和合规目标，并与该组织的价值观、目标和战略方向保持一致（见 5.2）；

c）确保制定并实施方针、程序和过程，以实现合规目标；

d）确保合规管理体系所需资源可用、予以分配和指派；

e）确保合规管理体系要求融入组织的业务过程；

f）传达合规管理体系的重要性和符合合规管理体系要求的重要性；

g）指挥和支持人员提升合规管理体系的有效性；

h）支持其他相关管理者，使他们在自己担责的领域中展现出合规领导力；

i）确保运行指标和合规义务保持一致；

j）确立并维护问责机制，包括对合规事件和不合规及时报告；

k）确保合规管理体系实现它的预期成果；

l）推进持续改进。

示例：有效合规要求治理机构和最高管理者的积极承诺，并贯穿于整个组织。承诺水平标示为下列事项的实现程度：

——治理机构和所有管理层通过措施和决定，积极证明他们承诺建立、制定、实施、评价、维护和改进的是一个有效和及时响应的合规管理体系；

——合规方针经治理机构正式批准；

——最高管理者承担责任，确保组织关于合规的承诺充分实现；

——所有管理层一致向员工传达一个清晰的信息（通过文字和措施）：组织将履行它的合规义务；

——以清晰并令人信服的声明广泛传达关于合规的承诺，并有措施支持；

——合规团队被赋予一定级别的权限，这反映有效合规的重要性且合规团队可直接向治理机构报告；

——通过意识提升活动和培训，分配资源以建立、制定、实施、评价、维护和改进强劲的合规文化；

——方针、程序和过程不仅反映法律要求，还反映自愿性准则和组织的核心价值观；

——组织向其所有管理层级分配合规责任并要求他们负责；

——要求对合规管理体系进行定期评审；

——持续改进组织的合规绩效；

——采取纠正措施。

4.2 合规方针

4.2.1 总则

治理机构和最高管理者（最好与员工协商）宜建立合规方针：

——适合于组织目的；

——为设定合规目标提供框架；

——包括满足适用要求的承诺；

——包括持续改进合规管理体系的承诺。

合规方针宜明确：

——合规管理体系的范围；

——与组织规模、性质、复杂性和运行环境有关的体系运用与体系环境；

——合规与其他职能，如治理、风险、审计和法务的结合程度；

——合规融入运行方针、程序、过程的程度；

——合规团队的独立和自治程度；

——管理和报告合规事项的责任；

——管理内部和外部利益相关方关系的原则；

——所要求的行为和问责的标准；

——不合规的后果。

合规方针宜：

——作为文件化信息可供使用；

　　——以通俗易懂的语言书写，便于所有员工均能容易地理解原则和目的；

　　——必要时，翻译为其他语言；

　　——在组织内明确传达，且所有员工随即可用；

　　——适宜时，便于相关方获取；

　　——按要求更新，以保持相关。

　　建立合规方针宜与组织的价值观、目标和战略保持一致，且宜通过治理机构批准。

　　合规方针建立组织实现合规的总原则和措施承诺。它设定所要求的责任和绩效水平以及评估措施的期望。方针宜适合于组织活动产生的合规义务。

　　合规方针不宜是孤立的文件，宜由其他文件支持，包括运行方针、程序和过程。

4.2.2 制定

　　制定合规方针，宜考虑：

　　a）国际、区域或本地的特定义务；

　　b）组织的战略、目标和价值观；

　　c）组织的结构和治理框架；

　　d）与不合规有关的风险性质和等级；

　　e）其他内部方针、标准和准则。

4.3 组织的角色、职责和权限

4.3.1 总则

　　最高管理者宜确保在组织内分配并传达相关角色的职责和权限。

　　治理机构和最高管理者宜为合规团队分配职责和权限，以：

　　a）确保合规管理体系与本标准一致；

　　b）向治理机构和最高管理者报告合规管理体系的绩效。

　　注：合规团队的特定责任并不减轻其他员工对可能存在的合规予以报告的职责。

4.3.2 组织内合规职责的分配

　　治理机构和最高管理者的积极参与和监督是有效合规管理体系不可分割的一部分。这有助于确保员工充分理解组织的方针和运行程序，以及如何将其运用在他们的工作中，并确保他们有效地履行合规义务。

要使合规管理体系有效运行，治理机构和最高管理者需要通过坚持积极地支持合规和合规管理体系来以身作则。

许多组织由专人（如：合规官）负责日常的合规管理，有些组织由跨职能的合规委员会协调整个组织的合规工作。

一些组织———取决于其规模———也有人员全面负责合规管理，尽管这可能是其他角色或职能之外的职责，包括现有委员会、组织的内设部门或把部分工作外包给合规专家。这不宜被视为免除了其他管理层的合规职责，因为所有管理者对合规管理体系都发挥一定的作用。因此，在他们的职务描述中清晰地设定他们各自的职责十分重要。

管理者的合规职责必然地会随着权限、影响力和其他因素的水平而变化，如组织的性质和规模。但是，有些职责有可能是各类组织共有的。

注：本标准并未区分职责和问责的概念。使用"职责"这一术语暗含了问责的含义。

4.3.3 治理机构和最高管理者的角色和职责

治理机构和最高管理者宜：

a）根据 4.2 建立合规方针。

b）确保维护对合规的承诺，并确保恰当处理不合规和不合规行为。

c）将合规职责列入最高管理者职位描述。

d）任命或提名一个合规团队：

1）具有设计合规管理体系并保持其一致性和完整性的权限和职责。

2）有权直接接触治理机构和最高管理者并获得来自他们的清晰和明确的支持。

3）使其有权接触：

——高级决策制定者并有机会在决策制定过程初期提出意见和建议；

——组织的各个层面；

——执行合规任务所需的所有文件化信息和数据；

——关于相关法律、法规、准则和组织标准的专家建议。

4）通过指出在相关决策过程中所有合规方面的后果，具有实施制衡权力的权限和能力。

e）确保合规团队具备独立采取措施的权限，且该团队不会向与其冲突的优先权妥协，特别是当合规已融入该组织业务的情况下。

最高管理者宜：

——分配充足和适当的资源以建立、制定、实施、评价、维护和改进合规管理体系及绩效成果；

——确保组织分配和传达相关角色的职责和权限；

——确保建立高效及时的报告系统；

——对照合规关键绩效措施或结果被考核；

——分配向治理机构和最高管理者报告合规管理体系绩效的职责。

4.3.4 合规团队

不是所有的组织都会创建独立的合规团队，某些组织可将此职能分配给现有职位。

合规团队宜与管理层合作，负责以下事宜：

a）在相关资源的支持下识别合规义务，并将那些合规义务转化为可执行的方针、程序和过程；

b）将合规义务融入现有的方针、程序和过程；

c）为员工提供或组织持续培训，以确保所有相关员工得到定期培训；

d）促进合规职责列入职务描述和员工绩效管理过程；

e）设定适当的合规报告和文件化体系；

f）制定和实施信息管理过程，如通过热线、举报系统和其他机制进行的投诉和 / 或反馈；

g）建立合规绩效指标，监视和测量合规绩效；

h）分析绩效以识别需要采取的纠正措施；

i）识别合规风险，并管理与第三方有关的合规风险，如供应商、代理商、分销商、咨询顾问和承包商；

j）确保按计划定期对合规管理体系进行评审；

k）确保合规管理体系的建立、实施和维护能得到适当的专业建议；

l）使员工可以得到与合规相关的程序和参考资料的资源；

m）对合规相关事宜向组织提供客观建议。

注：GB/T19012 提供了投诉处理的指南。

分配合规管理职责，宜考虑以下内容以确保与合规团队无利益冲突，并已表明：

——诚信和信守合规；

——有效的沟通和影响技能；

——推动其建议和指导被接受的能力和坚定立场；

——相关能力。

4.3.5 管理层职责

管理层宜负责其职责范围内的合规。这包括：

a）与合规团队合作并支持合规团队，鼓励员工也这样做；

b）个人遵守并被看到遵守方针、程序、过程并参加和支持合规培训活动；

c）在运行中识别和沟通合规风险；

d）积极承担并鼓励指导、辅导和监督员工以促进合规行为；

e）鼓励员工提出其所关注的合规问题；

f）积极参与合规相关事件和问题的管理和解决；

g）提高员工履行合规义务的意识，并指导员工满足培训和能力要求；

h）确保合规列入职务描述；

i）将合规绩效纳入员工绩效考核（如：关键绩效指标、目标和晋升准则）；

j）将合规义务纳入他们职责范围内的现有业务实践和程序；

k）与合规团队协力，确保一旦确定需要纠正措施，则予以实施；

l）对外包业务进行监督，确保它们考虑合规义务。

4.3.6 员工职责

包括管理者在内的所有员工宜：

a）坚持履行与其职位和职务有关的组织合规义务；

b）按照合规管理体系要求参与培训；

c）使用作为合规管理体系一部分的、可获得的合规资源；

d）报告合规疑虑、问题和缺陷。

5 策划

5.1 合规风险的应对措施

组织进行合规管理体系策划，宜考虑3.1提及的问题，3.2提及的要求，3.4提及的良好治理原则，3.5识别的合规义务，3.6提及的合规风险评估的结果，以确定需解决的合规风险，以：

——确保合规管理体系能实现预期效果；

——防范、察觉并减少不希望的影响；

——实现持续改进。

组织宜策划：

a）应对合规风险的措施以及

b）如何：

——将措施纳入合规管理体系过程并实施；

——评价这些措施的有效性。

组织宜保留与合规风险和应对合规风险所策划的措施相关的文件化信息。

5.2 合规目标和实施策划

组织宜在相关部门和各层级建立合规目标。

合规目标宜：

a）与合规方针一致；

b）可测量（如可行）；

c）考虑适用的要求；

d）予以监视；

e）充分沟通；

f）适当时，更新和/或修订。

组织策划如何实现合规目标时，宜确定：

——做什么；

——需要什么资源；

——谁负责；

——何时完成；

——结果如何评价，如：根据已识别的合规关键绩效措施和结果。

组织宜保留关于合规目标和实现合规目标所策划的措施的文件化信息。

6 支持

6.1 资源

组织宜确定并提供建立、制定、实施、评价、维护和持续改进合规管理体系的资源，合规管理体系宜适合于组织的规模、复杂性、结构和运行。

最高管理者和各管理层宜确保有效部署必要的资源，以确保满足合规目标，并实现合规。

资源包括财务的和人力的资源，外部建议和专业技能，组织基础设施，关于合规管理和法律义务、专业发展和技术的现时参考资料。

6.2 能力和培训

6.2.1 能力

组织宜：

a）确定员工具有在其控制下影响合规管理体系绩效必备的工作能力；

b）确保这些员工在接受适当的教育、培训和 / 或工作经验的基础上能胜任工作；

c）适用时，采取措施获得必要的能力，并评价所采取措施的有效性；

d）保存适当的文件化信息，包括能力证明。

注：例如，适用的措施能包括：对员工的培训、指导或调岗；或雇佣或聘用称职人员。

6.2.2 培训

治理机构、管理层和具有合规义务的所有员工都宜具备有效履行合规义务的能力。能通过多种方式获得能力，包括通过教育、培训或工作经历获取必需的技能和知识。

培训项目的目标是确保所有员工有能力以与组织合规文化和对合规的承诺一致的方式履行角色职责。

设计合理并有效执行的培训能为员工提供有效的方式交流之前未识别的合规风险。

对员工的教育和培训宜：

a）针对与员工角色和职责相关的义务和合规风险量身定制；

b）适宜时，以对员工知识和能力缺口的评估为基础；

c）在组织成立时就提供并持续提供；

d）与组织的培训计划一致，并纳入年度培训计划；

e）实用并易于员工理解；

f）与员工的日常工作相关，并且以相关行业、组织或部门的情况作为案例；

g）足够灵活，涉及各种技能，以满足组织和员工的不同需求；

h）评估有效性；

i）按要求更新；

j）记录并保存。

宜考虑合规再培训，每当：

——角色或职责改变；

——内部方针、程序和过程改变;

——组织结构改变;

——合规义务尤其是法律或相关方要求改变;

——活动、产品或服务改变;

——从监视、审核、评审、投诉和不合规,包括利益相关方反馈产生的问题。

6.3 意识

6.3.1 总则

在组织控制下工作的人员宜清楚:

a)合规方针;

b)他们的角色和对合规管理体系有效性的贡献,包括改善合规管理体系绩效的效益;

c)不符合合规管理体系要求的后果。

6.3.2 行为

6.3.2.1 总则

宜鼓励创建和支持合规的行为,不宜容忍危害合规的行为。

6.3.2.2 最高管理者在鼓励合规中的角色

最高管理者的关键职责:

a)调整组织对合规的承诺,以与组织的价值观、目标和战略一致,以便恰当地定位合规;

b)宣传组织对合规的承诺并建立合规意识,以便激励员工接受合规管理体系;

c)鼓励所有员工接受,实现他们所负责或应负责的合规目标的重要性;

d)创造一个鼓励报告不合规并且报告的员工不会受到报复的环境;

e)鼓励员工提有利于合规绩效持续改进的建议;

f)确保合规已融入更广泛的组织文化以及文化改变的计划中;

g)迅速识别并采取措施纠正或解决不合规;

h)确保组织方针、程序和过程支持和鼓励合规;

i)确保运行目标和指标不会危害合规行为。

6.3.2.3 合规文化

发展合规文化要求治理机构、最高管理者和管理层,对组织的各个领域所要求的共同的、已发布的行为标准作出积极的、可见的、一致的和持久的承诺。

例如，支持合规文化发展的因素包括：

——一系列已发布的清晰的价值观；

——管理层积极实施和遵守价值观；

——不论职位，处理相似措施时保持一致；

——在监视、辅导和指导过程中以身作则；

——对潜在员工进行适当的就业前评估；

——在入职培训或新员工训练中强调合规和组织价值观；

——持续进行合规培训，包括更新培训内容；

——持续就合规问题进行沟通；

——建立绩效考核体系，考虑对合规行为的评估，并将合规表现与工资挂钩，以实现合规关键绩效措施和结果；

——对合规管理业绩和结果予以明确认可；

——对故意或因疏忽而违反合规义务的情况给予即时和适当的惩罚；

——在组织战略和个人角色之间建立清晰的联系，反映出合规是实现组织结果所必不可少的；

——就合规进行公开和适当的沟通。

合规文化的形成体现于下列方面的实现程度：

——所有上述事项均得到充分实施；

——利益相关方（尤其是员工）相信上述事项已得到充分实施；

——员工充分了解与其自身活动和所在业务部门活动相关的合规义务相应的合规义务；

——组织各层按要求针对不合规进行"自主"补救，并采取相应措施；

——合规团队所扮演的角色及其目标得到重视；

——员工有能力且受到鼓励向相应的管理层提出其合规疑虑。

6.4 沟通

6.4.1 总则

组织宜确定与合规管理体系相关的内部和外部的沟通需求，包括：

a）沟通内容；

b）沟通时间；

c）沟通对象；

d）沟通方式。

注：8.1.7 和 8.1.8 给出了关于内部和外部合规报告的指南。

6.4.2 内部沟通

组织宜采用适当的沟通方式，以确保全体员工持续获知并理解合规信息。沟通宜明确给出组织对员工的期望，以及不合规将在何种情形下逐级上报给谁。

6.4.3 外部沟通

宜根据组织方针采用实用的方法与所有相关方进行外部沟通。

相关方能包括但不限于：监管机构、客户、承包商、供应商、投资方、紧急服务提供方、非政府组织和邻居。

沟通方式可包括网站和电子邮件、新闻稿、广告和定期简报、年度（或其他定期）报告、非正式讨论、开放日、分组座谈会、社区对话、参与社区活动和热线电话。这些方式能鼓励理解和接受组织对合规的承诺。

6.5 文件化信息

6.5.1 总则

组织的合规管理体系宜包括本标准推荐的和组织确定合规管理体系有效所必需的文件化信息。例如，文件化信息包括：

——组织的合规方针；

——合规管理体系的目标、指标、结构和内容；

——合规职责和角色分配；

——相关合规义务登记；

——根据合规风险评估过程进行合规风险登记并确定优先处理顺序；

——登记不合规和近乎不合规；

——年度合规计划；

——人事记录，包括但不限于培训记录。

注 1：文件化信息能包括与监管报告要求相关的事项。

注 2：不同组织合规管理体系文件化信息的程度不同，因为：

——组织规模和它的活动、过程、产品和服务的类型；

——过程和过程间相互作用的复杂性；

——员工的能力；

——合规管理体系的成熟度。

6.5.2 创建和更新

创建和更新文件化信息时，组织宜确保适当的：

——标示和描述（例如：标题、日期、作者、或参考资料或版本号）；

——格式（例如：语言、软件版本和图形）和载体（例如：纸张、电子）；

——适用性和充分性的评审和批准。

6.5.3 文件化信息的控制

宜对合规管理体系和本标准推荐的文件化信息进行控制，以确保：

a）何时何处需要时，它便于、易于和适于取用；

b）它得到充分地保护（例如：避免泄露机密、不当使用或失去完整性）。

对于文件化信息的控制，如适用，组织宜进行以下活动：

——分发、获取、检索和使用；

——保存和保持，包括字迹的保持；

——对变更的控制（例如：版本控制）；

——保留、处置和处理；

——文件化信息的新建和控制中第三方的角色。

组织确定的对于策划和运行合规管理体系所必需的外部来源的文件化信息，适宜时，宜予以识别和控制。

可本着获取法律建议进而取得法律特权主体的目的来对文件化信息进行编制。

注：获取指关于只允许查看文件化信息的决定或允许并授权查看和更改文件化信息等的决定。

7 运行

7.1 运行的策划和控制

组织宜策划、实施和控制满足合规义务必需的过程，并实施5.1确定的措施，通过：

——确定过程的目标；

——确立过程的准则；

——根据准则实施过程控制；

——记录必要的文件化信息，确信过程已按计划实施。

组织宜控制计划变更，并重新评审计划外变更的后果，必要时采取措施缓解任何不利影响。

7.2 建立控制和程序

宜落实控制措施，管理合规义务和对应的合规风险，实现预期的行为。

采取有效的控制措施确保满足合规义务，能够预防或发现不合规事件并纠正。充分而严格的设计各类、各层次的控制措施，以促进组织的活动和运行环境实现合规义务。在合理的情况下，这些控制措施宜植入常规的组织过程。

示例：控制包括：

——清晰、实用并易于遵循的文件化运行方针、程序、过程和操作指示；

——系统和异常报告；

——审批；

——划分有冲突的角色和职责；

——自动化过程；

——年度合规计划；

——员工绩效计划；

——合规评估和审核；

——管理层的承诺和以身作则和促进合规行为的其他措施；

——对预期的员工行为（标准、价值观和行为准则）进行主动、公开并经常的沟通。

宜维护、定期评价并试验这些控制措施，以确保控制措施的持续有效。宜确立程序，文件化，执行并维护，以支持合规方针，实践合规义务。

制定这些程序宜考虑：

a）将合规义务整合到程序中，包括计算机系统、表格、报告系统、合同和其他有法律约束力的文件；

b）与组织的其他评审和控制职能保持一致；

c）持续监视和测量；

d）评估和报告（包括管理监督）以确保员工遵守程序；

e）专门安排识别、报告和上报不合规事例和不合规风险。

7.3 外包过程

组织宜确保外包过程受到控制和监视。

组织的运营外包通常不减轻组织的法律职责或合规义务。如果外包，组织需要执行有效的尽职调查，以确保不会降低组织标准和对合规的承诺。宜对承包商进行适当控制，以确保有效遵守合同（例如：第三方绩效考核）。

组织宜考虑与其他第三方相关的过程的合规风险，如产品和服务供应、产品分销，和在必要的情况下的适当控制（例如：合同条款中的合规义务）。

8 绩效评价

8.1 监视、测量、分析和评价

8.1.1 总则

组织宜确定：

a）需要被监视和测量的内容和原因；

b）监视、测量、分析、评价的方法（如适用），以确保有效的结果；

c）何时宜进行监视和测量；

d）何时宜分析、评价和报告监视和测量的结果。组织宜适当保留文件化信息，作为结果证据。

组织宜评价合规管理体系的绩效和合规管理体系的有效性。

8.1.2 监视

宜监视合规管理体系以确保实现合规绩效。宜制定持续监视计划，设定监视过程、时间表、资源和要收集的信息。

合规监视是为了评估合规管理体系的有效性和组织的合规绩效而收集信息的过程。典型的合规管理体系监视包括：

——培训的有效性；

——控制的有效性，如：抽样检查测试输出；

——有效分配满足合规义务的职责；

——合规义务的时效性；

——确认原先处理合规缺陷的有效性；

——未如期执行内部合规检查的案例。

典型的合规绩效监视包括：

——不合规和"近乎不合规"（即未造成负面影响的事件）；

——未履行合规义务的事例；

——未实现目标的事例；

——合规文化的情况；

——确立的领先和滞后指标（见 8.1.6）。

8.1.3 合规绩效反馈来源

组织宜建立、实施、评价和维护用以寻求和接收合规绩效反馈信息的程序。合规绩效反馈来源包括：

——员工，如通过举报工具、热线电话、反馈、意见箱；

——客户，如通过投诉处理系统；

——供应商；

——监管部门；

——过程控制日志和活动记录（包括电子版和纸质版）。

示例：合规绩效反馈内容包括：

——合规问题；

——不合规和合规疑虑；

——新出现的合规问题；

——持续的监管和／或组织的变更；

——对合规有效性和合规绩效的评论。

反馈宜作为持续改进合规管理体系的重要依据。

8.1.4 信息收集方法

收集信息的方式有很多。不同情况下，下列每种方法是相关的，宜谨慎选择适用于组织大小、规模、性质和复杂性的工具。

例如，信息收集方法包括：

——出现或确认不合规时的特别报告；

——通过热线电话、投诉和其他反馈（包括举报）所收集的信息；

——非正式讨论、研讨会和分组座谈会；

——抽样和诚信试验，例如神秘购物；

——感知调查的结果；

——直接观察、正式访谈、工厂巡视和检查；

——审核和评审；

——利益相关方质询、培训需要和培训过程中的反馈（尤其是员工的反馈）。

8.1.5 信息分析和分类

对信息的有效分类和管理至关重要。

宜建立信息的分类、存储和检索系统。

示例：信息分类类目包括：

——来源；

——部门；

——不合规描述；

——义务类别；

——指标；

——严重性；

——实际或潜在影响。

信息管理系统宜同时收集问题和投诉，并对合规相关的信息进行分类和分析。

一旦收集了信息，需要对它进行分类、分析和精确评估以识别根本原因和需采取的适当措施。分析宜考虑系统性和反复发生的问题，并进行改正或改进，因为这些可能给组织带来重大并更加难以识别的合规风险。

8.1.6 指标制定

组织制定一系列可测量指标具有十分重要的意义，此类指标会帮助组织对合规目标（见5.2）的实现进行测量，并量化合规绩效。该过程宜考虑合规风险的评估结果（见3.6），以确保各指标与该组织的合规风险特征具有相关性。

示例1：活动类指标包括：

——经过有效培训的员工比例；

——监管部门联系的频率；

——反馈机制的使用（包括用户对那些机制价值的评论）；

——对于每项不合规，采取何种类型的纠正措施。

示例2：反应类指标包括：

——根据类型、区域和频率报告已识别的问题和不合规；

——不合规的后果，包括对经济补偿、罚款和其他处罚、补救成本、声誉或员工时间成本影响的估价；

——报告和采取纠正措施所花费的时间。

示例3：预测类指标包括：

——一定时期的不合规的风险［以目标的潜在损失/收益（收入、健康和安全、声誉等）测量］；

——不合规趋势（基于过去趋势预测合规率）。

8.1.7 合规的报告

治理机构、管理层和合规团队宜确保他们能够及时有效并持续充分地了解合规管理体系绩效，包括所有相关的不合规，并及时和积极地推动这一原则：组织鼓励和支持充分和坦诚报告的文化。内部报告制度的安排宜确保：

a）设定适当的报告准则和义务；

b）确立定期报告时间表；

c）建立便于对新出现的不合规进行特别报告的异常报告系统；

d）建立合适的系统和过程确保信息的准确性和完整性；

e）向组织的恰当职能部门或区域提供准确和完整的信息，以采取预防、纠正和补救的措施；

f）要对向治理机构提交报告的准确性签字确认，包括合规团队的签字。

除非法律另有规定，组织宜选择适合自己情况的内部合规报告的版式、内容和时间。

对合规的报告宜融入组织的常规报告中。

只宜为重大不合规和新出现的问题单独编写报告。

需要对所有不合规做适当报告。尽管系统性和反复出现的问题特别重要，如果一次性不合规非常重大或故意为之，需要予以同等重视。即使一个小缺陷，可表明当前过程和合规管理体系存在严重不足。如果不及时报告，可能导致人们认为缺陷不重要并导致这样的缺陷成为系统性问题。

宜鼓励员工反映并报告不符合法律和其他不合规事件，并将报告视为积极的、不构成威胁的措施，而无须担心遭到报复。

宜在组织的合规方针和程序中清晰地设定报告义务，并通过其他方法加以强化，例如由管理者在日常工作中对员工的非正式强化。

8.1.8 合规报告的内容

合规报告能包括：

a）组织按要求向任何监管机构通报的任何事项；

b）合规义务变化及其对组织的影响，以及为了履行新义务，拟采用的措施方案；

c）对合规绩效的测量，包括不合规和持续改进；

d）可能的不合规数量和详细内容和随后对他们的分析；

e）采取的纠正措施；

f）合规管理体系有效性、业绩和趋势的信息；

g）与监管部门的接触和关系进展；

h）审核和监视活动的结果。

合规方针宜促进常规报告时间表范围之外的实质性重大事件的立即报告。

8.1.9 记录

宜维护对组织合规活动的准确、及时的记录，这有助于监视和评审过程，并证明与合规管理体系的一致性。

记录宜包括对投诉、争议、宣称的不合规以及解决它们的步骤的记录和分类。

宜以确保清晰、容易辨认和可检索的方式保存记录。

宜保护这些记录，使其免于被增加、删除、修改、未经授权使用或隐藏。

组织的合规管理体系记录能包括：

a）合规绩效信息，包括合规报告；

b）来自相关方的投诉、解决方案和沟通；

c）不合规及纠正和预防的措施的详细内容；

d）对合规管理体系和采取措施的评审和审核的结果。

8.2 审核

组织宜至少在计划的时间间隔内安排审核，以提供信息，确定合规管理体系是否：

a）符合：

1）组织自身的准则；

2）本标准的建议。

b）有效实施和维护。

需要时，也能进行额外审核。

组织宜：

——策划、建立、实施和维护审核方案，包括频率、方法、职责、策划要求和报告。审核方案宜考虑相关过程的重要性和前期审核的结果；

——界定审核准则和每次审核的范围；

——选择审核员，并进行审核，以确保审核过程的客观和公正；

——确保审核结果报告给相关管理层；

——保留文件化信息，作为实施审核方案和审核结果的证据。

8.3 管理评审

最高管理者宜按计划定期评审组织的合规管理体系，以确保其持续的适用性、充分性和有效性。此类评审的实际深度和频率将随组织的性质和方针变化。

管理评审宜考虑：

a）以前管理评审措施的状态。

b）合规方针的充分性。

c）合规目标实现的程度。

d）资源的充分性。

e）与合规管理体系相关的内外部问题的变化。

f）合规绩效信息，包括以下各项体现的趋势：

——不合格、纠正措施和解决的时间表；

——监视和测量的结果；

——与相关方的沟通，包括投诉；

——审核的结果。

g）持续改进的机会。

管理评审的输出宜包括与持续改进机会相关的决定和合规管理体系所需的任何改动。还宜包括以下方面的建议：

a）合规方针以及与它相关的目标、体系、结构和人员所需的改变；

b）合规过程的改变以确保与运行实践和体系有效整合；

c）需监视的未来潜在不合规的区域；

d）与不合规相关的纠正措施；

e）当前合规体系和长期持续改进的目标之间的差距和不足；

f）认可组织内的示范性合规行为。

组织宜保留文件化信息作为管理评审结果的证据，并宜向治理机构提交副本。

509

9 改进

9.1 不合格、不合规和纠正措施

9.1.1 总则

发生不合格和／或不合规时组织宜：

a）对不合格和／或不合规做出反应，在适用情况下：

——采取措施控制和纠正它，和／或；

——管理这些后果。

b）评价是否需要采取措施，消除不合格和／或不合规的根本原因，以避免再次发生或在其他地方发生，通过：

——评审不合格和／或不合规；

——确定不合格和／或不合规的原因；

——确定是否存在或发生潜在的类似不合格和／或不合规。

c）实施任何必要的措施。

d）评审所采取的任何纠正措施的有效性。

e）如必要，修改合规管理体系。

未能避免或发现一次性不合规并不一定意味着合规管理体系预防和发现不合规总体无效。

纠正措施宜适合于发生的不合格和／或不合规造成的影响。组织宜保留文件化信息，作为以下方面的证据：

——不合格和／或不合规的性质和随后采取的任何措施；

——任何纠正措施的结果。

分析不合格和／或不合规所得的信息能用于考虑：

——评估产品和服务绩效；

——改进和／或重新设计产品和服务；

——改变组织惯例和程序；

——对员工进行再培训；

——对通知相关方的必要性进行再评估；

——对潜在不合规提供早期预警；

——对控制进行重新设计或评审；

——强化通知和上报步骤（内部和外部）。

9.1.2 上报

宜采用并宣传清晰、及时的上报过程，以确保所有不合规都能被提出、

报告并最终上报给相关管理层，并确保合规团队得到通知并能够为上报提供支持。在适当的情况下，宜向最高管理者和治理机构上报，其中包括相关委员会。该过程宜详细说明报告的对象、方式和时间以及内部和外部报告的时间表。

当组织需按法律要求报告不合规时，需根据适用法规或其他商定方式，通知监管机构。

即使法律未要求组织报告不合规，组织也可考虑自愿向监管机构自我披露不合规，以减轻不合规的后果。

有效的合规管理体系宜包括一种机制，使组织的员工和／或其他人以保密的方式报告可疑的或实际的不当行为或违反组织合规义务的行为，而无须担心遭到报复。

9.2 持续改进

组织宜设法改进合规管理体系的适用性、充分性和有效性。

宜将合规报告中已收集信息进行的分析和相应评价作为识别该组织合规绩效改进机会的依据。

参考文献

［1］GB/T19001 质量管理体系要求（ISO9001）

［2］GB/T19011 管理体系审核指南（ISO19011）

［3］GB/T19012 质量管理顾客满意组织处理投诉指南（ISO10002）

［4］GB/T22000 食品安全管理体系食品链中各类组织的要求（ISO22000）

［5］GB/T23694—2013 风险管理术语（ISOGuide73：2009，IDT）

［6］GB/T24001 环境管理体系要求及使用指南（ISO14001）

［7］GB/T24353 风险管理原则与实施指南

［8］GB/T36000 社会责任指南（ISO26000）

六
商业银行合规风险管理指引

中国银行业监督管理委员会

2006 年 10 月 20 日

中国银行业监督管理委员会
关于印发《商业银行合规风险管理指引》的通知

（银监发〔2006〕76号）

各银监局，各政策性银行、国有商业银行、股份制商业银行、金融资产管理公司，国家邮政局邮政储汇局，银监会直接监管的信托公司、财务公司、金融租赁公司：

现将《商业银行合规风险管理指引》印发给你们，请认真贯彻落实。请各银监局将本通知转发至辖内各银行业金融机构，并督促其遵照执行。

2006年10月20日

商业银行合规风险管理指引

第一章 总 则

第一条 为加强商业银行合规风险管理，维护商业银行安全稳健运行，根据《中华人民共和国银行业监督管理法》和《中华人民共和国商业银行法》，制定本指引。

第二条 在中华人民共和国境内设立的中资商业银行、外资独资银行、中外合资银行和外国银行分行适用本指引。

在中华人民共和国境内设立的政策性银行、金融资产管理公司、城市信用合作社、农村信用合作社、信托投资公司、企业集团财务公司、金融租赁公司、汽车金融公司、货币经纪公司、邮政储蓄机构以及经银监会批准设立的其他金融机构参照本指引执行。

第三条 本指引所称法律、规则和准则，是指适用于银行业经营活动的法律、行政法规、部门规章及其他规范性文件、经营规则、自律性组织的行业准则、行为守则和职业操守。

本指引所称合规，是指使商业银行的经营活动与法律、规则和准则相一致。

本指引所称合规风险，是指商业银行因没有遵循法律、规则和准则可能遭受法律制裁、监管处罚、重大财务损失和声誉损失的风险。

本指引所称合规管理部门，是指商业银行内部设立的专门负责合规管理职能的部门、团队或岗位。

第四条 合规管理是商业银行一项核心的风险管理活动。商业银行应综合考虑合规风险与信用风险、市场风险、操作风险和其他风险的关联性，确保各项风险管理政策和程序的一致性。

第五条 商业银行合规风险管理的目标是通过建立健全合规风险管理框架，实现对合规风险的有效识别和管理，促进全面风险管理体系建设，确保依法合规经营。

第六条 商业银行应加强合规文化建设，并将合规文化建设融入企业文化建设全过程。

合规是商业银行所有员工的共同责任，并应从商业银行高层做起。

董事会和高级管理层应确定合规的基调，确立全员主动合规、合规创造价值等合规理念，在全行推行诚信与正直的职业操守和价值观念，提高全体员工的合规意识，促进商业银行自身合规与外部监管的有效互动。

第七条　银监会依法对商业银行合规风险管理实施监管，检查和评价商业银行合规风险管理的有效性。

第二章　董事会、监事会和高级管理层的合规管理职责

第八条　商业银行应建立与其经营范围、组织结构和业务规模相适应的合规风险管理体系。

合规风险管理体系应包括以下基本要素：

（一）合规政策；

（二）合规管理部门的组织结构和资源；

（三）合规风险管理计划；

（四）合规风险识别和管理流程；

（五）合规培训与教育制度。

第九条　商业银行的合规政策应明确所有员工和业务条线需要遵守的基本原则，以及识别和管理合规风险的主要程序，并对合规管理职能的有关事项做出规定，至少应包括：

（一）合规管理部门的功能和职责；

（二）合规管理部门的权限，包括享有与银行任何员工进行沟通并获取履行职责所需的任何记录或档案材料的权利等；

（三）合规负责人的合规管理职责；

（四）保证合规负责人和合规管理部门独立性的各项措施，包括确保合规负责人和合规管理人员的合规管理职责与其承担的任何其他职责之间不产生利益冲突等；

（五）合规管理部门与风险管理部门、内部审计部门等其他部门之间的协作关系；

（六）设立业务条线和分支机构合规管理部门的原则。

第十条　董事会应对商业银行经营活动的合规性负最终责任，履行以下合规管理职责：

（一）审议批准商业银行的合规政策，并监督合规政策的实施；

（二）审议批准高级管理层提交的合规风险管理报告，并对商业银行管理合规风险的有效性作出评价，以使合规缺陷得到及时有效的解决；

（三）授权董事会下设的风险管理委员会、审计委员会或专门设立的合规管理委员会对商业银行合规风险管理进行日常监督；

（四）商业银行章程规定的其他合规管理职责。

第十一条　负责日常监督商业银行合规风险管理的董事会下设委员会应通过与合规负责人单独面谈和其他有效途径，了解合规政策的实施情况和存在的问题，及时向董事会或高级管理层提出相应的意见和建议，监督合规政策的有效实施。

第十二条　监事会应监督董事会和高级管理层合规管理职责的履行情况。

第十三条　高级管理层应有效管理商业银行的合规风险，履行以下合规管理职责：

（一）制定书面的合规政策，并根据合规风险管理状况以及法律、规则和准则的变化情况适时修订合规政策，报经董事会审议批准后传达给全体员工；

（二）贯彻执行合规政策，确保发现违规事件时及时采取适当的纠正措施，并追究违规责任人的相应责任；

（三）任命合规负责人，并确保合规负责人的独立性；

（四）明确合规管理部门及其组织结构，为其履行职责配备充分和适当的合规管理人员，并确保合规管理部门的独立性；

（五）识别商业银行所面临的主要合规风险，审核批准合规风险管理计划，确保合规管理部门与风险管理部门、内部审计部门以及其他相关部门之间的工作协调；

（六）每年向董事会提交合规风险管理报告，报告应提供充分依据并有助于董事会成员判断高级管理层管理合规风险的有效性；

（七）及时向董事会或其下设委员会、监事会报告任何重大违规事件；

（八）合规政策规定的其他职责。

第十四条　合规负责人应全面协调商业银行合规风险的识别和管理，监督合规管理部门根据合规风险管理计划履行职责，定期向高级管理层提交合规风险评估报告。合规负责人不得分管业务条线。

合规风险评估报告包括但不限于以下内容：报告期合规风险状况的变化情况、已识别的违规事件和合规缺陷、已采取的或建议采取的纠正措施等。

第十五条 商业银行应建立对管理人员合规绩效的考核制度。商业银行的绩效考核应体现倡导合规和惩处违规的价值观念。

第十六条 商业银行应建立有效的合规问责制度，严格对违规行为的责任认定与追究，并采取有效的纠正措施，及时改进经营管理流程，适时修订相关政策、程序和操作指南。

第十七条 商业银行应建立诚信举报制度，鼓励员工举报违法、违反职业操守或可疑行为，并充分保护举报人。

第三章 合规管理部门职责

第十八条 合规管理部门应在合规负责人的管理下协助高级管理层有效识别和管理商业银行所面临的合规风险，履行以下基本职责：

（一）持续关注法律、规则和准则的最新发展，正确理解法律、规则和准则的规定及其精神，准确把握法律、规则和准则对商业银行经营的影响，及时为高级管理层提供合规建议；

（二）制定并执行风险为本的合规管理计划，包括特定政策和程序的实施与评价、合规风险评估、合规性测试、合规培训与教育等；

（三）审核评价商业银行各项政策、程序和操作指南的合规性，组织、协调和督促各业务条线和内部控制部门对各项政策、程序和操作指南进行梳理和修订，确保各项政策、程序和操作指南符合法律、规则和准则的要求；

（四）协助相关培训和教育部门对员工进行合规培训，包括新员工的合规培训，以及所有员工的定期合规培训，并成为员工咨询有关合规问题的内部联络部门；

（五）组织制定合规管理程序以及合规手册、员工行为准则等合规指南，并评估合规管理程序和合规指南的适当性，为员工恰当执行法律、规则和准则提供指导；

（六）积极主动地识别和评估与商业银行经营活动相关的合规风险，包括为新产品和新业务的开发提供必要的合规性审核和测试，识别和评估新业务方式的拓展、新客户关系的建立以及客户关系的性质发生重大变化等所产生的合规风险；

（七）收集、筛选可能预示潜在合规问题的数据，如消费者投诉的增长数、异常交易等，建立合规风险监测指标，按照风险矩阵衡量合规风险发生的可能性和影响，确定合规风险的优先考虑序列；

（八）实施充分且有代表性的合规风险评估和测试，包括通过现场审核对各项政策和程序的合规性进行测试，询问政策和程序存在的缺陷，并进行相应的调查。合规性测试结果应按照商业银行的内部风险管理程序，通过合规风险报告路线向上报告，以确保各项政策和程序符合法律、规则和准则的要求；

（九）保持与监管机构日常的工作联系，跟踪和评估监管意见和监管要求的落实情况。

第十九条 商业银行应为合规管理部门配备有效履行合规管理职能的资源。合规管理人员应具备与履行职责相匹配的资质、经验、专业技能和个人素质。

商业银行应定期为合规管理人员提供系统的专业技能培训，尤其是在正确把握法律、规则和准则的最新发展及其对商业银行经营的影响等方面的技能培训。

第二十条 商业银行各业务条线和分支机构的负责人应对本条线和本机构经营活动的合规性负首要责任。

商业银行应根据业务条线和分支机构的经营范围、业务规模设立相应的合规管理部门。

各业务条线和分支机构合规管理部门应根据合规管理程序主动识别和管理合规风险，按照合规风险的报告路线和报告要求及时报告。

第二十一条 商业银行应建立合规管理部门与风险管理部门在合规管理方面的协作机制。

第二十二条 商业银行合规管理职能应与内部审计职能分离，合规管理职能的履行情况应受到内部审计部门定期的独立评价。

内部审计部门应负责商业银行各项经营活动的合规性审计。内部审计方案应包括合规管理职能适当性和有效性的审计评价，内部审计的风险评估方法应包括对合规风险的评估。

商业银行应明确合规管理部门与内部审计部门在合规风险评估和合规性测试方面的职责。内部审计部门应随时将合规性审计结果告知合规负责人。

第二十三条 商业银行应明确合规风险报告路线以及合规风险报告的要素、格式和频率。

第二十四条　商业银行境外分支机构或附属机构应加强合规管理职能，合规管理职能的组织结构应符合当地的法律和监管要求。

第二十五条　董事会和高级管理层应对合规管理部门工作的外包遵循法律、规则和准则负责。

商业银行应确保任何合规管理部门工作的外包安排都受到合规负责人的适当监督，不妨碍银监会的有效监管。

第四章　合规风险监管

第二十六条　商业银行应及时将合规政策、合规管理程序和合规指南等内部制度向银监会备案。

商业银行应及时向银监会报送合规风险管理计划和合规风险评估报告。

商业银行发现重大违规事件应按照重大事项报告制度的规定向银监会报告。

第二十七条　商业银行任命合规负责人，应按有关规定报告银监会。商业银行在合规负责人离任后的十个工作日内，应向银监会报告离任原因等有关情况。

第二十八条　银监会应定期对商业银行合规风险管理的有效性进行评价，评价报告作为分类监管的重要依据。

第二十九条　银监会应根据商业银行的合规记录及合规风险管理评价报告，确定合规风险现场检查的频率、范围和深度，检查的主要内容包括：

（一）商业银行合规风险管理体系的适当性和有效性；

（二）商业银行董事会和高级管理层在合规风险管理中的作用；

（三）商业银行绩效考核制度、问责制度和诚信举报制度的适当性和有效性；

（四）商业银行合规管理职能的适当性和有效性。

第五章　附　则

第三十条　本指引由银监会负责解释。

第三十一条　本指引自发布之日起实施。

七
保险公司合规管理办法

保监发〔2016〕116号

中国保险监督管理委员会
2016 年 12 月 30 日

中国保险监督管理委员会
关于印发《保险公司合规管理办法》的通知

保监发〔2016〕116 号

各保监局，各保险公司、各保险资产管理公司：

为进一步完善保险公司合规管理制度，提高保险合规监管工作的科学性和有效性，我会制定了《保险公司合规管理办法》。现予以印发，并将有关事项通知如下，请遵照执行：

一、各保险公司应当按照本办法的要求，设置合规管理部门、合规岗位，并配备符合规定的合规人员，相关工作应当于 2017 年 7 月 1 日前完成。

二、本办法实施以前，保险公司合规负责人兼管资金运用、内部审计等可能与合规管理存在职责冲突的部门，不符合本办法要求的，应当于 2017 年 7 月 1 日前予以调整。

三、2017 年 7 月 1 日以后，保险公司申请核准任职资格的合规负责人由总经理以外的其他高级管理人员兼任的，须提供拟任合规负责人任职期间不兼管业务、财务、资金运用和内部审计部门等可能与合规管理存在职责冲突的部门的声明。

中国保险监督管理委员会

2016 年 12 月 30 日

保险公司合规管理办法

第一章 总 则

第一条 为了加强保险公司合规管理，发挥公司治理机制作用，根据《中华人民共和国公司法》《中华人民共和国保险法》和《保险公司管理规定》等法律、行政法规和规章，制定本办法。

第二条 本办法所称的合规是指保险公司及其保险从业人员的保险经营管理行为应当符合法律法规、监管规定、公司内部管理制度以及诚实守信的道德准则。

本办法所称的合规风险是指保险公司及其保险从业人员因不合规的保险经营管理行为引发法律责任、财务损失或者声誉损失的风险。

第三条 合规管理是保险公司通过建立合规管理机制，制定和执行合规政策，开展合规审核、合规检查、合规风险监测、合规考核以及合规培训等，预防、识别、评估、报告和应对合规风险的行为。合规管理是保险公司全面风险管理的一项重要内容，也是实施有效内部控制的一项基础性工作。

保险公司应当按照本办法的规定，建立健全合规管理制度，完善合规管理组织架构，明确合规管理责任，构建合规管理体系，推动合规文化建设，有效识别并积极主动防范、化解合规风险，确保公司稳健运营。

第四条 保险公司应当倡导和培育良好的合规文化，努力培育公司全体保险从业人员的合规意识，并将合规文化建设作为公司文化建设的一个重要组成部分。

保险公司董事会和高级管理人员应当在公司倡导诚实守信的道德准则和价值观念，推行主动合规、合规创造价值等合规理念，促进保险公司内部合规管理与外部监管的有效互动。

第五条 保险集团（控股）公司应当建立集团整体的合规管理体系，加强对全集团合规管理的规划、领导和监督，提高集团整体合规管理水平。

各成员公司应当贯彻落实集团整体合规管理要求，对自身合规管理负责。

第六条　中国保监会及其派出机构依法对保险公司合规管理实施监督检查。

第二章　董事会、监事会和总经理的合规职责

第七条　保险公司董事会对公司的合规管理承担最终责任，履行以下合规职责：

（一）审议批准合规政策，监督合规政策的实施，并对实施情况进行年度评估；

（二）审议批准并向中国保监会提交公司年度合规报告，对年度合规报告中反映出的问题，提出解决方案；

（三）决定合规负责人的聘任、解聘及报酬事项；

（四）决定公司合规管理部门的设置及其职能；

（五）保证合规负责人独立与董事会、董事会专业委员会沟通；

（六）公司章程规定的其他合规职责。

第八条　保险公司董事会可以授权专业委员会履行以下合规职责：

（一）审核公司年度合规报告；

（二）听取合规负责人和合规管理部门有关合规事项的报告；

（三）监督公司合规管理，了解合规政策的实施情况和存在的问题，并向董事会提出意见和建议；

（四）公司章程规定或者董事会确定的其他合规职责。

第九条　保险公司监事或者监事会履行以下合规职责：

（一）监督董事和高级管理人员履行合规职责的情况；

（二）监督董事会的决策及决策流程是否合规；

（三）对引发重大合规风险的董事、高级管理人员提出罢免的建议；

（四）向董事会提出撤换公司合规负责人的建议；

（五）依法调查公司经营中引发合规风险的相关情况，并可要求公司相关高级管理人员和部门协助；

（六）公司章程规定的其他合规职责。

第十条　保险公司总经理履行以下合规职责：

（一）根据董事会的决定建立健全公司合规管理组织架构，设立合规管理部门，并为合规负责人和合规管理部门履行职责提供充分条件；

（二）审核公司合规政策，报经董事会审议后执行；

（三）每年至少组织一次对公司合规风险的识别和评估，并审核公司年度合规管理计划；

（四）审核并向董事会或者其授权的专业委员会提交公司年度合规报告；

（五）发现公司有不合规的经营管理行为的，应当及时制止并纠正，追究违规责任人的相应责任，并按规定进行报告；

（六）公司章程规定、董事会确定的其他合规职责。

保险公司分公司和中心支公司总经理应当履行前款第三项和第五项规定的合规职责，以及保险公司确定的其他合规职责。

第三章　合规负责人和合规管理部门

第十一条　保险公司应当设立合规负责人。合规负责人是保险公司的高级管理人员。合规负责人不得兼管公司的业务、财务、资金运用和内部审计部门等可能与合规管理存在职责冲突的部门，保险公司总经理兼任合规负责人的除外。

本条所称的业务部门指保险公司设立的负责销售、承保和理赔等保险业务的部门。

第十二条　保险公司任命合规负责人，应当依据《保险公司董事、监事和高级管理人员任职资格管理规定》及中国保监会的有关规定申请核准其任职资格。

保险公司解聘合规负责人的，应当在解聘后10个工作日内向中国保监会报告并说明正当理由。

第十三条　保险公司合规负责人对董事会负责，接受董事会和总经理的领导，并履行以下职责：

（一）全面负责公司的合规管理工作，领导合规管理部门；

（二）制定和修订公司合规政策，制订公司年度合规管理计划，并报总经理审核；

（三）将董事会审议批准后的合规政策传达给保险从业人员，并组织执行；

（四）向总经理、董事会或者其授权的专业委员会定期提出合规改进建议，及时报告公司和高级管理人员的重大违规行为；

（五）审核合规管理部门出具的合规报告等合规文件；

（六）公司章程规定或者董事会确定的其他合规职责。

第十四条　保险公司总公司及省级分公司应当设置合规管理部门。保险公司应当根据业务规模、组织架构和风险管理工作的需要，在其他设置合规管理部门或者合规岗位。

保险公司分支机构的合规管理部门、合规岗位对上级合规管理部门或者合规岗位负责，同时对其所在分支机构的负责人负责。

保险公司应当以合规政策或者其他正式文件的形式，确立合规管理部门和合规岗位的组织结构、职责和权利，并规定确保其独立性的措施。

第十五条　保险公司应当确保合规管理部门和合规岗位的独立性，并对其实行独立预算和考评。合规管理部门和合规岗位应当独立于业务、财务、资金运用和内部审计部门等可能与合规管理存在职责冲突的部门。

第十六条　合规管理部门履行以下职责：

（一）协助合规负责人制订、修订公司的合规政策和年度合规管理计划，并推动其贯彻落实，协助高级管理人员培育公司的合规文化；

（二）组织协调公司各部门和分支机构制订、修订公司合规管理规章制度；

（三）组织实施合规审核、合规检查；

（四）组织实施合规风险监测，识别、评估和报告合规风险；

（五）撰写年度合规报告；

（六）为公司新产品和新业务的开发提供合规支持，识别、评估合规风险；

（七）组织公司反洗钱等制度的制订和实施；

（八）开展合规培训，推动保险从业人员遵守行为准则，并向保险从业人员提供合规咨询；

（九）审查公司重要的内部规章制度和业务规程，并依据法律法规、监管规定和行业自律规则的变动和发展，提出制订或者修订公司内部规章制度和业务规程的建议；

（十）保持与监管机构的日常工作联系，反馈相关意见和建议；

（十一）组织或者参与实施合规考核和问责；

（十二）董事会确定的其他合规管理职责。

合规岗位的具体职责，由公司参照前款规定确定。

第十七条　保险公司应当保障合规负责人、合规管理部门和合规岗位享有以下权利：

（一）为了履行合规管理职责，通过参加会议、查阅文件、调取数据、与有关人员交谈、接受合规情况反映等方式获取信息；

（二）对违规或者可能违规的人员和事件进行独立调查，可外聘专业人员或者机构协助工作；

（三）享有通畅的报告渠道，根据董事会确定的报告路线向总经理、董事会授权的专业委员会、董事会报告；

（四）董事会确定的其他权利。

董事会和高级管理人员应当支持合规管理部门、合规岗位和合规人员履行工作职责，并采取措施切实保障合规管理部门、合规岗位和合规人员不因履行职责遭受不公正的对待。

第十八条 保险公司应当根据业务规模、人员数量、风险水平等因素为合规管理部门或者合规岗位配备足够的专职合规人员。

保险公司总公司和省级分公司应当为合规管理部门以外的其他各部门配备兼职合规人员。有条件的保险公司应当为省级分公司以外的其他分支机构配备兼职合规人员。保险公司应当建立兼职合规人员激励机制，促进兼职合规人员履职尽责。

第十九条 合规人员应当具有与其履行职责相适应的资质和经验，具有法律、保险、财会、金融等方面的专业知识，并熟练掌握法律法规、监管规定、行业自律规则和公司内部管理制度。

保险公司应当定期开展系统的教育培训，提高合规人员的专业技能。

第四章　合规管理

第二十条 保险公司应当建立三道防线的合规管理框架，确保三道防线各司其职、协调配合，有效参与合规管理，形成合规管理的合力。

第二十一条 保险公司各部门和分支机构履行合规管理的第一道防线职责，对其职责范围内的合规管理负有直接和第一位的责任。

保险公司各部门和分支机构应当主动进行日常的合规管控，定期进行合规自查，并向合规管理部门或者合规岗位提供合规风险信息或者风险点，支持并配合合规管理部门或者合规岗位的合规风险监测和评估。

第二十二条 保险公司合规管理部门和合规岗位履行合规管理的第二道防线职责。合规管理部门和合规岗位应当按照本办法第十六条规定的职责，向公司各部门和分支机构的业务活动提供合规支持，组织、协调、监督各部门和分支机构开展合规管理各项工作。

第二十三条　保险公司内部审计部门履行合规管理的第三道防线职责，定期对公司的合规管理情况进行独立审计。

第二十四条　保险公司应当在合规管理部门与内部审计部门之间建立明确的合作和信息交流机制。内部审计部门在审计结束后，应当将审计情况和结论通报合规管理部门；合规管理部门也可以根据合规风险的监测情况主动向内部审计部门提出开展审计工作的建议。

第二十五条　保险公司应当制订合规政策，经董事会审议通过后报中国保监会备案。

合规政策是保险公司进行合规管理的纲领性文件，应当包括以下内容：

（一）公司进行合规管理的目标和基本原则；

（二）公司倡导的合规文化；

（三）董事会、高级管理人员的合规责任；

（四）公司合规管理框架和报告路线；

（五）合规管理部门的地位和职责；

（六）公司识别和管理合规风险的主要程序。

保险公司应当定期对合规政策进行评估，并视合规工作需要进行修订。

第二十六条　保险公司应当通过制定相关规章制度，明确保险从业人员行为规范，落实公司的合规政策，并为保险从业人员执行合规政策提供指引。

保险公司应当制定工作岗位的业务操作程序和规范。

第二十七条　保险公司应当定期组织识别、评估和监测以下事项的合规风险：

（一）业务行为；

（二）财务行为；

（三）资金运用行为；

（四）机构管理行为；

（五）其他可能引发合规风险的行为。

第二十八条　保险公司应当明确合规风险报告的路线，规定报告路线涉及的每个人员和机构的职责，明确报告人的报告内容、方式和频率以及接受报告人直接处理或者向上报告的规范要求。

第二十九条　保险公司合规管理部门应当对下列事项进行合规审核：

（一）重要的内部规章制度和业务规程；

（二）重要的业务行为、财务行为、资金运用行为和机构管理行为。

第三十条　保险公司合规管理部门应当按照合规负责人、总经理、董事会或者其授权的专业委员会的要求，在公司内进行合规调查。

合规调查结束后，合规管理部门应当就调查情况和结论制作报告，并报送提出调查要求的机构。

第三十一条　保险公司应当建立有效的合规考核和问责制度，将合规管理作为公司年度考核的重要指标，对各部门、分支机构及其人员的合规职责履行情况进行考核和评价，并追究违法违规事件责任人员的责任。

第三十二条　保险公司合规管理部门应当与公司相关培训部门建立协作机制，制订合规培训计划，定期组织开展合规培训工作。

保险公司董事、监事和高级管理人员应当参加与其职责相关的合规培训。保险从业人员应当定期接受合规培训。

第三十三条　保险公司应当建立有效的信息系统，确保在合规管理工作中能够及时、准确获取有关公司业务、财务、资金运用、机构管理等合规管理工作所需的信息。

第三十四条　保险公司各分支机构主要负责人应当根据本办法和公司合规管理制度，落实上级机构的要求，加强合规管理。

第五章　合规的外部监督

第三十五条　中国保监会根据保险公司发展实际，采取分类指导的原则，加强督导，推动保险公司建立和完善合规管理体系。

第三十六条　中国保监会通过合规报告或者现场检查等方式对保险公司合规管理工作进行监督和评价，评价结果将作为实施风险综合评级的重要依据。

第三十七条　保险公司应当于每年4月30日前向中国保监会提交公司上一年度的年度合规报告。保险公司董事会对合规报告的真实性、准确性、完整性负责。

公司年度合规报告应当包括以下内容：

（一）合规管理状况概述；

（二）合规政策的制订、评估和修订；

（三）合规负责人和合规管理部门的情况；

（四）重要业务活动的合规情况；

（五）合规评估和监测机制的运行；

（六）存在的主要合规风险及应对措施；

（七）重大违规事件及其处理；

（八）合规培训情况；

（九）合规管理存在的问题和改进措施；

（十）其他。

中国保监会可以根据监管需要，要求保险公司报送综合或者专项的合规报告。

中国保监会派出机构可以根据辖区内监管需要，要求保险公司省级分公司书面报告合规工作情况。

第三十八条　保险公司及其相关责任人违反本办法规定的，中国保监会可以根据具体情况采取以下监管措施：

（一）责令限期改正；

（二）调整风险综合评级；

（三）调整公司治理评级；

（四）监管谈话；

（五）行业通报；

（六）其他监管措施。

对拒不改正的，依法予以处罚。

第六章　附　则

第三十九条　本办法适用于在中华人民共和国境内成立的保险公司、保险集团（控股）公司。外国保险公司分公司、保险资产管理公司以及经中国保监会批准成立的其他保险组织参照适用。

保险公司计划单列市分公司参照适用本办法有关保险公司省级分公司的规定。

第四十条　本办法所称保险公司分支机构，是指经中国保监会及其派出机构批准，保险公司依法在境内设立的分公司、中心支公司、支公司、营业部、营销服务部以及各类专属机构。

本办法所称保险从业人员，是指保险公司工作人员以及其他为保险公司销售保险产品的保险销售从业人员。

第四十一条　本办法由中国保监会负责解释。

第四十二条　本办法自 2017 年 7 月 1 日起施行。中国保监会 2007 年 9 月 7 日发布的《保险公司合规管理指引》（保监发〔2007〕91 号）同时废止。

八
证券公司和证券投资基金管理公司合规管理办法

中国证券监督管理委员会
2020 年 3 月 20 日

证券公司和证券投资基金管理公司合规管理办法

第一章 总 则

第一条 为了促进证券公司和证券投资基金管理公司加强内部合规管理，实现持续规范发展，根据《中华人民共和国公司法》《中华人民共和国证券法》《中华人民共和国证券投资基金法》和《证券公司监督管理条例》，制定本办法。

第二条 在中华人民共和国境内设立的证券公司和证券投资基金管理公司（以下统称证券基金经营机构）应当按照本办法实施合规管理。

本办法所称合规，是指证券基金经营机构及其工作人员的经营管理和执业行为符合法律、法规、规章及规范性文件、行业规范和自律规则、公司内部规章制度，以及行业普遍遵守的职业道德和行为准则（以下统称法律法规和准则）。

本办法所称合规管理，是指证券基金经营机构制定和执行合规管理制度，建立合规管理机制，防范合规风险的行为。

本办法所称合规风险，是指因证券基金经营机构或其工作人员的经营管理或执业行为违反法律法规和准则而使证券基金经营机构被依法追究法律责任、采取监管措施、给予纪律处分、出现财产损失或商业信誉损失的风险。

第三条 证券基金经营机构的合规管理应当覆盖所有业务，各部门、各分支机构、各层级子公司和全体工作人员，贯穿决策、执行、监督、反馈等各个环节。

第四条 证券基金经营机构应当树立全员合规、合规从管理层做起、合规创造价值、合规是公司生存基础的理念，倡导和推进合规文化建设，培育全体工作人员合规意识，提升合规管理人员职业荣誉感和专业化、职业化水平。

第五条 中国证券监督管理委员会（以下简称中国证监会）依法对证券基金经营机构合规管理工作实施监督管理。中国证监会派出机构按照授权履行监督管理职责。

中国证券业协会、中国证券投资基金业协会等自律组织（以下简称协会）依照本办法制定实施细则，对证券基金经营机构合规管理工作实施自律管理。

第二章 合规管理职责

第六条 证券基金经营机构开展各项业务，应当合规经营、勤勉尽责，坚持客户利益至上原则，并遵守下列基本要求：

（一）充分了解客户的基本信息、财务状况、投资经验、投资目标、风险偏好、诚信记录等信息并及时更新。

（二）合理划分客户类别和产品、服务风险等级，确保将适当的产品、服务提供给适合的客户，不得欺诈客户。

（三）持续督促客户规范证券发行行为，动态监控客户交易活动，及时报告、依法处置重大异常行为，不得为客户违规从事证券发行、交易活动提供便利。

（四）严格规范工作人员执业行为，督促工作人员勤勉尽责，防范其利用职务便利从事违法违规、超越权限或者其他损害客户合法权益的行为。

（五）有效管理内幕信息和未公开信息，防范公司及其工作人员利用该信息买卖证券、建议他人买卖证券，或者泄露该信息。

（六）及时识别、妥善处理公司与客户之间、不同客户之间、公司不同业务之间的利益冲突，切实维护客户利益，公平对待客户。

（七）依法履行关联交易审议程序和信息披露义务，保证关联交易的公允性，防止不正当关联交易和利益输送。

（八）审慎评估公司经营管理行为对证券市场的影响，采取有效措施，防止扰乱市场秩序。

第七条 证券基金经营机构董事会决定本公司的合规管理目标，对合规管理的有效性承担责任，履行下列合规管理职责：

（一）审议批准合规管理的基本制度；

（二）审议批准年度合规报告；

（三）决定解聘对发生重大合规风险负有主要责任或者领导责任的高级管理人员；

（四）决定聘任、解聘、考核合规负责人，决定其薪酬待遇；

（五）建立与合规负责人的直接沟通机制；

（六）评估合规管理有效性，督促解决合规管理中存在的问题；

（七）公司章程规定的其他合规管理职责。

第八条　证券基金经营机构的监事会或者监事履行下列合规管理职责：

（一）对董事、高级管理人员履行合规管理职责的情况进行监督；

（二）对发生重大合规风险负有主要责任或者领导责任的董事、高级管理人员提出罢免的建议；

（三）公司章程规定的其他合规管理职责。

第九条　证券基金经营机构的高级管理人员负责落实合规管理目标，对合规运营承担责任，履行下列合规管理职责：

（一）建立健全合规管理组织架构，遵守合规管理程序，配备充足、适当的合规管理人员，并为其履行职责提供充分的人力、物力、财力、技术支持和保障；

（二）发现违法违规行为及时报告、整改，落实责任追究；

（三）公司章程规定或者董事会确定的其他合规管理职责。

第十条　证券基金经营机构各部门、各分支机构和各层级子公司（以下统称下属各单位）负责人负责落实本单位的合规管理目标，对本单位合规运营承担责任。

证券基金经营机构全体工作人员应当遵守与其执业行为有关的法律、法规和准则，主动识别、控制其执业行为的合规风险，并对其执业行为的合规性承担责任。

下属各单位及工作人员发现违法违规行为或者合规风险隐患时，应当主动及时向合规负责人报告。

第十一条　证券基金经营机构设合规负责人。合规负责人是高级管理人员，直接向董事会负责，对本公司及其工作人员的经营管理和执业行为的合规性进行审查、监督和检查。

合规负责人不得兼任与合规管理职责相冲突的职务，不得负责管理与合规管理职责相冲突的部门。

证券基金经营机构的章程应当对合规负责人的职责、任免条件和程序等作出规定。

第十二条　证券基金经营机构合规负责人应当组织拟定合规管理的基本制度和其他合规管理制度，督导下属各单位实施。

合规管理的基本制度应当明确合规管理的目标、基本原则、机构设置及其职责，违法违规行为及合规风险隐患的报告、处理和责任追究等内容。

法律法规和准则发生变动的，合规负责人应当及时建议董事会或高级管理人员并督导有关部门，评估其对合规管理的影响，修改、完善有关制度和业务流程。

第十三条 合规负责人应当对证券基金经营机构内部规章制度、重大决策、新产品和新业务方案等进行合规审查，并出具书面合规审查意见。

中国证监会及其派出机构、自律组织要求对证券基金经营机构报送的申请材料或报告进行合规审查的，合规负责人应当审查，并在该申请材料或报告上签署合规审查意见。其他相关高级管理人员等人员应当对申请材料或报告中基本事实和业务数据的真实性、准确性及完整性负责。

证券基金经营机构不采纳合规负责人的合规审查意见的，应当将有关事项提交董事会决定。

第十四条 合规负责人应当按照中国证监会及其派出机构的要求和公司规定，对证券基金经营机构及其工作人员经营管理和执业行为的合规性进行监督检查。

合规负责人应当协助董事会和高级管理人员建立和执行信息隔离墙、利益冲突管理和反洗钱制度，按照公司规定为高级管理人员、下属各单位提供合规咨询、组织合规培训，指导和督促公司有关部门处理涉及公司和工作人员违法违规行为的投诉和举报。

第十五条 合规负责人应当按照公司规定，向董事会、经营管理主要负责人报告证券基金经营机构经营管理合法合规情况和合规管理工作开展情况。

合规负责人发现证券基金经营机构存在违法违规行为或合规风险隐患的，应当依照公司章程规定及时向董事会、经营管理主要负责人报告，提出处理意见，并督促整改。合规负责人应当同时督促公司及时向中国证监会相关派出机构报告；公司未及时报告的，应当直接向中国证监会相关派出机构报告；有关行为违反行业规范和自律规则的，还应当向有关自律组织报告。

第十六条 合规负责人应当及时处理中国证监会及其派出机构和自律组织要求调查的事项，配合中国证监会及其派出机构和自律组织对证券基金经营机构的检查和调查，跟踪和评估监管意见和监管要求的落实情况。

第十七条 合规负责人应当将出具的合规审查意见、提供的合规咨询意见、签署的公司文件、合规检查工作底稿等与履行职责有关的文件、资料存档备查，并对履行职责的情况作出记录。

第三章　合规管理保障

第十八条　合规负责人应当通晓相关法律法规和准则，诚实守信，熟悉证券、基金业务，具有胜任合规管理工作需要的专业知识和技能，并具备下列任职条件：

（一）从事证券、基金工作 10 年以上，并且通过中国证券业协会或中国证券投资基金业协会组织的合规管理人员胜任能力考试；或者从事证券、基金工作 5 年以上，并且通过法律职业资格考试；或者在证券监管机构、证券基金业自律组织任职 5 年以上；

（二）最近 3 年未被金融监管机构实施行政处罚或采取重大行政监管措施；

（三）中国证监会规定的其他条件。

第十九条　证券基金经营机构聘任合规负责人，应当向中国证监会相关派出机构报送人员简历及有关证明材料。证券公司合规负责人应当经中国证监会相关派出机构认可后方可任职。

合规负责人任期届满前，证券基金经营机构解聘的，应当有正当理由，并在有关董事会会议召开 10 个工作日前将解聘理由书面报告中国证监会相关派出机构。

前款所称正当理由，包括合规负责人本人申请，或被中国证监会及其派出机构责令更换，或确有证据证明其无法正常履职、未能勤勉尽责等情形。

第二十条　合规负责人不能履行职务或缺位时，应当由证券基金经营机构董事长或经营管理主要负责人代行其职务，并自决定之日起 3 个工作日内向中国证监会相关派出机构书面报告，代行职务的时间不得超过 6 个月。

合规负责人提出辞职的，应当提前 1 个月向公司董事会提出申请，并向中国证监会相关派出机构报告。在辞职申请获得批准之前，合规负责人不得自行停止履行职责。

合规负责人缺位的，公司应当在 6 个月内聘请符合本办法第十八条规定的人员担任合规负责人。

第二十一条　证券基金经营机构应当设立合规部门。合规部门对合规负责人负责，按照公司规定和合规负责人的安排履行合规管理职责。合规部门不得承担与合规管理相冲突的其他职责。

证券基金经营机构应当明确合规部门与其他内部控制部门之间的职责分工，建立内部控制部门协调互动的工作机制。

第二十二条 证券基金经营机构应当为合规部门配备足够的、具备与履行合规管理职责相适应的专业知识和技能的合规管理人员。合规部门中具备3年以上证券、金融、法律、会计、信息技术等有关领域工作经历的合规管理人员数量不得低于公司总部人数的一定比例，具体比例由协会规定。

第二十三条 证券基金经营机构各业务部门、各分支机构应当配备符合本办法第二十二条规定的合规管理人员。

合规管理人员可以兼任与合规管理职责不相冲突的职务。合规风险管控难度较大的部门和分支机构应当配备专职合规管理人员。

第二十四条 证券基金经营机构应当将各层级子公司的合规管理纳入统一体系，明确子公司向母公司报告的合规管理事项，对子公司的合规管理制度进行审查，对子公司经营管理行为的合规性进行监督和检查，确保子公司合规管理工作符合母公司的要求。

从事另类投资、私募基金管理、基金销售等活动的子公司，应当由证券基金经营机构选派人员作为子公司高级管理人员负责合规管理工作，并由合规负责人考核和管理。

第二十五条 证券基金经营机构应当保障合规负责人和合规管理人员充分履行职责所需的知情权和调查权。

证券基金经营机构召开董事会会议、经营决策会议等重要会议以及合规负责人要求参加或者列席的会议的，应当提前通知合规负责人。合规负责人有权根据履职需要参加或列席有关会议，查阅、复制有关文件、资料。

合规负责人根据履行职责需要，有权要求证券基金经营机构有关人员对相关事项作出说明，向为公司提供审计、法律等中介服务的机构了解情况。

合规负责人认为必要时，可以证券基金经营机构名义直接聘请外部专业机构或人员协助其工作，费用由公司承担。

第二十六条 证券基金经营机构应当保障合规负责人和合规管理人员的独立性。

证券基金经营机构的股东、董事和高级管理人员不得违反规定的职责和程序，直接向合规负责人下达指令或者干涉其工作。

证券基金经营机构的董事、监事、高级管理人员和下属各单位应当支持和配合合规负责人、合规部门及本单位合规管理人员的工作，不得以任何理由限制、阻挠合规负责人、合规部门和合规管理人员履行职责。

第二十七条　合规部门及专职合规管理人员由合规负责人考核。对兼职合规管理人员进行考核时，合规负责人所占权重应当超过 50%。证券基金经营机构应当制定合规负责人、合规部门及专职合规管理人员的考核管理制度，不得采取其他部门评价、以业务部门的经营业绩为依据等不利于合规独立性的考核方式。

证券基金经营机构董事会对合规负责人进行年度考核时，应当就其履行职责情况及考核意见书面征求中国证监会相关派出机构的意见，中国证监会相关派出机构可以根据掌握的情况建议董事会调整考核结果。

证券基金经营机构对高级管理人员和下属各单位的考核应当包括合规负责人对其合规管理有效性、经营管理和执业行为合规性的专项考核内容。合规性专项考核占总考核结果的比例不得低于协会的规定。

第二十八条　证券基金经营机构应当制定合规负责人与合规管理人员的薪酬管理制度。合规负责人工作称职的，其年度薪酬收入总额在公司高级管理人员年度薪酬收入总额中的排名不得低于中位数；合规管理人员工作称职的，其年度薪酬收入总额不得低于公司同级别人员的平均水平。

第二十九条　中国证监会及其派出机构和自律组织支持证券基金经营机构合规负责人依法开展工作，组织行业合规培训和交流，并督促证券基金经营机构为合规负责人提供充足的履职保障。

第四章　监督管理与法律责任

第三十条　证券基金经营机构应当在报送年度报告的同时向中国证监会相关派出机构报送年度合规报告。年度合规报告包括下列内容：

（一）证券基金经营机构和各层级子公司合规管理的基本情况；

（二）合规负责人履行职责情况；

（三）违法违规行为、合规风险隐患的发现及整改情况；

（四）合规管理有效性的评估及整改情况；

（五）中国证监会及其派出机构要求或证券基金经营机构认为需要报告的其他内容。

证券基金经营机构的董事、高级管理人员应当对年度合规报告签署确认意见，保证报告的内容真实、准确、完整；对报告内容有异议的，应当注明意见和理由。

第三十一条　证券基金经营机构应当组织内部有关机构和部门或者委托具有专业资质的外部专业机构对公司合规管理的有效性进行评估，及时解决合规管理中存在的问题。对合规管理有效性的全面评估，每年不得少于1次。委托具有专业资质的外部专业机构进行的全面评估，每3年至少进行1次。

中国证监会及其派出机构发现证券基金经营机构存在违法违规行为或重大合规风险隐患的，可以要求证券基金经营机构委托指定的具有专业资质的外部专业机构对公司合规管理的有效性进行评估，并督促其整改。

第三十二条　证券基金经营机构违反本办法规定的，中国证监会可以采取出具警示函、责令定期报告、责令改正、监管谈话等行政监管措施；对直接负责的董事、监事、高级管理人员和其他责任人员，可以采取出具警示函、责令参加培训、责令改正、监管谈话、认定为不适当人选等行政监管措施。

证券基金经营机构违反本办法规定导致公司出现治理结构不健全、内部控制不完善等情形的，对证券基金经营机构及其直接负责的董事、监事、高级管理人员和其他直接责任人员，依照《中华人民共和国证券投资基金法》第二十四条、《证券公司监督管理条例》第七十条采取行政监管措施。

第三十三条　合规负责人违反本办法规定的，中国证监会可以采取出具警示函、责令参加培训、责令改正、监管谈话、认定为不适当人选等行政监管措施。

第三十四条　证券基金经营机构的董事、监事、高级管理人员未能勤勉尽责，致使公司存在重大违法违规行为或者重大合规风险的，依照《中华人民共和国证券法》第一百四十条、第一百四十二条、《中华人民共和国证券投资基金法》第二十五条采取行政监管措施。

第三十五条　证券基金经营机构违反本办法第十八条、第十九条、第二十条、第二十一条、第二十二条、第二十三条、第二十四条、第二十五条、第二十六条、第二十七条、第二十八条规定，情节严重的，对证券基金经营机构及其直接负责的董事、监事、高级管理人员和其他直接责任人员，处以警告、3万元以下罚款。

合规负责人未按照本办法第十五条第二款的规定及时向中国证监会相关派出机构报告重大违法违规行为的，处以警告、3 万元以下罚款。

第三十六条 证券基金经营机构通过有效的合规管理，主动发现违法违规行为或合规风险隐患，积极妥善处理，落实责任追究，完善内部控制制度和业务流程并及时向中国证监会或其派出机构报告的，依法从轻、减轻处理；情节轻微并及时纠正违法违规行为或避免合规风险，没有造成危害后果的，不予追究责任。

对于证券基金经营机构的违法违规行为，合规负责人已经按照本办法的规定尽职履行审查、监督、检查和报告职责的，不予追究责任。

第五章 附则

第三十七条 本办法下列用语的含义：

（一）合规负责人，包括证券公司的合规总监和证券投资基金管理公司的督察长。

（二）中国证监会相关派出机构，包括证券公司住所地的中国证监会派出机构，和证券投资基金管理公司住所地或者经营所在地的中国证监会派出机构。

第三十八条 中国证监会根据审慎监管的原则，可以提高对行业重要性证券基金经营机构的合规管理要求，并可以采取增加现场检查频率、强化合规负责人任职监管、委托外部专业机构协助开展工作等方式加强合规监管。

前款所称行业重要性证券基金经营机构，是指中国证监会认定的，公司内部经营活动可能导致证券基金行业、证券市场产生重大风险的证券基金经营机构。

第三十九条 开展公开募集证券投资基金管理业务的保险资产管理机构、私募资产管理机构等，参照本办法执行。

第四十条 本办法自 2017 年 10 月 1 日起施行。《证券投资基金管理公司督察长管理规定》（证监基金字〔2006〕85 号）、《证券公司合规管理试行规定》（证监会公告〔2008〕30 号）同时废止。

九
中央企业合规管理指引（试行）

国资发法规〔2018〕106号

国务院国有资产监督管理委员会

2018 年 11 月 2 日

国务院国有资产管理委员会
关于印发《中央企业合规管理指引（试行）》的通知

国资发法规〔2018〕106 号

各中央企业：

　　为推动中央企业全面加强合规管理，加快提升依法合规经营管理水平，着力打造法治央企，保障企业持续健康发展，我委制定了《中央企业合规管理指引（试行）》，现印发给你们。请遵照执行。工作中的情况和问题请及时反馈。

国务院国有资产管理委员会

2018 年 11 月 2 日

中央企业合规管理指引（试行）

第一章　总　则

第一条　为推动中央企业全面加强合规管理，加快提升依法合规经营管理水平，着力打造法治央企，保障企业持续健康发展，根据《中华人民共和国公司法》、《中华人民共和国企业国有资产法》等有关法律法规规定，制定本指引。

第二条　本指引所称中央企业，是指国务院国有资产监督管理委员会（以下简称国资委）履行出资人职责的国家出资企业。

本指引所称合规，是指中央企业及其员工的经营管理行为符合法律法规、监管规定、行业准则和企业章程、规章制度以及国际条约、规则等要求。

本指引所称合规风险，是指中央企业及其员工因不合规行为，引发法律责任、受到相关处罚、造成经济或声誉损失以及其他负面影响的可能性。

本指引所称合规管理，是指以有效防控合规风险为目的，以企业和员工经营管理行为为对象，开展包括制度制定、风险识别、合规审查、风险应对、责任追究、考核评价、合规培训等有组织、有计划的管理活动。

第三条　国资委负责指导监督中央企业合规管理工作。

第四条　中央企业应当按照以下原则加快建立健全合规管理体系：

（一）全面覆盖。坚持将合规要求覆盖各业务领域、各部门、各级子企业和分支机构、全体员工，贯穿决策、执行、监督全流程。

（二）强化责任。把加强合规管理作为企业主要负责人履行推进法治建设第一责任人职责的重要内容。建立全员合规责任制，明确管理人员和各岗位员工的合规责任并督促有效落实。

（三）协同联动。推动合规管理与法律风险防范、监察、审计、内控、风险管理等工作相统筹、相衔接，确保合规管理体系有效运行。

（四）客观独立。严格依照法律法规等规定对企业和员工行为进行客观评价和处理。合规管理牵头部门独立履行职责，不受其他部门和人员的干涉。

第二章　合规管理职责

第五条　董事会的合规管理职责主要包括：

（一）批准企业合规管理战略规划、基本制度和年度报告；

（二）推动完善合规管理体系；

（三）决定合规管理负责人的任免；

（四）决定合规管理牵头部门的设置和职能；

（五）研究决定合规管理有关重大事项；

（六）按照权限决定有关违规人员的处理事项。

第六条　监事会的合规管理职责主要包括：

（一）监督董事会的决策与流程是否合规；

（二）监督董事和高级管理人员合规管理职责履行情况；

（三）对引发重大合规风险负有主要责任的董事、高级管理人员提出罢免建议；

（四）向董事会提出撤换公司合规管理负责人的建议。

第七条　经理层的合规管理职责主要包括：

（一）根据董事会决定，建立健全合规管理组织架构；

（二）批准合规管理具体制度规定；

（三）批准合规管理计划，采取措施确保合规制度得到有效执行；

（四）明确合规管理流程，确保合规要求融入业务领域；

（五）及时制止并纠正不合规的经营行为，按照权限对违规人员进行责任追究或提出处理建议；

（六）经董事会授权的其他事项。

第八条　中央企业设立合规委员会，与企业法治建设领导小组或风险控制委员会等合署，承担合规管理的组织领导和统筹协调工作，定期召开会议，研究决定合规管理重大事项或提出意见建议，指导、监督和评价合规管理工作。

第九条　中央企业相关负责人或总法律顾问担任合规管理负责人，主要职责包括：

（一）组织制订合规管理战略规划；

（二）参与企业重大决策并提出合规意见；

（三）领导合规管理牵头部门开展工作；

（四）向董事会和总经理汇报合规管理重大事项；

（五）组织起草合规管理年度报告。

第十条 法律事务机构或其他相关机构为合规管理牵头部门，组织、协调和监督合规管理工作，为其他部门提供合规支持，主要职责包括：

（一）研究起草合规管理计划、基本制度和具体制度规定；

（二）持续关注法律法规等规则变化，组织开展合规风险识别和预警，参与企业重大事项合规审查和风险应对；

（三）组织开展合规检查与考核，对制度和流程进行合规性评价，督促违规整改和持续改进；

（四）指导所属单位合规管理工作；

（五）受理职责范围内的违规举报，组织或参与对违规事件的调查，并提出处理建议；

（六）组织或协助业务部门、人事部门开展合规培训。

第十一条 业务部门负责本领域的日常合规管理工作，按照合规要求完善业务管理制度和流程，主动开展合规风险识别和隐患排查，发布合规预警，组织合规审查，及时向合规管理牵头部门通报风险事项，妥善应对合规风险事件，做好本领域合规培训和商业伙伴合规调查等工作，组织或配合进行违规问题调查并及时整改。

监察、审计、法律、内控、风险管理、安全生产、质量环保等相关部门，在职权范围内履行合规管理职责。

第三章 合规管理重点

第十二条 中央企业应当根据外部环境变化，结合自身实际，在全面推进合规管理的基础上，突出重点领域、重点环节和重点人员，切实防范合规风险。

第十三条 加强对以下重点领域的合规管理：

（一）市场交易。完善交易管理制度，严格履行决策批准程序，建立健全自律诚信体系，突出反商业贿赂、反垄断、反不正当竞争，规范资产交易、招投标等活动；

（二）安全环保。严格执行国家安全生产、环境保护法律法规，完善企业生产规范和安全环保制度，加强监督检查，及时发现并整改违规问题；

（三）产品质量。完善质量体系，加强过程控制，严把各环节质量关，提供优质产品和服务；

（四）劳动用工。严格遵守劳动法律法规，健全完善劳动合同管理制度，规范劳动合同签订、履行、变更和解除，切实维护劳动者合法权益；

（五）财务税收。健全完善财务内部控制体系，严格执行财务事项操作和审批流程，严守财经纪律，强化依法纳税意识，严格遵守税收法律政策；

（六）知识产权。及时申请注册知识产权成果，规范实施许可和转让，加强对商业秘密和商标的保护，依法规范使用他人知识产权，防止侵权行为；

（七）商业伙伴。对重要商业伙伴开展合规调查，通过签订合规协议、要求作出合规承诺等方式促进商业伙伴行为合规；

（八）其他需要重点关注的领域。

第十四条 加强对以下重点环节的合规管理：

（一）制度制定环节。强化对规章制度、改革方案等重要文件的合规审查，确保符合法律法规、监管规定等要求；

（二）经营决策环节。严格落实"三重一大"决策制度，细化各层级决策事项和权限，加强对决策事项的合规论证把关，保障决策依法合规；

（三）生产运营环节。严格执行合规制度，加强对重点流程的监督检查，确保生产经营过程中照章办事、按章操作；

（四）其他需要重点关注的环节。

第十五条 加强对以下重点人员的合规管理：

（一）管理人员。促进管理人员切实提高合规意识，带头依法依规开展经营管理活动，认真履行承担的合规管理职责，强化考核与监督问责；

（二）重要风险岗位人员。根据合规风险评估情况明确界定重要风险岗位，有针对性加大培训力度，使重要风险岗位人员熟悉并严格遵守业务涉及的各项规定，加强监督检查和违规行为追责；

（三）海外人员。将合规培训作为海外人员任职、上岗的必备条件，确保遵守我国和所在国法律法规等相关规定；

（四）其他需要重点关注的人员。

第十六条 强化海外投资经营行为的合规管理：

（一）深入研究投资所在国法律法规及相关国际规则，全面掌握禁止性规定，明确海外投资经营行为的红线、底线；

（二）健全海外合规经营的制度、体系、流程，重视开展项目的合规论证和尽职调查，依法加强对境外机构的管控，规范经营管理行为。

（三）定期排查梳理海外投资经营业务的风险状况，重点关注重大决策、重大合同、大额资金管控和境外子企业公司治理等方面存在的合规风险，妥善处理、及时报告，防止扩大蔓延。

第四章　合规管理运行

第十七条　建立健全合规管理制度，制定全员普遍遵守的合规行为规范，针对重点领域制定专项合规管理制度，并根据法律法规变化和监管动态，及时将外部有关合规要求转化为内部规章制度。

第十八条　建立合规风险识别预警机制，全面系统梳理经营管理活动中存在的合规风险，对风险发生的可能性、影响程度、潜在后果等进行系统分析，对于典型性、普遍性和可能产生较严重后果的风险及时发布预警。

第十九条　加强合规风险应对，针对发现的风险制定预案，采取有效措施，及时应对处置。对于重大合规风险事件，合规委员会统筹领导，合规管理负责人牵头，相关部门协同配合，最大限度化解风险、降低损失。

第二十条　建立健全合规审查机制，将合规审查作为规章制度制定、重大事项决策、重要合同签订、重大项目运营等经营管理行为的必经程序，及时对不合规的内容提出修改建议，未经合规审查不得实施。

第二十一条　强化违规问责，完善违规行为处罚机制，明晰违规责任范围，细化惩处标准。畅通举报渠道，针对反映的问题和线索，及时开展调查，严肃追究违规人员责任。

第二十二条　开展合规管理评估，定期对合规管理体系的有效性进行分析，对重大或反复出现的合规风险和违规问题，深入查找根源，完善相关制度，堵塞管理漏洞，强化过程管控，持续改进提升。

第五章　合规管理保障

第二十三条　加强合规考核评价，把合规经营管理情况纳入对各部门和所属企业负责人的年度综合考核，细化评价指标。对所属单位和员工合规职责履行情况进行评价，并将结果作为员工考核、干部任用、评先选优等工作的重要依据。

第二十四条　强化合规管理信息化建设，通过信息化手段优化管理流程，记录和保存相关信息。运用大数据等工具，加强对经营管理行为依法合规情况的实时在线监控和风险分析，实现信息集成与共享。

第二十五条　建立专业化、高素质的合规管理队伍，根据业务规模、合规风险水平等因素配备合规管理人员，持续加强业务培训，提升队伍能力水平。

海外经营重要地区、重点项目应当明确合规管理机构或配备专职人员，切实防范合规风险。

第二十六条　重视合规培训，结合法治宣传教育，建立制度化、常态化培训机制，确保员工理解、遵循企业合规目标和要求。

第二十七条　积极培育合规文化，通过制定发放合规手册、签订合规承诺书等方式，强化全员安全、质量、诚信和廉洁等意识，树立依法合规、守法诚信的价值观，筑牢合规经营的思想基础。

第二十八条　建立合规报告制度，发生较大合规风险事件，合规管理牵头部门和相关部门应当及时向合规管理负责人、分管领导报告。重大合规风险事件应当向国资委和有关部门报告。

合规管理牵头部门于每年年底全面总结合规管理工作情况，起草年度报告，经董事会审议通过后及时报送国资委。

第六章　附　则

第二十九条　中央企业根据本指引，结合实际制定合规管理实施细则。

地方国有资产监督管理机构可以参照本指引，积极推进所出资企业合规管理工作。

第三十条　本指引由国资委负责解释。

第三十一条　本指引自公布之日起施行。

✝

企业境外经营合规管理指引

发改外资〔2018〕1916 号

国家发展和改革委员会、外交部、商务部、中国人民银行
国务院国有资产管理委员会、国家外汇管理局、中华全国工商联合会
2018 年 11 月 26 日

国家发展和改革委员会、外交部、商务部、中国人民银行
国务院国有资产管理委员会、国家外汇管理局、
中华全国工商联合会
关于印发《企业境外经营合规管理指引》的通知

发改外资〔2018〕1916号

各省、自治区、直辖市及计划单列市、新疆生产建设兵团发展改革委、外事办公室、商务主管部门、人民银行分行、国资委、外汇局分局（外汇管理部）、工商联，有关企业：

合规是企业"走出去"行稳致远的前提，合规管理能力是企业国际竞争力的重要方面。为更好服务企业开展境外经营，推动企业持续提升合规管理水平，发展改革委、外交部、商务部、人民银行、国资委、外汇局、全国工商联共同制定了《企业境外经营合规管理指引》，现予以发布，供企业参考。有关方面可以结合实际，在此基础上制定更具体的合规管理指引。

国家发展和改革委员会

外交部

商务部

中国人民银行

国务院国有资产管理委员会

国家外汇管理局

中华全国工商联合会

2018年12月26日

企业境外经营合规管理指引

第一章　总　则

第一条　目的及依据

为更好服务企业开展境外经营业务，推动企业持续加强合规管理，根据国家有关法律法规和政策规定，参考 GB/T 35770–2017《合规管理体系　指南》及有关国际合规规则，制定本指引。

第二条　适用范围

本指引适用于开展对外贸易、境外投资、对外承包工程等"走出去"相关业务的中国境内企业及其境外子公司、分公司、代表机构等境外分支机构（以下简称"企业"）。

法律法规对企业合规管理另有专门规定的，从其规定。行业监管部门对企业境外经营合规管理另有专门规定的，有关行业企业应当遵守其规定。

第三条　基本概念

本指引所称合规，是指企业及其员工的经营管理行为符合有关法律法规、国际条约、监管规定、行业准则、商业惯例、道德规范和企业依法制定的章程及规章制度等要求。

第四条　合规管理框架

企业应以倡导合规经营价值观为导向，明确合规管理工作内容，健全合规管理架构，制定合规管理制度，完善合规运行机制，加强合规风险识别、评估与处置，开展合规评审与改进，培育合规文化，形成重视合规经营的企业氛围。

第五条　合规管理原则

（一）独立性原则。企业合规管理应从制度设计、机构设置、岗位安排以及汇报路径等方面保证独立性。合规管理机构及人员承担的其他职责不应与合规职责产生利益冲突。

（二）适用性原则。企业合规管理应从经营范围、组织结构和业务规模等实际出发，兼顾成本与效率，强化合规管理制度的可操作性，提高合规管理的有效性。同时，企业应随着内外部环境的变化持续调整和改进合规管理体系。

（三）全面性原则。企业合规管理应覆盖所有境外业务领域、部门和员工，贯穿决策、执行、监督、反馈等各个环节，体现于决策机制、内部控制、业务流程等各个方面。

第二章　合规管理要求

第六条　对外贸易中的合规要求

企业开展对外货物和服务贸易，应确保经营活动全流程、全方位合规，全面掌握关于贸易管制、质量安全与技术标准、知识产权保护等方面的具体要求，关注业务所涉国家（地区）开展的贸易救济调查，包括反倾销、反补贴、保障措施调查等。

第七条　境外投资中的合规要求

企业开展境外投资，应确保经营活动全流程、全方位合规，全面掌握关于市场准入、贸易管制、国家安全审查、行业监管、外汇管理、反垄断、反洗钱、反恐怖融资等方面的具体要求。

第八条　对外承包工程中的合规要求

企业开展对外承包工程，应确保经营活动全流程、全方位合规，全面掌握关于投标管理、合同管理、项目履约、劳工权利保护、环境保护、连带风险管理、债务管理、捐赠与赞助、反腐败、反贿赂等方面的具体要求。

第九条　境外日常经营中的合规要求

企业开展境外日常经营，应确保经营活动全流程、全方位合规，全面掌握关于劳工权利保护、环境保护、数据和隐私保护、知识产权保护、反腐败、反贿赂、反垄断、反洗钱、反恐怖融资、贸易管制、财务税收等方面的具体要求。

第三章　合规管理架构

第十条　合规治理结构

企业可结合发展需要建立权责清晰的合规治理结构，在决策、管理、执行三个层级上划分相应的合规管理责任。

（一）企业的决策层应以保证企业合规经营为目的，通过原则性顶层设计，解决合规管理工作中的权力配置问题。

（二）企业的高级管理层应分配充足的资源建立、制定、实施、评价、维护和改进合规管理体系。

（三）企业的各执行部门及境外分支机构应及时识别归口管理领域的合

规要求，改进合规管理措施，执行合规管理制度和程序，收集合规风险信息，落实相关工作要求。

第十一条　合规管理机构

企业可根据业务性质、地域范围、监管要求等设置相应的合规管理机构。合规管理机构一般由合规委员会、合规负责人和合规管理部门组成。尚不具备条件设立专门合规管理机构的企业，可由相关部门（如法律事务部门、风险防控部门等）履行合规管理职责，同时明确合规负责人。

（一）合规委员会

企业可结合实际设立合规委员会，作为企业合规管理体系的最高负责机构。合规委员会一般应履行以下合规职责：

1. 确认合规管理战略，明确合规管理目标。

2. 建立和完善企业合规管理体系，审批合规管理制度、程序和重大合规风险管理方案。

3. 听取合规管理工作汇报，指导、监督、评价合规管理工作。

（二）合规负责人

企业可结合实际任命专职的首席合规官，也可由法律事务负责人或风险防控负责人等担任合规负责人。首席合规官或合规负责人是企业合规管理工作具体实施的负责人和日常监督者，不应分管与合规管理相冲突的部门。首席合规官或合规负责人一般应履行以下合规职责：

1. 贯彻执行企业决策层对合规管理工作的各项要求，全面负责企业的合规管理工作。

2. 协调合规管理与企业各项业务之间的关系，监督合规管理执行情况，及时解决合规管理中出现的重大问题。

3. 领导合规管理部门，加强合规管理队伍建设，做好人员选聘培养，监督合规管理部门认真有效地开展工作。

（三）合规管理部门

企业可结合实际设置专职的合规管理部门，或者由具有合规管理职能的相关部门承担合规管理职责。合规管理部门一般应履行以下合规职责：

1. 持续关注我国及业务所涉国家（地区）法律法规、监管要求和国际规则的最新发展，及时提供合规建议。

2. 制定企业的合规管理制度和年度合规管理计划，并推动其贯彻落实。

3. 审查评价企业规章制度和业务流程的合规性，组织、协调和监督各业务部门对规章制度和业务流程进行梳理和修订。

4.组织或协助业务部门、人事部门开展合规培训，并向员工提供合规咨询。

5.积极主动识别和评估与企业境外经营相关的合规风险，并监管与供应商、代理商、分销商、咨询顾问和承包商等第三方（以下简称"第三方"）相关的合规风险。为新产品和新业务的开发提供必要的合规性审查和测试，识别和评估新业务的拓展、新客户关系的建立以及客户关系发生重大变化等所产生的合规风险，并制定应对措施。

6.实施充分且具有代表性的合规风险评估和测试，查找规章制度和业务流程存在的缺陷，并进行相应的调查。对已发生的合规风险或合规测试发现的合规缺陷，应提出整改意见并监督有关部门进行整改。

7.针对合规举报信息制定调查方案并开展调查。

8.推动将合规责任纳入岗位职责和员工绩效管理流程。建立合规绩效指标，监控和衡量合规绩效，识别改进需求。

9.建立合规报告和记录的台账，制定合规资料管理流程。

10.建立并保持与境内外监管机构日常的工作联系，跟踪和评估监管意见和监管要求的落实情况。

第十二条 合规管理协调

（一）合规管理部门与业务部门分工协作

合规管理需要合规管理部门和业务部门密切配合。境外经营相关业务部门应主动进行日常合规管理工作，识别业务范围内的合规要求，制定并落实业务管理制度和风险防范措施，组织或配合合规管理部门进行合规审查和风险评估，组织或监督违规调查及整改工作。

（二）合规管理部门与其他监督部门分工协作

合规管理部门与其他具有合规管理职能的监督部门（如审计部门、监察部门等）应建立明确的合作和信息交流机制，加强协调配合，形成管理合力。企业应根据风险防控需要以及各监督部门的职责分工划分合规管理职责，确保各业务系统合规运营。

（三）企业与外部监管机构沟通协调

企业应积极与境内外监管机构建立沟通渠道，了解监管机构期望的合规流程，制定符合监管机构要求的合规制度，降低在报告义务和行政处罚等方面的风险。

（四）企业与第三方沟通协调

企业与第三方合作时，应做好相关的国别风险研究和项目尽职调查，深入了解第三方合规管理情况。企业应当向重要的第三方传达自身的合规要求和对对方的合规要求，并在商务合同中明确约定。

第四章　合规管理制度

第十三条　合规行为准则

合规行为准则是最重要、最基本的合规制度，是其他合规制度的基础和依据，适用于所有境外经营相关部门和员工，以及代表企业从事境外经营活动的第三方。合规行为准则应规定境外经营活动中必须遵守的基本原则和标准，包括但不限于企业核心价值观、合规目标、合规的内涵、行为准则的适用范围和地位、企业及员工适用的合规行事标准、违规的应对方式和后果等。

第十四条　合规管理办法

企业应在合规行为准则的基础上，针对特定主题或特定风险领域制定具体的合规管理办法，包括但不限于礼品及招待、赞助及捐赠、利益冲突管理、举报管理和内部调查、人力资源管理、税务管理、商业伙伴合规管理等内容。

企业还应针对特定行业或地区的合规要求，结合企业自身的特点和发展需要，制定相应的合规风险管理办法。例如金融业及有关行业的反洗钱及反恐怖融资政策，银行、通信、医疗等行业的数据和隐私保护政策等。

第十五条　合规操作流程

企业可结合境外经营实际，就合规行为准则和管理办法制定相应的合规操作流程，进一步细化标准和要求。也可将具体的标准和要求融入到现有的业务流程当中，便于员工理解和落实，确保各项经营行为合规。

第五章　合规管理运行机制

第十六条　合规培训

企业应将合规培训纳入员工培训计划，培训内容需随企业内外部环境变化进行动态调整。境外经营相关部门和境外分支机构的所有员工，均应接受合规培训，了解并掌握企业的合规管理制度和风险防控要求。决策层和高级管理层应带头接受合规培训，高风险领域、关键岗位员工应接受有针对性的专题合规培训。合规培训应做好记录留存。

第十七条　合规汇报

合规负责人和合规管理部门应享有通畅的合规汇报渠道。

合规管理部门应当定期向决策层和高级管理层汇报合规管理情况。汇报内容一般包括但不限于合规风险评估情况，合规培训的组织情况和效果评估，发现的违规行为以及处理情况，违规行为可能给组织带来的合规风险，已识别的合规漏洞或缺陷，建议采取的纠正措施，合规管理工作的整体评价和分析等。

如发生性质严重或可能给企业带来重大合规风险的违规行为，合规负责人或合规管理部门应当及时向决策层和高级管理层汇报，提出风险警示，并采取纠正措施。

第十八条　合规考核

合规考核应全面覆盖企业的各项管理工作。合规考核结果应作为企业绩效考核的重要依据，与评优评先、职务任免、职务晋升以及薪酬待遇等挂钩。

境外经营相关部门和境外分支机构可以制定单独的合规绩效考核机制，也可将合规考核标准融入到总体的绩效管理体系中。考核内容包括但不限于按时参加合规培训，严格执行合规管理制度，积极支持和配合合规管理机构工作，及时汇报合规风险等。

第十九条　合规咨询与审核

境外经营相关部门和境外分支机构及其员工在履职过程中遇到合规风险事项，应及时主动寻求合规咨询或审核支持。

企业应针对高合规风险领域规定强制合规咨询范围。在涉及重点领域或重要业务环节时，业务部门应主动咨询合规管理部门意见。合规管理部门应在合理时间内答复或启动合规审核流程。

对于复杂或专业性强且存在重大合规风险的事项，合规管理部门应按照制度规定听取法律顾问、公司律师意见，或委托专业机构召开论证会后再形成审核意见。

第二十条　合规信息举报与调查

企业应根据自身特点和实际情况建立和完善合规信息举报体系。员工、客户和第三方均有权进行举报和投诉，企业应充分保护举报人。

合规管理部门或其他受理举报的监督部门应针对举报信息制定调查方案并开展调查。形成调查结论以后，企业应按照相关管理制度对违规行为进行处理。

第二十一条　合规问责

企业应建立全面有效的合规问责制度，明晰合规责任范围，细化违规惩处标准，严格认定和追究违规行为责任。

第六章　合规风险识别、评估与处置

第二十二条　合规风险

合规风险，是指企业或其员工因违规行为遭受法律制裁、监管处罚、重大财产损失或声誉损失以及其他负面影响的可能性。

第二十三条　合规风险识别

企业应当建立必要的制度和流程，识别新的和变更的合规要求。企业可围绕关键岗位或者核心业务流程，通过合规咨询、审核、考核和违规查处等内部途径识别合规风险，也可通过外部法律顾问咨询、持续跟踪监管机构有关信息、参加行业组织研讨等方式获悉外部监管要求的变化，识别合规风险。

企业境外分支机构可通过聘请法律顾问、梳理行业合规案例等方式动态了解掌握业务所涉国家（地区）政治经济和法律环境的变化，及时采取应对措施，有效识别各类合规风险。

第二十四条　合规风险评估

企业可通过分析违规或可能造成违规的原因、来源、发生的可能性、后果的严重性等进行合规风险评估。

企业可根据企业的规模、目标、市场环境及风险状况确定合规风险评估的标准和合规风险管理的优先级。

企业进行合规风险评估后应形成评估报告，供决策层、高级管理层和业务部门等使用。评估报告内容包括风险评估实施概况、合规风险基本评价、原因机制、可能的损失、处置建议、应对措施等。

第二十五条　合规风险处置

企业应建立健全合规风险应对机制，对识别评估的各类合规风险采取恰当的控制和处置措施。发生重大合规风险时，企业合规管理机构和其他相关部门应协同配合，依法及时采取补救措施，最大程度降低损失。必要时，应及时报告有关监管机构。

第七章　合规评审与改进

第二十六条　合规审计

企业合规管理职能应与内部审计职能分离。企业审计部门应对企业合规管理的执行情况、合规管理体系的适当性和有效性等进行独立审计。审计部门应将合规审计结果告知合规管理部门，合规管理部门也可根据合规

风险的识别和评估情况向审计部门提出开展审计工作的建议。

第二十七条 合规管理体系评价

企业应定期对合规管理体系进行系统全面的评价,发现和纠正合规管理贯彻执行中存在的问题,促进合规体系的不断完善。合规管理体系评价可由企业合规管理相关部门组织开展或委托外部专业机构开展。

企业在开展效果评价时,应考虑企业面临的合规要求变化情况,不断调整合规管理目标,更新合规风险管理措施,以满足内外部合规管理要求。

第二十八条 持续改进

企业应根据合规审计和体系评价情况,进入合规风险再识别和合规制度再制定的持续改进阶段,保障合规管理体系全环节的稳健运行。

企业应积极配合监管机构的监督检查,并根据监管要求及时改进合规管理体系,提高合规管理水平。

第八章 合规文化建设

第二十九条 合规文化培育

企业应将合规文化作为企业文化建设的重要内容。企业决策层和高级管理层应确立企业合规理念,注重身体力行。企业应践行依法合规、诚信经营的价值观,不断增强员工的合规意识和行为自觉,营造依规办事、按章操作的文化氛围。

第三十条 合规文化推广

企业应将合规作为企业经营理念和社会责任的重要内容,并将合规文化传递至利益相关方。企业应树立积极正面的合规形象,促进行业合规文化发展,营造和谐健康的境外经营环境。

十一
中央企业全面风险管理指引

国资发改革〔2006〕108号

国务院国有资产监督管理委员会

2006年6月6日

国务院国有资产监督管理委员会
关于印发《中央企业全面风险管理指引》的通知

国资发改革〔2006〕108号

各中央企业：

　　企业全面风险管理是一项十分重要的工作，关系到国有资产保值增值和企业持续、健康、稳定发展。为了指导企业开展全面风险管理工作，进一步提高企业管理水平，增强企业竞争力，促进企业稳步发展，我们制定了《中央企业全面风险管理指引》，现印发你们，请结合本企业实际执行。企业在实施过程中的经验、做法及遇到的问题，请及时反馈我委。

国务院国有资产监督管理委员会

2006 年 6 月 6 日

中央企业全面风险管理指引

第一章 总 则

第一条 为指导国务院国有资产监督管理委员会（以下简称国资委）履行出资人职责的企业（以下简称中央企业）开展全面风险管理工作，增强企业竞争力，提高投资回报，促进企业持续、健康、稳定发展，根据《中华人民共和国公司法》、《企业国有资产监督管理暂行条例》等法律法规，制定本指引。

第二条 中央企业根据自身实际情况贯彻执行本指引。中央企业中的国有独资公司董事会负责督导本指引的实施；国有控股企业由国资委和国资委提名的董事通过股东（大）会和董事会按照法定程序负责督导本指引的实施。

第三条 本指引所称企业风险，指未来的不确定性对企业实现其经营目标的影响。企业风险一般可分为战略风险、财务风险、市场风险、运营风险、法律风险等；也可以能否为企业带来盈利等机会为标志，将风险分为纯粹风险（只有带来损失一种可能性）和机会风险（带来损失和盈利的可能性并存）。

第四条 本指引所称全面风险管理，指企业围绕总体经营目标，通过在企业管理的各个环节和经营过程中执行风险管理的基本流程，培育良好的风险管理文化，建立健全全面风险管理体系，包括风险管理策略、风险理财措施、风险管理的组织职能体系、风险管理信息系统和内部控制系统，从而为实现风险管理的总体目标提供合理保证的过程和方法。

第五条 本指引所称风险管理基本流程包括以下主要工作：

（一）收集风险管理初始信息；

（二）进行风险评估；

（三）制定风险管理策略；

（四）提出和实施风险管理解决方案；

（五）风险管理的监督与改进。

第六条 本指引所称内部控制系统，指围绕风险管理策略目标，针对企业战略、规划、产品研发、投融资、市场运营、财务、内部审计、法律事务、人力资源、采购、加工制造、销售、物流、质量、安全生产、环境保护等各项业务管理及其重要业务流程，通过执行风险管理基本流程，制定并执行的规章制度、程序和措施。

第七条 企业开展全面风险管理要努力实现以下风险管理总体目标：

（一）确保将风险控制在与总体目标相适应并可承受的范围内；

（二）确保内外部，尤其是企业与股东之间实现真实、可靠的信息沟通，包括编制和提供真实、可靠的财务报告；

（三）确保遵守有关法律法规；

（四）确保企业有关规章制度和为实现经营目标而采取重大措施的贯彻执行，保障经营管理的有效性，提高经营活动的效率和效果，降低实现经营目标的不确定性；

（五）确保企业建立针对各项重大风险发生后的危机处理计划，保护企业不因灾害性风险或人为失误而遭受重大损失。

第八条 企业开展全面风险管理工作，应注重防范和控制风险可能给企业造成损失和危害，也应把机会风险视为企业的特殊资源，通过对其管理，为企业创造价值，促进经营目标的实现。

第九条 企业应本着从实际出发，务求实效的原则，以对重大风险、重大事件（指重大风险发生后的事实）的管理和重要流程的内部控制为重点，积极开展全面风险管理工作。具备条件的企业应全面推进，尽快建立全面风险管理体系；其他企业应制定开展全面风险管理的总体规划，分步实施，可先选择发展战略、投资收购、财务报告、内部审计、衍生产品交易、法律事务、安全生产、应收账款管理等一项或多项业务开展风险管理工作，建立单项或多项内部控制子系统。通过积累经验，培养人才，逐步建立健全全面风险管理体系。

第十条 企业开展全面风险管理工作应与其他管理工作紧密结合，把风险管理的各项要求融入企业管理和业务流程中。具备条件的企业可建立风险管理三道防线，即各有关职能部门和业务单位为第一道防线；风险管理职能部门和董事会下设的风险管理委员会为第二道防线；内部审计部门和董事会下设的审计委员会为第三道防线。

第二章 风险管理初始信息

第十一条 实施全面风险管理，企业应广泛、持续不断地收集与本企业风险和风险管理相关的内部、外部初始信息，包括历史数据和未来预测。应把收集初始信息的职责分工落实到各有关职能部门和业务单位。

第十二条　在战略风险方面，企业应广泛收集国内外企业战略风险失控导致企业蒙受损失的案例，并至少收集与本企业相关的以下重要信息：

（一）国内外宏观经济政策以及经济运行情况、本行业状况、国家产业政策；

（二）科技进步、技术创新的有关内容；

（三）市场对本企业产品或服务的需求；

（四）与企业战略合作伙伴的关系，未来寻求战略合作伙伴的可能性；

（五）本企业主要客户、供应商及竞争对手的有关情况；

（六）与主要竞争对手相比，本企业实力与差距；

（七）本企业发展战略和规划、投融资计划、年度经营目标、经营战略，以及编制这些战略、规划、计划、目标的有关依据；

（八）本企业对外投融资流程中曾发生或易发生错误的业务流程或环节。

第十三条　在财务风险方面，企业应广泛收集国内外企业财务风险失控导致危机的案例，并至少收集本企业的以下重要信息（其中有行业平均指标或先进指标的，也应尽可能收集）：

（一）负债、或有负债、负债率、偿债能力；

（二）现金流、应收账款及其占销售收入的比重、资金周转率；

（三）产品存货及其占销售成本的比重、应付账款及其占购货额的比重；

（四）制造成本和管理费用、财务费用、营业费用；

（五）盈利能力；

（六）成本核算、资金结算和现金管理业务中曾发生或易发生错误的业务流程或环节；

（七）与本企业相关的行业会计政策、会计估算、与国际会计制度的差异与调节（如退休金、递延税项等）等信息。

第十四条　在市场风险方面，企业应广泛收集国内外企业忽视市场风险、缺乏应对措施导致企业蒙受损失的案例，并至少收集与本企业相关的以下重要信息：

（一）产品或服务的价格及供需变化；

（二）能源、原材料、配件等物资供应的充足性、稳定性和价格变化；

（三）主要客户、主要供应商的信用情况；

（四）税收政策和利率、汇率、股票价格指数的变化；

（五）潜在竞争者、竞争者及其主要产品、替代品情况。

　　第十五条　在运营风险方面，企业应至少收集与本企业、本行业相关的以下信息：

（一）产品结构、新产品研发；

（二）新市场开发，市场营销策略，包括产品或服务定价与销售渠道，市场营销环境状况等；

（三）企业组织效能、管理现状、企业文化，高、中层管理人员和重要业务流程中专业人员的知识结构、专业经验；

（四）期货等衍生产品业务中曾发生或易发生失误的流程和环节；

（五）质量、安全、环保、信息安全等管理中曾发生或易发生失误的业务流程或环节；

（六）因企业内、外部人员的道德风险致使企业遭受损失或业务控制系统失灵；

（七）给企业造成损失的自然灾害以及除上述有关情形之外的其他纯粹风险；

（八）对现有业务流程和信息系统操作运行情况的监管、运行评价及持续改进能力；

（九）企业风险管理的现状和能力。

　　第十六条　在法律风险方面，企业应广泛收集国内外企业忽视法律法规风险、缺乏应对措施导致企业蒙受损失的案例，并至少收集与本企业相关的以下信息：

（一）国内外与本企业相关的政治、法律环境；

（二）影响企业的新法律法规和政策；

（三）员工道德操守的遵从性；

（四）本企业签订的重大协议和有关贸易合同；

（五）本企业发生重大法律纠纷案件的情况；

（六）企业和竞争对手的知识产权情况。

　　第十七条　企业对收集的初始信息应进行必要的筛选、提炼、对比、分类、组合，以便进行风险评估。

第三章　风险评估

第十八条　企业应对收集的风险管理初始信息和企业各项业务管理及其重要业务流程进行风险评估。风险评估包括风险辨识、风险分析、风险评价三个步骤。

第十九条　风险评估应由企业组织有关职能部门和业务单位实施，也可聘请有资质、信誉好、风险管理专业能力强的中介机构协助实施。

第二十条　风险辨识是指查找企业各业务单元、各项重要经营活动及其重要业务流程中有无风险，有哪些风险。风险分析是对辨识出的风险及其特征进行明确的定义描述，分析和描述风险发生可能性的高低、风险发生的条件。风险评价是评估风险对企业实现目标的影响程度、风险的价值等。

第二十一条　进行风险辨识、分析、评价，应将定性与定量方法相结合。定性方法可采用问卷调查、集体讨论、专家咨询、情景分析、政策分析、行业标杆比较、管理层访谈、由专人主持的工作访谈和调查研究等。定量方法可采用统计推论（如集中趋势法）、计算机模拟（如蒙特卡罗分析法）、失效模式与影响分析、事件树分析等。

第二十二条　进行风险定量评估时，应统一制定各风险的度量单位和风险度量模型，并通过测试等方法，确保评估系统的假设前提、参数、数据来源和定量评估程序的合理性和准确性。要根据环境的变化，定期对假设前提和参数进行复核和修改，并将定量评估系统的估算结果与实际效果对比，据此对有关参数进行调整和改进。

第二十三条　风险分析应包括风险之间的关系分析，以便发现各风险之间的自然对冲、风险事件发生的正负相关性等组合效应，从风险策略上对风险进行统一集中管理。

第二十四条　企业在评估多项风险时，应根据对风险发生可能性的高低和对目标的影响程度的评估，绘制风险坐标图，对各项风险进行比较，初步确定对各项风险的管理优先顺序和策略。

第二十五条　企业应对风险管理信息实行动态管理，定期或不定期实施风险辨识、分析、评价，以便对新的风险和原有风险的变化重新评估。

第四章　风险管理策略

第二十六条　本指引所称风险管理策略，指企业根据自身条件和外部环境，围绕企业发展战略，确定风险偏好、风险承受度、风险管理有效性标准，选择风险承担、风险规避、风险转移、风险转换、风险对冲、风险补偿、风险控制等适合的风险管理工具的总体策略，并确定风险管理所需人力和财力资源的配置原则。

第二十七条　一般情况下，对战略、财务、运营和法律风险，可采取风险承担、风险规避、风险转换、风险控制等方法。对能够通过保险、期货、对冲等金融手段进行理财的风险，可以采用风险转移、风险对冲、风险补偿等方法。

第二十八条　企业应根据不同业务特点统一确定风险偏好和风险承受度，即企业愿意承担哪些风险，明确风险的最低限度和不能超过的最高限度，并据此确定风险的预警线及相应采取的对策。确定风险偏好和风险承受度，要正确认识和把握风险与收益的平衡，防止和纠正忽视风险，片面追求收益而不讲条件、范围，认为风险越大、收益越高的观念和做法；同时，也要防止单纯为规避风险而放弃发展机遇。

第二十九条　企业应根据风险与收益相平衡的原则以及各风险在风险坐标图上的位置，进一步确定风险管理的优选顺序，明确风险管理成本的资金预算和控制风险的组织体系、人力资源、应对措施等总体安排。

第三十条　企业应定期总结和分析已制定的风险管理策略的有效性和合理性，结合实际不断修订和完善。其中，应重点检查依据风险偏好、风险承受度和风险控制预警线实施的结果是否有效，并提出定性或定量的有效性标准。

第五章　风险管理解决方案

第三十一条　企业应根据风险管理策略，针对各类风险或每一项重大风险制定风险管理解决方案。方案一般应包括风险解决的具体目标，所需的组织领导，所涉及的管理及业务流程，所需的条件、手段等资源，风险事件发生前、中、后所采取的具体应对措施以及风险管理工具（如：关键风险指标管理、损失事件管理等）。

第三十二条　企业制定风险管理解决的外包方案，应注重成本与收益的平衡、外包工作的质量、自身商业秘密的保护以及防止自身对风险解决外包产生依赖性风险等，并制定相应的预防和控制措施。

第三十三条　企业制定风险解决的内控方案，应满足合规的要求，坚持经营战略与风险策略一致、风险控制与运营效率及效果相平衡的原则，针对重大风险所涉及的各管理及业务流程，制定涵盖各个环节的全流程控制措施；对其他风险所涉及的业务流程，要把关键环节作为控制点，采取相应的控制措施。

第三十四条 企业制定内控措施，一般至少包括以下内容：

（一）建立内控岗位授权制度。对内控所涉及的各岗位明确规定授权的对象、条件、范围和额度等，任何组织和个人不得超越授权做出风险性决定；

（二）建立内控报告制度。明确规定报告人与接受报告人，报告的时间、内容、频率、传递路线、负责处理报告的部门和人员等；

（三）建立内控批准制度。对内控所涉及的重要事项，明确规定批准的程序、条件、范围和额度、必备文件以及有权批准的部门和人员及其相应责任；

（四）建立内控责任制度。按照权利、义务和责任相统一的原则，明确规定各有关部门和业务单位、岗位、人员应负的责任和奖惩制度；

（五）建立内控审计检查制度。结合内控的有关要求、方法、标准与流程，明确规定审计检查的对象、内容、方式和负责审计检查的部门等；

（六）建立内控考核评价制度。具备条件的企业应把各业务单位风险管理执行情况与绩效薪酬挂钩；

（七）建立重大风险预警制度。对重大风险进行持续不断的监测，及时发布预警信息，制定应急预案，并根据情况变化调整控制措施；

（八）建立健全以总法律顾问制度为核心的企业法律顾问制度。大力加强企业法律风险防范机制建设，形成由企业决策层主导、企业总法律顾问牵头、企业法律顾问提供业务保障、全体员工共同参与的法律风险责任体系。完善企业重大法律纠纷案件的备案管理制度；

（九）建立重要岗位权力制衡制度，明确规定不相容职责的分离。主要包括：授权批准、业务经办、会计记录、财产保管和稽核检查等职责。对内控所涉及的重要岗位可设置一岗双人、双职、双责，相互制约；明确该岗位的上级部门或人员对其应采取的监督措施和应负的监督责任；将该岗位作为内部审计的重点等。

第三十五条 企业应当按照各有关部门和业务单位的职责分工，认真组织实施风险管理解决方案，确保各项措施落实到位。

第六章 风险管理的监督与改进

第三十六条 企业应以重大风险、重大事件和重大决策、重要管理及业务流程为重点，对风险管理初始信息、风险评估、风险管理策略、关键控制活动及风险管理解决方案的实施情况进行监督，采用压力测试、返回测试、穿行测试以及风险控制自我评估等方法对风险管理的有效性进行检验，根据变化情况和存在的缺陷及时加以改进。

第三十七条 企业应建立贯穿于整个风险管理基本流程，连接各上下级、各部门和业务单位的风险管理信息沟通渠道，确保信息沟通的及时、准确、完整，为风险管理监督与改进奠定基础。

第三十八条 企业各有关部门和业务单位应定期对风险管理工作进行自查和检验，及时发现缺陷并改进，其检查、检验报告应及时报送企业风险管理职能部门。

第三十九条 企业风险管理职能部门应定期对各部门和业务单位风险管理工作实施情况和有效性进行检查和检验，要根据本指引第三十条要求对风险管理策略进行评估，对跨部门和业务单位的风险管理解决方案进行评价，提出调整或改进建议，出具评价和建议报告，及时报送企业总经理或其委托分管风险管理工作的高级管理人员。

第四十条 企业内部审计部门应至少每年一次对包括风险管理职能部门在内的各有关部门和业务单位能否按照有关规定开展风险管理工作及其工作效果进行监督评价，监督评价报告应直接报送董事会或董事会下设的风险管理委员会和审计委员会。此项工作也可结合年度审计、任期审计或专项审计工作一并开展。

第四十一条 企业可聘请有资质、信誉好、风险管理专业能力强的中介机构对企业全面风险管理工作进行评价，出具风险管理评估和建议专项报告。报告一般应包括以下几方面的实施情况、存在缺陷和改进建议：

（一）风险管理基本流程与风险管理策略；

（二）企业重大风险、重大事件和重要管理及业务流程的风险管理及内部控制系统的建设；

（三）风险管理组织体系与信息系统；

（四）全面风险管理总体目标。

第七章 风险管理组织体系

第四十二条 企业应建立健全风险管理组织体系，主要包括规范的公司法人治理结构，风险管理职能部门、内部审计部门和法律事务部门以及其他有关职能部门、业务单位的组织领导机构及其职责。

第四十三条　企业应建立健全规范的公司法人治理结构，股东（大）会（对于国有独资公司或国有独资企业，即指国资委，下同）、董事会、监事会、经理层依法履行职责，形成高效运转、有效制衡的监督约束机制。

第四十四条　国有独资公司和国有控股公司应建立外部董事、独立董事制度，外部董事、独立董事人数应超过董事会全部成员的半数，以保证董事会能够在重大决策、重大风险管理等方面作出独立于经理层的判断和选择。

第四十五条　董事会就全面风险管理工作的有效性对股东（大）会负责。董事会在全面风险管理方面主要履行以下职责：

（一）审议并向股东（大）会提交企业全面风险管理年度工作报告；

（二）确定企业风险管理总体目标、风险偏好、风险承受度，批准风险管理策略和重大风险管理解决方案；

（三）了解和掌握企业面临的各项重大风险及其风险管理现状，做出有效控制风险的决策；

（四）批准重大决策、重大风险、重大事件和重要业务流程的判断标准或判断机制；

（五）批准重大决策的风险评估报告；

（六）批准内部审计部门提交的风险管理监督评价审计报告；

（七）批准风险管理组织机构设置及其职责方案；

（八）批准风险管理措施，纠正和处理任何组织或个人超越风险管理制度做出的风险性决定的行为；

（九）督导企业风险管理文化的培育；

（十）全面风险管理其他重大事项。

第四十六条　具备条件的企业，董事会可下设风险管理委员会。该委员会的召集人应由不兼任总经理的董事长担任；董事长兼任总经理的，召集人应由外部董事或独立董事担任。该委员会成员中需有熟悉企业重要管理及业务流程的董事，以及具备风险管理监管知识或经验、具有一定法律知识的董事。

第四十七条　风险管理委员会对董事会负责，主要履行以下职责：

（一）提交全面风险管理年度报告；

（二）审议风险管理策略和重大风险管理解决方案；

（三）审议重大决策、重大风险、重大事件和重要业务流程的判断标准或判断机制，以及重大决策的风险评估报告；

（四）审议内部审计部门提交的风险管理监督评价审计综合报告；

（五）审议风险管理组织机构设置及其职责方案；

（六）办理董事会授权的有关全面风险管理的其他事项。

第四十八条 企业总经理对全面风险管理工作的有效性向董事会负责。总经理或总经理委托的高级管理人员，负责主持全面风险管理的日常工作，负责组织拟订企业风险管理组织机构设置及其职责方案。

第四十九条 企业应设立专职部门或确定相关职能部门履行全面风险管理的职责。该部门对总经理或其委托的高级管理人员负责，主要履行以下职责：

（一）研究提出全面风险管理工作报告；

（二）研究提出跨职能部门的重大决策、重大风险、重大事件和重要业务流程的判断标准或判断机制；

（三）研究提出跨职能部门的重大决策风险评估报告；

（四）研究提出风险管理策略和跨职能部门的重大风险管理解决方案，并负责该方案的组织实施和对该风险的日常监控；

（五）负责对全面风险管理有效性评估，研究提出全面风险管理的改进方案；

（六）负责组织建立风险管理信息系统；

（七）负责组织协调全面风险管理日常工作；

（八）负责指导、监督有关职能部门、各业务单位以及全资、控股子企业开展全面风险管理工作；

（九）办理风险管理其他有关工作。

第五十条 企业应在董事会下设立审计委员会，企业内部审计部门对审计委员会负责。审计委员会和内部审计部门的职责应符合《中央企业内部审计管理暂行办法》（国资委令第8号）的有关规定。内部审计部门在风险管理方面，主要负责研究提出全面风险管理监督评价体系，制定监督评价相关制度，开展监督与评价，出具监督评价审计报告。

第五十一条 企业其他职能部门及各业务单位在全面风险管理工作中，应接受风险管理职能部门和内部审计部门的组织、协调、指导和监督，主要履行以下职责：

（一）执行风险管理基本流程；

（二）研究提出本职能部门或业务单位重大决策、重大风险、重大事件和重要业务流程的判断标准或判断机制；

（三）研究提出本职能部门或业务单位的重大决策风险评估报告；

（四）做好本职能部门或业务单位建立风险管理信息系统的工作；

（五）做好培育风险管理文化的有关工作；

（六）建立健全本职能部门或业务单位的风险管理内部控制子系统；

（七）办理风险管理其他有关工作。

第五十二条　企业应通过法定程序，指导和监督其全资、控股子企业建立与企业相适应或符合全资、控股子企业自身特点、能有效发挥作用的风险管理组织体系。

第八章　风险管理信息系统

第五十三条　企业应将信息技术应用于风险管理的各项工作，建立涵盖风险管理基本流程和内部控制系统各环节的风险管理信息系统，包括信息的采集、存储、加工、分析、测试、传递、报告、披露等。

第五十四条　企业应采取措施确保向风险管理信息系统输入的业务数据和风险量化值的一致性、准确性、及时性、可用性和完整性。对输入信息系统的数据，未经批准，不得更改。

第五十五条　风险管理信息系统应能够进行对各种风险的计量和定量分析、定量测试；能够实时反映风险矩阵和排序频谱、重大风险和重要业务流程的监控状态；能够对超过风险预警上限的重大风险实施信息报警；能够满足风险管理内部信息报告制度和企业对外信息披露管理制度的要求。

第五十六条　风险管理信息系统应实现信息在各职能部门、业务单位之间的集成与共享，既能满足单项业务风险管理的要求，也能满足企业整体和跨职能部门、业务单位的风险管理综合要求。

第五十七条　企业应确保风险管理信息系统的稳定运行和安全，并根据实际需要不断进行改进、完善或更新。

第五十八条　已建立或基本建立企业管理信息系统的企业，应补充、调整、更新已有的管理流程和管理程序，建立完善的风险管理信息系统；尚未建立企业管理信息系统的，应将风险管理与企业各项管理业务流程、管理软件统一规划、统一设计、统一实施、同步运行。

第九章　风险管理文化

第五十九条　企业应注重建立具有风险意识的企业文化，促进企业风险管理水平、员工风险管理素质的提升，保障企业风险管理目标的实现。

第六十条　风险管理文化建设应融入企业文化建设全过程。大力培育和塑造良好的风险管理文化，树立正确的风险管理理念，增强员工风险管理意识，将风险管理意识转化为员工的共同认识和自觉行动，促进企业建立系统、规范、高效的风险管理机制。

第六十一条　企业应在内部各个层面营造风险管理文化氛围。董事会应高度重视风险管理文化的培育，总经理负责培育风险管理文化的日常工作。董事和高级管理人员应在培育风险管理文化中起表率作用。重要管理及业务流程和风险控制点的管理人员和业务操作人员应成为培育风险管理文化的骨干。

第六十二条　企业应大力加强员工法律素质教育，制定员工道德诚信准则，形成人人讲道德诚信、合法合规经营的风险管理文化。对于不遵守国家法律法规和企业规章制度、弄虚作假、徇私舞弊等违法及违反道德诚信准则的行为，企业应严肃查处。

第六十三条　企业全体员工尤其是各级管理人员和业务操作人员应通过多种形式，努力传播企业风险管理文化，牢固树立风险无处不在、风险无时不在、严格防控纯粹风险、审慎处置机会风险、岗位风险管理责任重大等意识和理念。

第六十四条　风险管理文化建设应与薪酬制度和人事制度相结合，有利于增强各级管理人员特别是高级管理人员风险意识，防止盲目扩张、片面追求业绩、忽视风险等行为的发生。

第六十五条　企业应建立重要管理及业务流程、风险控制点的管理人员和业务操作人员岗前风险管理培训制度。采取多种途经和形式，加强对风险管理理念、知识、流程、管控核心内容的培训，培养风险管理人才，培育风险管理文化。

第十章　附则

第六十六条　中央企业中未设立董事会的国有独资企业，由经理办公会议代行本指引中有关董事会的职责，总经理对本指引的贯彻执行负责。

第六十七条　本指引在中央企业投资、财务报告、衍生产品交易等方面的风险管理配套文件另行下发。

第六十八条　本指引的《附录》对本指引所涉及的有关技术方法和专业术语进行了说明。

　　第六十九条　本指引由国务院国有资产监督管理委员会负责解释。

　　第七十条　本指引自印发之日起施行。

十二
企业法律风险管理指南

GB/T 27914–2011

国家质量监督检验检疫总局
国家标准化管理委员会
2011 年 12 月 30 日

前　言

本标准按照 GB/T 1.1-2009 给出的规则起草。

本标准在 GB/T 24353-2009《风险管理　原则与实施指南》的指导下，结合我国企业法律风险管理的实践编制而成。

本标准由全国风险管理标准化技术委员会（SAC/TC 310）提出并归口。

本标准起草单位：中国标准化研究院、中国移动通信集团公司、第一会达风险管理科技有限公司、中华全国工商业联合会、北京市展达律师事务所、中国电子信息产业集团公司、中国建筑工程总公司。

本标准主要起草人：高晓红、叶小忠、吕多加、薄勇、王志华、白莲湘、崔艳武、刘瑛、孔雪屏、秦玉秀。

引　言

当前，企业正面临着日益严重的法律风险问题。一方面，随着法律法规体系的不断完善，世界各国对企业的法律监管要求都日趋严格，特别是上市公司面临的法律监管环境更为严苛；另一方面，经济全球化背景下，企业的市场竞争范围不断由国内市场走向国际市场，复杂的经营环境必然给企业带来更为严重的法律风险暴露。由于法律风险伴随着企业经营管理的全过程，尤其是重大法律风险对企业的经营发展影响巨大，使得企业必须加强法律风险管理。

本标准用于指导企业在其整个生命周期和所有经营环节中开展法律风险管理活动，以满足国内企业提高法律风险防范能力的迫切需求。企业可结合自身情况和实际需要应用本标准实施法律风险管理。中小企业可根据自身管理基础、资源以及管理需求，对本标准提供的法律风险管理过程和相关的配套保障措施进行简化或者采取递进式建设，从而确保本企业的法律风险管理资源投入与企业的目标相契合，达到有效管理本企业法律风险的目标。

企业法律风险管理指南
GB/T 27914-2011

1 范围

本标准提供了企业实施法律风险管理的通用指南。

本标准适用于各种类型和规模的企业，为企业在其整个生命周期和所有经营环节中开展法律风险管理活动提供指导。企业以外的其他类似经营性主体开展法律风险管理活动可参照本标准。

2 规范性引用文件

下列文件对于本文件的应用是必不可少的。凡是注日期的引用文件，仅注日期的版本适用于本文件。凡是不注日期的引用文件，其最新版本（包括所有的修改单）适用于本文件。

GB/T 23694 风险管理 术语

GB/T 27921-2011 风险管理 风险评估技术

3 术语和定义

GB/T 23694 界定的以及下列术语和定义适用于本文件。

3.1

企业法律风险 enterprise legal risk

基于法律规定或者合同约定，由于企业外部环境及其变化，或者企业及其利益相关者的作为或者不作为导致的不确定性，对企业实现目标的影响。

4 企业法律风险管理原则

为了有效管理法律风险，支持企业的决策和经营管理活动，企业进行法律风险管理时可遵循以下原则：

a）审慎管理

由于法律风险的特殊性，法律风险管理宜坚持审慎管理的原则。要在尊重法律、保持诚信的前提下，开展法律风险管理活动，风险管理的策略和方法不应违反法律的义务性规范和禁止性规范。

b）以企业战略目标为导向

企业法律风险管理目的在于促进企业战略目标的实现。企业法律风险管理活动要充分考虑法律风险与企业战略目标之间的相互关系等因素。

c）与企业整体管理水平相适应

企业法律风险管理是企业管理的有机组成部分，和企业战略管理、流程管理、绩效管理、信息管理等密切相关。为保证企业法律风险管理取得良好的效果，法律风险的识别、分析、评价和应对等活动要充分考虑企业当前整体管理水平。

d）融入企业经营管理全过程

法律风险发生于企业的经营管理活动，其识别、分析、评价和应对都不可能脱离企业经营管理过程，因此企业法律风险管理要融入企业经营管理的全过程，贯穿决策、执行、监督、反馈等各个环节。

e）纳入决策过程

企业所有决策都要综合考虑风险，以便将风险控制在企业可接受的范围内。法律风险作为企业的重要风险范畴，要纳入企业决策过程，作为企业决策应考虑的重要因素。

f）纳入企业全面风险管理体系

企业法律风险管理是企业风险管理体系的组成部分，要与其他风险的管理活动整合，以提高风险管理的整体效率和效果。

g）全员参与

法律风险产生于企业经营管理的各个环节，因此法律风险管理需要企业所有员工的参与并承担相关责任，其中特别包括企业专职的法律管理部门（或人员）。各方人员宜分工负责，以形成法律风险管理的长效机制。

h）持续改进

企业法律风险管理是适应企业内外部环境变化的动态过程，其各步骤之间形成一个循环往复的闭环。随着内外部环境的变化，企业面临的法律风险也在不断发生变化。企业要持续不断地对各种变化保持敏感并做出恰当反应。

5 企业法律风险管理过程

5.1 概述

企业法律风险管理是企业全面风险管理的有机组成部分，贯穿于企业决策和经营管理的各个环节。企业法律风险管理过程由 5.2 ～ 5.5 所描述的活动组成，即明确法律风险环境信息、法律风险评估、法律风险应对、监督和检查，如图1所示。其中，法律风险评估包括法律风险识别、法律风险分析和法律风险评价等三个步骤。

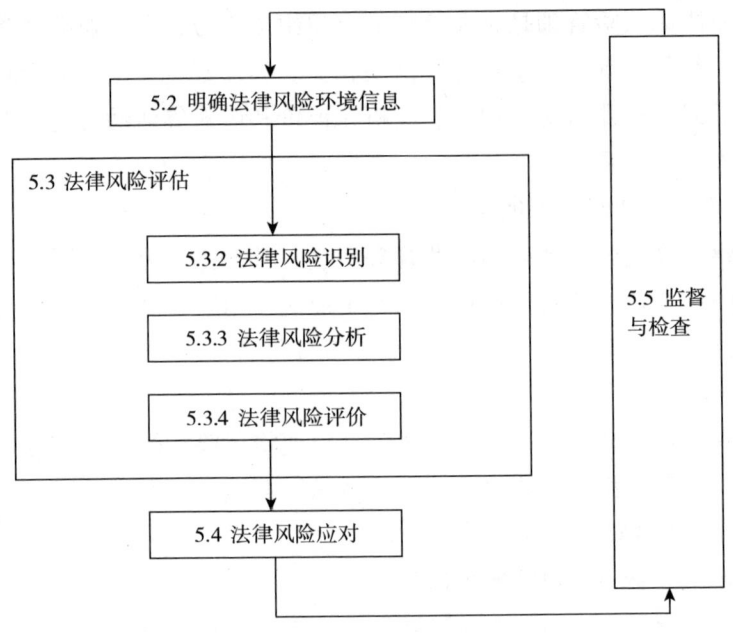

图 1 企业法律风险管理过程

沟通和记录贯穿于企业法律风险管理过程的各项活动中，5.6 将对其进行详细说明。

5.2 明确法律风险环境信息

5.2.1 概述

明确法律风险环境信息是应用适当的方法，对企业内外部环境中与法律风险相关的信息进行收集、分析、整理、归纳的一系列过程。通过明确法律风险环境信息，组织可明确其法律风险管理目标，确定与组织相关的内部和外部参数，并设定法律风险管理的范围和有关风险准则。

明确法律风险环境信息是一个动态的过程，企业要保持法律风险环境信息的持续更新。企业可根据本行业和企业业务经营管理的特点，具体分析明确内、外部法律风险环境信息的收集范围和分析方式，为法律风险评估和应对提供充分的信息保障。

5.2.2 外部法律风险环境信息

外部法律风险环境信息是指企业外部与企业法律风险管理相关的政治、经济、文化、社会、技术、法律等各种相关信息，包括但不限于：

——本行业的业务模式及特点；

——国内外与本企业相关的政治、经济、文化、社会、技术以及自然环境等；

——国内外与本企业相关的立法、司法、执法和守法情况及其变化；

——与本企业相关的监管体制、机构、政策以及执行等情况；

——与本企业相关的市场竞争情况；

——本企业在产业价值链中的定位；

——企业主要的利益相关者及其对法律、合同、道德操守等的遵从情况；

——与企业法律风险及管理相关的其他信息。

对于跨区域经营的企业，在进行外部法律风险环境调查时，要特别关注不同地区间可能存在的环境差异。

5.2.3 内部法律风险环境信息

内部法律风险环境信息是指企业内部与企业法律风险及其管理相关的各种信息，包括但不限于：

——企业的战略目标；

——企业的治理结构；

——企业盈利模式和业务模式；

——企业的主要经营管理流程/活动、部门职能分工等相关信息；

——企业在法律风险管理方面的使命、愿景、价值理念；

——企业法律风险管理工作的目标、职责、相关制度和资源配置情况；

——企业法律事务工作及法律风险管理现状；

——利益相关者的法律遵从情况和激励约束方式；

——本企业签订的重大合同及其管理情况；

——本企业发生的重大法律纠纷案件或法律风险事件的情况，本企业相关的法律规范库和法律风险库；

——本企业知识产权管理情况；

——企业法律风险管理的信息化水平；

——与法律风险及其管理相关的其他信息。

以上法律风险环境信息的收集范围和内容，要根据企业的法律风险状况变化及企业的管理需要进行补充调整。

5.2.4 确定企业法律风险准则

企业法律风险准则是衡量法律风险重要程度所依据的标准，要体现企业对法律风险管理的目标、价值观、资源、偏好和承受度。企业法律风险准则宜在企业法律风险管理工作开始实施前制定，并根据实际情况进行相应调整。

确定法律风险准则时要考虑但不限于以下因素：

——本企业法律风险管理的范围、对象，以及法律风险的分类；

——法律风险事件发生的可能性、影响程度以及法律风险的度量方法；

——法律风险等级的划分标准；

——利益相关者可接受的法律风险或可容许的法律风险等级；

——重大法律风险的确定原则。

5.3 法律风险评估

5.3.1 概述

法律风险评估包括法律风险识别、法律风险分析和法律风险评价三个环节。

5.3.2 法律风险识别

5.3.2.1 概述

法律风险的识别，首先是查找企业各业务单元、各项重要经营活动、重要业务流程中存在的法律风险，然后对查找出的法律风险进行描述、分类，对其原因、影响范围、潜在的后果等进行分析归纳，最终生成企业的法律风险清单。

通过法律风险识别，可全面、系统和准确地描述企业法律风险的状况，为下一步的法律风险分析明确对象和范围。进行法律风险识别时要掌握相关的和最新的信息，必要时，需包括适用的背景信息，特别是法律法规的变化信息。除了识别可能发生的法律风险事件外，还要考虑其可能的原因和可能导致的后果，包括所有重要的原因和后果。不论法律风险事件的风险源是否在企业的控制之下，或其原因是否已知，都要对其进行识别。企业应当选择适合于其目标、能力及其所处环境的法律风险识别工具和技术。

5.3.2.2 构建法律风险识别框架

为保证法律风险识别的全面性、准确性和系统性，企业要构建符合自身经营管理需求的法律风险识别框架，该框架提供若干识别法律风险的角度，包括但不限于以下方面：

——根据企业主要的经营管理活动识别，即通过对企业主要的经营管理活动（如生产活动、市场营销、物资采购、对外投资、人力资源管理、财务管理等）的梳理，发现每一项经营管理活动可能存在的法律风险。

——根据企业组织机构设置识别，即通过对企业各业务管理职能部门/岗位的业务管理范围和工作职责的梳理，发现各机构内可能存在的法律风险。

——根据利益相关者识别，即通过对企业的利益相关者（如股东、董事、监事、高级管理人员、一般员工、顾客、供应商、债权人、社区、政府等）的梳理，发现与每一利益相关者相关的法律风险。

——根据引发法律风险的原因识别，即通过对法律环境、违规、违约、侵权、怠于行使权利、行为不当等引发法律风险原因的识别，发现企业存在的法律风险。

——根据法律风险事件发生后承担的责任梳理，即通过对刑事、行政、民事等法律责任的梳理，发现不同责任下企业存在的法律风险。

——根据法律领域识别，即通过对不同的法律领域（如合同、知识产权、招投标、劳动用工、税务、诉讼仲裁等）的梳理，发现不同领域内存在的法律风险。

——根据法律法规识别，即通过对与企业相关的法律法规的梳理，发现不同法律法规中存在的法律风险。

——根据以往发生的案例识别，即通过对本企业或本行业发生的案例的梳理，发现企业存在的法律风险。

企业可以根据自身的不同需要，选择以上不同的角度或不同角度的组合，构建法律风险识别框架。

附录 A 给出了从"引发法律风险的原因"和"企业主要经营管理活动"两个角度构建风险识别框架的示例。

5.3.2.3 查找法律风险事件

根据构建的法律风险识别框架，可采用问卷调查、访谈调研、头脑风暴法、德尔菲法、检查表法等方法查找法律风险事件。（见 GB/T 27921–2011）

以从"引发法律风险的原因"和"企业主要经营管理活动"两个角度

构建的法律风险识别框架为例，逐一判断每一经营管理活动中是否存在法律风险事件，并尽可能地列举这些事件。

5.3.2.4 形成法律风险清单

对查找出的法律风险事件进行归类，确定法律风险，并对每个法律风险设置相应的编号和名称。然后，将这些法律风险事件及法律风险统一列表，并列示每一法律风险事件及法律风险适用的法律法规、可能产生的法律后果、相关的案例、法律分析意见及其涉及的业务单元和部门、经营管理流程等信息，形成企业的法律风险清单。法律风险清单的示例参见附录 B。

5.3.3 法律风险分析

5.3.3.1 概述

法律风险分析是指对识别出的法律风险进行定性、定量的分析，为法律风险的评价和应对提供支持。法律风险分析要考虑导致法律风险事件的原因、法律风险事件发生的可能性及其后果、影响后果和可能性的因素等。

根据法律风险分析的目的、可获得的信息数据和资源，法律风险分析可以有不同的详细程度，可以是定性的、定量的分析，也可以是这些分析的组合。一般情况下，首先采用定性分析，以初步评定法律风险等级，揭示主要法律风险。在可能和适当的时候，要进一步进行更具体和定量的法律风险分析。

对于法律风险事件发生的可能性和影响程度的分析可综合采用建模和专家意见以及经验推导来确定，要注意与企业利益相关者的沟通，同时也要考虑模型和专家意见本身的局限性。

5.3.3.2 法律风险可能性分析

对法律风险发生可能性进行分析时，可以考虑但不限于以下因素：

——外部监管的完善程度和执行力度，包括相关法律法规的完善程度，以及相关监管部门的执行力度等；

——现有法律风险管理体系的完善与执行力度，包括企业内部用以控制相关法律风险的策略、规章、制度的完善程度及执行力度等；

——相关人员法律素质，包括企业内部相关人员对相关政策、法律法规、企业规章制度以及法律风险控制技巧的了解、掌握程度等；

——利益相关者的综合状况，包括利益相关者的综合资质、履约能力、过往记录、法律风险偏好等；

——所涉及工作的频次，即与法律风险相关的工作在一定周期内发生的次数。

对于不同类型的法律风险来说，影响其发生可能性的因素会有所不同。各种因素对可能性影响程度的权重也是不同的，并且各因素之间的权重比会因法律风险类型的不同而有所差异。附录 C 给出了法律风险可能性分析的示例。

5.3.3.3 法律风险影响程度分析

对法律风险影响程度进行分析时，可以考虑但不限于以下因素：

——后果的类型，包括财产类的损失和非财产类的损失等；

——后果的严重程度，包括财产损失金额的大小、非财产损失的影响范围、利益相关者的反应等。

附录 D 给出了法律风险影响程度分析的示例。

此外，法律风险与其他风险在一定条件下具有伴生性和相互转化性，企业要对法律风险与其他风险之间的关联性进行分析，明确各风险事件之间的影响路径和传递关系，明确法律风险与其他风险之间的组合效应，从而在风险策略上对法律风险和其他相关风险进行统一集中的管理。

5.3.4 法律风险评价

法律风险评价是指将法律风险分析的结果与企业的法律风险准则相比较，或在各种风险的分析结果之间进行比较，确定法律风险等级，以帮助企业做出法律风险应对的决策。在可能和适当的情况下，可采取以下步骤进行法律风险评价：

——在法律风险分析的基础上，对法律风险进行不同维度的排序，包括法律风险事件发生可能性的高低、影响程度的大小以及风险水平的高低，以明确各法律风险对企业的影响程度。

——在法律风险水平排序的基础上，对照企业法律风险准则，可以对法律风险进行分级，具体等级划分的层次可以根据企业管理的需要设定。

——在法律风险排序和分级的基础上，企业可以根据其管理的需要，进一步确定需要重点关注和优先应对的法律风险。

5.4 法律风险应对

5.4.1 概述

法律风险应对是指企业针对法律风险或法律风险事件采取相应措施，将法律风险控制在企业可承受的范围。法律风险应对包括选择法律风险应对策略、评估法律风险应对现状、制定和实施法律风险应对计划三个环节。

5.4.2 选择法律风险应对策略

法律风险应对策略包括规避风险、降低风险、转移风险、接受风险和其他策略等，可将其单独或组合使用。

选择法律风险应对策略至少要考虑以下几方面的因素：

——企业的战略目标、核心价值观和社会责任等；

——企业对法律风险管理的目标、价值观、资源、偏好和承受度等；

——法律风险应对策略的实施成本与预期收益；

——利益相关者的诉求和价值观、对法律风险的认知和承受度以及对某些法律风险应对策略的偏好。

5.4.3 评估法律风险应对现状

如果企业对某些法律风险选取了规避、降低或转移等应对策略，则要对这些法律风险的应对现状予以进一步的评估，以了解目前的法律风险应对存在哪些不足和缺陷，为制定法律风险应对计划提供支撑。

评估法律风险应对现状至少要考虑以下几方面的因素：

——资源配置，即企业内部的相关机构设置、人员、设备和经费配备能否满足法律风险应对需要；

——职责权限，即是否明确与风险应对相关的职责和权限；

——过程监控，即是否要求对持续性业务管理活动进行定期或不定期的监督和控制、证据资料保留、信息沟通和预警；

——奖惩机制，即对企业相关人员在法律风险应对工作中的绩效是否设立了奖惩机制；

——执行者能力要求，即企业对与法律风险应对相关的内部执行者是否有明确的资质、能力要求；

——部门内法律审查，即是否要求业务部门内部对一般性的法律问题进行审查；

——专业法律审查，即是否要求法律部门或专业律师对专业性法律问题进行审查或提供相关法律意见；

——法律风险意识，即企业相关人员对法律风险的存在、可能造成的后果，以及如何开展法律风险应对等方面是否有必要的认识和理解。

5.4.4 制定和实施法律风险应对计划

企业法律风险应对措施通常包括以下几种类型：

——资源配置类，即设立或调整与法律风险应对相关的机构、人员，补充经费或风险准备金等；

——制度、流程类，即制定或完善与法律风险应对相关的制度、流程；

——标准、规范类，即针对特定法律风险，编写标准、规范等文件，供相关人员使用；

——技术手段类，即利用技术手段规避、降低或转移某些法律风险；

——信息类，即针对某些法律风险事件发布预警信息；

——活动类，即开展某些专项活动，规避、降低或转移某些法律风险；

——培训类，即对某些关键岗位人员进行法律风险培训，提高其法律风险意识和法律风险管理技能。

在法律风险应对措施确定之后，需要制定应对措施的实施计划。实施计划中至少包括以下信息：

——实施法律风险应对措施的机构、人员安排，明确责任分配和奖惩机制；

——应对措施涉及的具体业务及管理活动；

——报告和监督、检查的要求；

——资源需求和配置方案；

——实施法律风险应对措施的优先次序和条件；

——实施时间表。

企业在制定法律风险应对措施后应评估其剩余风险是否可以承受。如果不可承受，应调整或制定新的法律风险应对措施，并评估新的措施的效果，直到剩余风险可以承受。

执行法律风险应对措施会引起企业风险情况的改变，需要跟踪、监督有关风险应对的效果和企业的环境信息，并对变化的风险进行评估，必要时重新制定法律风险应对措施。法律风险应对是一个递进的动态过程，需要根据内外部法律风险环境变化对制定的措施进行评估调整，以确保措施的有效性。

5.5 监督和检查

企业应实时跟踪内外部法律风险环境的变化，及时监督和检查法律风险管理流程的运行状况，以确保法律风险应对计划的有效执行，并根据发现的问题对法律风险管理工作进行持续改进。

企业法律风险管理监督和检查的内容包括但不限于以下内容：

——内外部法律风险环境的变化，如法律法规、相关政策的出台和变化，司法、执法及社会守法环境的变化，企业自身战略的调整改变等；

——监测法律风险事件，分析趋势及其变化并从中吸取教训；

——对照法律风险应对计划检查工作进度与计划的偏差，保证风险应对措施的设计和执行有效；

——报告关于法律风险变化、风险应对计划的执行进度和风险管理方针的遵循情况；

——实施法律风险管理绩效评估。

另外，企业可根据自身的需求和资源状况，选择建立重大法律风险预警制度，即根据对内外部法律风险环境变化的监控结果，及时发布法律风险预警信息，并制定相应的应急预案。应急预案要明确应急处理的相关组织机构、处理流程、沟通机制、应急措施和资源的配置保障，确保企业对突发法律风险事件的及时反应，有效控制突发法律风险事件对企业造成的影响。应定期评审法律风险应对计划和应急预案，确保其持续的适宜性、充分性和有效性。

5.6 沟通和记录

5.6.1 沟通

企业在法律风险管理过程的每个阶段都应当与利益相关者有效沟通，以保证实施法律风险管理的相关人员和利益相关者能够充分了解企业面临的法律风险及其给企业带来的影响，正确理解企业法律风险管理决策的依据，并根据相关信息做出恰当决策，有效执行企业法律风险管理活动。

由于企业各层级人员及利益相关者的价值观、诉求、假设、认知和关注点不同，其法律风险偏好和对法律风险管理的期望也不同，这些对法律风险管理的决策和执行有重要影响。因此，企业在法律风险决策过程和法律风险管理执行中应当与利益相关者进行充分沟通，并保存相关记录。为保障这种沟通能够顺利进行，企业要保证法律风险管理的责任部门能够与企业相关人员充分沟通，能够获取履行职责所需的相关记录或档案材料，并且与监管机构、立法及司法机关等外部利益相关者建立顺畅的沟通渠道。

5.6.2 记录

在企业法律风险管理过程中，记录是实施和改进整个法律风险管理过程的基础。建立记录可考虑但不限于以下方面：

——出于管理目的而重复使用信息的需要；

——进一步分析法律风险和调整风险应对措施的需要；

——法律风险管理活动的可追溯要求；

——沟通的需要；

——法律法规和操作上对记录的需要；

——企业本身持续学习的需要；

——建立和维护记录所需的成本和工作量；

——获取信息的方法、读取信息的容易程度和储存媒介；

——记录保留期限管理。

6 企业法律风险管理的实施

6.1 概述

法律风险管理流程的组织实施需要一个法律风险管理体系，包括企业法律风险管理的方针、组织职能、资源配置、信息沟通机制等基础设施。

6.2 企业法律风险管理方针

企业法律风险管理方针需明确下列事项：

——企业法律风险管理理念；

——最高管理者对法律风险管理的承诺；

——企业法律风险管理的目标；

——企业的法律风险偏好；

——企业法律风险管理目标与企业的目标及其他风险管理目标的关系；

——企业法律风险管理目标的层次分解和细化；

——持续改进的承诺。

6.3 企业法律风险管理的组织机构及职能

企业应设立专门的法律风险管理机构或者岗位，并明确其职责和内容，具体包括但不限于：

——明确本企业法律风险管理机构或岗位的人员组成，根据企业内部条件和管理需求，必要时可设置企业总法律顾问，从总体上负责企业的法律风险管理工作；

——明确内外部法律风险管理资源的分工和合作方式；

——明确法律风险管理体系的制定、实施和维护人员的职责；

——明确执行法律风险应对措施、维护法律风险管理体系和报告相关风险信息人员的职责；

——明确企业管理人员及其他员工在其本职工作中有关法律风险管理

方面的职责；

　　——建立批准、授权制度；

　　——建立考核方法、奖惩制度。

6.4 企业法律风险管理的制度流程

　　企业应根据其法律风险管理的目标，建立完善适当的配套制度和行为规范，确定法律风险管理的工作程序，同时结合企业内部控制管理工作，将法律风险纳入到流程控制中，确保法律风险管理工作切实融入到企业的日常管理工作中，确保法律风险管理在企业内部的统一理解和执行。具体要考虑：

　　——本企业法律风险管理工作的范围和内容；

　　——法律风险管理制度、规范的制定要考虑企业的制度体系，特别是风险管理制度，确保一致性；

　　——形成对制度规范的定期更新，确保时效性。

6.5 企业法律风险管理的资源配置

　　企业需根据法律风险管理计划，制定可行的方法，为法律风险管理分配适当的资源。具体要考虑：

　　——法律风险管理相关人员的技术、经验和能力要求；

　　——法律风险管理过程每一阶段所需要的资金及其他资源；

　　——法律风险管理目标、成本和收益的关系。

　　此外，企业可以根据内部条件和管理需求，通过建立企业法律风险管理信息系统，完成企业法律风险环境信息的收集、法律风险识别、分析、评价、应对、监督与检查、沟通和记录等各项工作，实现法律风险信息的在线查询、检索和维护，支持企业法律风险管理体系的动态管理。

6.6 企业法律风险管理的沟通和报告机制

　　企业需建立内部沟通和报告机制，以保证：

　　——企业法律风险管理体系的关键组成部分及其调整得到适当的沟通；

　　——在企业内部充分报告法律风险应对计划实施的效果和效率；

　　——在适当的层次和时间提供法律风险管理的相关信息；

　　——建立与利益相关者协商的程序。

　　企业需建立与外部利益相关者沟通的机制。这种机制要保证：

　　——企业的对外报告符合法律法规和公司治理要求；

　　——企业与利益相关者保持有效的信息沟通；

——在外部利益相关者中建立对组织的信心；

——在发生突发事件、危机和紧急状况时与利益相关者沟通；

——为企业提供外部利益相关者的报告和反馈。

企业法律风险管理信息的沟通和报告机制要考虑与其他风险信息传递的衔接关系，以保证相关部门信息的互动沟通。

6.7 企业法律风险管理文化

企业应当注重法律风险意识和风险管理文化的培养，从而促进法律风险管理的贯彻实施，保障法律风险管理目标的实现。具体应考虑：

——树立法律风险管理是企业全体员工共同责任的理念，需在不同层次上履行防范法律风险的职责；

——重视企业领导层对法律风险管理工作的态度、管理理念以及管理承诺；

——提高重要流程及核心岗位员工法律风险管理的意识和能力；

——法律风险管理专业机构可制定系统化的法律风险管理培训计划，采用多种途径加强对企业法律风险管理理念、知识、方法和流程的培训，从而提高全体员工知法、守法和用法水平；

——加强法律风险管理机构专业人员的法律实务水平和风险管理水平，加强提升对企业业务管理的深入理解和支撑服务能力，主动积极地为企业的经营决策和管理活动提供法律支持；

——企业应当加强对内部违法违规行为的惩治力度，形成良好的法律风险管理文化。

附录 A
（资料性附录）
法律风险识别框架示例

  法律风险的识别框架可以从"引发法律风险的原因"和"企业主要经营管理活动"两个角度来构建。引发企业法律风险的原因，可分为法律环境、违规行为、违约行为、侵权行为、不当行为和怠于行使权利六种。具体如表 A.1 所示：

表 A.1　法律风险识别框架示例

经营管理活动	引发原因					
	法律 环境	违规 行为	违约 行为	侵权 行为	不当 行为	怠于行使 权利
经营管理活动1						
经营管理活动2						
经营管理活动3						
……						

附录 B
（资料性附录）
法律风险清单示例

法律风险清单可以划分为三个信息区。第一部分为基础信息区，主要内容为法律风险及引发风险的具体行为，为便于今后的使用和管理，这里还可以为每个法律风险及风险行为设置不同的编码；第二部分为法律信息区，包括风险涉及的法规、法条、案例、法律责任和后果、法律建议等；第三部分为管理信息区，包括风险涉及的企业内部部门、外部主体、经营管理活动或流程等。具体如表 B.1 所示：

表 B.1　法律风险清单示例

基础信息区				法律信息区					管理信息区		
风险代码	风险名称	行为代码	引发法律风险的行为	涉及的法律法规	涉及的法条	引发的法律责任和后果	案例	法律建议	涉及的部门	涉及的法律主体	涉及的业务/管理活动
×××	×××	×××	×××	×××	×××	×××	×××	×××	×××	×××	×××
		×××	×××								
		×××	×××								
×××	×××	×××	×××	×××	×××	×××	×××	×××	×××	×××	×××
		×××	×××								
		×××	×××								
×××	×××	×××	×××	×××	×××	×××	×××	×××	×××	×××	×××
		×××	×××								
		×××	×××								
……	……	……	……	……	……	……	……	……	……	……	……

附录 C
（资料性附录）
法律风险可能性分析示例

　　风险事件的发生可能性是指在公司目前的管理水平下，风险事件发生概率的大小或者发生的频繁程度。对法律风险发生可能性的量化分析，可以从以下5个维度进行，每个维度可以进一步细化为若干评分标准，以下示例影响程度分为5个等级，分别赋予1分～5分，表示发生可能性依次加强，得分越高意味风险发生的可能性越大。对照该评分标准，同时根据不同维度对风险发生可能性影响程度的不同，为各维度设定权重系数，并确定计算公式，最终即可计算出该风险发生可能性的得分。具体如表C.1所示：

表 C.1　法律风险可能性分析示例

分析维度	得分				
	5	4	3	2	1
内控制度的完善与执行	内部控制规章制度/业务流程很不完善，内部控制规章制度/业务流程很难得到执行	内部控制规章制度/业务流程较完善，内部控制规章制度/业务流程较难得到执行	内部控制规章制度/业务流程较完善，内部控制规章制度/业务流程执行程度一般	内部控制规章制度/业务流程很完善，内部控制规章制度/业务流程执行比较准确	内部控制规章制度/业务流程很完善，内部控制规章制度/业务流程执行非常准确
我方人员相关法律素质	不了解相关法律及企业内部制度	对相关法律及企业内部制度有一定了解，但不能有效执行	了解相关法律及企业内部制度，且基本能够执行	理解相关法律及企业内部制度，并能够较好执行	我方人员非常熟悉相关法律及企业内部制度并能够完全有效执行
风险对方综合状况	履约能力很弱或侵权可能性很大，信誉很差	履约能力较弱或侵权可能性较大	履约能力一般或侵权可能性一般，信誉一般	履约能力较强或侵权可能性较小，信誉较好	履约能力很强或侵权可能性很小，信誉很好

分析维度	得分				
	5	4	3	2	1
外部监管执行力度	无法律规定，有监管部门，但监管部门经常不履行职责	有法律规定，有监管部门，但监管部门经常不履行职责	有法律规定，有监管部门，但违法行为并未都得到及时查处	有法律规定，有监管部门，违法行为一般都能得到及时查处	有法律规定，有监管部门，违法行为总是能得到及时查处，且处罚严厉
工作频次	风险行为所涉及的工作每天至少发生一次	风险行为所涉及的工作每周至少发生一次	风险行为所涉及的工作每月至少发生一次	风险行为所涉及的工作每季度至少发生一次	风险行为所涉及的工作每年至少发生一次

附录 D
（资料性附录）
法律风险影响程度分析示例

  风险事件影响程度是指该风险事件会对公司的经营管理和业务发展所产生影响的大小。对法律风险影响程度的量化分析，可以从以下三个维度进行，每个维度可以进一步细化为若干评分标准，以下示例影响程度分为5个等级，分别赋予1分~5分，表示影响程度依次加强，得分越高意味风险影响程度越大。对照该评分标准，同时根据不同维度与风险影响程度相关性的不同，为各维度设定权重系数，并确定计算公式，最终即可计算出该风险影响程度的得分。具体如表 D.1 所示：

表 D.1 法律风险影响程度分析示例

分析维度	得分					
	0	1	2	3	4	5
财产损失大小	无	10万元以下	10万元~100万元	100万元~500万元	500万元~5 000万元	5 000万元以上
非财产损失大小	无	商誉、企业形象、知识产权等损失很小	商誉、企业形象、知识产权等损失较小	商誉、企业形象、知识产权等损失一般	商誉、企业形象、知识产权等损失较大	商誉、企业形象、知识产权等损失很大
影响范围	无	很小范围的区域，如企业内部	较小范围的区域，如若干企业间	中等范围的区域，如全市范围内	较大范围的区域，如全省范围内	很大范围的区域，如全国范围内
注：财产损失大小的区间界定，根据企业自身情况确定。						

参考文献

［1］GB/T 1.1-2009 标准化工作导则 第 1 部分：标准的结构和编写

［2］GB/T 24353 风险管理 原则与实施指南

［3］GB/T 23694-2009 风险管理 术语

［4］GB/T 20000.4-2003 标准化工作指南 第 4 部分：标准中涉及安全的内容

【链接】

中华人民共和国国家标准公告

2013 年第 11 号

关于批准发布 GB/T27914-2011《企业法律风险管理指南》
国家标准第 1 号修改单的公告

国家标准化管理委员会批准 GB/T27914-2011《企业法律风险管理指南》国家标准第 1 号修改单，自 2013 年 12 月 1 日起实施，现予以公布（见附件）。

国家标准化管理委员会
2013 年 7 月 24 日

附件

GB/T27914-2011《企业法律风险管理指南》
国家标准第 1 号修改单

修改条款 6.3 为：

6.3　企业法律风险管理的组织机构及职能

企业应设立专门的法律事务管理机构或者岗位，并明确其法律风险管理职责，具体包括但不限于：

——明确本企业法律事务管理机构或岗位的人员组成。大型企业应建立总法律顾问制度，设置企业总法律顾问，全面负责企业的法律风险管理工作；其他企业根据自身条件和管理需求，必要时可设置企业总法律顾问。

十三
企业内部控制基本规范

财会〔2008〕7 号

财政部、证券监督管理委员会、审计署、
银行业监督管理委员会、保险监督管理委员会
2008 年 5 月 22 日

财政部　证券监督管理委员会　审计署
银行业监督管理委员会　保险监督管理委员会
关于印发《中央企业全面风险管理指引》的通知

财会〔2008〕7号

中直管理局，铁道部、国管局，总后勤部、武警总部，各省、自治区、直辖市、计划单列市财政厅（局）、审计厅（局），新疆生产建设兵团财务局、审计局，中国证监会各省、自治区、直辖市、计划单列市监管局，中国证监会上海、深圳专员办，各保监局、保险公司，各银监局、政策性银行、国有商业银行、股份制商业银行、邮政储蓄银行、资产管理公司，各省级农村信用联社，银监会直接管理的信托公司、财务公司、租赁公司，有关中央管理企业：

　　为了加强和规范企业内部控制，提高企业经营管理水平和风险防范能力，促进企业可持续发展，维护社会主义市场经济秩序和社会公众利益，根据国家有关法律法规，财政部会同证监会、审计署、银监会、保监会制定了《企业内部控制基本规范》，现予印发，自2009年7月1日起在上市公司范围内施行，鼓励非上市的大中型企业执行。执行本规范的上市公司，应当对本公司内部控制的有效性进行自我评价，披露年度自我评价报告，并可聘请具有证券、期货业务资格的会计师事务所对内部控制的有效性进行审计。

　　执行中有何问题，请及时反馈我们。

财政部

证券监督管理委员会

审计署

银行业监督管理委员会

保险监督管理委员会

2008年5月22日

企业内部控制基本规范

第一章　总　则

第一条　为了加强和规范企业内部控制，提高企业经营管理水平和风险防范能力，促进企业可持续发展，维护社会主义市场经济秩序和社会公众利益，根据《中华人民共和国公司法》、《中华人民共和国证券法》、《中华人民共和国会计法》和其他有关法律法规，制定本规范。

第二条　本规范适用于中华人民共和国境内设立的大中型企业。

小企业和其他单位可以参照本规范建立与实施内部控制。

大中型企业和小企业的划分标准根据国家有关规定执行。

第三条　本规范所称内部控制，是由企业董事会、监事会、经理层和全体员工实施的、旨在实现控制目标的过程。

内部控制的目标是合理保证企业经营管理合法合规、资产安全、财务报告及相关信息真实完整，提高经营效率和效果，促进企业实现发展战略。

第四条　企业建立与实施内部控制，应当遵循下列原则：

（一）全面性原则。内部控制应当贯穿决策、执行和监督全过程，覆盖企业及其所属单位的各种业务和事项。

（二）重要性原则。内部控制应当在全面控制的基础上，关注重要业务事项和高风险领域。

（三）制衡性原则。内部控制应当在治理结构、机构设置及权责分配、业务流程等方面形成相互制约、相互监督，同时兼顾运营效率。

（四）适应性原则。内部控制应当与企业经营规模、业务范围、竞争状况和风险水平等相适应，并随着情况的变化及时加以调整。

（五）成本效益原则。内部控制应当权衡实施成本与预期效益，以适当的成本实现有效控制。

第五条　企业建立与实施有效的内部控制，应当包括下列要素：

（一）内部环境。内部环境是企业实施内部控制的基础，一般包括治理结构、机构设置及权责分配、内部审计、人力资源政策、企业文化等。

（二）风险评估。风险评估是企业及时识别、系统分析经营活动中与实现内部控制目标相关的风险，合理确定风险应对策略。

（三）控制活动。控制活动是企业根据风险评估结果，采用相应的控制措施，将风险控制在可承受度之内。

（四）信息与沟通。信息与沟通是企业及时、准确地收集、传递与内部控制相关的信息，确保信息在企业内部、企业与外部之间进行有效沟通。

（五）内部监督。内部监督是企业对内部控制建立与实施情况进行监督检查，评价内部控制的有效性，发现内部控制缺陷，应当及时加以改进。

第六条 企业应当根据有关法律法规、本规范及其配套办法，制定本企业的内部控制制度并组织实施。

第七条 企业应当运用信息技术加强内部控制，建立与经营管理相适应的信息系统，促进内部控制流程与信息系统的有机结合，实现对业务和事项的自动控制，减少或消除人为操纵因素。

第八条 企业应当建立内部控制实施的激励约束机制，将各责任单位和全体员工实施内部控制的情况纳入绩效考评体系，促进内部控制的有效实施。

第九条 国务院有关部门可以根据法律法规、本规范及其配套办法，明确贯彻实施本规范的具体要求，对企业建立与实施内部控制的情况进行监督检查。

第十条 接受企业委托从事内部控制审计的会计师事务所，应当根据本规范及其配套办法和相关执业准则，对企业内部控制的有效性进行审计，出具审计报告。会计师事务所及其签字的从业人员应当对发表的内部控制审计意见负责。

为企业内部控制提供咨询的会计师事务所，不得同时为同一企业提供内部控制审计服务。

第二章 内部环境

第十一条 企业应当根据国家有关法律法规和企业章程，建立规范的公司治理结构和议事规则，明确决策、执行、监督等方面的职责权限，形成科学有效的职责分工和制衡机制。

股东（大）会享有法律法规和企业章程规定的合法权利，依法行使企业经营方针、筹资、投资、利润分配等重大事项的表决权。

董事会对股东（大）会负责，依法行使企业的经营决策权。

监事会对股东（大）会负责，监督企业董事、经理和其他高级管理人员依法履行职责。

经理层负责组织实施股东（大）会、董事会决议事项，主持企业的生产经营管理工作。

第十二条　董事会负责内部控制的建立健全和有效实施。监事会对董事会建立与实施内部控制进行监督。经理层负责组织领导企业内部控制的日常运行。

企业应当成立专门机构或者指定适当的机构具体负责组织协调内部控制的建立实施及日常工作。

第十三条　企业应当在董事会下设立审计委员会。审计委员会负责审查企业内部控制，监督内部控制的有效实施和内部控制自我评价情况，协调内部控制审计及其他相关事宜等。

审计委员会负责人应当具备相应的独立性、良好的职业操守和专业胜任能力。

第十四条　企业应当结合业务特点和内部控制要求设置内部机构，明确职责权限，将权利与责任落实到各责任单位。

企业应当通过编制内部管理手册，使全体员工掌握内部机构设置、岗位职责、业务流程等情况，明确权责分配，正确行使职权。

第十五条　企业应当加强内部审计工作，保证内部审计机构设置、人员配备和工作的独立性。

内部审计机构应当结合内部审计监督，对内部控制的有效性进行监督检查。内部审计机构对监督检查中发现的内部控制缺陷，应当按照企业内部审计工作程序进行报告；对监督检查中发现的内部控制重大缺陷，有权直接向董事会及其审计委员会、监事会报告。

第十六条　企业应当制定和实施有利于企业可持续发展的人力资源政策。人力资源政策应当包括下列内容：

（一）员工的聘用、培训、辞退与辞职。

（二）员工的薪酬、考核、晋升与奖惩。

（三）关键岗位员工的强制休假制度和定期岗位轮换制度。

（四）掌握国家秘密或重要商业秘密的员工离岗的限制性规定。

（五）有关人力资源管理的其他政策。

第十七条　企业应当将职业道德修养和专业胜任能力作为选拔和聘用员工的重要标准，切实加强员工培训和继续教育，不断提升员工素质。

第十八条　企业应当加强文化建设，培育积极向上的价值观和社会责任感，倡导诚实守信、爱岗敬业、开拓创新和团队协作精神，树立现代管理理念，强化风险意识。

董事、监事、经理及其他高级管理人员应当在企业文化建设中发挥主导作用。

企业员工应当遵守员工行为守则，认真履行岗位职责。

第十九条　企业应当加强法制教育，增强董事、监事、经理及其他高级管理人员和员工的法制观念，严格依法决策、依法办事、依法监督，建立健全法律顾问制度和重大法律纠纷案件备案制度。

第三章　风险评估

第二十条　企业应当根据设定的控制目标，全面系统持续地收集相关信息，结合实际情况，及时进行风险评估。

第二十一条　企业开展风险评估，应当准确识别与实现控制目标相关的内部风险和外部风险，确定相应的风险承受度。

风险承受度是企业能够承担的风险限度，包括整体风险承受能力和业务层面的可接受风险水平。

第二十二条　企业识别内部风险，应当关注下列因素：

（一）董事、监事、经理及其他高级管理人员的职业操守、员工专业胜任能力等人力资源因素。

（二）组织机构、经营方式、资产管理、业务流程等管理因素。

（三）研究开发、技术投入、信息技术运用等自主创新因素。

（四）财务状况、经营成果、现金流量等财务因素。

（五）营运安全、员工健康、环境保护等安全环保因素。

（六）其他有关内部风险因素。

第二十三条　企业识别外部风险，应当关注下列因素：

（一）经济形势、产业政策、融资环境、市场竞争、资源供给等经济因素。

（二）法律法规、监管要求等法律因素。

（三）安全稳定、文化传统、社会信用、教育水平、消费者行为等社会因素。

（四）技术进步、工艺改进等科学技术因素。

（五）自然灾害、环境状况等自然环境因素。

（六）其他有关外部风险因素。

第二十四条　企业应当采用定性与定量相结合的方法，按照风险发生的可能性及其影响程度等，对识别的风险进行分析和排序，确定关注重点和优先控制的风险。

企业进行风险分析，应当充分吸收专业人员，组成风险分析团队，按照严格规范的程序开展工作，确保风险分析结果的准确性。

第二十五条　企业应当根据风险分析的结果，结合风险承受度，权衡风险与收益，确定风险应对策略。

企业应当合理分析、准确掌握董事、经理及其他高级管理人员、关键岗位员工的风险偏好，采取适当的控制措施，避免因个人风险偏好给企业经营带来重大损失。

第二十六条　企业应当综合运用风险规避、风险降低、风险分担和风险承受等风险应对策略，实现对风险的有效控制。

风险规避是企业对超出风险承受度的风险，通过放弃或者停止与该风险相关的业务活动以避免和减轻损失的策略。

风险降低是企业在权衡成本效益之后，准备采取适当的控制措施降低风险或者减轻损失，将风险控制在风险承受度之内的策略。

风险分担是企业准备借助他人力量，采取业务分包、购买保险等方式和适当的控制措施，将风险控制在风险承受度之内的策略。

风险承受是企业对风险承受度之内的风险，在权衡成本效益之后，不准备采取控制措施降低风险或者减轻损失的策略。

第二十七条　企业应当结合不同发展阶段和业务拓展情况，持续收集与风险变化相关的信息，进行风险识别和风险分析，及时调整风险应对策略。

第四章　控制活动

第二十八条　企业应当结合风险评估结果，通过手工控制与自动控制、预防性控制与发现性控制相结合的方法，运用相应的控制措施，将风险控制在可承受度之内。

控制措施一般包括：不相容职务分离控制、授权审批控制、会计系统控制、财产保护控制、预算控制、运营分析控制和绩效考评控制等。

第二十九条　不相容职务分离控制要求企业全面系统地分析、梳理业务流程中所涉及的不相容职务，实施相应的分离措施，形成各司其职、各负其责、相互制约的工作机制。

第三十条 授权审批控制要求企业根据常规授权和特别授权的规定，明确各岗位办理业务和事项的权限范围、审批程序和相应责任。

企业应当编制常规授权的权限指引，规范特别授权的范围、权限、程序和责任，严格控制特别授权。常规授权是指企业在日常经营管理活动中按照既定的职责和程序进行的授权。特别授权是指企业在特殊情况、特定条件下进行的授权。

企业各级管理人员应当在授权范围内行使职权和承担责任。

企业对于重大的业务和事项，应当实行集体决策审批或者联签制度，任何个人不得单独进行决策或者擅自改变集体决策。

第三十一条 会计系统控制要求企业严格执行国家统一的会计准则制度，加强会计基础工作，明确会计凭证、会计账簿和财务会计报告的处理程序，保证会计资料真实完整。

企业应当依法设置会计机构，配备会计从业人员。从事会计工作的人员，必须取得会计从业资格证书。会计机构负责人应当具备会计师以上专业技术职务资格。

大中型企业应当设置总会计师。设置总会计师的企业，不得设置与其职权重叠的副职。

第三十二条 财产保护控制要求企业建立财产日常管理制度和定期清查制度，采取财产记录、实物保管、定期盘点、账实核对等措施，确保财产安全。

企业应当严格限制未经授权的人员接触和处置财产。

第三十三条 预算控制要求企业实施全面预算管理制度，明确各责任单位在预算管理中的职责权限，规范预算的编制、审定、下达和执行程序，强化预算约束。

第三十四条 运营分析控制要求企业建立运营情况分析制度，经理层应当综合运用生产、购销、投资、筹资、财务等方面的信息，通过因素分析、对比分析、趋势分析等方法，定期开展运营情况分析，发现存在的问题，及时查明原因并加以改进。

第三十五条 绩效考评控制要求企业建立和实施绩效考评制度，科学设置考核指标体系，对企业内部各责任单位和全体员工的业绩进行定期考核和客观评价，将考评结果作为确定员工薪酬以及职务晋升、评优、降级、调岗、辞退等的依据。

第三十六条 企业应当根据内部控制目标，结合风险应对策略，综合运用控制措施，对各种业务和事项实施有效控制。

第三十七条 企业应当建立重大风险预警机制和突发事件应急处理机制，明确风险预警标准，对可能发生的重大风险或突发事件，制定应急预案、明确责任人员、规范处置程序，确保突发事件得到及时妥善处理。

第五章 信息与沟通

第三十八条 企业应当建立信息与沟通制度，明确内部控制相关信息的收集、处理和传递程序，确保信息及时沟通，促进内部控制有效运行。

第三十九条 企业应当对收集的各种内部信息和外部信息进行合理筛选、核对、整合，提高信息的有用性。

企业可以通过财务会计资料、经营管理资料、调研报告、专项信息、内部刊物、办公网络等渠道，获取内部信息。

企业可以通过行业协会组织、社会中介机构、业务往来单位、市场调查、来信来访、网络媒体以及有关监管部门等渠道，获取外部信息。

第四十条 企业应当将内部控制相关信息在企业内部各管理级次、责任单位、业务环节之间，以及企业与外部投资者、债权人、客户、供应商、中介机构和监管部门等有关方面之间进行沟通和反馈。信息沟通过程中发现的问题，应当及时报告并加以解决。

重要信息应当及时传递给董事会、监事会和经理层。

第四十一条 企业应当利用信息技术促进信息的集成与共享，充分发挥信息技术在信息与沟通中的作用。

企业应当加强对信息系统开发与维护、访问与变更、数据输入与输出、文件储存与保管、网络安全等方面的控制，保证信息系统安全稳定运行。

第四十二条 企业应当建立反舞弊机制，坚持惩防并举、重在预防的原则，明确反舞弊工作的重点领域、关键环节和有关机构在反舞弊工作中的职责权限，规范舞弊案件的举报、调查、处理、报告和补救程序。

企业至少应当将下列情形作为反舞弊工作的重点：

（一）未经授权或者采取其他不法方式侵占、挪用企业资产，牟取不当利益。

（二）在财务会计报告和信息披露等方面存在的虚假记载、误导性陈述或者重大遗漏等。

（三）董事、监事、经理及其他高级管理人员滥用职权。

（四）相关机构或人员串通舞弊。

第四十三条 企业应当建立举报投诉制度和举报人保护制度，设置举报专线，明确举报投诉处理程序、办理时限和办结要求，确保举报、投诉成为企业有效掌握信息的重要途径。

举报投诉制度和举报人保护制度应当及时传达至全体员工。

第六章 内部监督

第四十四条 企业应当根据本规范及其配套办法，制定内部控制监督制度，明确内部审计机构（或经授权的其他监督机构）和其他内部机构在内部监督中的职责权限，规范内部监督的程序、方法和要求。

内部监督分为日常监督和专项监督。日常监督是指企业对建立与实施内部控制的情况进行常规、持续的监督检查；专项监督是指在企业发展战略、组织结构、经营活动、业务流程、关键岗位员工等发生较大调整或变化的情况下，对内部控制的某一或者某些方面进行有针对性的监督检查。

专项监督的范围和频率应当根据风险评估结果以及日常监督的有效性等予以确定。

第四十五条 企业应当制定内部控制缺陷认定标准，对监督过程中发现的内部控制缺陷，应当分析缺陷的性质和产生的原因，提出整改方案，采取适当的形式及时向董事会、监事会或者经理层报告。

内部控制缺陷包括设计缺陷和运行缺陷。企业应当跟踪内部控制缺陷整改情况，并就内部监督中发现的重大缺陷，追究相关责任单位或者责任人的责任。

第四十六条 企业应当结合内部监督情况，定期对内部控制的有效性进行自我评价，出具内部控制自我评价报告。

内部控制自我评价的方式、范围、程序和频率，由企业根据经营业务调整、经营环境变化、业务发展状况、实际风险水平等自行确定。

国家有关法律法规另有规定的，从其规定。

第四十七条 企业应当以书面或者其他适当的形式，妥善保存内部控制建立与实施过程中的相关记录或者资料，确保内部控制建立与实施过程的可验证性。

第七章 附　则

第四十八条 本规范由财政部会同国务院其他有关部门解释。

第四十九条　本规范的配套办法由财政部会同国务院其他有关部门另行制定。

第五十条　本规范自 2009 年 7 月 1 日起实施。

十四

国务院国有资产监督管理委员会
关于全面推进法治央企建设的意见

国资发法规〔2015〕166 号

国务院国有资产监督管理委员会

2015 年 12 月 8 日

国务院国有资产监督管理委员会
关于印发《关于全面推进法治央企建设的意见》的通知

国资发法规〔2015〕166 号

各中央企业：

为贯彻落实党的十八届三中、四中、五中全会精神和党中央、国务院关于深化国有企业改革的部署要求，进一步推进中央企业法制建设，提升依法治企能力水平，我们制定了《关于全面推进法治央企建设的意见》，现印发给你们，请认真贯彻落实。

国务院国有资产监督管理委员会

2015 年 12 月 8 日

关于全面推进法治央企建设的意见

党的十八届三中、四中全会作出全面深化改革和全面推进依法治国的重大战略部署。习近平总书记强调，要把全面依法治国放在"四个全面"战略布局中来把握。中央企业是我国国民经济的重要支柱，是落实全面依法治国战略的重要主体，应当在建设社会主义法治国家中发挥重要作用。近年来，中央企业深入推进法治建设，依法经营管理水平不断提升，依法治企能力明显增强，为改革发展提供了重要的支撑保障。但与此同时，中央企业法治工作与全面依法治国的要求相比还有不小差距。新形势下，全面建设法治央企，是贯彻落实全面依法治国战略的重要内容，是进一步深化国企改革的必然要求，也是提升企业核心竞争力，做强做优做大中央企业的迫切需要。为此，现就全面推进法治央企建设提出以下意见：

一、总体要求

（一）指导思想。认真贯彻落实党的十八届三中、四中、五中全会精神和习近平总书记系列重要讲话精神，按照全面依法治国战略部署，围绕中央企业改革发展总体目标，适应市场化、现代化、国际化发展需要，坚持依法治理、依法经营、依法管理共同推进，坚持法治体系、法治能力、法治文化一体建设，加强制度创新，以健全公司法人治理结构为基础，以促进依法经营管理为重点，以提升企业法律管理能力为手段，切实加强对企业法治建设的组织领导，大力推动企业治理体系和治理能力现代化，促进中央企业健康可持续发展。

（二）基本原则。

——坚持围绕中心，服务发展大局。紧紧围绕中央企业改革发展中心任务，充分发挥法治在推进分类改革、完善现代企业制度、发展混合所有制经济、强化监督防止国有资产流失等重点改革任务中的重要作用，支撑企业实施自主创新、转型升级等重大发展战略，为中央企业改革发展提供坚实的法治保障。

——坚持全面覆盖，突出工作重点。把依法治企要求全面融入企业决策运营各个环节，贯穿各业务领域、各管理层级、各工作岗位，努力实现法治工作全流程、全覆盖，同时突出依法治理、依法合规经营、依法规范管理等重点领域法治建设。

——坚持权责明确，强化协同配合。切实加强对法治央企建设的组织领导，明确企业主要负责人、总法律顾问、法律事务机构、其他部门在推进法治建设中的责任，有效整合资源，增强工作合力，形成上下联动、部门协同的法治建设大格局。

——坚持领导带头，确保全员参与。牢牢抓住领导干部这个"关键少数"，大力提升领导干部的法治思维和依法办事能力，充分发挥领导干部尊法学法守法用法的示范作用，进一步强化普法宣传教育，提高全员法治素养，充分调动职工的积极性和主动性，努力形成全员守法的良好氛围。

（三）总体目标。到 2020 年，中央企业依法治理能力进一步增强，依法合规经营水平显著提升，依法规范管理能力不断强化，全员法治素质明显提高，企业法治文化更加浓厚，依法治企能力达到国际同行业先进水平，努力成为治理完善、经营合规、管理规范、守法诚信的法治央企。

二、切实增强依法治理能力

（四）充分发挥章程在公司治理中的统领作用。根据企业行业特点、管理架构等实际，依法完善公司章程，合理配置股东权利义务，明确议事规则和决策机制。突出章程在规范各治理主体权责关系中的基础性作用，依法厘清股东（大）会、董事会、监事会、经理层的职责边界，明确履职程序。依据章程建立健全企业各项基本制度、管理机制和工作体系，细化董事会、经理层工作规则等配套办法。把加强党的领导和完善公司治理统一起来，明确党组织在公司治理结构中的法定地位，将党建工作总体要求纳入公司章程。加强对章程落实情况的监督，坚决纠正与章程不符的规定和行为。高度重视子企业章程制定工作，依法依章程对子企业规范行使股东权，处理好维护出资人权益与尊重子企业经营自主权的关系。充分发挥总法律顾问和法律事务机构在章程制定、执行和监督中的重要作用，确保章程依法制定、依法实施。

（五）完善各治理主体依法履职保障机制。按照《公司法》、《企业国有资产法》等法律法规，进一步完善公司法人治理结构，提升治理主体依法履职能力。优化董事会知识结构，通过加强法律培训、选拔法律专业人员担任董事等方式，提升董事会依法决策水平。明确负责推进企业法治建设的专门委员会，对经理层依法治企情况进行监督，并将企业法治建设情况作为董事会年度工作报告的重要内容。董事会审议事项涉及法律问题的，总法律顾问应列席会议并提出法律意见。加大监事会对依法治企情况和董事、高级管理人员依法履职情况的监督力度，配备具有法律专业背景的专职监事，将企业合规经营、依法管理作为当期监督的重要内容。总法律顾问应当全面参与经理层的经营管理活动，充分发挥法律审核把关作用。健全党组织参与重大决策机制，强化党组织对企业领导人员依法行权履职的监督，确保企业决策部署及其执行过程符合党和国家方针政策、法律法规。

三、着力强化依法合规经营

（六）健全依法决策机制。进一步完善"三重一大"等决策制度，细化各层级决策范围、事项和权限。健全依法决策程序，严格落实职工参与、专家论证、风险评估、法律审核、集体决策等程序要求。完善重大决策合法性审查机制，未经合法性审查或者经审查不合法的，不得提交决策会议讨论。高度重视对重大改革事项的法律论证，切实防范法律风险，确保各项改革措施于法有据。中央企业报请国资委审批事项涉及法律问题的，应当出具总法律顾问签字的法律意见书。依法健全以职工代表大会为基本形式的企业民主管理制度，规范职工董事、职工监事产生的程序，切实发挥其在参与决策和公司治理中的作用。

（七）依法参与市场竞争。严格执行有关反垄断、安全生产、环境保护、节能减排、产品质量、知识产权、劳动用工等国家法律法规和市场规则，坚决杜绝违法违规行为。崇尚契约精神，重合同、守信用，公平参与市场竞争，自觉维护市场秩序。认真履行社会责任，切实维护消费者和其他利益相关方的合法权益。明确法律事务机构的合同管理职责，严格落实合同法律审核制度，充分发挥法律审核在规范市场竞争、防止违法违规行为中的重要作用。提升依法维权能力，加大对侵权行为的追责力度，妥善解决法律纠纷案件，切实维护自身合法权益。

（八）依法开展国际化经营。在实施走出去战略、参与"一带一路"建设、推进国际产能和装备制造合作过程中，严格按照国际规则、所在国法律和我国相关法律法规开展境外业务，有效防范法律风险。建立境外重大项目法律顾问提前介入工作机制，将法律论证与市场论证、技术论证、财务论证有机结合，实现从可行性论证到立项决策、从谈判签约到项目实施全程参与，确保法律风险防范全覆盖。突出境外法律风险防范重点，高度重视国家安全审查、反垄断审查、反倾销反补贴调查和知识产权等领域的法律风险，深入做好尽职调查，组织拟定防范预案。建立健全涉外重大法律纠纷案件预警和应对机制。完善境外法治工作组织体系，推动境外重要子企业或业务相对集中的区域设立法律事务机构或配备专职法律顾问。

四、进一步加强依法规范管理

（九）完善企业规章制度体系。根据国家法律法规和国有资产监管制度，结合企业实际，进一步完善财务管理、劳动用工、物资采购等各项规章制度。完善规章制度制定工作机制，广泛吸纳业务骨干、专家学者等共同参与规章制度的研究制定，加强对规章制度的法律审核，确保各项制度依法合规。健全规章制度实施机制，提高制度执行力，通过加强宣贯培训、纳入业务流程、明确岗位守则等方式，确保各项制度得到有效落实。探索建立规章制度评估机制，定期开展规章制度梳理工作，对规章制度执行情况进行评价，及时堵塞制度漏洞，形成制度体系完整闭环。强化规章制度落实监督机制，法律、审计、纪检和相关业务部门定期对制度落实情况进行监督检查，对违规行为严格督促整改、开展责任追究。

（十）依法规范重点领域和关键环节管理。加强对企业投资融资、改制重组、对外担保、产权流转、物资采购、招标投标等重点领域的管理，通过信息化手段，确保流程规范、公开透明，坚决杜绝暗箱操作。在推进混合所有制、员工持股、股权激励等改革过程中，坚持依法规范操作，确保法律事务机构全程参与，严控法律风险，防止国有资产流失。高度重视对企业内部审批、执行等关键环节的管理，强化对权力集中、资金密集、资源富集、资产聚集的部门和岗位的监督，实行分事行权、分岗设权、分级授权，定期轮岗，强化内部流程控制，防止权力滥用。严格执行信息披露制度，依法加大信息公开力度，积极打造阳光央企。完善企业内部监督体系，形成法律与审计、纪检监察、巡视、财务等部门的监督合力。

（十一）大力提升法律管理水平。进一步深化法律风险防范机制，加快促进法律管理与经营管理的深度融合，将法律审核嵌入管理流程，使法律审核成为经营管理的必经环节，在确保规章制度、经济合同、重要决策法律审核率100%的同时，通过开展后评估等方式，不断提高审核质量。加快提升合规管理能力，建立由总法律顾问领导，法律事务机构作为牵头部门，相关部门共同参与、齐抓共管的合规管理工作体系，研究制定统一有效、全面覆盖、内容明确的合规制度准则，加强合规教育培训，努力形成全员合规的良性机制。探索建立法律、合规、风险、内控一体化管理平台。

加强知识产权管理，强化知识产权保护，为企业自主创新、转型升级、品牌建设提供有力支撑。健全完善法律风险防范、纠纷案件处理等各项法律管理制度，探索创新法律管理方式方法，大力推进信息化建设，提高管理效能。

五、加强组织领导

（十二）强化领导责任。企业主要负责人充分发挥"关键少数"作用，认真履行推进本企业法治建设第一责任人职责，把法治建设作为谋划部署全局工作的重要内容，对工作中的重点难点问题，亲自研究、亲自部署、亲自协调、亲自督办。明确法治建设领导机构，加快形成企业主要负责人负总责、总法律顾问牵头推进、法律事务机构具体实施、各部门共同参与的工作机制。研究制定本企业法治央企建设实施方案，将中央企业法制工作新五年规划各项要求作为重要内容，与企业"十三五"规划相衔接，同步实施、同步推进。积极为企业法治建设提供必要的制度、人员、机构和经费等保障。

（十三）完善激励约束机制。将合规经营等依法治企情况纳入对中央企业领导人员的考核体系。完善企业领导班子知识结构，在相同条件下，优先提拔使用法治素养好、依法办事能力强的干部。建立法治工作激励机制，对于在法治建设中作出突出贡献，有效防范重大法律风险、避免或挽回重大损失的集体或个人，应当予以表彰和奖励。落实问责制度，企业重大经营活动因未经法律审核，或者虽经审核但未采纳正确法律意见而造成重大损失的，追究企业相关领导人员责任；经过法律审核，但因重大失职未发现严重法律风险造成重大损失的，追究相关法律工作人员责任。对因违法违规发生重大法律纠纷案件造成企业重大损失的，或者违反规定、未履行或未正确履行职责造成企业资产损失的，在业绩考核中扣减分值，并按照有关规定追究相关人员责任。实行重大法律风险事项报告制度，中央企业对可能引发重大法律纠纷案件、造成重大资产损失的法律风险事项，应当及时向国资委报告。

（十四）加强法治工作队伍建设。在中央企业及其重要子企业全面推行总法律顾问制度，并在公司章程中予以明确。总法律顾问应当具有法学专业背景或者法律相关职业资格。设立董事会的中央企业，总法律顾问可以由董事会聘任。总法律顾问作为企业高级管理人员，全面领导企业法律管理工作，统一协调处理经营管理中的法律事务，全面参与重大经营决策，领导企业法律事务机构开展相关工作。建立健全总法律顾问述职制度。对标同行业世界一流企业，加快健全企业法治工作体系，中央企业及其重要子企业设立独立的法律事务机构，配备与经营管理需求相适应的企业法律顾问。建立健全企业法律顾问职业发展规划，将企业法律顾问纳入人才培养体系，提升企业法律顾问队伍专职化、专业化水平。建立健全企业法律顾问专业人员评价体系，完善职业岗位等级评审制度，实行与职级和专业技术等级相匹配的差异化薪酬分配办法。

（十五）打造企业法治文化。大力推进法治文化建设，弘扬法治精神，增强法治理念，努力使全体员工成为法治的忠实崇尚者、自觉践行者、坚定捍卫者。全面开展普法宣传教育，加强法律、宣传与各业务部门的协同联动，推进法治宣传教育制度化、常态化。完善学法用法制度，将法治学习作为企业党委（党组）中心组学习、管理培训、员工教育的必修课，形成全员尊法学法守法用法的良好氛围。积极树立推进法治央企建设中涌现出的优秀企业、集体和个人典型，充分发挥引领带动作用。

地方国有资产监督管理机构参照本意见，积极推进所出资企业法治建设。

十五

国务院国有资产监督管理委员会
关于加强中央企业内部控制体系建设
与监督工作的实施意见

国资发监督规〔2019〕101 号

国务院国有资产监督管理委员会

2019 年 10 月 19 日

国务院国有资产监督管理委员会
关于印发《关于加强中央企业内部控制体系建设与
监督工作的实施意见》的通知

国资发监督规〔2019〕101号

各中央企业：

　　为深入贯彻习近平新时代中国特色社会主义思想和党的十九大精神，认真落实党中央、国务院关于防范化解重大风险和推动高质量发展的决策部署，充分发挥内部控制（以下简称内控）体系对中央企业强基固本作用，进一步提升中央企业防范化解重大风险能力，加快培育具有全球竞争力的世界一流企业，根据《中共中央国务院关于深化国有企业改革的指导意见》（中发〔2015〕22号）、《国务院关于印发改革国有资本授权经营体制方案的通知》（国发〔2019〕9号）《国务院办公厅关于加强和改进企业国有资产（监）督防止国有资产流失的意见》（国办发〔2015〕79号），制定本实施意见。

国务院国有资产监督管理委员会

2019年10月19日

关于加强中央企业内部控制体系建设与监督工作的实施意见

一、建立健全内控体系，进一步提升管控效能

（一）优化内控体系。建立健全以风险管理为导向、合规管理监督为重点，严格、规范、全面、有效的内控体系。进一步树立和强化管理制度化、制度流程化、流程信息化的内控理念，通过"强监管严问责"和加强信息化管理，严格落实各项规章制度，将风险管理和合规管理要求嵌入业务流程，促使企业依法合规开展各项经营活动，实现"强内控、防风险、促合规"的管控目标，形成全面、全员、全过程、全体系的风险防控机制，切实全面提升内控体系有效性，加快实现高质量发展。

（二）强化集团管控。进一步完善企业内部管控体制机制，中央企业主要领导人员是内控体系监管工作第一责任人，负责组织领导建立健全覆盖各业务领域、部门、岗位，涵盖各级子企业全面有效的内控体系。中央企业应明确专门职能部门或机构统筹内控体系工作职责；落实各业务部门内控体系有效运行责任；企业审计部门要加强内控体系监督检查工作，准确揭示风险隐患和内控缺陷，进一步发挥查错纠弊作用，促进企业不断优化内控体系。

（三）完善管理制度。全面梳理内控、风险和合规管理相关制度，及时将法律法规等外部监管要求转化为企业内部规章制度，持续完善企业内部管理制度体系。在具体业务制度的制定、审核和修订中嵌入统一的内控体系管控要求，明确重要业务领域和关键环节的控制要求和风险应对措施。将违规经营投资责任追究内容纳入企业内部管理制度中，强化制度执行刚性约束。

（四）健全监督评价体系。统筹推进内控、风险和合规管理的监督评价工作，将风险、合规管理、制度建设及实施情况纳入内控体系监督评价范畴，制定定性与定量相结合的内控缺陷认定标准、风险评估标准和合规评价标准，不断规范监督评价工作程序、标准和方式方法。

二、强化内控体系执行，提高重大风险防控能力

（五）加强重点领域日常管控。聚焦关键业务、改革重点领域、国有资本运营重要环节以及境外国有资产监管，定期梳理分析相关内控体系执行情况，认真查找制度缺失或流程缺陷，及时研究制定改进措施，确保体系完整、全面控制、执行有效。要在投资并购、改革改制重组等重大经营事项决策前开展专项风险评估，并将风险评估报告（含风险应对措施和处置预案）作为重大经营事项决策的必备支撑材料，对超出企业风险承受能力或风险应对措施不到位的决策事项不得组织实施。

（六）加强重要岗位授权管理和权力制衡。不断深化内控体系管控与各项业务工作的有机结合，以保障各项经营业务规范有序开展。按照不相容职务分离控制、授权审批控制等内控体系管控要求，严格规范重要岗位和关键人员在授权、审批、执行、报告等方面的权责，实现可行性研究与决策审批、决策审批与执行、执行与监督检查等岗位职责的分离。不断优化完善管理要求，重点强化采购、销售、投资管理、资金管理和工程项目、产权（资产）交易流转等业务领域各岗位的职责权限和审批程序，形成相互衔接、相互制衡、相互监督的内控体系工作机制。

（七）健全重大风险防控机制。积极采取措施强化企业防范化解重大风险全过程管控，加强经济运行动态、大宗商品价格以及资本市场指标变化监测，提高对经营环境变化、发展趋势的预判能力，同时结合内控体系监督评价工作中发现的经营管理缺陷和问题，综合评估企业内外部风险水平，有针对性地制定风险应对方案，并根据原有风险的变化情况及应对方案的执行效果，有效做好企业间风险隔离，防止风险由"点"扩"面"，避免发生系统性、颠覆性重大经营风险。

三、加强信息化管控，强化内控体系刚性约束

（八）提升内控体系信息化水平。各中央企业要结合国资监管信息化建设要求，加强内控信息化建设力度，进一步提升集团管控能力。内控体系建设部门要与业务部门、审计部门、信息化建设部门协同配合，推动企业"三重一大"投资和项目管理、财务和资产、物资采购、全面风险管理、人力资源等集团管控信息系统的集成应用，逐步实现内控体系与业务信息系统互联互通、有机融合。要进一步梳理和规范业务系统的审批流程及各层级管理人员权限设置，将内控体系管控措施嵌入各类业务信息系统，确保自动识别并终止超越权限、逾越程序和审核材料不健全等行为，促使各项

经营管理决策和执行活动可控制、可追溯、可检查，有效减少人为违规操纵因素。集团管控能力和信息化基础较好的企业要逐步探索利用大数据、云计算、人工智能等技术，实现内控体系实时监测、自动预警、监督评价等在线监管功能，进一步提升信息化和智能化水平。

四、加大企业监督评价力度，促进内控体系持续优化

（九）全面实施企业自评。督促所属企业每年以规范流程、消除盲区、有效运行为重点，对内控体系的有效性进行全面自评，客观、真实、准确揭示经营管理中存在的内控缺陷、风险和合规问题，形成自评报告，并经董事会或类似决策机构批准后按规定报送上级单位。

（十）加强集团监督评价。要在子企业全面自评的基础上，制定年度监督评价方案，围绕重点业务、关键环节和重要岗位，组织对所属企业内控体系有效性进行监督评价，确保每3年覆盖全部子企业。要将海外资产纳入监督评价范围，重点对海外项目的重大决策、重大项目安排、大额资金运作以及境外子企业公司治理等进行监督评价。

（十一）强化外部审计监督。要根据监督评价工作结果，结合自身实际情况，充分发挥外部审计的专业性和独立性，委托外部审计机构对部分子企业内控体系有效性开展专项审计，并出具内控体系审计报告。内控体系监管不到位、风险事件和合规问题频发的中央企业，必须聘请具有相应资质的社会中介机构进行审计评价，切实提升内控体系管控水平。

（十二）充分运用监督评价结果。要加大督促整改工作力度，指导所属企业明确整改责任部门、责任人和完成时限，对整改效果进行检查评价，按照内控体系一体化工作要求编制内控体系年度工作报告并及时报国资委，同时抄送企业纪委（纪检监察组）、组织人事部门等。指导所属企业建立健全与内控体系监督评价结果挂钩的考核机制，对内控制度不健全、内控体系执行不力、瞒报漏报谎报自评结果、整改落实不到位的单位或个人，应给予考核扣分、薪酬扣减或岗位调整等处理。

五、加强出资人监督，全面提升内控体系有效性

（十三）建立出资人监督检查工作机制。加强对中央企业国有资产监管政策制度执行情况的综合检查工作，建立内控体系定期抽查评价工作制度，每年组织专门力量对中央企业经营管理重要领域和关键环节开展内控体系有效性抽查评价，发现和堵塞管理漏洞，完善相关政策制度，并加大监督检查工作结果在各项国有资产监管及干部管理工作中的运用力度。

（十四）充分发挥企业内部监督力量。通过完善公司治理，健全相关制度，整合企业内部监督力量，发挥企业董事会或委派董事决策、审核和监督职责，有效利用企业监事会、内部审计、企业内部巡视巡察等监督检查工作成果，以及出资人监管和外部审计、纪检监察、巡视反馈问题情况，不断完善企业内控体系建设。

（十五）强化整改落实工作。进一步强化对企业重大风险隐患和内控缺陷整改工作跟踪检查力度，将企业整改落实情况纳入每年内控体系抽查评价范围，完善对中央企业提示函和通报工作制度，对整改不力的印发提示函和通报，进一步落实整改责任，避免出现重复整改、形式整改等问题。

（十六）加大责任追究力度。严格按照《中央企业违规经营投资责任追究实施办法（试行）》（国资委令第37号）等有关规定，及时发现并移交违规违纪违法经营投资问题线索，强化监督警示震慑作用。对中央企业存在重大风险隐患、内控缺陷和合规管理等问题失察，或虽发现但没有及时报告、处理，造成重大资产损失或其他严重不良后果的，要严肃追究企业集团的管控责任；对各级子企业未按规定履行内控体系建设职责、未执行或执行不力，以及瞒报、漏报、谎报或迟报重大风险及内控缺陷事件的，坚决追责问责，层层落实内控体系监督责任，有效防止国有资产流失。

十六

中共中央　国务院
关于营造更好发展环境
支持民营企业改革发展的意见

中共中央　国务院

2019 年 12 月 4 日

中共中央　国务院
关于营造更好发展环境
支持民营企业改革发展的意见

改革开放 40 多年来，民营企业在推动发展、促进创新、增加就业、改善民生和扩大开放等方面发挥了不可替代的作用。民营经济已经成为我国公有制为主体多种所有制经济共同发展的重要组成部分。为进一步激发民营企业活力和创造力，充分发挥民营经济在推进供给侧结构性改革、推动高质量发展、建设现代化经济体系中的重要作用，现就营造更好发展环境支持民营企业改革发展提出如下意见。

一、总体要求

（一）指导思想。以习近平新时代中国特色社会主义思想为指导，全面贯彻党的十九大和十九届二中、三中、四中全会精神，深入落实习近平总书记在民营企业座谈会上的重要讲话精神，坚持和完善社会主义基本经济制度，坚持"两个毫不动摇"，坚持新发展理念，坚持以供给侧结构性改革为主线，营造市场化、法治化、国际化营商环境，保障民营企业依法平等使用资源要素、公开公平公正参与竞争、同等受到法律保护，推动民营企业改革创新、转型升级、健康发展，让民营经济创新源泉充分涌流，让民营企业创造活力充分迸发，为实现"两个一百年"奋斗目标和中华民族伟大复兴的中国梦作出更大贡献。

（二）基本原则。坚持公平竞争，对各类市场主体一视同仁，营造公平竞争的市场环境、政策环境、法治环境，确保权利平等、机会平等、规则平等；遵循市场规律，处理好政府与市场的关系，强化竞争政策的基础性地位，注重采用市场化手段，通过市场竞争实现企业优胜劣汰和资源优化配置，促进市场秩序规范；支持改革创新，鼓励和引导民营企业加快转型升级，深化供给侧结构性改革，不断提升技术创新能力和核心竞争力；加强法治保障，依法保护民营企业和企业家的合法权益，推动民营企业筑牢守法合规经营底线。

二、优化公平竞争的市场环境

（三）进一步放开民营企业市场准入。深化"放管服"改革，进一步精简市场准入行政审批事项，不得额外对民营企业设置准入条件。全面落实放宽民营企业市场准入的政策措施，持续跟踪、定期评估市场准入有关政策落实情况，全面排查、系统清理各类显性和隐性壁垒。在电力、电信、铁路、石油、天然气等重点行业和领域，放开竞争性业务，进一步引入市场竞争机制。支持民营企业以参股形式开展基础电信运营业务，以控股或参股形式开展发电配电售电业务。支持民营企业进入油气勘探开发、炼化和销售领域，建设原油、天然气、成品油储运和管道输送等基础设施。支持符合条件的企业参与原油进口、成品油出口。在基础设施、社会事业、金融服务业等领域大幅放宽市场准入。上述行业、领域相关职能部门要研究制定民营企业分行业、分领域、分业务市场准入具体路径和办法，明确路线图和时间表。

（四）实施公平统一的市场监管制度。进一步规范失信联合惩戒对象纳入标准和程序，建立完善信用修复机制和异议制度，规范信用核查和联合惩戒。加强优化营商环境涉及的法规规章备案审查。深入推进部门联合"双随机、一公开"监管，推行信用监管和"互联网＋监管"改革。细化明确行政执法程序，规范执法自由裁量权，严格规范公正文明执法。完善垄断性中介管理制度，清理强制性重复鉴定评估。深化要素市场化配置体制机制改革，健全市场化要素价格形成和传导机制，保障民营企业平等获得资源要素。

（五）强化公平竞争审查制度刚性约束。坚持存量清理和增量审查并重，持续清理和废除妨碍统一市场和公平竞争的各种规定和做法，加快清理与企业性质挂钩的行业准入、资质标准、产业补贴等规定和做法。推进产业政策由差异化、选择性向普惠化、功能性转变。严格审查新出台的政策措施，建立规范流程，引入第三方开展评估审查。建立面向各类市场主体的有违公平竞争问题的投诉举报和处理回应机制并及时向社会公布处理情况。

（六）破除招投标隐性壁垒。对具备相应资质条件的企业，不得设置与业务能力无关的企业规模门槛和明显超过招标项目要求的业绩门槛等。完善招投标程序监督与信息公示制度，对依法依规完成的招标，不得以中标企业性质为由对招标责任人进行追责。

三、完善精准有效的政策环境

（七）进一步减轻企业税费负担。切实落实更大规模减税降费，实施好降低增值税税率、扩大享受税收优惠小微企业范围、加大研发费用加计扣除力度、降低社保费率等政策，实质性降低企业负担。建立完善监督检查清单制度，落实涉企收费清单制度，清理违规涉企收费、摊派事项和各类评比达标活动，加大力度清理整治第三方截留减税降费红利等行为，进一步畅通减税降费政策传导机制，切实降低民营企业成本费用。既要以最严格的标准防范逃避税，又要避免因为不当征税影响企业正常运行。

（八）健全银行业金融机构服务民营企业体系。进一步提高金融结构与经济结构匹配度，支持发展以中小微民营企业为主要服务对象的中小金融机构。深化联合授信试点，鼓励银行与民营企业构建中长期银企关系。健全授信尽职免责机制，在内部绩效考核制度中落实对小微企业贷款不良容忍的监管政策。强化考核激励，合理增加信用贷款，鼓励银行提前主动对接企业续贷需求，进一步降低民营和小微企业综合融资成本。

（九）完善民营企业直接融资支持制度。完善股票发行和再融资制度，提高民营企业首发上市和再融资审核效率。积极鼓励符合条件的民营企业在科创板上市。深化创业板、新三板改革，服务民营企业持续发展。支持服务民营企业的区域性股权市场建设。支持民营企业发行债券，降低可转债发行门槛。在依法合规的前提下，支持资管产品和保险资金通过投资私募股权基金等方式积极参与民营企业纾困。鼓励通过债务重组等方式合力化解股票质押风险。积极吸引社会力量参与民营企业债转股。

（十）健全民营企业融资增信支持体系。推进依托供应链的票据、订单等动产质押融资，鼓励第三方建立供应链综合服务平台。民营企业、中小企业以应收账款申请担保融资的，国家机关、事业单位和大型企业等应付款方应当及时确认债权债务关系。推动抵质押登记流程简便化、标准化、规范化，建立统一的动产和权利担保登记公示系统。积极探索建立为优质民营企业增信的新机制，鼓励有条件的地方设立中小民营企业风险补偿基金，研究推出民营企业增信示范项目。发展民营企业债券融资支持工具，以市场化方式增信支持民营企业融资。

（十一）建立清理和防止拖欠账款长效机制。各级政府、大型国有企业要依法履行与民营企业、中小企业签订的协议和合同，不得违背民营企业、中小企业真实意愿或在约定的付款方式之外以承兑汇票等形式延长付款期限。加快及时支付款项有关立法，建立拖欠账款问题约束惩戒机制，通过审计监察和信用体系建设，提高政府部门和国有企业的拖欠失信成本，对拖欠民营企业、中小企业款项的责任人严肃问责。

四、健全平等保护的法治环境

（十二）健全执法司法对民营企业的平等保护机制。加大对民营企业的刑事保护力度，依法惩治侵犯民营企业投资者、管理者和从业人员合法权益的违法犯罪行为。提高司法审判和执行效率，防止因诉讼拖延影响企业生产经营。保障民营企业家在协助纪检监察机关审查调查时的人身和财产合法权益。健全知识产权侵权惩罚性赔偿制度，完善诉讼证据规则、证据披露以及证据妨碍排除规则。

（十三）保护民营企业和企业家合法财产。严格按照法定程序采取查封、扣押、冻结等措施，依法严格区分违法所得、其他涉案财产与合法财产，严格区分企业法人财产与股东个人财产，严格区分涉案人员个人财产与家庭成员财产。持续甄别纠正侵犯民营企业和企业家人身财产权的冤错案件。建立涉政府产权纠纷治理长效机制。

五、鼓励引导民营企业改革创新

（十四）引导民营企业深化改革。鼓励有条件的民营企业加快建立治理结构合理、股东行为规范、内部约束有效、运行高效灵活的现代企业制度，重视发挥公司律师和法律顾问作用。鼓励民营企业制定规范的公司章程，完善公司股东会、董事会、监事会等制度，明确各自职权及议事规则。鼓励民营企业完善内部激励约束机制，规范优化业务流程和组织结构，建立科学规范的劳动用工、收入分配制度，推动质量、品牌、财务、营销等精细化管理。

（十五）支持民营企业加强创新。鼓励民营企业独立或与有关方面联合承担国家各类科研项目，参与国家重大科学技术项目攻关，通过实施技术改造转化创新成果。各级政府组织实施科技创新、技术转化等项目时，要平等对待不同所有制企业。加快向民营企业开放国家重大科研基础设施和大型科研仪器。在标准制定、复审过程中保障民营企业平等参与。系统清理与企业性质挂钩的职称评定、奖项申报、福利保障等规定，畅通科技创新人才向民营企业流动渠道。在人才引进支持政策方面对民营企业一视同仁，支持民营企业引进海外高层次人才。

（十六）鼓励民营企业转型升级优化重组。鼓励民营企业因地制宜聚焦主业加快转型升级。优化企业兼并重组市场环境，支持民营企业做优做强，培育更多具有全球竞争力的世界一流企业。支持民营企业参与国有企业改革。引导中小民营企业走"专精特新"发展之路。畅通市场化退出渠道，完善企业破产清算和重整等法律制度，提高注销登记便利度，进一步做好"僵尸企业"处置工作。

（十七）完善民营企业参与国家重大战略实施机制。鼓励民营企业积极参与共建"一带一路"、京津冀协同发展、长江经济带发展、长江三角洲区域一体化发展、粤港澳大湾区建设、黄河流域生态保护和高质量发展、推进海南全面深化改革开放等重大国家战略，积极参与乡村振兴战略。在重大规划、重大项目、重大工程、重大活动中积极吸引民营企业参与。

六、促进民营企业规范健康发展

（十八）引导民营企业聚精会神办实业。营造实干兴邦、实业报国的良好社会氛围，鼓励支持民营企业心无旁骛做实业。引导民营企业提高战略规划和执行能力，弘扬工匠精神，通过聚焦实业、做精主业不断提升企业发展质量。大力弘扬爱国敬业、遵纪守法、艰苦奋斗、创新发展、专注品质、追求卓越、诚信守约、履行责任、勇于担当、服务社会的优秀企业家精神，认真总结梳理宣传一批典型案例，发挥示范带动作用。

（十九）推动民营企业守法合规经营。民营企业要筑牢守法合规经营底线，依法经营、依法治企、依法维权，认真履行环境保护、安全生产、职工权益保障等责任。民营企业走出去要遵法守法、合规经营，塑造良好形象。

（二十）推动民营企业积极履行社会责任。引导民营企业重信誉、守信用、讲信义，自觉强化信用管理，及时进行信息披露。支持民营企业赴革命老区、民族地区、边疆地区、贫困地区和中西部、东北地区投资兴业，引导民营企业参与对口支援和帮扶工作。鼓励民营企业积极参与社会公益、慈善事业。

（二十一）引导民营企业家健康成长。民营企业家要加强自我学习、自我教育、自我提升，珍视自身社会形象，热爱祖国、热爱人民、热爱中国共产党，把守法诚信作为安身立命之本，积极践行社会主义核心价值观。要加强对民营企业家特别是年轻一代民营企业家的理想信念教育，实施年轻一代民营企业家健康成长促进计划，支持帮助民营企业家实现事业新老交接和有序传承。

七、构建亲清政商关系

（二十二）建立规范化机制化政企沟通渠道。地方各级党政主要负责同志要采取多种方式经常听取民营企业意见和诉求，畅通企业家提出意见诉求通道。鼓励行业协会商会、人民团体在畅通民营企业与政府沟通等方面发挥建设性作用，支持优秀民营企业家在群团组织中兼职。

（二十三）完善涉企政策制定和执行机制。制定实施涉企政策时，要充分听取相关企业意见建议。保持政策连续性稳定性，健全涉企政策全流程评估制度，完善涉企政策调整程序，根据实际设置合理过渡期，给企业留出必要的适应调整时间。政策执行要坚持实事求是，不搞"一刀切"。

（二十四）创新民营企业服务模式。进一步提升政府服务意识和能力，鼓励各级政府编制政务服务事项清单并向社会公布。维护市场公平竞争秩序，完善陷入困境优质企业的救助机制。建立政务服务"好差评"制度。完善对民营企业全生命周期的服务模式和服务链条。

（二十五）建立政府诚信履约机制。各级政府要认真履行在招商引资、政府与社会资本合作等活动中与民营企业依法签订的各类合同。建立政府失信责任追溯和承担机制，对民营企业因国家利益、公共利益或其他法定事由需要改变政府承诺和合同约定而受到的损失，要依法予以补偿。

八、组织保障

（二十六）建立健全民营企业党建工作机制。坚持党对支持民营企业改革发展工作的领导，增强"四个意识"，坚定"四个自信"，做到"两个维护"，教育引导民营企业和企业家拥护党的领导，支持企业党建工作。指导民营企业设立党组织，积极探索创新党建工作方式，围绕宣传贯彻党的路线方针政策、团结凝聚职工群众、维护各方合法权益、建设先进企业文化、促进企业健康发展等开展工作，充分发挥党组织的战斗堡垒作用和党员的先锋模范作用，努力提升民营企业党的组织和工作覆盖质量。

（二十七）完善支持民营企业改革发展工作机制。建立支持民营企业改革发展的领导协调机制。将支持民营企业发展相关指标纳入高质量发展绩效评价体系。加强民营经济统计监测和分析工作。开展面向民营企业家的政策培训。

（二十八）健全舆论引导和示范引领工作机制。加强舆论引导，主动讲好民营企业和企业家故事，坚决抵制、及时批驳澄清质疑社会主义基本经济制度、否定民营经济的错误言论。在各类评选表彰活动中，平等对待优秀民营企业和企业家。研究支持改革发展标杆民营企业和民营经济示范城市，充分发挥示范带动作用。

各地区各部门要充分认识营造更好发展环境支持民营企业改革发展的重要性，切实把思想和行动统一到党中央、国务院的决策部署上来，加强组织领导，完善工作机制，制定具体措施，认真抓好本意见的贯彻落实。国家发展改革委要会同有关部门适时对支持民营企业改革发展的政策落实情况进行评估，重大情况及时向党中央、国务院报告。

重要合规理念一览

"企业合规管理学是一门独立的管理学科。"

"管理体系看似一个庞大、复杂的体系，但只要建立管理组织，界别职责，厘清程序，循序渐进，管理就会变成习惯并有条不紊。"

"《中央企业合规管理指引（试行）》具有强制执行的效力。中央企业应当加快建立健全合规管理体系。"

"合规要求应覆盖企业各业务领域、各部门、各级子企业和分支机构、全体员工，贯穿决策、执行、监督全流程。"

"诚信是合规的基石，合规是企业发展的基石。"

"合规是企业的核心竞争力之一。"

"全面合规，人人合规。"

"合规创造价值。"

"合规组织包括从董事会到业务部门的企业各层级机构。"

"合规从领导做起。"

"业务部门是合规责任的主体，在本领域开展全面合规管理，对本领域合规负首要责任。"

"员工是企业合规的最基本单元和决定性力量。"

"企业合规部只是合规的管理部门，即计划、指导、协调、支持、监督、评估和报告业务部门及所属企业的合规管理。"

上海市汇业律师事务所企业合规委员会
合规管理专著